湛庐 CHEERS

与最聪明的人共同进化

HERE COMES EVERYBODY

湛庐"奔跑的未来"系

权威经典 ▼

《锻炼》
我们该如何正确地使用身体
从人类学和进化学的
角度探讨我们的身体
破解关于锻炼的12个谬误

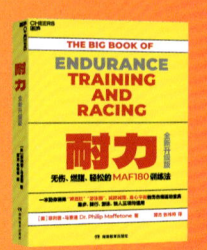

《耐力 全新升级版》
无伤、燃脂、轻松的运动方法
重新定义有氧运动
和无氧运动的区别及效用
帮助你建立强大的有氧系统

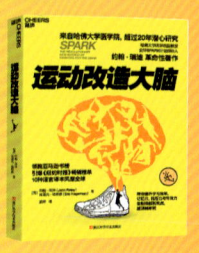

《运动改造大脑》
源自哈佛医学院20余年潜心研究
重印超过16次、被译为10种语言
首度公开革命性的大脑研究成果，
帮你改善智商与心智

《跑步圣经》
全球跑步爱好者的哲学圣经
连续14周登上《纽约时报》
畅销书榜，陪伴500万美国人
一生的读本
跑者的世界不会孤独

跑者传奇 ▼

《像她那样奔跑》
世界顶尖女运动员
给女性跑者的专属指南
6次美国中长跑纪录保持者娓娓
讲述自己的跑步故事，让更多女性
拥有根植内心的力量和勇气

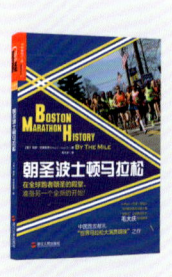

《朝圣波士顿马拉松》
关于波士顿马拉松你想知道的
全球跑者朝圣的殿堂、世界马拉
大满贯的明珠，连续23次参加
波马的资深选手娓娓讲述

MAF

THE BIG BOOK OF ENDURANCE TRAINING AND RACING

耐力
全新升级版
无伤、燃脂、轻松的 MAF180 训练法

一本助你消除"啤酒肚""游泳圈"、减肥减脂、身心平衡的无伤痛运动宝典
跑步、骑行、游泳、铁人三项均适用

[美] 菲利普·马费通 Dr. Philip Maffetone 著
谭杰 张祎同 译

湖南教育出版社

风靡跑步、骑行、游泳、铁人三项圈的传奇大书
一本助你消除"啤酒肚""游泳圈"、
减肥减脂、身心平衡的无伤痛运动宝典

菲利普·马费通博士

众多铁三冠军、奥运奖牌得主、娱乐圈明星的运动教练
耐力运动领域超强大、
超具探索精神的大脑带你走进耐力的真实世界

CHEERS
湛庐

THE BIG BOOK OF ENDURANCE TRAINING AND RACING

耐力 全新升级版

无伤、燃脂、轻松的MAF180训练法

[美]菲利普·马费通 Dr. Philip Maffetone 著　谭杰 张祎同 译

湖南教育出版社
·长沙·

测一测 如何发掘你的运动潜能？

扫码加入书架
领取阅读激励

- 以下哪个运动公式是正确的？（单选）
  A. 耐力 = 训练 + 基因
  B. 训练 = 运动 + 休息
  C. 成绩 = 训练 + 天赋
  D. 成功 = 耐力 + 运气

扫码获取
全部测试题及答案，
通往更强大的耐力、
更好的运动表现

- 耐力运动的热身时间不应少于多少分钟？（单选）
  A. 8～10
  B. 12～15
  C. 15～20
  D. 20～25

- 一年中，哪个季节更适合用来制定未来一年的训练计划？
  A. 春季
  B. 夏季
  C. 秋季
  D. 冬季

扫描左侧二维码查看本书更多测试题

推荐序 1

把时间拉长，你将看到身体所能达到的新高度

马克·艾伦（Mark Allen）
6 届夏威夷铁人三项世锦赛冠军，
曾被《户外》（*Outside*）杂志评选为"世界最健美人士"

欢迎翻开《耐力》，希望本书能够帮助你改变人生。在本书作者菲利普·马费通博士的指导下，我改变了自己的人生。我的运动生涯始于 1968 年，当时我在一份地区性报纸上看到了一条游泳队员的选拔广告，便把电话打了过去。我当时其实还不怎么会游泳，25 米长的池子甚至要停下来喘口气才能游完。在那之后的近 30 年里，为了追求巅峰状态，我几乎尝试了所有训练方法。我的训练理念的演变是一个复杂的过程，多年刻板的游泳训练使我的训练哲学趋于狭窄和单一，并且根深蒂固，那就是——一定要快。我一直认为，如果在训练中游得够长、够快，那么在比赛中就会游得快。

秉持着这种训练理念，我的成绩最好时也就只能达到中等水平。"运动量大，才能更快"（do more, faster）的训练方式只适用于那些天

才运动员，他们的优秀基因可以弥补他们在训练中犯下的愚蠢错误，反正他们无论怎么练都能成功。在 12 年的游泳生涯结束的时候，我在生理和心理上都已经疲惫不堪，但总觉得自己还没有达到应该达到的高度。但那时，我还没有开始对自己的训练方式产生怀疑。

幸运的是，我得到了触碰自己运动极限的第二次机会。1982 年，我开始进入铁人三项的世界，事后证明，这是一次梦幻之旅。但旅程的开始阶段并不顺畅，几乎就是对我游泳生涯的复制。受益于我"运动量大，才能更快"的游泳训练理念，我取得了一些非常好的成绩，但其间穿插着各种伤病和无规律的进步。不过，游泳毕竟是一项对身体没有冲击力的运动项目，而铁人三项就不同了，盲目的训练不仅使我的精神开始萎靡，身体也开始出现问题。我知道，我需要做出改变了。就在此时，我认识了马费通博士，他已经成功训练出很多优秀的铁人三项运动员。那是 1984 年，一个朋友把马费通博士介绍给我，他说，马费通博士的训练方法一开始听上去非常疯狂，但他向我保证，那些方法非常有效。是的，他的训练方法与我"运动量大，才能更快"的理念完全相反。

现在已经是 21 世纪了，马费通博士那些曾经看上去疯狂的训练方法已经被广泛接受，而且是唯一能让你每年都能够达到最佳状态的方法。多年以来，我一直使用马费通博士的训练法，并且不断向他咨询。我在一系列世界铁人三项大赛中获胜，包括 6 次夏威夷铁人三项世锦赛的冠军，最后一次夺冠时，我已经 37 岁了。

在本书中，马费通博士详述了他的训练理念，而这些理念正是我在自己的铁人三项运动生涯中使用过的。如果你已经在使用这些工具和技巧，你一定知道它们的效果。如果你还没有开始实践，那么欢迎你，你即将毫无悬念地达到自己竞技状态的新高度。请把你的自负丢到一边，拿出一些时间来尝试马费通博士的计划。在短时间内，你也许看不到什么效果；但是把时间拉长，我保证你将看到身体所能达到的新高度。

审慎，训练的态度

蒂莫西·诺克斯（Timothy David Noakes）博士
南非开普敦大学运动和体育科学教授，
跑步和体育科学领域的传奇人物
经典跑步书《跑步的学问》（*Lore of Running*）作者

我曾经惊异于马克·艾伦在铁人三项这一地球上最艰难的赛事中连续取得的巨大胜利，并试着去理解他的获胜之道，在这个过程中，我发现了菲利普·马费通博士的存在。艾伦被认为是铁人三项历史上最成功的男运动员之一，他马上说出了马费通博士对他获得这一成就的贡献。

从马费通博士那里，艾伦学到了对待训练的审慎态度。很多年之后，我问艾伦，马费通博士那些已被证明成功的理论为什么没有被太多人使用呢？他不假思索地回答："年轻运动员们总觉得要想获得成功，就得按照自己的想法，从而一意孤行。他们太骄傲了，什么都听不进去。"

艾伦的回答也许正好说明了为什么没有人能够比肩他所获得的成就。

在《耐力》这本书中，马费通博士分享了他个人职业生涯中的经验，希望能帮助各种水平的运动员，使他们变得更优秀。在他的理解中，只有那些能够掌控自己全部生活的人才可以在体育上取得成功。他知道，我们每天做的每件事都会影响最终的运动表现。

我想对那些愿意倾听的人说，马费通博士的经验中蕴藏着巨大的知识财富。也许在你们之中，就有下一个马克·艾伦，而他正渴望把自己变得更好。如果你能阅读马费通博士的思想，并理解这些思想，还能把这些思想付诸实践，你也许就是下一个不同寻常的人。

新版译序

耐力，就是心有猛虎，手有余香

谭杰

高级记者，中国体育报业总社新体育网专职编委，
曾创办《篮球报》、《领跑者》杂志，中国田协2016中国马拉松年度人物

《耐力》（中文版）的首次出版竟然已经是7年前的事情了。

从2017年到2024年，《耐力》一共印刷了10次，即使在疫情期间，也没有停止过。《耐力》的每一次加印，我基本上都是从跑步的朋友们那里知道的，他们会买书送给刚刚开始跑步的新跑者，然后我便听到"第6次印刷了"或者"没书了，听说正在印"。

大约在"第7次印刷"与"第8次印刷"之间，2023年5月的时候，我与湛庐文化的老总陈晓晖在奥森跑步，他说，是不是可以把《耐力》重新出版，正好把旧版中没有翻译的内容加进去。

晓晖简直是说到了我的心坎里。

《耐力》算得上一本优质的运动入门书，我把它称为"体育生理卫生教科书"。《耐力》把跑步讲解得轻松、不严苛、不呼哧带喘、不要死要活，以科学的方法降低了跑者参与这项运动的门槛，提高了跑者减脂的效率。《耐力》还相当宽容，说了一些与体育老师的要求完全不同的东西，比如它不会像体育老师那样让你"快点儿、快点儿、再快点儿""别交头接耳"，它反而告诉你"慢，甚至可以走""跑步时能够正常聊天才是最合适的配速"……也正因为如此，那些在学生时代饱受中长跑折磨的各年龄段的人发现："原来还可以这样。"他们回到跑道，终于体验到了运动的快乐。

而对于已经拥有运动习惯的人来说，《耐力》训练法的最吸引人之处在于"无伤"，而且可以在无伤的状态下长期训练，提高成绩，保持健康。

但是，英文原版的《耐力》也有一个问题——部头太大。这部在中文版出版前就被国内耐力运动爱好者称为"大书"的作品，原版超过500页，共三大部分34个章节。

英文原版的三大部分是耐力训练、营养饮食和伤病，2017年推出中文版时，考虑到彼时国内跑者的需求以及阅读习惯，选择了耐力训练的全部章节和另外两部分的各两章，共15章成书。

虽然这15章是《耐力》的核心与精华，但毕竟不是完整版，尤其是当有读过英文原版《耐力》的朋友指出"魂斗罗还有水下八关"或者"茴香豆的茴有四种写法"的时候，就会有更多的朋友表达出对"未删节版"的期待。而这，也成为我的一个遗憾。

晓晖的建议让这个遗憾有机会得到弥补。需要说明的是，这次的全新升级中文版《耐力》，补充了9章的内容，英文原版的"饮食与有氧能力""肌肉的平衡与失衡""康复与自我评估""精密的足部结构""选一双好鞋"等 5 章仍然独立成章，英文原版的"伤病"章节与"疼痛"章节在全新升级中文版中合并为一章，英文原版的"蛋白质""蔬菜水果"章节与旧版的"脂肪"章节在全新升级中文版中合并为一章。

这样，全新升级中文版的 21 个章节涵盖了英文原版的 24 个章节。但是似乎总要留下一些遗憾，出于书籍厚度和内容方面的考虑，英文原版仍然有 10 个章节未能进入全新升级中文版。我把这 10 个章节的标题列出来，你会看到有些是常识性的内容，比如人体器官的功能，有些是国内读者执行起来不甚方便的内容，比如食品的采购与烹饪。这样大家多少可以理解，我们为什么做出这样的选择。它们分别是：

"肠道——消化与营养吸收""水和电解质——耐力的关键因素""通过饮食增强耐力——能量食品的作用""辅助类食品——要清楚知道自己吃的是什么""对自己的肝和肾好一点——排毒与酸碱平衡""训练饮食表格——健康菜单、采购指南与烹饪贴士""塑造更好的运动型大脑""太阳——维生素 D 与竞技表现""测试你的竞技状态与健康状况""找一个呵护你健康的专业教练"。

好吧，说完中英文的《耐力》，再来说说我自己的耐力。

自从 2013 年年底接受《耐力》一书的翻译，先通读一遍之后，我开始自我试验《耐力》的理论基石—— MAF 训练法，也叫低心率训练法，也被我称为脂肪在铁板上燃烧并分解的"嗞啦嗞啦训练法"。亲测有效之后动手翻译，2017 年 6 月《耐力》出版。

时隔 7 年，低心率仍然是我日常跑步的准则，我甚至不再刻意去看心率，完全凭借身体的舒适程度去控制配速。随着可穿戴设备的进步，衡量身体状况的指标已经不仅限于心率，我们可以通过心率变异性、压力指数、睡眠指数等数据更精确地监控自己的身体状况，管理自己的运动强度。

无伤，当然是最底线的标准，一直以来也是我最欣慰之处。

跑量，我查了一下记录——7 年 2.6 万公里①，平均每年 3700 公里，每天 10 公里多一点点。大约 90% 的跑量是在低心率的状态下完成的，剩下的 10%，是每年目标赛事之前 10 次速度训练的跑量，外加马拉松赛事的后半程。

成绩，我本来准备做到连续 10 年达标波士顿马拉松，并连续跑 10 年波士顿马拉松的，但受疫情影响，2017 年后只跑了两次波士顿马拉松。不过连续 10 年达标波士顿马拉松确实做到了，其中 8 次是在《耐力》出版之后。

PB，《耐力》出版之后，在 2017 年、2019 年、2022 年的北京马拉松中，我三次创造个人最好成绩。其中 2019 年 11 月的北京马拉松最为惊险：抢在 3 小时 10 分达标时间之前 25 秒到达终点，抢在国家体育运动标准升级之前申报"国家二级运动员"，抢在相关部门居家办公之前获批证书。疫情期间我甚至想过，要不要利用二级运动员加分，在 50 岁的时候重新考一次大学。

《耐力》过去 7 年对我的"疗效"汇报完毕，这 7 年也是我慢慢理解"耐力"的 7 年。所谓耐力，就是有人放弃了，有人痛苦地坚持着，有人快乐地坚持着。而"耐力"的拥有者们，根本就没有"坚持"的概念，他们就是随心所欲、肆意畅快地奔跑着，即使山重水复疑无路，即使暂时看不到终点，他们也并不慌张，因为他们知道，脂肪正在燃烧，能量源源不绝，某一个转弯之后，耐力将把他们带到终点。

《耐力》的翻译，其实还有另外一个遗憾，就是关于 fitness。

作者马费通博士在书中大量使用了 fitness 的概念，与 health 相对

---

① 本书中遵循跑步圈惯例，中长跑距离单位用"公里"表示。——编者注

应。在全书的语境中，fitness 是指运动者为了追求成绩，逼迫自己的身体去进入的那种极端状态，而"health"是那种全面健康的状态。作者不是很喜欢 fitness 给身体带来的那种压迫感，甚至不惜把它树立为 health 的反义词，表现出他一贯的偏执。

7 年前，我把 fitness 翻译成竞技状态，而不是训练学中的小众专业术语"体适能"，我知道有读者对此提出了异议，因为在训练的圈子里，fitness 等于体适能已经成为共识。但我相信"竞技状态"的译法是准确的，英文中本来就有 match fitness 的说法，这也正是作者想要表达的意思。

但我的遗憾不在于译法引发的异议，而在于 7 年来，即使国内健身人群大量增加，越来越多的人开始投身体育运动，但 fitness 作为一个国际通行的健身概念，不仅没有得到一个可以进入国内大众传播的准确译名，甚至连 fitness 的概念也仍然被忽视。

Fitness，其实是一个非常简单的英文词，指人与自己的日常生活相适应的状态，指人在面对生活和社会的要求时，游刃有余的身体能力。

当然，我认为"体适能"是一个相当准确的翻译，把"身体的能力"简称为"体能"，然后再加入一个"适应"的概念。只是这个造出来的专业词汇呈现出一种"拒人千里之外"的违和感觉，以及令人费解的感觉。更不要说，在大多数人的认知中，"体能"指的是"身体的能量"。

我倒是认为，现有的中文词汇中，"体质"是最接近 fitness 的一个，无论你把它理解为"身体素质"还是"身体质量"，都没有太多歧义。群体记忆中，学校运动会入场式口号将毛主席题词"发展体育运动，增强人民体质"与"锻炼身体，保卫祖国，锻炼身体，建设祖国"连在一起，非常能说明问题，增强"体质"的目的，就是"适应"保卫祖国和建设祖国的需要。

也许，准确的翻译并没有那么重要，如果鲁迅先生可以将 Fair Play（公平竞赛）音译为"费厄泼赖"以避免丢失语义，那么将 fitness 音译为"费忒泥肆"，然后各自体会其中奥妙，也相当可行。重要的是，对于 fitness 概念的理解，应该避免偏差，应该形成共识。

学生有年轻人的 fitness，他们能跑得更快；50 岁的人有中年人的 fitness，他们能跑得更远；教师的 fitness，要求他们适应长时间站立，不低血糖，不静脉曲张；快递小哥的 fitness，要求他们反应快，灵活性强，时刻辨明方向；游泳运动员可以微胖，围棋运动员必须能坐得住……如果上述这些不同年龄和职业的最佳 fitness 者站到一起，你一定会发现他们呈现出完全不同的身体形态，他们每个人都不会按照别人的 fitness 来塑造自己。

在我看来，知道最好的自己是什么样子，才是 fitness 的意义。fitness 意味着我们应该在生命的每个阶段都把自己的身体（以及思想）塑造成那个阶段该有的样子。

是的，我们首先应该把自己塑造成适应自己的生存环境的样子，我们的工作、我们的生活、我们的社交需要我们成为什么样子，我们就应该努力成为那个样子。然后，用更长的时间，把自己塑造成自己一直想要成为的那个样子，让自己进入一种舒适的自洽状态。

无意冒犯原书作者，但我觉得，fitness 是一个好词。

而耐力，就是让我们在通往 fitness 的路上，从容而不慌张，坚定而不张扬，相信自己时间充裕，足够欣赏路上的风景，足够活出生命的质量。

耐力，就是当我们抵达终点的时候，依然心有猛虎，依然手有余香。

2024 年 6 月 6 日

初版译序

通往波士顿马拉松之路

谭杰

高级记者，中国体育报业总社新体育网专职编委，
曾创办《篮球报》、《领跑者》杂志，中国田协 2016 中国马拉松年度人物

如果我在 2013 年 10 月的时候就知道，这本书从最开始的试译到最终出版，需要跨越 5 个年头，我想我不一定会答应湛庐文化的老总陈晓晖接下这本被中国跑者尊称为"大书"的经典跑步作品的翻译工作。

但如果换一个说法呢？

我用了将近 5 年的时间，严格执行这本书的训练理念，以及饮食和营养方面的建议，把自己的全程马拉松成绩从接受任务时的 3 小时 49 分，提高到最终交稿时的 3 小时 14 分；从一个当时还在为破 4 而沾沾自喜的一年级跑者，到现在已经连续两年以波士顿马拉松达标者的身份站上波士顿马拉松赛道；从一个准相扑运动员的体形，到准东非居民的体形……而我付出的代价是，在这个改变自己的外形和能力的过程

中，经受原著作者菲利普·马费通博士的训练方法、偏执态度和绕口文字的三重摧残，把这本书翻译成了中文。

所以我想，这份工作，值得！

翻译这本书的难点在于，由于这是一个挑战人们原有认知、算得上离经叛道，但是据说很有效的训练法，所以，我首先需要说服我自己——这是一个可以让某些人先成功起来的训练法。

在人们寻找规律和法则的过程中，纸上谈兵相对简单，但知行合一却总是很艰难，尤其是在提升耐力这样一个听上去就无比漫长的过程中。

按照这个训练法的核心原则，包括跑步、游泳、自行车等耐力项目在内的所有训练都应该在"180－年龄"（后文称"180公式"）的心率下完成。马费通博士认为，这个心率是人在有氧运动时所能达到的最大心率，高过这个心率，有氧运动就转化为无氧运动。而由于耐力是人们有氧能力的体现，所以，这个心率是培养耐力的最佳心率。

这实际上是一个戴着镣铐跳舞的过程——让自己的训练心率接近慢跑（有氧运动）的最高值，却又不超过快跑（无氧运动）的最低值。所以，中国最先尝试这一训练法的跑者又把它称为"低心率训练法"。

"低心率训练法"设计了一个很简单的测试——8公里低心率测试，也就是书中的MAF测试，用来检验训练效果和跑者的有氧能力。如果严格执行"低心率训练法"的话，那么跑者每月一次的8公里测试就会有明显的进步。按照马费通博士的说法，如果进步并没有如期出现的话，那就说明你的身体出现了其他问题。

我个人的第一次8公里低心率测试是在开始翻译这本书时进行的，时间是2013年10月，当时的配速是5分45秒。而到了2015年9

月北京马拉松之前，也就是第一遍翻译稿即将交稿的时候，我的 8 公里低心率测试的配速已经进入了 5 分钟，那年的北京马拉松成绩也使我第一次达到波士顿马拉松的报名标准。在两年的时间里，我的体重也从 80 千克降到了最低时的 70 千克以下，体脂从接近 20% 降到了最低时的 10% 以下。

当以上这一切在我的身上真实发生之后，我终于有足够的勇气在 2015 年的北京马拉松之后，将这本"大书"一鼓作气翻译完成。

这本书所倡导的训练法的最大特点，就是慢。对很多跑者而言，这种慢甚至是一种让人绝望的慢。因为很多人只要稍微快一点点，心率马上超过"180 – 年龄"的标准。因为慢，所以"无伤"和"轻松"都是可以理解的效果。

但是，==这个训练法最核心的内容是减脂。==

我给这个训练法起的另外一个名称是"嗞啦嗞啦训练法"，这是油脂燃烧时的声音。所以，所有希望腰上的脂肪慢慢消失的朋友们，这本减肥、减脂书就是你们的福音书。

很多朋友对慢跑减脂的说法抱怀疑态度，难道不是跑得呼哧带喘，越累越有效果吗？

我举个例子来解释一下其中的道理。

当我们来到一个寒冷的房间，需要生火取暖的时候，发现可以使用的燃料有大量的煤炭、纸张、汽油。显然，最快速的取暖方式是点燃汽油，其次是点燃纸张，升温最慢但是最经济、持久的取暖方式是烧煤。如果我们对于升温的要求没有那么迫切，那么我们就可以慢慢地用少量汽油和纸张引燃煤炭，然后就可以持久地享受温暖了。

如果把三种燃料对应身体的能量来源，那么汽油、纸张、煤炭分别对应三磷酸腺苷（ATP）、糖、脂肪。如果我们高速地奔跑，那么只有 ATP 和糖能够在短时间内提供能量。如果我们持续慢跑，身体对于供能的需求没有那么迫切，那么在 ATP 和糖的催化下，脂肪就可以大量地被燃烧。这也就是慢跑减脂的基本道理。

本书中的 MAF 对应的英文是 Maximum Aerobic Function，即==最大有氧能力（MAF）训练法==。但 MAF 同时也是作者马费通博士姓氏的前三个字母，所以也可以理解为作者用自己的名字命名的训练法。

我通过原文和其中的故事认识的马费通博士，是一个极其严格、冷酷、固执，甚至是偏执的家伙，他在生活中应该有一副让人抓狂的坏脾气。马费通博士对东方哲学、玄学和中医都很感兴趣，在他的行医和执教过程中，很有些传教士和中医郎中的感觉。MAF 训练法就像是马费通博士发现的一个偏方，他不断地强化和包装这个偏方，然后像传教一样对这个产品进行推广。当然，这是一个有着足够理论支撑的良方，适用于绝大多数人。

即使 MAF 训练法对我本人有着惊人的效果，但我在翻译的过程中仍然难免对马费通博士强词夺理、洗脑般绝对化的表达方式产生了逆反心理，以至于在很长一段时间里，虽然我的成绩通过 MAF 训练法不断进步，却无法继续进行哪怕是一个字的翻译工作。每当坐下来打开原著，想象中魔鬼般咆哮的马费通博士就会立即出现在我面前。

翻译工作陷入停滞的时候，我的好友、中国田径协会马拉松委员会委员吴洪涛为我介绍了他读 EMBA 时的班主任老师张祎同。张老师当时正在新西兰边学习边旅游，有大把的闲暇时间，也恰巧刚刚开始跑步，所以就承担起大约全书一半内容的翻译工作。

张老师的介入和迅速推进让我不敢再拖沓下去。而更重要的是，当我坐在电脑前，打开黄色封面的大书开始翻译时，我觉得自己面对的作者不再是美国的魔鬼教练，而是一个中国的年轻女教师。

张老师后来告诉我，她也是按照 MAF 训练法进行跑步训练的。书翻译完了，她也从零基础跑到了 10 公里。

在这本《耐力》大书中，马费通博士反复使用了两个词：fitness 和 health。这两个词在书中的意思，尤其是 fitness，与我们平常理解的不完全一样，有着很浓烈的马费通博士色彩。我尝试找到恰当的中文词汇来表达 fitness 的意思，最终选用的是"竞技状态"，而相对应的 health 就是"健康状况"了。马费通博士通过这两个词想表达的意思是，你的"竞技状态"也许很好，甚至可以保证你能拿到世界冠军，但是这并不意味着你的"健康状况"也很好，你很可能是在以牺牲健康为代价获得成绩。而 MAF 训练法就是可以解决绝大多数健康问题的绝妙大法，它保证你在获取良好竞技状态和成绩的同时，还获得良好的健康状况。

我觉得，这恰恰是这本书的精髓所在，至少我本人在开始跑步 5 年多的时间里，从来没有受过任何导致停训的伤病。

最后，感谢参与本书编辑工作的张晓卿、张伟晶，她们从三年前就开始不停地向我催稿，直到最后一遍修改完成。我就像马费通博士用极端的态度和文字折磨我一样，在 5 年的时间里不停地折磨着她们。

感谢领跑者跑团的所有成员，他们是这本书的第一读者，他们挑出了书中多处错别字、不通顺之处和无法理解的地方，避免了更大批的读者面对这些错误和产生同样的困惑。

感谢我在《领跑者》杂志的所有同事。这本书开始翻译的时候，这本杂志还不存在，他们还都是《篮球报》的编辑、记者。后来，《领跑者》从《中国体育》增刊、《领跑者》试刊、《领跑者》发展到现在的中国田径协会官方杂志《中国马拉松·领跑者》，这些同事一个个完成了全马，大约有 10 个了吧。5 年来，我一直在说，自己正在翻译一本大书，现在他们终于可以相信，这件事是真的了。

还要谢谢菲利普·马费通博士——一个执着到偏执的人，谢谢，没有你的"嗞啦嗞啦训练法"，我不可能成为一名 BQ 跑者，也去不了波士顿。

2017 年 4 月 18 日
波士顿马拉松次日
于美国波士顿

前言

发掘自己的最佳运动潜能

本书的读者对象是铁人三项运动员、跑者、自行车运动员、游泳运动员、越野滑雪运动员，以及所有希望提高耐力的人。在这里，你将学到一些重要的手段，它们将帮助你发掘自己的最佳运动潜能，使你能在漫长的竞技生涯里保持健康、免受伤病困扰。

如果你没有一份细致的计划，你对自己的承诺就很难兑现，对事业的投入也很难取得效果。我希望能够帮助你，让你的身体发挥得更加出色。相对来说，训练和竞赛的成功之路是简单的，它只需要一个明确的策略、长期和短期的目标、可控的流程以保证计划得以实施并避免出现过度训练，当然，还有合理的营养。

关于成功的耐力训练和比赛，本书将给你带来全新的视角。我的训练体系提供了一个真正"私人定制"的方法。在过去30年的训练和治疗工作中，我一直对这套方法进行更新和完善，针对的运动员从普通的业余爱好者延伸到世界冠军。

我对于耐力训练的基本哲学理念包括以下 4 个核心点：

1. **建立强大的有氧基础。**有氧基础是身体和新陈代谢的根基，在训练中起着重要的作用，它能够帮助人们实现一些重要的目标，避免伤病，并且保持身体机能上的平衡。它可以提高燃脂效率、让人精力充沛、帮我们减重、为身体持续供能，它还能够改善免疫系统、内分泌系统、消化系统、肝脏以及整个身体的全面健康。
2. **合理饮食。**一些特别的食物会对有氧系统产生影响，尤其是在某些特定的日子里摄入的食物。总体而言，在生理、化学和心理方面，饮食会对身体的竞技状态和健康状况产生显著的影响。
3. **减轻压力。**训练、比赛及生活方式等因素会共同对人造成压力，这些压力不仅会影响运动表现，还会引发伤病。由于这些压力扰乱了身体对营养物质的正常消化和吸收，所以还有可能导致营养不良。
4. **改善大脑功能。**大脑和整个神经系统控制着几乎所有的运动行为，一个健康的大脑能够塑造一名优秀的运动员。当你正确饮食、控制压力，并对自己的神经系统实施刺激，比如进行正常的训练和正确的呼吸，你的大脑功能就可以得到改善。

当面对那些身处困境的铁人三项运动员、跑者和自行车运动员时，我对所谓的快速解决方案非常不认同，那些对我在健康领域的著作和论文比较熟悉的朋友应该都知道这一点。很多情况下，那些所谓的运动医学专家只是针对症状进行治疗，而毫不理会产生这些症状的原因，这样只能引发更多的伤病，有时候还会导致旧伤复发。今天很多的医学执业者只会照本宣科地提供一些现成的治疗方案，无非就是休息、拉伸、热敷、冰敷、使用消炎药，实在不行就手术，这些显然都是治标不治本的老套路。用这种菜谱式手段解决复杂的人体问题，是不会有什么效果的。

然而，在体育这个行当内，仍然有许多特立独行的保健专家，他们会对运动员的状况做综合的考量，从不同的视角出发，提出最佳的治疗方案。这种视角非常重要，因为绝大多数伤病其实只是多米诺骨牌倒塌之后的结果。比如，当你在某个早上系鞋带的时候突然感到大腿后侧拉伤了，虽然疼痛来自腘绳肌，但那里通常不会是病因所在。通过了解你的习惯并进行评估，我们也许会发现，问题来自脚部——你穿了一双错误的跑鞋；深层原因是一些不易被发现的腿部肌肉强度的不平衡引发并造成了骨盆倾斜，而腘绳肌的疼痛只是这一系列反应的最后一站。

至于治疗方案，冰敷、使用消炎药或者按摩腘绳肌显然不能真正解决问题。换一双正确的鞋子才是正解，它将使身体迅速做出自我修复，相当于把那些倒塌的多米诺骨牌扶起来。

一般来说，身体拥有强大的自我修复能力，当你的身体给你一个明显的暗示，比如一次腘绳肌的疼痛，实际上是在提醒你停下来，评估一下自己的身体有什么问题。如果你无视这个信号，你很快就会发现为时已晚。当你在生理上已经完全无法承受训练时，实际上是你的身体在强制你停下来；如果不停下来的话，最终的结果就是时间被浪费、情绪失落、状态下滑、压力增加，甚至抑郁。

是的，只有在生理、化学和心理上对身体进行全方位的评估才是最佳的治疗方式，有人称之为全面解决方案或者全景视图。

在这个全面理论中，大脑起着决定性作用，对于耐力项目而言尤其如此；但大脑在训练和比赛中所起的作用却往往被遗忘或被忽略。我的判断是，在体育研究中，脑科学将成为下一个前沿领域。这里我指的不是已经存在了几十年的运动心理学，而是对大脑的生理机能的研究，以及它对肌肉、激素、供能、燃脂等所有运动功能的影响。

在比赛中，让我们慢下来的是大脑，而不是过多的乳酸，或者不足的糖原和氧气。作为身体的控制中心，大脑让我们慢下来以避免受伤或者对健康产生负面影响，比如我们的身体也许会以伤痛的方式给我们设置一些"路障"，让我们不要跑得太快；而为了避免受伤，大脑会命令我们的身体慢下来甚至停下来。本书提供的信息将帮助你在伤害产生之前就发现问题，并进行自我修复。

本书将对体育运动中一些流传甚广的错误观念进行澄清，这些观念会对运动表现产生负面影响。它们之所以流传甚广，一部分原因是以讹传讹，一部分原因是有些关于训练、比赛和营养的理论已经过时，还有一部分原因极为恶劣——无处不在的商业行为和体育营销。为了纠正错误观念，我将在本书中提出以下建议，并对此进行详细的解释：

- 在供能方面，要把注意力集中在燃脂上，而不只是碳水化合物和糖原。
- 训练时要慢，这样你的有氧系统就能改善你的耐力，最终使你跑得越来越快。
- 不要进行拉伸。通过训练前热身和之后冷身，你同样可以保证良好的身体柔韧性，而且避免了伴随拉伸经常出现的伤病。
- 合理地摄入脂肪以建立耐力基础，减少炎症，改善大脑功能。
- 精制碳水化合物会减少耐力运动所需要的能量、破坏重要的激素平衡、储存多余的脂肪，请离它们远一点。
- 避免摄入那些会对耐力和健康造成负面影响的零食。
- 多花些时间待在阳光下，别戴墨镜，也别穿防晒装备，这样有助于吸收更多的维生素 D 并提高运动表现。
- 在早期发现并纠正过量训练，不要让它们造成身体疲劳、糟糕的运动表现和伤病。
- 要相信，年龄不是阻碍你进步的因素。到了 40 岁、50 岁甚至 60 岁，你仍然有可能越跑越快，只要你提高燃脂效率和慢肌的功能。

如何使用本书

本书将帮你定制自己的训练计划。每个人都有自己的特殊需求，没有任何一份训练计划适用于所有人。最重要的是，你的主要目标不应该是一个短期目标，而要着眼于长远之处。如果能够做到这一点，你的运动能力将在很长一段时间里持续提高，而这与你的年龄和性别无关。

我在写这本书的时候，想象自己正在与我的学员进行一对一的训练。从一般的宏观角度出发，我先对耐力项目的一些概念进行了定义，并介绍了人体系统，比如肌肉、新陈代谢和大脑。我将会告诉你如何把这些概念运用到训练、比赛和自我测试中去。接下来是饮食、营养等主题，每一个章节都很容易理解。

你还可以看到之前到我这里进行治疗的一些患者和运动员的案例、一些接受过我的治疗的人员所写的文章，以及访客们在我的个人网站（www.PhilMaffetone.com）提出的问题。我已经尽力在书中解答这些问题，我也很乐意听到你的反馈。

同时，祝你们好好享受，耐力持久。

THE BIG BOOK OF
ENDURANCE
TRAINING AND RACING

推荐序 1	把时间拉长，你将看到身体所能达到的新高度	
推荐序 2	审慎，训练的态度	
新版译序	耐力，就是心有猛虎，手有余香	
初版译序	通往波士顿马拉松之路	
前　　言	发掘自己的最佳运动潜能	

引　言　我的耐力之路　　　001

第一部分
建立耐力基础

01	什么是耐力	019
02	训练自己的身体	041
03	打造你的 MAF	067
04	MAF 测试	093
05	热身和冷身	117
06	进阶训练方法	135
07	训练压力	155
08	过度训练综合征	177

目 录

第二部分
提升耐力水平

09	量身定制你的训练计划	201
10	做好准备，迎接比赛	215
11	高海拔训练	241
12	饮食与有氧能力	261
13	碳水化合物和两周测试	269
14	平衡膳食：蛋白质、脂肪、蔬菜和水果	303

第三部分
改善健康状况

15	肌肉平衡与失衡	347
16	伤病与疼痛	363
17	康复和自我评估	383
18	燃脂与体重问题	393
19	精密的足部结构	403
20	选一双好鞋	419
21	健康，不要伤亡	433

张祎同说　　　　　　　　　445

引 言

我的耐力之路

生活是一段考验耐力的旅程，充满了不可预测的惊奇。我从来没有想过，自己有朝一日能够成为一名全科医师，与耐力运动员们亲密无间地合作，共同度过多年美好的时光。这些运动员中既有刚入门的新人，也有成熟的老将，还包括诸多世界顶级高手，比如铁人三项冠军马克·艾伦、科琳·坎农（Colleen Cannon）、迈克·皮格（Mike Pigg），世界级长跑运动员玛丽安娜·迪克森（Marianne Dickerson），以及后来成为跑步导师的乔治·希恩（George Sheehan）博士。

具有讽刺意味的是，我最早在高中时代是200米短跑运动员，有时候还会参加更短距离的比赛，完全不是一个耐力运动员。对于人体本身，以及如何通过合理训练、管理压力和改善饮食发掘人体潜能，我并没有足够的认识。

通过多年的试错，我的个人经历逐渐丰富。我把运动生理学的相关理论、东方哲学以及我对患者和运动员的治疗经验进行了融合，并持续对我设计的耐力运动蓝图进行了优化和扩展。我将在本书中提供大量的优质信息以帮助你成为一个更好的耐力运动员，但是首先，请允许我先讲讲自己的故事，之后你就会理解为什么今天我仍然会告诉所有的运动者，不要因为追求成绩而忽视自己的健康。很显然，竞技状态（fitness）与健康状况（health）这两种东西虽然你中有我我中有你，但它们并不是一回事，而我直到 1980 年跑完纽约马拉松赛之后，才对它们之间的关系恍然大悟。

保持不败的跑步生涯

我在 20 世纪 60 年代上高中时才开始在跑道上跑步，当时我的耐力极限是在煤渣跑道上全力跑二十二三秒钟。直到 10 年级（相当于中国的高一）快结束的时候，我都不能算是一个体育好的学生，因为我的协调性较差，一些大多数同学都能完成的动作我根本做不出来，所以上体育课对我来说是一件很尴尬的事情。我的学习成绩也很糟糕，我是那种必须靠着暑期补课才能勉强不留级的差生。但是，我的身体突然开始发育，体内的睾酮激增。在我 10 年级的最后一周，体育课上进行了一次 600 码（约 549 米）测验，在没有任何训练和准备的情况下，我击败了所有人。接下来的一年，我加入了校田径队，开始了从高中到大学早期几乎不败的跑步生涯。

当然，我也经历过几场失利。12 年级（相当于中国的高三）的时候，我作为学校唯一入围的运动员参加了纽约州水平最高的比赛。比赛当日中午，我与教练一起在一家咖啡厅吃了快餐食品，然后便一个人开车去了赛场。那天下午，我跑了一组又一组晋级赛，每次都轻松取胜，最终进入决赛。但那天，我从中午之后就没有再吃过任何东西，200 码（约 183 米）赛事的决赛是在晚上进行的，我当时已经饿得不行了。由于肚中空空，我走向起跑线的时候，感觉非常虚弱，甚至有些打晃。当其他运动员已经安装好起跑器时，我才发现自己的这条跑道上根本就没有起跑器。裁判让我赶紧去取，我一回来，发令枪就响了。跑到 140 多米的时候，我意识到自己已经没有可能获胜了，于是我放慢速度，最后一个到达终点，用时 23 分 5 秒。

高中毕业后，尽管我的学习成绩很差，但我仍然希望读大学，唯一的原因就是想跑步。我的目标是达到全美顶级水平，然后代表美国参加奥运会。

我在大学的大多数训练都是一个人完成的，先绕着 400 米跑道热身一到两圈，然后进行 10～12 组短距离冲刺，最后是放松圈。我已经不太记得在附近大学参加过的那些小型赛事了，我就是去检录，然后快速奔跑，最后赢下我参加的绝大多数比赛的冠军。因为有太多的业余时间，我又想充分发挥我的速度优势和刚刚发掘出来的身体素质，于是想去参加橄榄球和棒球比赛，但是我的教练制止了我，因为他认为那样会受伤。

在大学的室内田径赛季中，我在那种老式的木地板赛道上比了一场又一场，最终成功晋级全国赛。为了获得全国比赛的资格，我甚至不得不参加了一些更短距离的比赛，比如 60 码（约 55 米）。在全国比赛的决赛中，前三名的名次是靠终点摄影确定的，我最终获得了第三名。但那场比赛之后，我对训练和比赛失去了兴趣，于是离开了大学。我不是一个适合读书的人，我准备开始自己的新生活。

我搬回自己长大的地方，纽约州北边的一个小镇。有意思的是，那个地方离我的高中很近，就是那个我赢得过很多比赛的地方。我找到了一份电话公司的工作，待遇还不错，这份工作需要我做的就是在电话公司新建的大楼里测试新安装的设备。我很快结了婚，组成了家庭。我仍然参加一些体育活动，加入了一个业余橄榄球队，担任外接手；我也会去参加棒球比赛，每个位置都尝试过。我还开始游自由泳，但都是短距离，我是一个很不错的泳将，就像我在早期田径生涯中的表现一样出色。

在这段时间里，我开始对运动生理学和营养学产生兴趣，这也许与我的童年经历有关。我妈妈特别喜欢收听广播里营养专家的节目，而我爸爸后来开始对有机生物园产生浓厚的兴趣，他还自己建了一个家庭蔬菜园。

我读了许多阿黛尔·戴维斯（Adele Davis）的书，她在20世纪60年代后期和70年代初期算得上是营养界的大师。我还在一家健康食品店打了一份零工，而且加盟了一家天然食品合作社。那时我已经开始学习东方哲学，现在看来，那些知识尤为重要，因为对个人而言，只有整体意义上的健康才是真正的健康。

找到人生新方向

某一天，我突然有了一个可以被形容为"爆炸性"的想法——我应该回到学校读书，然后成为一名医生去帮助其他人。这个念头实在是太强烈了，所以我第二天就按照规定向电话公司提交了两周后离职的申请，随后找了一家餐馆在晚上打工，计划在当地大学完成本科教育。我上了很多人体生物学的课，开始运用这些知识让自己变得更健康，于是我的状态也变得越来越好。由此，我知道了必须吃得好，才能成为一个全身心投入学业的学生。但我当时一方面营养不足，另一方面之前的学业基础太差，累积的学分不足以让我进入任何研究生项目。这时，我遇到了一个脊柱按摩师，他认识芝加哥的国家健康科技大学的校长，我可以去那里学习营养学、运动医学和其他相关学科，而且那里可以授予脊柱按摩方面的博士学位，使我有朝一日可以成为医生。

当时我已经有了两个孩子，把这样一个家搬到芝加哥不是一件容易的事。我找了一份工厂夜间看门人的工作，从晚上12点工作到早上8点。我向学校申请了贷款，可以支付学费和其他一些费用。学校的夏季学期使学生可以在三年半内完成五年的课程，我决定选择这一"浓缩"课程。

研究生院课程的数量差不多是本科的两倍，需要我额外投入的学习时间几乎把我压垮了。我的周末都用于学习，比如搞清楚每块肌肉是如何附着在人体上的。我需要记住那些复杂的细节，比如关节的精密结构、遍布全身的神经的分布图。如果不能掌握这些知识，仅凭平时的人体解剖课，我根本就学不到足够多的东西。

但是，脊柱按摩这个学科的理念及其诊断和治疗手段的单一性让我非常失望，我甚至给原来电话公司的老板打了电话，问有没有可能回去上班。老板说，如果我想回去的话，那个位置还是我的。那天晚上，我一直想着该如何选择，以至于我到宿舍楼的地下室去洗衣服的时候，竟然进错了门——里面正在进行一场关于肌肉、运动以及营养的重要作用的讲座。听完那个讲座，我真的有些激动了，我不就是为了学习这些知识，才做出了如此牺牲的吗？

尽管我要应付冗长的课程、看守晚上如坟场一般的工厂，还要承担家庭责任，但那些常规课程之外的学习内容还是成了我的首选。每到周末，芝加哥都会有大量的专业讲座，主讲人是医学博士、整骨医师、脊柱按摩师、针灸师等，还会有人讲授推拿治疗、饮食和营养。这些领域的知识对我在解剖学、生理学、生物化学、药理学和诊断学方面的学习是一种有效的补充。按照很多脊柱按摩师的说法，国家健康科技大学对医学的重视程度有些过分了，学校的授课内容过于空泛，虽然与医学院的学生学到的东西几乎一样，但在观念上还是有些僵化，一些方法因循守旧，这正是让我不舒服的地方。比如，学校的教材上还在坚持说脊柱是很多健康问题的根源，却绝口不提营养和锻炼对健康的影响。

我从课外讲座中得到的知识使我的教育体系保持了平衡。解剖学仍然坚持认为头部的骨头是固定的，但我从整骨学中发现，随着呼吸和肌肉运动，颅骨是可以活动的，这使一些重要的治疗方法成为可能。我学到的知识还包括，受伤的大脑不仅可以恢复，而且在认知能力和其他功能上还能有所改善，并且年龄的增长并不意味着大脑功能的下降。另外，失衡的肌肉通常被认为需要几周甚至几个月的时间才能康复，但实际上通过各种手法的按摩治疗，很快就可以修复。但是，即使把在学校和周末学到的东西都加到一起，我仍然觉得自己缺少一样东西：如何把它们融会贯通、付诸实践？

一想到这些，我都等不及毕业了，所以过了一段时间，我就开始在自己的住处为别人治疗了，就像开了一家地下诊所。我的第一批患者是我的同学，然后是当地社区的人。我经常看到我的一个同学在前往训练和结束训练的途中从我住处前经过，每次他回来的时候都显得比去的时候疲惫很多。有一天，我问他能否为他做一次身体评估，他同意了。评估结果显示，在训练之后，他的身体像要炸了一样——心率高、肌肉失衡、步态糟糕、膝盖疼痛。我开始研究他为什么会变成这样，我对运动生理学越来越感兴趣。

一次崩溃，一个转折

然而，我的情况变得糟糕起来，1976年，距离我毕业还有不到一年的时候，我在生理和心理上都崩溃了。压力在我身上不断聚集，直到有一天，我突然发现自己躺在医院的急救室里。医生说我太虚弱了，不让我出院。我的肌肉严重退化，肠胃几乎不能工作，而且严重贫血。由于我的免疫系统完全不能发挥作用，我的身体长期处于发炎的状态。但我当时要赶去纽约参加一场考试，以便获得执业许可。在我住院一周之后，医生仍然不让我出院，我只能拔掉双臂上的输液针，换上衣服，叫了辆车前往机场。我参加了两天的考试，后来的确成功通过了这次考试，但是我病得太严重了，非常虚弱，根本就无法返回芝加哥，只能在纽约继续接受治疗。

我当时不到45千克，在此前不到一年的时间里掉了25千克。尽管被困在病床上，但我仍然想看正在举行的蒙特利尔奥运会的现场直播，尤其是田径项目。虽然我够得到电视机的开关，却无力拧动它。最后是护士进来帮助了我，我嫉妒地看着奥运会田径比赛中的运动员，我在想，为什么自己的健康会恶化得这么快，我还不到 30 岁啊。

回到芝加哥后，我马上预约了底特律的一个医生，我听过他的讲座。乔治·古德哈特（George Goodheart）博士答应给我提供三天的免费治疗，还允许我近距离观察他对其他患者的治疗过程，那些人来自世界各地。古德哈特博士创造了一套被称为应用运动学的生物反馈评估系统，他用手对肌肉进行测试，然后通过推拿、针灸和头部按摩等一系列接触疗法进行治疗，同时辅以营养学和其他治疗手段。我在芝加哥对同学进行"非法行医"的过程中曾实践过其中一些方法，效果很好，但我从未想过能亲眼看到那么多极端的病例和一些伤病严重的患者在很短的时间内就开始好转，其中就包括我。一开始，我的血红蛋白指标是触发警戒线的 7.1，低得都需要输血了（当然即使输血也没有什么用）。但是古德哈特博士说，我的指标会好转，三天治疗结束的时候，我的指标达到了 11。这太不可思议了，所以回到芝加哥后，为了保险起见，我马上又测了一次。我学过血液方面的知识，知道血细胞指标的改善通常需要几个月的时间，而不是几天。但这一次，我的指标居然是 11.8！这令我更加坚信，我学到的这些诊断和治疗方法甚至比我想象的还要强大，这使我感受到了在课堂上从未得到的热情和自信。这一发现与我身体的好转是同步发生的。在很短的时间里，我进一步调整了自己的饮食和营养，而且开始用慢走的方式锻炼。最初，我走 10 分钟都很难，但随着我的进步，我的肌肉开始恢复，各方面的状态都开始好转，我的体重也差不多回到了原来的水平。

1977 年，我们一家搬回纽约州，我开设了私人诊所。我又一次住在了高中的操场旁边，在那里，我曾作为短跑运动员一次次超越自我。很快，我就接触到了不同年龄、类型各异的患者。很多人都是关节、腰部或者肠胃出现了问题，与我之前的情况很像。我的方法很简单：我用尽可能多的时间对他们的病情进行个性化评估，一旦发现了病因，治疗的部分就显得快速简单了。我的治疗手段丰富得就像一个工具箱，从传统的理疗到饮食、营养、压力管理，甚至是锻炼。我所做的是把最合适的治疗手段与患者的实际情况相结合。我采用的是真正的整体治疗方法，这使我的患者都迅速收获了良好的疗效，我的口碑很快就建立了起来。

我之所以能够成功地治疗患者，最重要的原因是我作为患者的经历。患者的一个普遍不满之处是他们的医生不愿意倾听，他们总会发出一些貌似与病情无关的抱怨，而医生并不会认真对待这些话，而是急着处理症状，对真正的病因并不深究。在我的身体垮掉的时候，我就是这么被对待的，医生们不停应对我的病症，而我却没有被治好。从某种意义上说，我也应该感谢这段作为患者的经历，它是我职业生涯的一部分。那些没有当过患者的医学从业者通常无法知道一个患者真正的想法。

慢慢地，一些当地的运动员也开始向我问诊，他们大多是因为伤病而停训，经历过各种各样的专家的诊断，无解之后才向我寻求帮助，他们把我当作最后的希望。我的方法没有改变，还是用尽可能多的时间对他们进行诊断，然后实施最有效的治疗方案。

有一天，当地路跑协会的主席出现在我的诊所，他是一名消防员，几天前在一次救火行动中，由于屋顶破漏而从上面摔了下来，身体多处受伤，背部尤为严重，但他仍然希望能在7周之后参加纽约马拉松赛。我用多年来学到的医学方法为他进行了诊断，并采用推拿等治疗手段，使他受伤的肌肉恢复了平衡。我治好了他的伤，使他恢复了奔跑能力，而且是在没有疼痛的状态下的奔跑能力，他最终轻松完赛。

随着我的非同寻常但有效的治疗方法传播开来，当地越来越多的跑者慕名而来，他们几乎挤满了我的候诊室。我逐渐采用各种生物反馈工具，对他们的各种运动学指标进行测量，从心率和呼吸到大脑对肌肉的控制。我开始意识到，治疗那些大大小小的伤病其实只是我工作的一半内容，另外一半是确定那些伤病是如何发生的，以及如何避免再次受伤。这意味着我需要知道运动员们是如何训练的，我需要对测试和治疗的过程中得到的所有信息进行分析，在此基础上对他们的训练和比赛计划给出合理的修改建议。

越来越多的跑者开始认识我，我也开始担任私人教练的工作，但我们都知道，我完全不是那种传统意义上给他们一份训练计划，然后鼓励他们在比赛中全力以赴的教练，我会为他们提供客观的反馈，帮助他们成为自己的教练。在我给出的建议下，他们自己教自己，这也使他们能通过直觉更加本能地对待自己的身体。

随着我个人健康的逐渐恢复，我开始产生参加一次纽约马拉松的想法。那时我进行走路锻炼已经有两年多的时间了，距离纽约马拉松开赛还有 6 个月，我的训练时间相当充裕。我开始在走路的中间路段进行慢跑，慢慢地，我的 1 小时训练中有大部分时间都可以轻松地跑了。我监控自己的心率，穿平底鞋，在每次跑步的开始和结尾阶段都通过步行来热身和冷身。最终，我每周最长距离的训练可以达到 2 个小时了。虽然我对自己的跑步距离心里有数，但我每次的训练都是根据时间衡量的。

什么是真正的健康

纽约马拉松举行的那个早上，凉爽多云。比赛是在一声巨大的炮声中开始的，那声音过于响亮，甚至连韦拉扎诺大桥都颤抖了。那次比赛有 18 000 名运动员参加。前 16 公里，一切都很好，兴奋感使我的速度比计划中的配速要快一些，但我感觉非常好。疲劳感在 24 公里时如预料中袭来，但我仍然能够坚持。接下来的几公里，我开始发抖，虽然一路上喝了很多水，但仍然脱水了，而且我当时特别想吃棉花糖。27 公里处，我停下来检查自己的脚，它们已经麻木了，我只想确认它们还在。"我的腘绳肌要抽筋了！"我对自己大喊。我突然意识到，我的思维好像有些混乱了，我只记得自己的目标是要完赛，并且要向自己和别人证明我是健康的。

两个医务人员被我可怕的样子吓坏了，他们努力想让我离开赛道，但是被我拒绝了。我不顾一切痛苦地向前跑着。最后几公里是怎么跑下来的，我基本上没有什么印象了，但是终点附近的情形我一直记得：我在中央公园与一个电视台的摄像师发生了轻微的碰撞；观众的声音越来越大，然后我就清晰地看到了终点线。完赛奖牌被挂到了我的脖子上，我终于成功地完成了4小时的耐力测试，我喜极而泣。然而就在下一刻，我被送进了急救帐篷，那里就像战地医院，"伤兵"遍地，医生和护士跑进跑出，那些面容憔悴的跑者们躺在病床上痛苦地呻吟着，救护车始终都在忙碌。我问自己："这些人真的健康吗？我健康吗？"我后来意识到，跑完马拉松并不能证明我是一个真正健康的人，只是我的竞技状态适合跑完一个马拉松罢了。很显然，良好的竞技状态与良好的健康状况并不是一回事。这一重要的观念会在本书中做更细致的讨论，但我现在要说的是，有太多的耐力运动员都错误地认为，自己处于超好的竞技状态或者能够跑出好成绩就意味着是健康的。

纽约马拉松之后，我开始以各种题目做讲座，但内容都是关于竞技状态与健康状况的。最开始是在当地的图书馆、有氧舞蹈室、健康食品店，然后是在一些跑步活动中。我也开始在一些会议上宣读我写的专业论文，各种保健专家都开始接受我的整体治疗方法，并开始应用到他们的患者身上。我逐渐收到一些赛事的邀请，比如百慕大马拉松，在那里，我遇到了乔治·希恩博士。作为一位心脏病专家和一名跑者，他在跑圈中是一个有影响力的人物，原因之一是他为《跑者世界》和其他媒体撰写专栏。在讲述跑者那些奇妙的热情和痴迷时，他的文章充满了哲学性和幽默感。听说我在训练中使用心率监测仪，他感到很受启发，后来还专门来我的办公室观察我如何与患者共同工作。

后来，又有游泳和自行车运动员找到我，然后是铁人三项运动员，他们来自美国各地，包括加利福尼亚、科罗拉多和佛罗里达等。后来，我根据不同的需求，设计了不同时长的讲座，时间从一天到一周不等。讲座在不同地点举行，通过将一对一训练、授课、集体约跑、骑行结合起来，来评估运动员的训练情况。对于游泳运动员，我还会在泳池边观察他们的划水效率。

与铁人三项运动员的合作是一种完全不同的体验，因为这毕竟不是单一项目，参与者需要训练三个项目——游泳、自行车和跑步，从生理学的角度看，这相当于综合训练了。相较于单一项目，铁人三项的训练天生就有许多额外的好处。这三项运动所用到的神经类型不完全相同，所以这个项目中需要大脑针对不同运动做出不同的反应，给人体提供一种更趋全面、平衡的训练反馈。而且，每项运动都是在以不同的方式对人体进行塑造。显然，无论是在提高竞技能力方面，还是在提升健康方面，铁人三项的训练都比单一项目的训练更具优势。以游泳为例，它可以在长跑和自行车训练之后，帮助人体在生理、新陈代谢等方面进行恢复。铁人三项赛在强度方面是逐渐提升的，游泳和自行车项目都以有氧为主，到了跑步项目时则变成以无氧为主。通过这些观察，我形成了自己的训练策略，从而帮助我的运动员获胜。

曾经有一个铁人三项运动员来向我求助，她的名字叫科琳·坎农，她年轻、外向、美丽、天赋卓著。在很短的时间内，她的 10 公里成绩就从 40 分钟提高到了 35 分钟，在铁人三项赛中的表现也有很大提升。她还介绍了其他人来找我，包括一个名叫马克·艾伦、看上去大有前途的圣迭戈人，他当时还没有赢得过夏威夷铁人三项世锦赛的冠军。另一位来我诊所接受治疗和指导的超级马拉松运动员名叫斯图·米特尔曼（Stu Mittleman）。我与他第一次见面是在一个短距离铁人三项赛前一天的报名现场，他原计划参赛，但是因为脚部疼痛，又在犹豫要不要退赛。他当时问我，这种伤病要多久才能痊愈，达到参赛的程度。我告诉他这不是太大的问题，很好处理，然后给他的脚部做了推拿。疼痛马上就消失了,我又帮他治好了导致脚伤的肌肉问题。第二天,他轻松完成了比赛。

在那之后,我开始了与斯图的密切合作,我鼓励他改变训练方法,佩戴心率监测仪,改善饮食。就像我合作过的大多数运动员那样,斯图向我展现了人类的运动之美。他在训练时,尤其是在跑道上一圈圈地奔跑时,就像一个实验室造出的完美之人。我看着他,感觉自己像一个正在进行研究的科学家。每当我看到他的跑姿或步幅出现一些偏差时,都会叫停,然后一起纠正。我们一起备战了在法国举办的"世界六日跑步锦标赛"(World Six-Day Race Championships),那是他当时参加的最重要的赛事。最终,他在 20 多名世界顶尖的超级马拉松运动员都参赛的情况下获得了亚军。比赛中,连续 6 天他每天要在 200 米的室内跑道上跑 160 多公里。只要他在跑道上奔跑,我就会在跑道边观察,我的工作就是在比赛中保证他身体的平衡,就像赛车比赛中维修站的车队成员一样。当他的能量储备下降时,我会为他准备好特定的食物和饮料以确保他的需求。我还会监控他的心率和呼吸,收集反馈,连最细微的信号和症状都不会放过。当他跑过我身边时,我甚至会听他落地的声音。我能够把他跑步声音的变化与具体的肌肉不平衡联系起来。

在与这些耐力运动员合作期间,我还利用心率监测仪训练过赛马,以提高它们的耐力。尽管马与人在生理构造上完全不同,但如果你把它们想象成用四条腿站立的跑者,它们与人类就有很多相像的地方,它们的生理机能与运动员也很接近。在很多时候,马比人更容易训练。

我的诊所一步步扩大,我陪运动员一起参赛,进行各种讲座,并且开始写作。在这一过程中,我的跑步成绩也一直在进步,我开始参加从一英里到马拉松的各种路跑比赛,逐渐能够在我的年龄组中获得名次。我还在日常训练中加入了游泳和自行车,参加一些短距离的两项赛、三项赛和游泳比赛。

因为讲课以及与运动员的合作，我的很多时间都花在了旅途上。在这种情况下，保持良好的竞技状态对我来说越来越难。从 20 世纪 90 年代前期开始，我不再参赛，慢慢地训练量也大幅减少。最终，我不得不减少出诊时间和外出指导运动员参赛的次数。在选择陪同参赛的赛事时，我只会去那些重要的比赛，比如在夏威夷科纳举行的铁人三项世锦赛。我最后一次出现在夏威夷是 1995 年，马克·艾伦第六次也是最后一次赢得了那个比赛的冠军，我当时坐在最前面的媒体车上，车上的收音机正在直播北美职业棒球联赛的总决赛，洋基队最终击败了勇士队。

从医生到音乐人

1997 年，我关闭了私人诊所，但仍然会提供咨询和讲课服务。我用一年时间写完了《运动医学之补充》（Complementary Sports Medicine），就在它出版之后，我脑子里又闪过了一个念头，这个念头就像当年辞掉电话公司的工作改行做医生一样强烈。某一天醒来，我产生了一个愿望，想成为一名音乐创作人，虽然我从来不会弹奏乐器，不会唱歌，也从未写过歌。但我拥有脑子里的音乐，我从小到大一直在脑子里创作。

就在有了这个想法后的一周里，我突然接到了一个电话，它来自影响力十足的音乐制作人里克·鲁宾（Rick Rubin），鲁宾希望我能为他进行治疗。我告诉他，我已经不接诊了，我刚刚成为一名歌曲创作者。然后我们达成了共识，在各自擅长的领域帮助对方。我把大量时间花在了音乐上，与鲁宾一起在洛杉矶工作，那里是世界音乐的中心之一。我开始接触到大量音乐人以及鲁宾的客户，我成了约翰尼·卡什（Johnny Cash）的医生，帮助他恢复健康，把他从对处方药的过度依赖中解救出来。我最终在纳什维尔录制了我的第一批歌曲。在很短的一段时间里，我曾是红辣椒乐队（Red Hot Chili Peppers）的保健医生，陪他们进行环球巡演，我像训练耐力运动员那样对待这 4 名伟大的音乐家。

同时，我还尝试通过测量脑电波来展现音乐对大脑的显著影响。不出我所料，听音乐时大脑产生的阿尔法脑波不仅有利于健康，而且对运动员的压力管理、成绩提高和伤病康复都非常重要。人类几千年来不是一直在寻找这种疗法吗？我努力学习吉他和钢琴，忙于创作歌曲，直到有一天意识到，在好莱坞的生活对我来说压力太大了，于是搬到亚利桑那州南部、距洛杉矶一小时车程的一座小城，这样既可以继续我的音乐事业，又能为鲁宾治疗。

我的新家的海拔大约有 1 400 米，安静、祥和、美丽。在那里，我打理一大片果蔬园，那是一种非常美好的经历。我的音乐生涯仍在继续，我已经制作了两张唱片。最重要的是，通过最大限度地控制生理、化学和心理上的压力，我又找回了完美的身体形态。虽然无法在运动能力上恢复如初，但我感觉自己正处于生命中最健康的时期。根据季节和自己的感受，我每天进行一两小时的身体训练，包括在山里徒步、骑车，游泳或力量训练。

现在正是一个暖冬的下午，我偶尔抬头向外望去，雄伟的圣卡塔利娜山出现在我眼前，我能够听到自己脑海中的音乐。

M

THE BIG BOOK OF ENDURANCE TRAINING AND RACING

第一部分

建立耐力基础

训练时要慢，这样你的有氧系统就能改善你的耐力，最终使你跑得越来越快。

——菲利普·马费通博士

ENDURANCE TRAINING

RACING

01

什么是耐力

THE BIG BOOK OF ENDURANCE
TRAINING AND RACING

训练 = 运动 + 休息　　　健康状况

呼吸商（RQ）

铁人三项　　　竞技状态

有氧速度

耐力三角

燃脂　　　有氧速度

撞墙

无氧运动

01

什么是耐力

人类的耐力与生俱来，这种素质刻在我们的基因里。在进化过程中，我们之所以能够作为一个物种生存下来，耐力起到了重要的作用。早期的人类作为两足动物，拥有直立行走的能力，他们的脚是为走路设计的，而不是用于攀缘和吊在树枝上；他们能够大量地排汗，以保证身体不至于过热，以上特质都使他们可以长距离移动，而不会过度疲劳、中暑和受伤。为了寻找食物和水，他们通常要前往很远的地方才能找到理想的生存环境。

在数百万年的自然选择过程中，耐力被作为天赋赠予人类，但直到近代，体育科学才开始全面关注耐力。科学家们开始研究：在强度不变的情况下进行长距离移动对一名运动员来说意味着什么。人们在耐力方面的差异是什么造成的？为什么有的人跑得快？为什么有的人擅长短跑，有的人擅长长跑？

尽管遗传会决定我们在运动能力方面的差异，但是通过训练和正确的生活方式，我们可以控制自己的运动表现。只要做出正确的选择，我们便可以激发出体内本来就存在的耐力，并且通过合理和健康的方式提高它。

当我们把自己的身体视为一个整体，并且对身体的各种功能进行微调时，我们的耐力就会自然而然地得到改善。要想拥有强大的耐力，我们必须从这种整体观念出发。如果你希望通过提高耐力挖掘自己的运动潜力，那么关键在于使自己的身体进入一种平衡状态。影响耐力的因素有很多，如肌肉功能和燃脂能力，以及摄入的营养和大脑的激励作用。本书讨论了10多种因素，并且介绍了如何调动这些因素来提高耐力。不过，最重要的是，==我们要使这些因素同时起作用，因为任何一个方面的缺失都将使耐力下降。==

那么，对一个运动员来说，耐力到底意味着什么呢？我们可以用很多种方法定义耐力。在一本常见的大学教材《运动生理学》（*Exercise Physiology*）中，作者们讨论了耐力的方方面面，但是直到第756页才以学术而不是实践的角度，给出了耐力的定义。另外，还有一些研究者把耐力定义为一种生存方式。但是，在一场铁人三项赛中，你希望的当然不只是生存下来，你希望拥抱比赛、以此为生，并乐在其中，否则的话，又何必参与呢？耐力与冲刺能力最显著的不同在于参与者的投入程度：耐力运动员在发挥耐力时并不需要全力以赴，而短跑运动员则需要不遗余力。

耐力包含了生理、化学和心理方面的机能，所以我对此做出了多种重要的定义。只要是比赛时间持续几分钟以上的运动项目，参加这些项目的运动员在训练时都符合这些定义：

- **定义之一：**耐力是一种个人能力的体现，我们通过耐力发挥自己的运动潜能。作为个体，每个人对自己的耐力的定义各有不同，可以是跑10公里、游1英里（约1.6千米）或者骑行百英里（约160千米）。在最高水平的比赛中参与竞争，对于耐力运动员来说是一种表达自身耐力的方式，受此驱动，他们以职业的姿态参加比赛。那些在环法自行车赛上连续骑行三周的运动员或者在9小时以内完成夏威夷铁人三项世锦赛的运动员，都需要超强的生理和心理条件。

- **定义之二**：耐力在生理、化学和心理方面为我们提供帮助，使我们的身体可以在长距离赛事中持续获得能量，保持较高的速度。由于有耐力作为保证，我们的身体并不需要竭尽全力，便可以获得更快的速度。

- **定义之三**：耐力是身体有氧系统能力的体现。本书所讨论的就是这个核心系统，其中包括可以通过燃烧脂肪为身体供能的有氧肌肉组织、与肌肉相连的神经和血管，以及保证上述组织正常工作的心肺等器官。在对有氧系统进行训练之后，一个跑者有可能在一个月之内把自己心率 150 以内的 8 公里成绩从 45 分钟提高到 43 分钟。一个自行车运动员通过有氧训练，有可能在一条 16 公里的平坦路段上把自己心率 140 以内的时速从 24 千米提高到 30 千米以上。我把这一耐力指标称为"有氧速度"（aerobic speed），并将会在接下来的几章里进行讨论。

- **定义之四**：耐力是我们的一种能力，这种能力帮助我们在不牺牲健康的前提下提升运动成绩。其实，在每个人的生命中，我们都在自觉或不自觉地进行耐力训练，对于运动员来说，这个过程还包括了各种比赛，但是，我们还可以把这种训练进行得更好。我们大多数人每天都有很多事情要做，比如自身事业、庭院整理、家庭生活、社会活动，以及各种各样占用我们时间和体力的事情；耐力运动与上述活动并不是割裂的，平衡好生活中的各个方面对于建立和提高我们在训练和比赛中需要的耐力起着重要的作用。

为了增加耐力，我们首先应该发展身体的慢肌，它们存在于我们身体的有氧系统中，通过燃烧脂肪获得能量。训练慢肌是获得强大耐力的第一步，在这个过程中，我们需要提高有氧速度，这是耐力的一个重要指标。在最初阶段，这些肌肉只能使我们以一个相对较慢的速度进行运动，但是随着身体逐渐学会把脂肪作为能量来源，有氧肌肉功能逐渐提高，我们的耐力便得以建立。

==耐力区别于冲刺能力的另一个重要特征是它与年龄的关系：与冲刺能力相比，耐力可以被保持得更长久一些。==随着年龄的增加，很多运动员的耐力下降，这不完全是因为缺乏训练，而是因为缺乏正确的训练，以及健康程度下降。很多耐力项目的运动员能够在四五十岁仍然保持进步，尽管他们的最大摄氧量（VO$_2$max）不足，但仍有可能在比赛中击败年轻人。因为有了正确的方法，那些从三四十岁才开始系统训练的人将有可能在五六十岁时实现最佳成绩，那些六七十岁的人也有可能超越二三十岁的年轻人。

有氧速度

运动员们评估耐力的最好方法是定期测试自己的有氧速度。耐力是花费相同或者更少的努力去做更多的功的能力，我们可以通过速度来观察自己的进步，速度体现在移动每公里需要多少时间、每小时能跑多少公里、单位时间能跑多少圈。这个过程需要通过使用心率监测仪实现，比如在75%的最大心率下完成某段距离，或者在某段时间里进行跑步、骑行或其他运动。

值得一提的是，这种方法不仅可以客观地测量耐力的进步，还可以对我们的健康状况提出预警。当我们出现生理、化学和心理方面的失衡时，这种进步的趋势会出现停顿甚至反转，也就是说，当不适的感觉还没有出现时，速度的下降已经提前提醒我们：身体出了状况。我把这种自我评估称为"最大有氧能力（MAF）测试"，这种测试应该定期进行，而且最好把结果写在训练日志或日历上。

传统的耐力测试都是通过测量最大摄氧量来实现的：让运动员在跑步机或固定骑行设备上运动，然后测量他们吸入和呼出的氧气和二氧化碳的量以及心率、呼吸交换率（RES）等数据。虽然这一测试方法在耐力训练领域已流行多年，但对大多数运动员并不适用，对于评估耐力也并不是一个好的标准。那些最大摄氧量相同的运动员通常会表现出差异极大的耐力水平，很多最大摄氧量不足的运动员往往会在耐力方面胜过最大摄氧量更高的运动员。下面介绍的呼吸商（respiratory quotient，RQ）是一个更科学的标准，它测量的是特定心率下脂肪和糖的燃烧比。

耐力项目包括铁人三项、跑步、公路车、山地自行车、游泳、超级马拉松、滑冰、越野滑雪，但对于从事篮球、冰球、橄榄球、足球或棒球等持拍运动，甚至赛车等非耐力项目的运动员们来说，拥有耐力意味着减少受伤概率和延长运动寿命。我通常不把短跑、速降滑雪、举重等运动归为耐力项目，但是这些项目的运动员仍然能够从本书所讨论的技巧和理念中获益。例如，发展耐力可以帮助短跑运动员改善快肌的血液循环能力，从而使这些肌肉更高效。而且，短跑和跳高等田径项目往往要延续几小时甚至几天的时间才能结束，良好的耐力可以帮助运动员们在等待的过程中保持状态。

实际上，耐力的建立与运动员的项目、年龄和性别无关，在建立耐力的过程中，我们的身体和大脑的每个部分都会起作用。我们可以通过一个等边三角形来帮助自己理解这一概念。

耐力三角

尽管"整体方法"之类的说法近年来泛滥成灾，但在形容耐力训练时，这确实是最合适的词。真正的耐力训练整体方法将运动员的各个方面都考虑在内，就像是一个由生理结构、体内的化学反应和强大健康的心理与情绪这三者组成的等边三角形，如图 1-1 所示。

当然，这只是一个简单的示意图，不足以表现身体内部复杂的相互关系。例如肌肉，作为我们生理结构的重要部分，如果没有体内的化学反应为其提供能量，它在训练中就无法动起来。还有我们的腺体分泌的激素，作为我们体内化学反应的重要产物，它对训练起着引导作用。我们在运动时所有的想法，包括我们的心理与情绪活动和激情，都来自于大脑组织的化学反应。

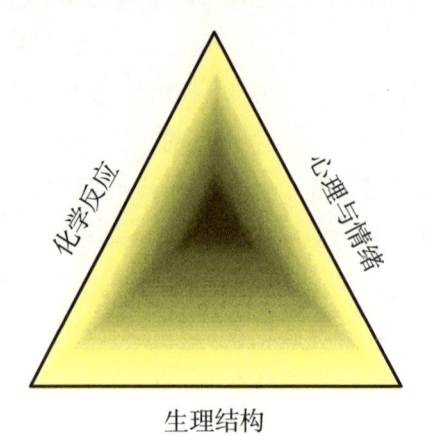

图 1-1　耐力三角图

生理结构

说到生理结构，我们首先想到的就是肌肉，肌肉不仅能保证我们的身体长时间运动而不疲劳，还能够在运动中支撑我们全身的韧带、筋腱、关节和骨骼，并确保它们不受磨损。肌肉只是我们全身运动链条中的一环，这个链条上各个环节之间是相互依存的关系。肌肉依附于骨骼，在骨骼的帮助下运动起来，同时又对骨骼起着支撑作用。足弓之所以能够帮助我们跑起来，正是因为足弓周边肌肉的支撑。骨盆在运动中起到的平衡作用对于颈部和肩膀的运动有着间接但重要的影响，而骨盆的这种能力又来自其周边肌肉的平衡。

通过包括神经元在内的传导细胞，大脑将收缩或放松的指令传递给肌肉纤维，这个过程对于耐力来说非常重要。但如果没有身体内的化学反应，那么脂肪转化为能量和耐力提高的过程都不会完成。如果我们只是希望通过改善生理结构的方式提高耐力，比如一味地进行肌肉训练，而忽视体内化学反应的重要性，那么我们的运动潜能就无法被挖掘出来。

化学反应

我们的身体即使是在休息状态下，也时刻进行着复杂的生物化学反应。在提高耐力的过程中，这种化学反应所起到的作用与我们的生理结构同样重要，并且影响着我们的生理和心理状态。包括睾酮和生长激素在内的激素影响着我们的训练，而我们的训练反过来也影响着这些激素的分泌。以上的身体变化又控制着我们的肌肉生长，控制着我们身体的供能反应，控制着我们体内那些有助于恢复体力的抗炎症物质。这些变化同样影响着我们的心理状态。

不同的食物也会对大脑、肌肉、肠胃产生不同的作用，这也同样影响着耐力。我们身体的供能机制是通过分解脂肪实现的,在比赛或者训练前吃通心粉、薄饼、谷物等富含精制碳水化合物的食物，会对供能机制产生负面效果，从而影响我们的耐力。如果我们选择减肥食谱的话，则可能造成受伤甚至应力骨折。咖啡因或者一些非甾体抗炎药（NSAID）也会对我们的耐力产生正面或者负面的影响。即使是大脑内部微量化学物质的变化，也会通过神经递质影响我们的肌肉功能、激素分泌和思维过程。

心理与情绪

心理状态也被称为认知能力，包括我们的感觉、知觉、学习、树立概念和决策的能力，这些都是耐力在宏观方面的重要特质。我们必须感知到自己的身体与环境之间的关系。当我们跑步的时候，我们需要用脚感受地面，而不是穿上一双过度保护脚的鞋子来阻断这种感知。当我们游泳的时候，我们的身体也在感知水，如果我们足够敏感，我们就能感受到肌肉、关节和大脑对于训练和比赛的反应。

情绪状态包括疼痛、焦虑或抑郁等情绪，以及对改善耐力的渴望。如果我们不能很好地控制自己的生理结构和化学反应，我们的心理和情绪状态就会制造压力，这将导致发挥失常、受伤和过度训练。

在健康方面，我们的社会对体育有很多误解。很多年轻人认为受伤是很酷的一件事，因为他们从电视等媒体上看到的故事就是这个样子的。很多运动员也认为，把自己推向身体的极限是培养耐力的过程中必须做的事情。媒体日复一日地把那些不正确、不健康的影像传播给我们和我们的孩子，好像只有那些身体健壮但浑身是伤的运动员才值得尊重。但实际上，只有当竞技状态和健康状况这两个指标达到平衡，我们所说的耐力才是完美的。

竞技状态和健康状况

我从自己 1980 年纽约马拉松的悲惨经历中认识到，跑完全程能证明我的竞技状态足够好，却不能证明我的身体足够健康。尽管竞技状态和健康状况这两个词之间确实存在联系，但这是两个意义不同的词。

MYTHS OF ENDURANCE

耐力的全景图

良好的身心健康需要神经、肌肉、骨骼、呼吸、消化、淋巴、激素以及其他所有系统都处于平衡的状态。当这种平衡实现的时候，真正的健康便会随之而来；而一些运动员中常见的疾病前兆和症状也会减少甚至消失，这些发生在训练和比赛过程中的负面状况在以往被认为是正常的，但其实不然。疲劳、伤病、过敏和哮喘、经常性感冒以及其他一些疾病都是由健康的不平衡状态引起的，而对健康状况的忽视和对竞技状态的过分追求是这种不平衡状态的根源。与健康相关的这些系统同样对竞技状态起着重要的作用。那些看似竞技状态良好，但并不健康的运动员，不仅在生理、化学和心理方面存在问题，他们的竞技潜能也不太容易发掘。

　　竞技状态和健康状况应该达到平衡。伤病、虚弱、疲劳等症状都说明在这两者之间存在不平衡。虽然这些症状很常见，尤其是那些身体的损伤，但如果发生在耐力项目的运动员身上，就不那么正常了，毕竟他们从事的不是像橄榄球和冰球那样的身体接触项目。

　　很多运动员都愿意牺牲健康去换取更好的成绩，有的是有意识的，有的是无意识的，这不是一个好现象。

有氧和无氧

　　耐力项目中最重要的两个词就是有氧和无氧，本书将会大量使用这两个词，不仅因为它们与训练的密切关系，更重要的是想说明它们如何受到饮食、压力和其他因素的影响。

　　对人体而言，无论是新陈代谢还是能量合成，每个过程中氧气都是极为重要的元素。当能量合成的过程中用到氧气的时候，这个运动就被称为有氧运动；如果不需要氧气，则被称为无氧运动。我们也可以用能量合成时的主要燃料来定义有氧和无氧——是消耗更多的脂肪还是更多的糖：

- **有氧：** 在产生能量的过程中，如果消耗更多的是脂肪而不是糖，我们就把人体的这种能力称为有氧。

- **无氧：** 在产生能量的过程中，如果消耗更多的是糖而不是脂肪，我们就把人体的这种能力称为无氧。

实际上，通过消耗脂肪和糖产生能量的化学过程是发生在有氧肌肉和无氧肌肉的纤维组织中的，这两种肌肉是骨骼肌的重要组成部分。

人体有三种肌肉：骨骼肌负责支持运动，收缩时会鼓胀；平滑肌构成内脏和血管，能够调节人体内管道的尺寸；心肌存在于心脏，负责心脏的跳动。

本书提到的有氧肌肉和无氧肌肉指的都是骨骼肌。有氧肌肉和无氧肌肉不仅能够使人体运动起来，还可以完成许多其他工作，我有时也会把它们扩大到有氧系统和无氧系统。

有氧系统

燃脂就是将脂肪转化为能量的过程，是由有氧肌肉完成的，有氧肌肉通常被称为慢肌纤维或红肌纤维。人体拥有大量的有氧肌肉，我们长时间运动的时候会用到它们。那些训练有素的运动员即使连续运动数小时甚至数日，他们的有氧肌肉仍然可以保持正常状态。有氧肌肉有如下特性：

- 支撑我们的骨骼和关节。它帮助人体消除和修正各种力学上的不平衡，以避免受伤。
- 帮助血液循环。我们血管的总长度可以达到几千米，它通过血管将富含氧气、维生素、矿物质、激素的血液输送到肌肉，并带回乳酸、二氧化碳等物质。
- 免疫功能。它会帮助身体的防御系统控制过多的自由基，从而避免伤病，帮助身体恢复，控制身体炎症。

无氧系统

将糖转化为能量的过程是在无氧肌肉中完成的，这些肌肉也被称为快肌纤维或白肌纤维，主要用于需要爆发力（如举重）和冲刺速度（如100米短跑）的项目，这些肌肉对于耐力的贡献极小。人体内的无氧能量非常有限，无氧系统所提供的能量甚至无法支撑我们跑完5 000米。

一般来说，在训练和比赛中，我们不会单独用到有氧系统或无氧系统，也就是说，人体不会只分解脂肪或只分解糖来补充能量，这两种燃料的分解过程是同时进行的。

我们需要知道两个事实：其一，无氧系统提供的能量只够支撑三分钟的运动；其二，糖的分解像催化剂一样，会为脂肪的分解提供帮助。耐力运动员的疲劳感可能由两种原因引起：一是体内的糖不足，使得有氧肌纤维里的脂肪无法顺利转换为能量；二是由于有氧训练不足，导致身体燃脂供能的能力不足。

如果我们能够保证训练水平、注意饮食、管理好自己的压力，并且保持健康的状态，那么在运动时，我们所耗能量的80%～90%将由脂肪提供。但是，有太多人在运动时不能燃烧足够的脂肪，这也使他们无法挖掘出自己的运动潜力。==你将从本书中学到的最重要的东西是，如何通过提高燃脂供能的能力来实现耐力的提升。==

有氧系统的改善是在训练中实现的，我们通过提高有氧速度，教会有氧系统更快地奔跑，从而实现燃脂能力的提高及耐力的改善。这一进步过程可以通过呼吸商（RQ）来体现。例如，一名运动员在心率150的情况下跑步时脂肪和糖的消耗各占50%，一两个月之后，在同样的心率下，脂肪和糖的消耗分别占60%和40%。呼吸商的这一变化在成绩上体现为跑步、自行车和游泳配速的提高。

测量有氧和无氧能力

通过跑步俱乐部和运动诊所的一些专业设备，我们可以相对容易地测量出不同心率下身体对糖和脂肪的消耗量。有一种气体分析仪能够准确地提供这两种主要能量源的百分比。通过计算呼出的二氧化碳量与消耗的氧气量之比，我们可以得到呼吸商和呼吸交换率（RER），数值通常在 0.7（所有的能量来源均是脂肪）到 1.0（所有的能量来源均是糖分）。比如说，当呼吸商是 0.85 的时候，说明有 50% 的能量来源是糖，而另外 50% 来自脂肪。

Q&A

Q 你在早期的一本书里写道："有氧能力，就是身体使用更多的脂肪和更少的糖为自己提供能量的能力。"而在那些持续时间超过两小时的运动中，比如马拉松，身体使用的有氧能量占总消耗能量的 99% 以上。如果以上说法都是正确的，那么为什么马拉松运动员还会出现糖原耗尽之后的"撞墙"现象？按理说，几乎所有的能量都来自脂肪，马拉松运动员应该不会出现这种情况了。

A 简而言之，并不是所有的马拉松运动员都充分地发展过自己的有氧系统，所以他们无法在比赛中充分地燃烧脂肪提供能量。他们必须依靠糖来供能，有时会在比赛中"用糖过度"，甚至把储藏在糖原库的肝糖也消耗殆尽，这就造成了糖原耗尽的局面。

即使是那些经过良好训练的运动员，其燃脂的过程也需要一些糖的燃烧，所以，一个拥有强大有氧系

Q&A

统、能够大量依靠燃脂供能的高手，也有可能将自己的糖消耗殆尽。比如，他们在比赛之前摄入了过量的糖和精制碳水化合物（导致胰岛素分泌增加，从而明显抑制了燃脂），或者他们在开始时跑得太快（消耗了过多的糖和过少的脂肪），或者赛前几天压力过大（降低燃脂效率），或者其他一些原因。

正确地训练自己的有氧系统可以使身体更好地燃脂，不仅在训练中如此，在比赛中、在每时每刻都是如此。你的有氧系统训练得越好，你的耐力就越强。当然，糖和糖原在燃脂过程中仍然有用，你可以把脂肪想象成火堆中的木头（一种缓慢燃烧，但是长效供能的燃料），把糖想象成助燃剂（快速短时起作用的燃料，会帮助燃脂）。

在马拉松项目上，那些在比赛中获得巨大成功的运动员都是以比自己的最大有氧速度快一点点的配速在奔跑。我是从自己执教 30 多年的经验以及那些健康的高水平运动员身上获得以上结论的。一个健康状况和竞技状态都不好的运动员会为他的不足付出代价，比如以太快的心率奔跑，他们无法获得好的成绩，甚至会"撞墙"。

在合理训练的运动员身上，我看到了燃脂供能的巨大价值。表 1-1 的数据来自铁三运动员迈克·皮格。

表 1-1 迈克·皮格的呼吸商

心率	呼吸商	脂肪供能比例（%）	糖供能比例（%）
127	0.79	70	30
133	0.80	67	33
135	0.82	60	40

续表

心率	呼吸商	脂肪供能比例（%）	糖供能比例（%）
137	0.83	56	44
141	0.84	53	47
146	0.82	60	40
153	0.85	50	50
155	0.87	42	58
164	0.87	42	58
169	0.90	32	68

注：当心率在 155 时，迈克的公里配速还不到 3′23″。

训 练

训练的定义似乎是显而易见的，但我更愿意以一个等式来形容这个过程，训练是运动与休息的平衡：

$$训练 = 运动 + 休息$$

训练可以帮助我们增强肌肉、增加神经肌肉（负责大脑和肌肉之间的联络）的活性、提高摄氧量、改善燃脂能力等。训练通过超量但不过量的压力刺激我们的身体，从而达到提高运动能力的目的。在生理学上，这叫作超负荷（overload）。以肌肉为例，为了使肌肉更强大，我们给它施加的力应该比它平时所能承受的略大。训练，实际上就是把身体置入某一程序，通过运动的方式给予刺激，以期在比赛中实现更好的发挥。

训练包括恢复，也就是休息，而最好的休息方式就是睡眠。有些运动员运动水平很高但休息不好，可能会面临训练过量的危险。

我们的身体所做的功并不只是训练量的总和，我们全天的体力活动，比如清理花园或办公室工作，都要包含其中，所以在计算我们每年、每月和每日消耗的时候，我们还需要将照顾孩子、购物、清理垃圾等体力活动计算在内，因为这些运动都需要消耗能量和调动肌肉，燃脂和燃糖，也都会刺激神经系统；虽然它们的强度不像训练那么大，对训练也没什么帮助，但同样需要恢复。事实上，这些琐事会与训练争夺能量。一般来说，休息不好的人恢复起来会慢。这反过来会影响有氧系统的建立，导致训练过量，并最终影响比赛成绩。恢复的过程实际上是帮助重建肌肉和其他身体组织，帮助运动员更好地投入训练、更好地准备比赛的过程。==在恢复阶段，有三点特别重要：停止训练、减少体力活动、充分睡眠。==

对很多运动员来说，保持我前面提到的那个训练等式的平衡，意味着减少日常体力消耗，或者减少训练和比赛，抑或两方面都减少。职业运动员和那些可以减少"琐事"消耗的人可以在训练上投入更多的时间和体力（虽然增加训练量不一定是好事），但大多数人只能通过减少训练量来保持等式平衡。无论采用何种方式，当我们让这个等式保持平衡，我们的运动表现会有明显的进步。

  我曾经为鲍勃提供过训练方面的咨询，他是一位非常出色的业余跑者，酷爱路跑，非常渴望提高成绩。但是，发展中的个人事业和成员日渐增加的家庭占用了他大量的训练时间。为了在照顾自己事业和家庭各个方面的同时，还不影响训练，他每天不得不早早起床开始训练，这导致了他睡眠的减少。他很快就开始整天感到疲劳，然后逐渐发展为膝盖和腰部的疼痛。在一个看上去成功的赛季进行到一半的时候，他的成绩突然开始大幅下降。这个时候，他找到了我。由于他不可能在事业和家庭方面放弃责任，所以我给他的第一个建议就是减少40%的训练量。他的精力几乎马上就恢复了，身体的不适也很快消失。在他执行新的训练计划4周之后，鲍勃就在一次比赛中获得了胜利。在剩余的赛季里，他一直保持着良好的状态。

最原生态的耐力运动已经存在了数百万年，而诸如路跑、铁人三项和自行车这样的新型耐力项目只是最近才开始出现。今天，耐力项目的参与者在数量上远远多于短跑项目，但耐力项目的大部分训练理念和理论却是由短距离项目的教练们提供的。之所以会出现这种状况，主要是因为大批退役的短跑运动员进入耐力项目担任教练，而他们则用当年自己在短跑项目上的受训经验来培养耐力运动员。因此，耐力运动员实际上接受的是以提高速度为目的的短跑训练方法，比如为了提高速度而采用的间歇训练法。这种训练方法会导致过度训练和长期的伤病，很多耐力运动员因此无法挖掘出自己的潜能。

如前所述，耐力运动与短跑完全不同，耐力运动员不需要全力以赴，而短跑运动员则需要竭尽全力。当耐力运动员像短跑运动员那样训练时，他们受伤和过度训练的危险都会明显提升。其实在耐力项目中，他们根本就用不上这种速度。而一旦在比赛中全速去跑，他们也许会因为糖原耗尽、肌肉过紧或供能不足而退赛。

当然，这并不意味着耐力运动员不能进行无氧训练，不能选用间歇跑和法特莱克跑[①]的训练方法。耐力训练的首要目标不是为了提高绝对速度，而是为了提高有氧速度。==运动员通过几周或几个月的训练后，在同样的心率下，比以前跑得更快，这才是耐力训练最大的目的。==这种方法不仅可以让训练和比赛中的速度提高，由于减轻了压力，还能降低受伤和过度训练的风险。

尽管如此，仍然有很多耐力运动员把大量的时间和精力用在极度艰苦的无氧训练上，忽视并且破坏了有氧系统，因此达不到预期的效果。如果一项比赛持续一小时，那么98%的能量将来自有氧系统；如果持续两小时，那么这个百分比将达到99%。如果一项运动99%的能量都由有氧系统提供，那么每周花那么多时间进行无氧训练还有什么意义呢？所

---

① 法特莱克（fartlek）是瑞典语中速度跑的意思，这种训练很像模拟的赛事，运动员根据自己身体的感觉加速或者减速，训练的最后以慢速跑作为休息。这种训练方法充分调动了大脑，大脑需要时刻感受身体的反应，并对身体做出调整。

以，获取耐力速度的最佳来源是有氧训练，之后，如果还有多余的时间和精力，可以再加入无氧训练。

MY PERSPECTIVE
MAF 名人评测

放慢脚步，让身体与思想同行

迈克·皮格

迈克·皮格是 20 世纪 80 年代后期到 90 年代中期美国短距离铁人三项赛的霸主，他曾经在美国铁人三项系列赛中 30 多次夺魁。迈克被认为是这个项目中训练最刻苦的运动员，在 17 年的职业生涯里，他一直充满了创造力。退役之后，他与妻子和双胞胎孩子定居在北加利福尼亚，从事房地产经纪人的工作。迈克仍然保持着运动习惯，担任"少年铁三"赛事主席，这个赛事是为 7~18 岁的孩子举办的铁人三项比赛。

通过训练时的慢，实现比赛时的快？这个家伙难道疯了吗？菲利普·马费通当然没有疯。而且，我很幸运地在需要他的时候遇到了他。1984 年，我成为职业铁人三项运动员，那个时候，我抄起一本铁人三项的杂志，想看看高手们是怎么训练的，然后就按照他们的方法去做。

当时有一个著名的运动员叫斯科特·莫利纳（Scott Molina），他在三个项目中的训练里程数都非常大，而且在三个项目中都进行速度训练。在练单个项目时，他的投入程度就像一个纯粹的游泳运动员、自行车手或跑步运动员。这看上去确实像是最好的训练方法，尤其是当你有足够的时间吃饭、睡觉、游泳、骑行和跑步的时候。我前三年就是这么做的，似乎一切都很好。1988 年，我已经进入顶级运动员的行列，我觉得自己是不可战胜的，但这却是坎坷之路的开始。我开始觉得自己对职业生涯失去了控制，开始失去对这个项目的热爱，我的状态越来越差，甚至想过退役去开始新的生活。训练对我来说越来越难，我的成绩与我承受的痛苦越来越不匹配。就在这个时候，我找到了马费通博士。

我们坐下来进行了一次长谈，一开始，我并不能接受马费通博士说的那些话。幸运的是，我当时经常与马克·艾伦一起训练。在我们一起进行长距离骑行训练时，我知道他的心率比我低10～15次，前100公里，我俩的速度是一样的，之后，在科罗拉多的大风中，我感觉像是要死了一样，速度也越来越慢，我就像一只随时需要补充营养的蜂鸟。而马克·艾伦则像一台燃烧着充足煤炭的蒸汽机，他可以一小时接着一小时地巡航下去。而且，最棒的是马克·艾伦稳定的比赛成绩，他极少有失常的表现。这一切的原因是马克·艾伦多年来一直在执行马费通博士的训练计划。

所以，我最终还是打开心扉接受了马费通博士的建议。在我们的那次谈话之后，他送给我一本他写的书，那本书很容易读，里面都是关于如何正确训练和饮食的常识。

在饮食方面，我更多地选择原生态食品，而不是加工食品，尤其是避免过度加工的精制碳水化合物。我在饮食中增加了肉和鸡蛋的数量以提高蛋白质的摄入，严格控制碳水化合物的摄入，以水果和蔬菜为主要食物来源，辅以少量的全麦食品。我在饮食中增加了健康脂肪的摄入，它们来自牛油果、黄油、坚果和种子类食品。这些增加的脂肪和蛋白质摄入给我提供了更多的能量。

在训练方面，我按照马费通博士的建议使用心率监测仪，遵循"180公式"。一段时间后，我看到了进步，从此成了他的MAF训练方法的忠实信徒。

我的最大有氧心率是155，在此之内，我的训练一开始非常之慢。曾有一段时间，在进行跑步训练的时候，我在上坡时需要走，自行车训练的上坡则需要特意走之字线，才能保证我的心率在有氧区间内。但这只持续了很短的时间，变化很快就发生了，在同样的心率下，我变得更加强大，这实在让人兴奋。

在如此忠诚而连贯地训练了 5 个月之后，我看到这个计划开始起作用了。

在执行马费通博士的计划之前，我有时会骑车前往我父母避暑的住处，那是一段 100 公里的路程，包括三段艰难的爬升。我之前的用时纪录是与一个朋友一同骑行时创造的，我们相互比拼以确定谁是自行车之王，他会在爬坡时发起挑战，而我把自己的心率一直保持在 165～182 的区间里，才最终创下了 3 小时 15 分钟的纪录。当我们抵达的时候，我已经快要崩溃了。我之后能做的只是吃完了睡，睡完了再吃，但即使是这两件事，对我来说仍然不容易。创下那个纪录的三年之后，也是在我执行了马费通博士的训练计划 5 个月之后，我又一次尝试了同样的路段，这一次是我一个人骑行，整个过程中，即使是长距离爬坡，我的心率也从未超过 155。结果非常有意思，我只用了 3 小时 9 分钟，而且到达之后，我又接着跑了 16 公里。慢慢地，我越来越相信，马费通博士的理论是有效的。

我的另一个故事是我执行马费通博士的计划之后参加的那个赛季的第一场比赛。尽管我在训练中已经惊喜地发现，自己的有氧能力有了很大提高，但对于在比赛中的表现，我仍有一些疑虑。我仍然需要重锤的击打才能建立足够的信心，去参与职业运动员之间的竞争。那个赛季的首站比赛是澳大利亚的冲浪者天堂国际铁人三项赛，我极度缺乏信心，甚至都不想前去参赛，我的妻子马茜"飞起一脚"把我踢上了飞机。

赛前一周，我一直在自我斗争，告诉自己，我不可能有好的结果，因为我根本就没怎么进行速度训练。但是，出乎意料的是，我度过了美好的比赛时光，最终赢得了冠军。不知道是什么原因，我的速度和耐力表现都非常出色，而且，我还在马克·艾伦熟悉的赛事上击败了他。

这次胜利使得我真正爱上了铁人三项赛，我同时爱上的另外一件事情是保持健康。马费通博士的建议非常简单，你只需要一个心率监测仪，去倾听自己心跳的声音，当然，还需要一些耐心。是的，你需要做的就是放慢脚步,让你的身体去追随你的思想。

ENDURANCE TRAINING

RACING

02

训练自己的身体

THE BIG BOOK OF ENDURANCE
TRAINING AND RACING

大脑、肌肉、新陈代谢　　跑步的学问

膝盖损伤　　　最大摄氧量

有氧肌肉　肌无力　　心理时间

梯级期望

运动损伤　　激素、记忆和情绪

02

训练自己的身体

在爱因斯坦 1933 年摄于加利福尼亚圣塔芭芭拉的一张著名照片中，这个快乐的天才正在自行车上享受美好的时光。他曾经说过："生活就像骑自行车，你必须保持运动，才能保持平衡。"

爱因斯坦提出过很多听上去匪夷所思的理论，他改变了我们对宇宙的认识，但我猜你一定不知道，由于重新定义了时间，他在耐力界也拥有自己的一席之地。他曾经用高速列车上的一个时钟解释过时间、空间和光的基本概念：时间可以变快，也可以变慢，这取决于你运动的速度。对耐力运动员来说，速度同样是一个相对的概念，因为我们每个人的大脑中都拥有一个生物钟。

上述概念对动物同样适用，迁徙对于候鸟来说就是一次耐力飞行比赛，它们只有准备充分才能完成，那些飞行距离长达数千公里的鸟需要合理补充食物并储存足够的脂肪。尽管没有佩戴手表，也没有分段数据，但是鸟类仍然会非常准确地安排自己的速度。人类的体内同样拥有高度精密的生物钟，它在潜意识里发挥着作用，在耐力比赛中会异常准确，能够帮助我们在冲刺阶段提高速度。这种准确性是建立在训练和比赛的基础上的，在那些常年参赛的运动员身上表现得更加明显。在有些比赛中，公里数标志的放置会出现偏差，那些有经验的运动员会根据生物钟所记录的时间及时发现这一错误。如果他们不是有意识这样做，那他们就是在潜意识里实现的。我们的配速能力也与此有关，那些有经验的运动员在跑步、骑行或游泳的时候会依靠直觉执行特定的配速，而且能够保持极高的准确性。

大脑内部的生物钟在比赛时可以帮助我们执行战术，例如，耐力运动员在比赛最后 10% 的距离仍然有能力发起冲刺，因为大脑已经为此做好了准备。人体与时间的这种关系，被称为梯级期望理论（Scalar Expectancy Theory）：当比赛进行到某一时刻时，大脑向身体发出提高速度的指令，而此时的身体仍然有足够的能量支撑人体提速冲过终点。

由于饮食对大脑的化学信息传输者——神经递质有着显著的影响，因此我们摄入的食物也会严重影响我们对时间的感知能力。一个营养充足、健康的大脑不会出现血糖水平和饮食因素（例如维生素和矿物质水平）异常的情况。在避免了这些负面因素的干扰之后，大脑的功能会达到最佳，从而保证身体以效率最高的配速完成比赛。

大多数耐力运动员更关注距离，这往往使时间的重要性在训练中被忽略。我们有意识地训练自己的身体，却忽视了我们与时间的关系，这会使我们的训练出现偏差。我们忘记了一点：在大多数耐力项目中，时间是最重要的指标，我指的不仅仅是训练时间或者分段时间，我指的是整体意义上的时间，以及我们的大脑如何与之相适应。

无论你是刚刚开始耐力训练，还是在为马拉松赛事做准备，爱因斯坦所提出的"时间是相对的"这一概念都具有重要意义。当然，他阐述的是物理中空间与时间的概念，而不仅仅是 42.195 公里。如果一艘宇宙飞船离开地球，以接近光速的速度飞行 20 年，那么当它回到地球的时候，它所记录的时间与地球的时间将会完全不同。对比飞船和地球上的时钟，飞船上的时钟也许只过去了 10 年，而地球上的时钟则过去了 20 年；飞船上的人只变老了 10 岁，而地球上的人则增加了 20 岁。在同一段时间下，两个时钟所体现出来的差异可以用来解释人们在耐力训练和比赛中的一些感受。我们知道，在同一环境下，人们对时间的判断和反应会有所不同：从时间上讲，一次成功的比赛，似乎比一次艰难的比赛要过得快一些。正如新西兰的奥运会马拉松运动员洛兰·莫勒（Lorraine Moller）所说："时间从来就不是不变的。当你在某一次比赛中发挥出色，所有东西似乎都在帮你。时间过得飞快，你从中获得快乐。"

在某些情形下，我们可以感受到时间的停止，时间的概念就像被剥离出去了。这时，世界看上去完全不一样了。当我们坠入爱河、陷入冥想或昏迷时，这种感觉就会出现。拉里·多西（Larry Dossey）博士在他的《空间、时间和医学》（*Space, Time, and Medicine*）一书中写道："这种体验意味着，在正常的时间感觉之外，我们所有人还拥有另外一个时间系统。"在这个快节奏的社会中，我们的时间似乎很容易就用完了，这使我们不得不利用碎片时间进行训练，这不可避免地会给自己造成压力，从而导致成绩的下降。

洛兰·莫勒说："解决时间问题的方法其实就是学会放松。"你可以利用一块钟表进行放松练习：把它放在你面前，然后盯着它的秒针，让自己相信一些"秒"比另外一些"秒"要长。练习一会儿之后，你会发现，你确实能够用意念"抓住"秒针，让一些"秒"变得更长。

如果你是以急躁的心态对待训练，而不是"抓住"时间享受训练，那么这种压力最终将影响你的状态乃至健康。

我曾经为 37 岁的蒂姆做过咨询，他已经进行了 5 年的跑步训练，之前跑过三个马拉松，完赛成绩都非常接近 3 小时，在接下来的第四次马拉松比赛中，他渴望跑进 3 小时。他当时正打算把训练计划中周日的 2 小时跑步训练时间延长到 2.5 小时。

2小时的训练对于蒂姆来说已经足够长了，2.5小时是他最长的训练时间。那么他该如何把这些时间与他3小时完赛马拉松的目标结合起来呢？3小时的目标对于他来说是不是可实现的呢？我需要帮助蒂姆做的就是调整他的训练计划和思维方式，从而确保他能够实现目标。他需要在心理和生理上重新看待自己3小时完赛的目标。

　　爱因斯坦能将复杂事情简单化，但我该如何帮助蒂姆实现他"并不困难"的目标呢？我想到的办法是用两个"时钟"管理他的时间：一个时钟是比赛或训练的实际时间，另一个是他的心理时间。

　　蒂姆希望自己的心理时间能够比实际时间短，也就是说，他希望马拉松给他的心理感觉是一次一个多小时就能跑完的比赛。在蒂姆的计划中，他是用2.5小时的训练为3小时的比赛做准备，但他又希望在不增加训练强度的前提下，让这2.5小时的训练为他找到3小时的比赛感觉。他希望通过训练使马拉松看上去不那么漫长。总之，他需要学习的是如何管理时间。

　　我的解决方案是，在训练中加入"走"的部分。我建议他在跑步训练之前和之后各走半小时，这样可以使他的训练时间延长，还不会造成过度训练。而且，"走"还能使他得到放松，这是"跑"做不到的。

　　蒂姆新的长距离训练计划由3.5小时组成，他先走半小时，中间跑2.5小时，最后再走半小时。在这个计划中，他既可以在2.5小时的奔跑中感受到快，又因为心理上愿意继续享受训练而感觉到慢。在尝试了三次后，蒂姆发现管理时间是如此简单。这些改变给了蒂姆新的感受，到了比赛的当天，他已经可以快速"打发"掉马拉松的时间了。

　　最终的结果是，蒂姆跑出了2小时48分的成绩，他在赛后说："这感觉就像是一次轻松的长距离训练。"

同样的时间管理方法还帮助超长距离跑者斯图·米特尔曼在 1 000 英里（1 609 千米）世界锦标赛上打破了世界纪录。在斯图的眼中，那个赛事只是一个在每圈一英里的跑道上跑 1 000 圈的比赛。尽管每天要跑将近 140 公里，但是斯图的时间管理非常成功，这使 11 天半的赛事在心理和生理上都变得没那么艰难。斯图说："第 5 天的时候，如果你问我过了几天，我会说，2 天。"

在训练保罗·芬德勒（Paul Fendler）时，我用了同样的方法，帮助他在他的第一个超级马拉松赛中就获得了 1987 年纽约大都会运动会（New York Metropolitan Athletics Congress）的 50 英里（80.5 千米）冠军。保罗说："在比赛开始的时候，突然之间，时间就像停止了一般，我的成绩似乎已经注定。跑走结合的训练方法教会了我如何控制时间。"

时间管理的最基本意义是对自己大脑的训练。大多数运动员只关心如何训练自己的肌肉，却不知道训练应该包括三个对象：大脑、肌肉和新陈代谢。

大　脑

让我们从大脑开始，这是我们身体最重要的部分，是对训练最敏感、比赛时最值得依赖的器官，也是最容易被忽视的器官。所有的训练和比赛都是从大脑开始的，这并不是一个孤立的人体器官，而是整个神经系统最重要的部分。神经系统包括大脑和脊髓，以及连接肌肉、骨骼、关节、器官和腺体、肠及每平方毫米肉体的所有神经。人的所有心理活动都是由大脑控制的，大脑还能阻止我们去做超出我们极限的事情。大脑以这种方式保护我们，这才是我们放慢速度甚至退赛的真正原因。

我们有许多办法可以帮助大脑更好地发挥它的作用。如果我们能同时拥有良好的竞技状态和健康状况，那就是我们对大脑最大的善待。大脑超过 60% 的成分是脂肪，我们摄入的脂肪影响着大脑脂肪的构成类型。我们甚至可以通过听音乐刺激大脑，使大脑制造优质的脑电波，从而帮助大脑更好地工作。

控制肌肉

我们先来看看大脑是如何控制肌肉的。大脑和肌肉之间存在一个回路，用于交换信息。这个回路的起点区域是运动皮质，然后由神经通过脊髓传向特定的肌肉组织。通过这个回路，大脑将信息传给肌肉，刺激肌肉收缩或舒张。

实际上，身体的所有活动都是先由大脑把信息传递给特定的肌肉，让它们收缩，然后让另外一些肌肉舒张（这两种肌肉的动作分别被称为易化和抑制），同样的机制也控制着肌肉的输出功率和强度等特性。在这个过程中，参与传递信息的神经数量越多，肌肉输出的功率就越大。所以，决定肌肉力量的不止是肌肉的尺寸，还有能被大脑调动的肌肉纤维的数量。也正是由于这个原因，同样尺寸的有氧肌肉可能比无氧肌肉更有力量。

大脑会持续不断地向肌肉发出信息，也会不断地收到来自肌肉纤维的反馈。肌肉的反馈通过神经传递到大脑的感觉皮质，这些信息会把肌肉的紧张程度、疲劳程度、耗能级别和受伤的可能性带给大脑，大脑依据这些信息对肌肉做出合适的调整，例如调动其他肌肉参与运动、提供更多能量、对肌肉进行修复，或者通知肌肉降速，甚至是停止训练。这一神经肌肉系统——从大脑到肌肉，再从肌肉到大脑的回路，相当精确，一块肌肉的上千条纤维每一条都通过一个独立的神经接收来自大脑的指令，同时被用来向大脑反馈信息。肌肉的每一次收缩或者舒张的动作，都有数千条肌肉纤维和数量相同的神经参与其中。这很像是一个大型管弦乐团，充当指挥的当然是大脑。

使肌肉拥有记忆

除了大脑与肌肉之间的信息沟通，大脑的其他区域也影响着我们的身体活动。当你观察别人的动作时，大脑的视觉中心也会刺激你大脑的运动皮质，准备让你的肌肉重复同样的动作。即使你的身体此时没有开始运动，这种"记忆的痕迹"也已经留在你的大脑中，这在心理学上被称为"印迹"（engram）。这种运动记忆是各种心理影像训练法的基础。例如，观察一个游泳高手的动作可以帮助你提高自己的游泳效率，原因在于，通过视觉输入和记忆固化，你的大脑会形成一个程序，你大脑内部负责动作的区域就会知道如何让肌肉去完成这个动作。当然，大脑的其他区域也会对记忆和动作产生影响，比如那些原来就存在于你记忆中的错误的游泳动作。所以，虽然这种影像训练法对某些运动员非常有效，却不是一个可以推广至所有人的方法。一个拥有完美身材和步幅的马拉松高手似乎可以成为我们模仿的对象，但别忘了我们并不具备他的身体条件。如果一味学习，反而会给肌肉和关节带来压力，甚至会导致受伤。

年轻的大学生金就遇到过上述情况。她是一个非常有潜力的长跑运动员，利用暑假参加了一个训练营。在仔细研究了金的跑步录像之后，训练营的教练指出了金在步态方面的缺点，建议她加大步幅，并把动作幅度也加大，同时在奔跑时抬高膝盖，像跑400米那样去摆臂。但结果是，在每一次训练之后，金的身体都会发酸，不到两周，她就开始腿疼，甚至需要休息；后来，疼痛感蔓延到膝盖和臀部，她已经完全无法坚持训练了。这个时候，我在我的诊所第一次见到了她，在听了她的情况并为她做了检查之后，我所做的第一件事就是，在生物反馈技术的帮助下，在她的大脑和肌肉之间重新建立联系，从而使她受伤的肌肉得到修复。更重要的是，我建议金停止那些加大步幅和动作幅度的尝试，改用放松的动作跑步，并让大脑记住。不到一周，金的疼痛感完全消失了。

由于大脑能够记住它所经历的一切，所以在输入时务必慎重。金就经历了一个抹去记忆的过程，她需要忘记那些短跑动作。

在重新训练的过程中，运动员可能会经历一个不适期，甚至会有体力不足或者成绩下降的情形，直到大脑和肌肉之间的联系重新回到同步的状态。

铁人三项运动员山姆遇到过类似的情况。游泳曾经是他的弱项，只要看看他的动作就会知道原因——他的技术实在是太差了，头部过分偏向一侧，再加上另外一些不对称的动作，使他的泳姿非常不流畅。通过提高肌肉的技能，并在一个游泳教练的指导下修改动作，山姆慢慢理解了正确的游泳姿势。在随后的两个月里，他的动作也得到了明显的改善。这一变化过程恰好处于他的赛季之中，虽然他的动作逐渐正规，但游泳成绩却出现下滑。山姆几次都想捡起自己虽然错误却很舒服的动作，但仍坚持通过训练大脑和身体去适应新的技术，他的成绩也随之开始提升。最终，游泳与自行车一样，变成了他的强项。

总而言之，==正确的训练是一个使自己的大脑、肌肉、新陈代谢以及身体的所有其他部分程序化的过程，其中最重要的是训练那些与有氧肌肉相连接的神经，只有这样才能通过增强燃脂能力提高耐力==。首先，你需要从最小和最慢的肌肉开始，慢慢刺激所有的肌肉。如果这些肌肉和神经训练得当，它们将会更有效率地工作，最终体现为运动者速度的提升。

大脑在很多身体活动中都起着重要的作用，比如使肌肉平衡，或者主动去适应肌肉的不平衡以避免受伤。当肌肉的收缩和舒张相匹配的时候，我们称之为肌肉平衡。当大腿前部的肌肉（比如股四头肌）过度收缩，导致肌肉紧绷，而大腿后侧的肌肉（比如腘绳肌）收缩不足，导致肌肉松弛，这时就会出现肌肉不平衡。肌肉不平衡是造成运动员受伤的主要原因，也是造成运动员在训练和比赛中疲劳的最重要的原因之一。大脑的作用就在于，提前感受到这种潜在的威胁，做出修正和补救措施。

比赛控制

确定在比赛中的努力程度时，大脑起着重要的作用，这可以保证我们不会有意识地把自己逼到受伤甚至危及生命的境地。在比赛过程中，大脑会持续不断地对身体进行监测，其范围包括从肌肉运动到能量消耗，甚至会将赛道情况纳入其中，以确保我们的身体到最后阶段仍然拥有冲刺能力。

当我们的身体经历了一个完整的训练过程之后，就可以说我们已经做好了参赛的准备。在比赛的过程中，我们应该执行既定的计划，而不是在中途突然改变策略，那样会使我们的大脑感到陌生，并且将身体置于压力之下。实际上，当比赛开始，我们的身体按照训练的节奏正常运转之后，我们就应该让身体进入"自动驾驶"状态。当我们有良好的训练作为保证，我们就有可能高效地进行比赛，让我们的身体在比赛中听命于直觉和本能。铁人三项运动员马克·艾伦是非常好的例子，他赛前的状态极其专注却又不失轻松；他坚信，训练已经帮助自己解决了比赛中会遇到的一切问题，他放心大胆地让大脑接管比赛。只有这样，整个过程才是完整的。在长距离的耐力项目中，我要求运动员们在比赛的大部分时间里保持有氧运动的状态，直到最后阶段才进入无氧状态。只有这样，才能保证大脑在比赛中最大限度地发挥作用。对于马克来说，游泳和自行车部分都是在有氧状态中完成的，到了跑步的最后 10% 距离，他才会进入无氧状态。

<mark>在比赛中，大脑总是在追求最佳状态，但前提是保证身体不受到伤害。</mark>我们假设在某一次比赛中，你在开始阶段速度过快，以至于后继无力。此时，你的肌肉、韧带、关节和骨骼都开始感受到压力，负责提供

能量的代谢系统的负担加重，燃脂能力降低，体内糖原大量消耗，以上状况都在提醒你的大脑，身体马上要出问题了。大脑此时会给出下意识的解决办法：通过减缓肌肉运动来降低配速，以期在终点前得到恢复。这时的你已经感觉到速度在下降，虽然已经力不从心，却仍然希望回到高速的状态。你不愿意主动降速，但大脑已预见到了潜在的伤害。最终，你的大脑获得了胜利——你离开赛道，在路边喘着粗气，由于感觉实在太糟糕，你决定退出。你的大脑将你从更大的伤害中解救回来，而此时的你，除了自尊心，一切完好无损。

激素

大脑在调节激素水平方面也起着重要的作用，而激素水平影响着肌肉的功能、能量的供给、水和电解质的平衡，以及其他与改善耐力有关的活动。位于我们大脑中央的脑垂体可以分泌大量各种各样的激素，这些激素不仅影响着我们的肌肉和其他耐力运动，还会对我们的训练做出反应。合理训练的运动者会在体内保持激素水平的平衡，而过度训练的运动者会出现明显的激素水平紊乱。

脑垂体被称为人体的头号腺体，它对于我们的激素系统起着举足轻重的作用。脑垂体会受到记忆和情绪的影响，控制这两者的脑内区域存在于大脑内部距离脑垂体不远的区域里。而脑垂体本身又会影响肾上腺素、甲状腺素、性激素以及下面将要提到的各种激素的分泌。

脑垂体还会分泌生长激素，这种激素会刺激肌肉的生长，它的分泌是在人体睡眠状态下进行的，这就是为什么睡眠会成为消除疲劳的重要手段。尽管生长激素的分泌旺盛期发生在青少年时期，并且随着我们年龄的增长而降低，但对于健康的大龄运动员来说，生长激素仍然会保持充足的分泌量。如同我们身体分泌的其他激素一样，健康状况不好会导致生长激素分泌量的降低。在一些比较罕见的情况下，比如脑垂体出现肿瘤，就需要注射人工合成的激素——人生长激素（HGH）。不过，那些希望保持青春、控制体重或者提高运动成绩的人，也会注射人生长激素。但是，使用人生长激素并不能确保提高运动员的成绩。这种药物在体育界属于违禁品，它对人体有害。服用人生长激素会使脑垂体减少分泌生长激素，而一旦停止服用，又会出现更大的问题。人生长激素的副作用表现在易疲劳、肌肉退化、性激素分泌量降低、性能力降低、血糖不稳定等诸多方面。

肌 肉

我们的肌肉是由各种类型的纤维集纳在一起组成的，肌肉拥有多种功能，包括速度能力（快肌和慢肌）、抗疲劳能力（易疲劳肌肉和耐力型肌肉）、支撑能力等。这种神经肌肉的多功能性使得人类可以在多种体育项目中适应各种不同的动作和速度，最能体现人类这种能力的项目是铁人三项。

各种类型的肌肉纤维看似无序地排列在一起，共同形成了人体的肌肉。当大脑发出指令的时候，特定的肌肉就会被调动起来。例如，当我们行走的时候，几乎所有参与运动的肌肉都是有氧纤维。如果我们加快速度开始慢跑，快速有氧纤维就会被调动起来。如果我们将速度进一步提高，更多的无氧纤维开始接管，慢速有氧纤维的运动则逐渐减少。

一些动物，比如鸡，则是整块肌肉由同一种类型的纤维组成的。鸡的小腿和大腿主要由红色有氧肌肉纤维组成，承担慢速的行走动作。被称为"白肉"的鸡胸主要由无氧纤维组成，用于完成快速有力的扇动翅膀的动作。

每一块肌肉中不同类型的纤维的含量因人而异，高水平耐力运动员的特定肌肉中，有氧纤维的含量可以高达90%，而短跑高手的这一指标也许只有 25%，其余都是无氧纤维。一些无氧纤维也可以实现有氧纤维的功能，所以一些高水平短跑运动员在经过训练之后可能会成为更伟大的耐力运动员。但是，测量人体有氧肌肉纤维和无氧肌肉纤维的含量对于提高运动成绩没有什么帮助，因为肌肉并不是运动成绩的决定性因素，==大脑、肌肉、新陈代谢的能力和效率以及生活方式等因素综合在一起才决定了运动员的成绩==。与纤维类型和遗传因素相比，包括训练在内的生活方式对耐力运动员的成绩起到的作用更大。虽然肌肉纤维的成分是由遗传决定的，但是这些纤维的类型和运动效率却是由训练决定的。如果你的目标是开发自己的运动潜能，那么你的重心显然应该放在训练、饮食及其他与生活方式有关的因素上。

根据不同的分类标准，肌肉纤维至少有 7 种分类标准，有的是按照显微形态划分的，有的是按照能量来源（糖或者脂肪）划分的，有的是按照支持的运动类型（快速或者慢速运动）划分的。这些类型有的是相互交叉的，随着科技的进步，今后会有更多的肌肉纤维类型被发现。

==为了把复杂问题简单化，我会主要讨论有氧和无氧肌肉，并分析训练、饮食、治疗方法和其他因素是如何影响和改变肌肉的==。例如，有些肌肉纤维虽然属于无氧纤维，但是也能够表现出有氧快速纤维的特性，随着有氧速度的提高，这些肌肉纤维在提高人体耐力方面起着重要的作用。另外，有氧训练、作为能量来源的脂肪、精制碳水化合物含量低的饮食也能帮助肌肉纤维提高耐力。

肌肉纤维的适应能力非常强，它们不仅能在体积上增长，甚至可以从一种类型转变为另外一种类型。如果停止训练或者训练量不足，有氧纤维会转化为无氧纤维，从而造成有氧纤维的减少。忽视慢速有氧纤维的高强度无氧训练会造成过度训练，也会导致有氧纤维的减少。肌肉的这种可塑性和适应性是对训练、比赛、饮食、压力等生活方式做出的反应。这种适应性也使那些年龄较大的运动员可以在耐力项目上正常训练，并在比赛中获得惊人的成绩。我们在年龄增长之后之所以会失去速度，原因就是无氧纤维的大量流失。因此，如果每块肌肉中有氧纤维所占的百分比增加，我们的耐力反而会随着年龄的增长而增加。这也就是为什么许多短跑运动员在他们职业生涯的早期就能到达巅峰，而耐力运动员的黄金时期出现得相对较晚，甚至到三四十岁才实现，有的还会更晚，而他们即使在巅峰期过后，也仍然能保持高水平。

肌肉的适应能力使我们能够成功地治疗运动损伤，快速康复。所以，伤病、糟糕的健康状况和低水平的训练给肌肉带来的损伤并不是永久性的。

MYTHS OF ENDURANCE

最大摄氧量测试

在传统的运动医学理论以及绝大多数的运动员和教练员的观念中，运动的极限是由氧气、血流、乳酸和其他一些生理因素造成的。但实际上，这些因素并不像人们以前认为的那么重要，真正起决定作用的是对这些指标以及包括肌肉能力在内的全部行为进行监控和管理的大脑，大脑为运动表现设定了极限。几十年前，最大摄氧量在有氧运动中被认为是极其重要的数据，但是这个受到教练员、科学家、运动员和体育媒体高度推崇的指标其实并没有那么重要。很多运动员都会测出自己的最大摄氧量，在说出这个数据的时候，就像报出自己的胆固醇、血压或者其他一些数据一样，有人为此骄傲，有人感到沮丧。但是，这个数据带有很大的误导性，而且仅仅这一个数据并不能说明太大的问题。

我们每个人的最大摄氧量与我们的身体对所吸入氧气的使用能力密切相关，实际上是我们的身体最终处理这些氧气的最大能力。最大摄氧量的单位是每千克体重每分钟所分配到的氧气量（毫升／千克·分钟）。男性的最大摄氧量远远高于女性，两者的数据都会随着年龄的增加而减少。除了年龄和性别之外，很多其他因素也会影响这一数据，比如训练，虽然很多人的最大摄氧量在训练之后并没有太大的变化。最大摄氧量与最大心率和静息心率都有关，其他诸如呼吸效率等因素对最大摄氧量的测量结果也会有显著的影响。

过于强调最大摄氧量的重要性会有两方面的问题，其一涉及如何进行测量，其二涉及最大摄氧量与运动表现之间的关系。

如果我们仔细分析一下最大摄氧量的测量方法，就会发现这不是一个衡量运动表现和竞技潜能的好指标。铁人三项运动员迈克·皮格曾经在一个休赛期来我的诊所进行检查，然后我俩决定前往纽约的一个机构进行最大摄氧量测试。测试是通过一台跑步机外加其他一些设备，按照严格的流程完成的，迈克被告知需要在跑步机上持续加速直到难以坚持为止，但并未明确要跑多远和多久。迈克也没有在事先得到一些饮食方面的建议，而且那天测试的时间很早，他也没有进行充分的热身。迈克的嘴里含着一根管子用于测量他呼吸中的氧气和二氧化碳，管子被固定在发带上，测试过程中不能喝水，也不能说话。然后测试就开始了，跑步机的配速越来越快，迈克也必须跟着越来越快，而且跑步机的角度也越来越倾斜。测试只持续了不到10分钟就结束了，因为迈克达到了极点，难以为继。

测试给出了迈克身体处理的氧气和二氧化碳的总量、呼吸商和其他一些数据。旁观者都在惊呼迈克心肺功能的强大，他不动声色地就能跑得飞快，3分23秒的公里配速，心率只有155。测试也得出了最大摄氧量等结果，但我认为这个测试存在很大的问题。因为迈克并不知道他要跑多远和多久，他的大脑也就无法提前对这个过程进行规划，这使这个测试成了一个在非自然状态下进行的身体评估。所以这更像是一个没有太多实际意义的实验室项目，最终得出一些没有什么有效信息的数据。也正因为如此，迈克的大脑并没有让他的身体真正地模拟一次艰苦的训练或者比赛。

虽然这次测试是一个有趣的经历，但测试的结果对于我为迈克提供的训练计划并没有什么帮助，迈克也没有从这次测试中得到任何有用的信息。实际上，如果测试是在跑道上进行，让迈克佩戴心率监测仪以最大有氧速度奔跑，就能提供更多有用的东西——至少可以让迈克从有氧状态下的快速跑中获取信心。

《跑步的学问》一书的作者、运动生理学家蒂莫西·诺克斯博士在这方面著述颇多，他对于最大摄氧量的测试也持怀疑态度。他在 2008 年的《英国体育科学期刊》（*British Journal of Sports Medicine*）发表的一篇题为《通过最大摄氧量测试预估运动员运动表现是一个愚蠢的模型》的文章中指出，很多体育从业者都更愿意相信，在运动过程中，对于能量的输出起作用的只是氧气的传输能力，而对其他因素却视而不见。诺克斯博士认为，最大摄氧量测试的流行正好可以解释为什么大多数人一直忽略了一个事实：大脑对肌肉能力的影响在运动中起到了至关重要的作用。之所以会出现这种情形，其原因是尽管最大摄氧量仍然算是一个很好的指标，但它只是在没有大脑介入的情况下对人的身体状况进行的评估。如果运动员在受测前不知道自己要跑多远，也不知道要跑多久，那么他的大脑就无法对接下来的运动进行最有效的监控和规划。而且，这个测试会以精疲力尽为终点，但实际上并没有任何一个耐力项目是以这样的方式进行的，我们总是会知道比赛的距离，这使我们的大脑以完成任务为目标，按照最有效的方式对身体进行准备，这样还可以避免我们的身体受伤。

我们不能过分高估最大摄氧量的第二个原因在于这个指标与耐力表现之间的关系并不紧密。诺克斯博士和其他一些专家

> 得到的数据都显示,在通过最大摄氧量对运动表现进行预测时,其结果并不准确。以岁数较大的男运动员为例,他们的最大摄氧量的下降非常明显,低于年轻运动员,但他们在比赛中却经常超过年轻运动员。同一个项目中,大多数男运动员的最大摄氧量比女运动员高,但他们的运动成绩却不一定比女运动员好。

有氧肌肉

一般来说,大多数肌肉都是由有氧和无氧纤维组成的(只有下巴上的肌肉例外,那里全部由无氧纤维组成)。有氧纤维与无氧纤维完全不同,由于有氧纤维中含有一种叫作线粒体的细胞结构,而线粒体又包含肌红蛋白(一种含有铁蛋白的红色化合物),所以有氧纤维又被称为红肌纤维。正是由于线粒体内部的肌红蛋白的活动,氧气才能在能量合成的过程中起作用。在训练中调动的肌肉越多,生成的线粒体和肌红蛋白就越多,在合成能量的过程中就会有越多的氧气参与进来。值得一提的是,为线粒体强大的耐力特性提供燃料的是脂肪。

有氧肌肉纤维的另一个特性是它的抗疲劳能力。即使是那些瘦弱的运动员,也并不缺乏作为能量来源的脂肪。随着运动时间的延长,有氧肌肉纤维的疲劳是由大脑和新陈代谢方面的因素引起的,而不是因为缺乏能源。即使是经过了10小时的比赛,无氧纤维组织里仍然储存着糖原,除非你在比赛的过程中把它们大手大脚地浪费掉了,比如在马拉松比赛的开始阶段跑得过快。这些为数不多的糖原对于你最终的冲刺非常有用,更重要的是,在训练和比赛中,它们可以使你的燃脂供能过程保持一个非常高的效率。

有氧纤维的还有一个重要特性是,它包含了丰富的血管,所以才会呈现出红色。流进有氧纤维的血液带来了氧气及包括维生素、矿物质和脂肪在内的营养,带走了二氧化碳和乳酸等代谢物。

有氧纤维还是重要的免疫系统发挥作用的大本营，特别是通过抗氧化的活动控制自由基。为保证上述过程，需要通过饮食摄取抗氧化剂类营养物质。因此，那些经常患感冒、流感、免疫力差的运动员在有氧能力方面也会表现出不足。

在日常活动中，有氧纤维是最经常被用到的肌肉。无论是上班还是在家，甚至在做一些生活琐事时，都需要有氧纤维的参与。有氧纤维还支撑着人体的关节、骨骼和其他部分，从而帮助人体预防和修复伤痛。

无氧肌肉

无氧纤维有多种类型，有一些无氧纤维同时具备了有氧和无氧的特征，在耐力训练和比赛中非常重要。如果这些纤维得到充分开发，将表现出有氧纤维的强大能力。准确地说，如果将这些无氧纤维的有氧特性开发出来，将大大提高人体的耐力，尤其是人体的有氧速度，即以相同甚至更少的付出获得更快的速度的能力。

饮食可以间接地影响我们的身体，使其在运动中更多地使用无氧肌肉。例如，如果我们吃了过多含有精加工糖分的食品，胰岛素的分泌量就会提高，脂肪燃烧的效率会降低，从而造成有氧能力锐减，进而导致无氧运动增加。训练的内容也可以决定哪些肌肉被更多地使用，那些艰苦的无氧训练会加强无氧肌肉的能力，削减有氧能力。

肌肉与疲劳

在进行耐力训练或比赛的时候，我们为什么会感到疲劳呢？在耐力运动中，我们都曾经有过"肌无力"的感受，有时候，这种疲劳感使我们不得不放慢速度；还有些时候，我们最终精疲力竭。无论是哪一种情况，都是我们的身体在进行自我控制。

疲劳感有可能是新陈代谢、神经肌肉或者训练出现了某种问题之后的身体症状。这时候，如果我们仍然一味冲击自己的极限，精疲力竭的感觉就会来袭，这种感觉实际上起到了一种自我保护的作用，避免我们的身体受到更严重的伤害。就像我们上面所说的，是我们的大脑逼迫我们停了下来，而不是我们的肌肉。但是，肌肉给大脑提供了多种反馈，"暗示"大脑让我们停下来。

我们的身体和肌肉之所以会受到疲劳的困扰，最主要的原因是缺少一个强大的有氧系统。如前所述，由于有氧系统对于疲劳具有抵抗能力，所以，如果训练得当，我们的身体就能够保持运动状态。实际上，当受到刺激时，有氧肌肉会得到加强，而不是产生疲劳。这就是为什么在比赛的尾声需要我们冲刺时，我们的有氧肌肉会释放出最大的能量。当然，这需要一个受过良好训练的有氧系统，当这个系统得到充分的开发之后，我们可以以一个相对快的配速完成马拉松，而不至于过度疲劳。

肌肉不平衡：疲劳的原因之一

造成疲劳的另一个原因是肌肉的不平衡。这通常出现在大脑与肌肉之间的连接环节，而不是由训练造成的能量和力量的缺失之处。为了更好地理解这一点，我们首先需要区分正常与非正常的肌肉紧张。在正常的运动过程中，肌肉收缩的时候会僵硬，舒张的时候则会变得松弛。而当肌肉出现不平衡的时候，它们有时候会变得异常僵硬，几乎接近抽筋；有时候又会变得格外松弛，我们通常称之为虚弱（weak）。这种不正常的状态就是肌肉不平衡，但这与肌肉的力量无关，因为强壮的肌肉也可能会出现不平衡。

肌肉不平衡一旦出现，可以持续数周、数月，甚至数年，起因有可能是摔伤、肌肉直接受损、过度拉伸，或者对肌肉的过度使用。但是，在很多情况下，运动员们经常想不起来自己是如何受伤的，因为那些伤简直微不足道；而且，那些伤的严重程度在当时看来根本就不会留下什么后遗症。所以，那些长期困扰人们的严重疼痛感很可能源于一次轻微受伤造成的肌肉不平衡。

造成肌肉不平衡的最常见的原因就是一块肌肉变得虚弱时，另外一块或者一些肌肉正好变得僵硬。这种僵硬和虚弱并存的状态可以在身体的任何部位出现，如胳膊、大腿、小腿、脚部和很多其他区域的前后侧，最终导致身体的运动能力失调、下降，以及整体机能尤其是关节机能的下降。尽管在最初阶段，肌肉不平衡不容易被察觉，但这些麻烦最终会导致疼痛和运动能力下降。肌肉不平衡会造成身体的严重紧张，以及关节、韧带和其他肌肉的伤痛，并且会降低运动效率。

造成肌肉不平衡的其他原因包括：训练和比赛给身体带来的过度磨损、由于缺乏休息而造成的恢复不足，以及伤病。不合适的运动鞋给身体带来的微小伤害最终也会导致肌肉不平衡。而且，肌肉不平衡本身也会在未来造成肌肉的不适和损伤。

为了对肌肉的不平衡进行补偿，以避免对身体的进一步伤害，大脑会通过指令增加其他肌肉的负担。一系列的肌肉不平衡会使更多的肌肉参与到运动中来，这个过程会消耗比肌肉平衡时更多的能量，从而影响运动表现。最终的结果是速度下降、运动效率降低（尤其是在需要手眼配合的项目上）、受伤概率增加。由于关节、肌肉及其他区域压力增加，大脑会收到大量来自身体各处的信号，得出身体不适的结论，这会使运动能力进一步下降，疲劳感增加。

即使是轻微的肌肉不平衡，也会使身体在运动时增加能耗，换句话说，如果肌肉保持平衡状态，会有更多的能量被用于运动。在跑步、自行车、游泳等长距离耐力项目中，这种效应会更加明显。

我们还可以通过耗氧量和心率来分析肌肉不平衡带来的问题。举例来说，由肌肉不平衡引发的臀部伤病就会使其他大肌肉承担更多的工作，这会造成身体需氧量的显著上升。耗氧量的大小与肌肉不平衡的程度有着直接的关系。除此之外，当肌肉出现不平衡的时候，心率也会显著提高，一些实验表明，心率的增幅甚至可以达到每分钟20下。肌肉不平衡最终导致了低效率的运动、超标的耗氧量，以及糟糕的成绩。

另外一个例子是膝盖损伤，大多数情况下，它也与肌肉不平衡有关。对于大多数运动员来说，这些伤病并不是膝盖附近的肌肉不平衡造成的，问题出在与膝盖运动时有直接或间接关系的其他部位的肌肉上，主要是脚部肌肉。各种肌肉不平衡的效应叠加起来，将无谓地增加身体负担，从而严重影响运动成绩。

由于肌肉不平衡通常不会有太多的临床症状，也就是说绝大多数运动员不会察觉自己的问题，所以我们要通过观察其跑姿和站姿来发现由肌肉不平衡导致的不协调。在我的职业生涯中，我陪我的队员参加过大量赛事，目的就是为了帮助他们"梳理"肌肉，调整他们的神经肌肉系统以减少或者消除肌肉不平衡现象。这些目的可以通过各种生物反馈手段轻易、快速地实现，我们将在后面仔细讨论这个问题。这样，到比赛开始的时候，从生理状态上讲，运动员们就可以协调而高效地投入竞争了。

大多数情况下，肌肉不平衡是可以自我修复的，就像手指被划伤的伤口、擦伤以及类似的外伤一样可以自愈。一个健康的运动员由于自身机能的强大，可以改掉自己的大多数毛病。但是，如果一个运动员缺乏足够的休息，或者健康状况不佳，就很难修复自身肌肉的不平衡，这种不平衡最终将变成一种慢性病。

除了有氧能力欠佳和肌肉不平衡之外，在训练和比赛中造成运动员疲劳的原因还包括过敏、哮喘、贫血或者营养不良。

很多耐力运动员过分关注如何训练自己的运动肌肉，却忘记了训练这些肌肉的目的是为了让它们更好地输出能量，也忽略了激素或食物对这些肌肉的影响。很多人更加注重的是肌肉的形态，如果漂亮的肌肉形态是耐力的决定性因素的话，那么负重训练就应该比其他训练方法更有效，但实际情况并不是这样。通常来说，肌肉的形态只是耐力项目中不甚重要的因素，肌肉其实更像是负重的马匹，被大脑所控制，同时依靠着为其运动提供能量的新陈代谢，以及其他一些重要的因素，比如负责协调新陈代谢的激素。

新陈代谢

耐力的形成过程中存在一系列的化学活动，其中最重要的是新陈代谢。新陈代谢可以为肌肉提供能量、帮助恢复、控制水分、影响燃脂，在这些过程中真正起作用的是一些化合物，它们以三种方式调节着我们的新陈代谢：

1. 我们的腺体分泌激素。
2. 一些类似于激素的化合物在我们的体内被合成。
3. 我们摄入的食物被转化为能量。

我们的训练、大脑以及生活方式（如饮食、压力等因素）都会影响这三种新陈代谢活动，而这些新陈代谢活动又会帮助我们建立耐力。

我们的能量从哪里来

耐力训练和比赛需要身体长时间地供应大量的能量，除此之外，即使我们没有训练，甚至是身体处于睡眠状态的时候，为了维护健康，我们也需要些许能量。这些能量是通过摄入的食品和各种营养，经过身体的新陈代谢产生的。

耐力所需要的能量是兜了一个大圈子才最终能够被我们使用的，所有能量的最初起源都是太阳光。植物通过光合作用吸收能量将其转换为化学能，我们通过摄入植物以及那些同样以植物为食物的动物，得到碳水化合物、蛋白质和脂肪，然后我们再把这些营养转化为运动所需要的机械能。将食物转化为肌肉所需要的能量，这一工作是由我们身体的新陈代谢完成的。在为耐力运动供能的过程中，高质量的食物和高效的新陈代谢都起着重要的作用。

碳水化合物、蛋白质和脂肪是身体能量的三大来源，这三种物质在小肠内分解之后，分别以葡萄糖、氨基酸和小脂肪颗粒的形式被吸收。最终，在分子层面上，这些物质转化为三磷酸腺苷（ATP），而我们身体所需要的所有能量都来自 ATP。不同的营养物质所提供的能量多少各不相同，脂肪所能提供的能量比碳水化合物和蛋白质的总和还多。

传统的运动生理学教材是这样定义身体的三种供能系统的：

- 磷酸肌酸系统提供超短期能量。
- 无氧系统提供短期能量。
- 有氧系统提供长期能量。

磷酸肌酸系统是人体最直接的能量来源，但能提供的能量却最有限。比如在 100 米的短跑比赛中，磷酸肌酸只能为身体提供 5～10 秒钟的能量。

当身体所需要的能量超出磷酸肌酸系统能力范围，无氧系统开始起作用，这一供能系统的来源是无氧肌肉里储存的肌糖原或葡萄糖。这类能量主要用于短跑、力量训练，以及耐力赛事最后阶段的冲刺。在比赛的过程中，这类能量也会被用到，比如越野跑的上坡、自行车的加速段，以及篮球或网球的最后阶段。但是，无氧系统所提供的能量也非常有限，通常只够支撑大约 3 分钟的全力运动。当然，如果将这些能量分散使用的话，其供能时间会略长。如果你在耐力赛事的初始阶段就将这些能量使用殆尽，那么在最后阶段身体就会遭遇悲剧性的打击。

无氧系统在供能上有非常大的局限性，好在人体还有第三套供能系统——有氧系统，它可以长时间提供能量，可以将有氧肌肉里的脂肪转化为能量，耐力运动员主要依靠的就是这一供能系统。有氧系统通过分解脂肪，最多可以为人体提供高达 7.5 万大卡的能量，足以支撑长达数小时甚至数日的耐力训练和比赛。无氧系统与有氧系统在比赛中的供能情况可以从表 2-1 中更清晰地看出来。

表 2-1　无氧系统和有氧系统在不同距离比赛中的供能比例

完赛时间（分钟）	无氧系统的供能比例（%）	有氧系统的供能比例（%）
1	70	30
2	50	50
4	35	65
10	15	85
30	5	95
60	2	98
120	1	99
>120	<1	>99

ENDURANCE TRAINING

RACING

03

打造你的 MAF

THE BIG BOOK OF ENDURANCE
TRAINING AND RACING

随时开始，永远都不会晚

网球

220 公式 VS. 180 公式

180 - 27 = 153

无伤痛、不收获（No Pain, No Gain）！

燃脂效率

公路车

游泳

150 - 5 = 145

03

打造你的MAF

建立强大耐力基础的第一步，是充分挖掘有氧系统，这样可以使身体变得更加健康、强壮。在这个过程中，运动者不仅可以提高成绩，还能降低体脂含量、使肌肉和关节更加平衡、矫正姿势、避免伤病、提高免疫力等。一个强大的有氧系统可以提供有氧速度，使你在跑步、自行车、游泳等耐力项目中越来越快。

尽管运动中速度和能力的爆发是通过无氧系统实现的，但是有氧训练对于速度的促进作用在进入无氧训练阶段之前就开始显现。一个强大的有氧系统还可以改善整体的健康状况，而且这种改善具有持久性。我将有氧系统的这种能力称为"最大有氧能力"（MAF）。很多人问我："MAF是不是也代表着你的名字Maffetone？因为前3个字母是一样的。"实际上，这纯属巧合。在我教练生涯的早期，我把这种能力称为"最大有氧配速"（Maximum Aerobic Pace，MAP）。它指的是随着一个运动员有氧能力的提高，他在同一心率或者略低的心率下的配速逐渐提高的过程。但随着接触的运动员越来越多，我发现"配速"的概念在自行车、游泳等项目中并不适用。而且，MAP在运动生理学中已经有了特指的概念——最大有氧功率（Maximal Aerobic Power），这是最大摄氧量的另一个说法。而我在MAF中使用的"能力"的概念更好地描述了通过改善有氧能力提高耐力的过程。

有氧基础

有氧基础指的是耐力运动员为了发展自己的有氧系统而进行训练的过程。我是在20世纪70年代末从新西兰著名教练阿瑟·利迪亚德（Arthur Lydiard）的一本著作中第一次知道这个概念的。他认为，有必要在有氧跑和无氧跑之间建立一种平衡，而这种平衡是通过特殊的训练实现的。阿瑟最早是一名长跑运动员，退役后成为教练，在20世纪五六十年代的跑步热潮中，他是一个重要的推动人，于2004年去世。阿瑟曾培养出很多优秀运动员，其中包括1964年奥运会800米和1500米冠军彼得·斯内尔（Peter Snell）、1972年奥运会5000米和10000米冠军拉瑟·维伦（Lasse Viren）。他的执教足迹遍布全球，同时也书写了一段耐力训练的历史。

20世纪80年代初，阿瑟在美国讲学期间曾经来我的诊所作客。在交流的过程中，他从未抱怨过自己和队员的伤病，这是我们两个相似的地方，我们还讨论了有氧能力的标准。他深感苦恼的是，很多人不能完全理解他的训练理念。当时有很多新创刊的跑步杂志都在提倡"无伤痛，不收获"（No Pain，No Gain）的观点，这与另外一种"训练时快，比赛时才能快"的不健康观点很相似。在这些观点流行的同时，运动伤病也开始大规模爆发。跑者很容易受这些错误理论的影响，所以在那些跑步书籍、杂志开始热卖的时候，跑者们的腿、膝盖、臀部和脚的伤病发生率也在飙升。

阿瑟和我以及其他少数教练所倡导的"慢速有氧训练法"在当时看来像是异端。而随着耐力运动员开始意识到有氧能力的重要性，我们的理论才开始慢慢被接受。时至今日，仍然有少数教练不了解有氧和无氧系统的运动生理学知识，他们对"建立有氧基础"的理念持批评态度。

通过测量运动员在训练过程中的全部环节，我发现，运动员们受到任何无氧的刺激都有可能破坏有氧系统的发展，从而降低耐力，无论这种刺激是来自无氧训练，还是来自生理、化学或者心理方面的生活方式的压力。我马上意识到，建立有氧基础的一个重要环节是，<u>在整个训练计划中将无氧训练减少到最低</u>，最好完全取消；而且，运动员们应该对自己的压力有明确的认识。

那么，在建立有氧基础的过程中加入无氧训练，究竟会有什么样的负面影响呢？这虽然因人而异，但对于大多数运动员，即使在建立有氧基础的过程中只加入一点点无氧训练，也会减缓有氧能力的提高。还有一些运动员虽然完全放弃了无氧训练，但由于他们的生活压力较大，也会出现类似的结果。因为训练所产生的无氧刺激以及随之而来的生物化学变化，都会对有氧系统的建立产生负面效应，还会影响有氧系统给人体带来的好处，比如燃脂效率等。这种潜在的负面影响因人而异。一些受过伤的运动员或者那些远未挖掘出自己的潜力的运动员，通常需要3～6个月的时间建立有氧基础，而其他大多数人只需要在每年的特定时间进行有氧训练即可。最理想的情况是，运动员通过完成一个完整周期的有氧训练，使自己的运动成绩和健康状况都得到很大的提升。

由于无氧训练必然会对有氧能力造成影响，所以人们通常会问一个问题：如何协调有氧训练与无氧训练、比赛，以及生理、化学、心理上的压力之间的关系？以下是与这个问题相关的理论：

- 任何形式的压力都会提升肾上腺皮质醇水平，从而影响有氧系统。过高的皮质醇水平会与大脑、肌肉和新陈代谢的生理过程发生冲突，而这些生理过程对于发展有氧能力和耐力极为重要。
- 过高的皮质醇水平是过度训练的标志，这样会提高胰岛素水平，从而使燃脂过程受到阻碍，使有氧肌肉不能正常工作。
- 无氧训练会使有氧肌肉纤维的数量减少，甚至是骤减。有时候，这种效应只需几周便可出现。

- 无氧训练会提高运动员的呼吸商，这意味着脂肪燃烧减少，糖分解增加。这样的后果是，无氧能力被过度使用，而有氧活动减少。
- 无氧训练产生的过量乳酸会破坏有氧肌肉酶，从而降低运动员的有氧能力。
- 无氧训练会使运动员对糖的需求增加，从而促使他们选择更多的精制碳水化合物。这将提升胰岛素水平，进而影响燃脂效果，使有氧能力降低。

对于很多耐力项目的运动员，缺乏足够的有氧基础会带来包括生理、化学和心理三方面的伤病在内的很多麻烦。这种问题与营养不良导致的贫血症有些相似，我将它们称为"有氧缺乏综合征"（the aerobic deficiency syndrome, ADS），这种病症存在于数以百万计的耐力运动员身上。

MYTHS OF ENDURANCE

无伤痛，不收获？没脑子！

"无伤痛，不收获"的说法其实更像是一则在社会上流传的虚构故事，给了运动员很多压力。这种训练态度与"越多越好"，也就是在训练中追求更快的速度、更长的距离、更大的重量如出一辙。它们给运动员带来了健康状况和竞技状态方面的双重压力。当你以这种方法进行训练的时候，你实际上凌驾于自己的大脑之上，你不再听从来自大脑的本能和直觉，无视大脑让你慢下来的指令。当你公然违抗大脑，你就距离过度训练不远了，紧随其后的就是伤病，然后是更差的比赛成绩。我们把这种情形称为"无伤痛，不收获？没脑子"，就像诺克斯博士把最大摄氧量测试称为"愚蠢的模型"一样。在这两种情况下，大脑得到来自身体的错误信息，失去了完全的控制力，从而无法让身体选择最有效率的活动。这时，运动员有意识地推翻大脑做出的正确决定，逼迫身体更频繁地进行更艰苦的训练。这是一个冲动型选择，人们在追逐潮流、听信各种广告和市场宣传的情况下，开始变得荒谬，不再理性。

有氧缺乏综合征

从 20 世纪末期到 21 世纪初期，耐力运动员的数量激增，同时伤病率也与日俱增。这些伤病不仅包括身体的损伤，也包括体内化学环境和大脑所受的伤害。缺乏有氧基础的运动员通常会表现出一些症状，有时候，运动员们传递出的负面信息也是一种信号，比如我们通常从运动员那里听到的诸如疲劳、体脂增加、身体损伤、激素失调、缺乏耐力、成绩不佳等负面信息。综合以上信息，我们基本上可以判断，这些运动员都有一个共同点——有氧缺乏综合征。大多数情况下，这将最终导致过度训练。以下是有氧缺乏综合征的主要症状：

- **疲劳：** 这是运动员中最常见的抱怨。疲劳也许与很多因素有关，但缺乏有氧基础导致燃脂不足是最主要的原因，最终的结果是身体在训练时以及日常活动中的供能过度依赖糖。
- **体脂增加：** 这个问题与燃脂能力下降有关，燃脂能力下降使日常饮食中更多碳水化合物转化成脂肪，并最终堆积在体内。
- **慢性炎症：** 这是体脂超标所引起的。慢性炎症使身体更容易受伤和生病。
- **身体损伤：** 有氧肌肉支撑着我们的关节、骨骼、韧带和其他组织，如果有氧肌肉能力不足，这些组织便容易受伤。来自诊所的数据表明，运动员最容易受伤的部位包括腰部、膝盖、脚踝和脚部。
- **激素失调：** 激素失调会给我们的运动能力和健康状况造成很大的问题，通常表现为超标的皮质醇和低于标准的脱氢表雄酮。超标的皮质醇会引发失眠、高体脂、嗜糖和血糖紊乱，它们都会影响训练后的恢复。低水平的脱氢表雄酮则会导致睾酮和其他激素水平下降。对于女性来说，经前期综合征和绝经症状主要表现为爱抱怨。至于男性，低水平的睾酮会严重影响肌肉和骨骼，而性激素分泌不足会造成性能力下降。

- **耐力下降：**耐力下降通常伴随着疲劳、糟糕的成绩、有氧速度的下降，以及过度训练。
- **营养失衡：**饮食问题通常与有氧缺乏综合征有关，特别是那些摄入精制碳水化合物过多但蛋白质和脂肪不足的运动员。其他的营养问题还有，过低的铁含量会影响到红色有氧肌肉。

消除有氧缺乏综合征并非难事，一般来说，只要竞技状态和健康状况保持正常就能做到这一点，最重要的是建立一个好的有氧基础。我建议运动员们训练时佩戴心率监测仪，随时监控自己的心率。

本章会讨论有关心率监测仪的问题，我将会以心率为指标，帮助你进行个性化的训练，使你的大脑和身体获得最佳有氧能力和有氧速度。

Q&A

Q 为什么我每天的静息心率会出现起伏？心率在早上起床的时候会比较低，到了下午的时候，会比早上快 10 下。我通常会选择在下午或者下班后的傍晚跑步，我需要改到早上吗？

A 心率在全天出现起伏是正常的事情，人在睡觉的时候心率也会出现波动。通常在早上刚醒来的时候，心率是最低的，然后逐渐增加并出现起伏，这与你的身体活动有关。随着你身体的不同器官，比如大脑和消化系统，开始投入工作状态，它们都需要大量的血液流过以提供能量。静息心率的变化不会影响你的有氧配速，所以没有必要调整自己的训练计划。

心率和心率监测

心率监测仪可以作为一个重要的训练伙伴帮助你提高耐力，这个简单的生物反馈装置不仅可以指导你的训练，也可以作为重要的监测手段，还可以在比赛中使用。《多兰医学词典》（*Dorland's Medical Dictionary*）将"生物反馈"定义为"将受测者身体机能的状态以图像或声音的方式提供给受测者，以使受测者对自己的机能进行控制的过程"。但是，大多数人使用心率监测仪只是为了测量自己在训练时的最大心率，或者是为了测量静息心率。

20世纪70年代，当我还是学生时，我在一次生物反馈测试计划中第一次测量了心率。在我的从业生涯中，我也使用心率对患者进行评估。到20世纪80年代初期，我总结出了一个适用于所有人的公式，帮助他们通过心率监测仪建立有氧基础。这个"180公式"可以使训练者计算出自己的最大有氧心率，并以此为基础进行有氧训练。

每分钟的心跳次数被称为心率，它反映的是我们每个人在训练、比赛和休息时不同的心脏状况。在面对心率的变化时，我们的感觉（比如在高强度训练时，对心率的变化进行感知）、直觉（比如我们的大脑在心率变化时对身体的反应进行控制）、分析（计算心率的变化），以及对训练的调整，都属于生物反馈。实际上，人类拥有内置的生物反馈能力，这种能力伴随了我们数百万年，在人类作为一个物种的存续过程中起到重要的作用。今天，我们继续利用心率指导我们的训练、比赛和恢复，而心率监测仪作为一个简单的生物反馈装置则能更好地为我们提供帮助。

心率可以为我们提供大量的重要信息，它所直接反映的是身体对氧气的需求。心脏通过收缩心肌将富含氧气的血液输送到全身，这时血流对血管壁的侧压力是收缩压，而在两次收缩之间血流对血管壁的侧压力是舒张压。心率是大脑和神经系统的功能在副交感神经系统中的体现，专家根据这一重要指标评估心脏的健康状况，运动员则靠它判断训练和比赛之后的恢复情况。

如何理解训练心率

我一直坚持以运动心率为依据的个性化训练，以前，我的办公室常备有几个小型心率监测仪，以便可以随时测量运动员们的准确心率。无论他们在我的诊所里进行跑步机和自行车训练，还是在室外跑道上跑步，我都可以记录他们训练前后的信息。这些信息不仅包括运动员们的跑姿，还包括他们的站姿和肌肉的平衡情况。我会把这些与人体力学相关的信息与他们训练前后和训练期间的心率结合起来，进行分析。显然，不同强度的训练会对跑姿产生不同的影响，无氧程度越高，身体姿态偏离理想状态的程度也就越大。人体的这种变形与肌肉不平衡和肌肉损伤有关，会随着训练的深入而愈发明显。这种变形有时候不易被发现，有时候却表现得非常明显。所有这些信息都是存在内在联系的，基于此，我总结出了一个理想的训练心率，以确保训练者可以得到最理想的有氧能力，而不会引发肌肉不平衡。

显而易见，运动员们需要自始至终保持高水平的训练，而不是只在使用心率监测仪的那天自我感觉良好。所以，让他们每个人每次训练都佩戴这种装置就显得格外必要了。1982年，市场上已经出现了通过佩戴心率监测仪测量心率并将数据传给腕表的整套产品。那之后，我发现，那些使用心率监测仪的运动员的进步幅度明显大于不使用的运动员。

这时，帮助运动员们找到他们的理想心率并且建立有氧基础已经成为可能。但是，对每个人逐一进行评价实在是一个漫长的过程。所以我开始尝试建立一个适用于所有运动员的简单公式，这样可以使他们确定自己的理想训练心率。

当我开始进行耐力训练的讲座并撰写这方面的文章时，我发现，如果没有一些简单而特别的基本原则，要把耐力训练的细节解释清楚是一件很难的事。所以我在想，是不是可以建立一个适用于所有人的准确的公式，通过这个公式计算出的有氧训练心率能够与我对运动员进行测评后得出的结果非常接近。我觉得自己的这个想法非常好。

虽然计算最大有氧心率的"220公式"一直被普遍使用，但我发现，通过这个公式计算得出的数据与我对运动员进行测评后为他们确定的最大有氧心率相比，我的数据明显要低很多，但我坚信我的数据是准确的。而且，一个非常明显的现象是，那些使用"220公式"进行日常训练的运动员表现出了跑姿不佳、肌肉不平衡等问题，他们很可能是过度训练了。

"220公式"与"180公式"

使用传统的"220公式"时，运动员将通过以下两个步骤来确定训练心率：

- **第一步**：用220减去年龄，得到最大心率。在现实中，大部分运动员会发现，通过竭尽全力让自己达到疲惫状态得到的最大心率可能和"220公式"得到的数值是不一致的。1/3人的计算结果会高于实际测试的最大心率，1/3会低，只有最后1/3可能会与公式计算得出的数值接近。这种偏差已经足够大了。

- **第二步**：用"220公式"计算得出的最大心率分别乘以65%、70%、75%、80%，从而得出训练心率。大部分运动员选择使用较大的百分比，因为他们认为训练的强度越大，效果就越好，这样会产生一个较大的训练心率。但其实65%～80%是一个很宽的区间，即便是没有打算进行心率训练的运动员，其心率也会落在这个区间之内。

每个个体都是独一无二的，所以"220公式"对我从来都不适用，因为它依赖的最大心率是个估计值，并不准确；另外，这个公式过于泛化，没有把运动员的身体素质、健康和衰老程度等因素考虑进去。

定义年龄的方法有两种，传统意义上的年龄是按照日历上的年计算的，这种方法不能很理想地反映个体的竞技状态和健康状况。我们都知道，运动员通常会比他们的实际年龄看起来更年轻或者更老。有些人一生都保持良好的生理、化学和心理机能，实际年龄反映出真实的生理年龄，而另一些人则不然。我们可以通过对心脏和肌肉功能、血糖水平、激素水平以及其他一系列的临床测试来评估二者的差异。有关竞技状态和健康状况历史的问卷调查对于评判生理年龄是非常有帮助的，这是一种对"年龄"的更新、更准确的表述公式。

于是，我开始慢慢建立一个数学公式，使用的是那些我测量得来的准确的心率数据。我最终得出的有氧心率公式是用180减去个人的实际年龄，再根据每个人的生理年龄所显示的健康状况和竞技状态做出修正。我用这个公式取代"220公式"。

将"180公式"得出的结果与长时间一对一实际评估的结果进行对比，可以很明显地看出两者的匹配度非常高。也就是说，大部分情况下运动员按部就班进行评估得出的训练心率结果和"180公式"得出的数值是一致的，或是非常接近的。

在对公式做了一些细微的改动之后，到20世纪80年代初期，我终于确定了最后的公式：

最大有氧心率 = 180 - 个人的实际年龄

用这个公式得到结果之后，再根据个人的健康状况和竞技状态稍加修正，便得到了准确的最大有氧心率。数字180并没有什么特别的意义，我们只是通过这个数字最终找到了需要的数值。另外，"180 - 年龄"这个公式本身也没有什么特殊的含义，与另外一些重要的数据并无关联，比如最大摄氧量、乳酸阈值或其他传统的测量参数。我们需要的最终数据仅是运动员的最大有氧心率，这是一个用于训练的心率，它反映的是最佳有氧训练状态。训练中如果超过这个心率，说明训练者的训练速度偏快了，正在向无氧训练转变。通过使用"180公式"，所有运动员都可以知道他们个人最理想的有氧训练心率是多少。

计算你的最大有氧训练心率

通过以下两个重要的步骤，你可以找到自己的最大有氧训练心率。第一，用180减去你的年龄；第二，找出以下适合你目前竞技状态和健康状况的对应选项，并进行最合理的调整。

1. 用180减去你的年龄。
2. 根据以下的分类来选择最适合你竞技状态和健康状况的情况，并对以上数值进行修正。

    a. 如果你曾经或正在从某种大病中恢复（如心脏病、任何手术或住院等），抑或正在定期服用药物，那么就再减10。
    b. 如果你受了伤、训练或比赛表现在退步、每年得两次以上的感冒、会过敏和哮喘，或者训练得不连贯规律，抑或刚回归训练，那么就再减5。
    c. 如果你正在进行连续的训练（每周至少4次），已持续两年且没有发生以上任何问题，那么就使用"180 - 年龄"后的数值，不用做任何修正。
    d. 如果你已经训练超过两年，且没有出现以上提到的任何问题，而且在比赛中，成绩不断进步且没有受伤，那么就再加5。

让我们来举个例子。如果你的年龄是30岁，符合b选项描述的情况，那么就可以按照如下方式进行计算：

180 – 30 = 150
150 – 5 = 145

所以，你的有氧训练心率就是145。

在这个例子中，对于所有的训练，你的最大心率不能超过145。145是你最大的有氧心率，将帮助你打造最佳效果的有氧基础。如果训练时超过这个心率，有氧训练会迅速转为无氧训练，转而通过燃烧糖分而不是燃烧脂肪来获取能量。

如果很难确定你属于以上选项中的哪一个，那就选择计算结果较低的那个。运动员如果因为生病而正在用药治疗，这本身就会影响他们的心率。这里我们不讨论佩戴心脏起搏器或有其他特殊情况的个体，有这方面需求的读者可以咨询保健医师或其他对你个人状况比较熟悉且有耐力训练专业知识的专家。

另外，以下两种情况不适用于上述计算公式：

- 年龄超过65岁的人在使用"180公式"时，需要根据个人情况进行调整。在这个群体中，有些运动员符合选项d的情况，他们最多可以加10下心跳。但这并不是说每个人都可以自动加10，要诚实地依据个人的身体状况进行评估。
- 对于年龄在16岁以下的运动员，"180公式"并不适用，165的心率或许是最合适的。

MY PERSPECTIVE
MAF 名人评测

掌控自己的能量

乔治·希恩博士

被誉为跑步王者的乔治·希恩博士也是一名哲人,他曾写过 8 本书,同时也是《跑者世界》杂志的医学编辑,他最著名的口号是:要倾听来自身体的声音。他住在新泽西州的拉姆森,一直在大学的小道上跑步,后来成为一名心脏病专家。他经常身着白色的紧身长裤在午饭时间跑步。50 岁的时候,他跑出了 4 分 47 秒一英里的世界级成绩。1986 年,希恩博士被诊断出患有前列腺癌,但他直到去世前,仍继续坚持跑步,并把自己的经历记录下来。他于 1993 年辞世,享年 74 岁。

菲利普·马费通博士传授的 MAF 训练理念,传承的是来自古希腊的哲学。这一哲学强调的是自我培养,他们认为,人体的最大能力取决于"存在的艺术",也就是取决于人是如何生存的。

古罗马哲学家塞涅卡(Seneca)说过:"我们应该用我们一生的时间来学会如何生存。"其核心就是如何锻炼我们的身体。每个人的所作所为都非常重要,其中包括锻炼、饮食、睡眠和所处的环境,即使是我们居住其中的建筑,也会对我们的健康造成影响。

自古罗马以来,哲人的著作中多次强调对身体的关爱。我们也被无数次提醒,有了健康的身体才能有完美的头脑。伟大的英国哲学家赫伯特·斯宾塞在他的教育论著中写道:"如果你希望拥有一个成功的人生,那你首先必须成为一只优秀的动物。"这个观点也被美国哲学家拉尔夫·爱默生重申:"首先成为一只优秀的动物。"

为了能够在这方面达到完美,我们需要不断修正和优化行为。加拿大曾经发起过一次关于健康的调查,最终筛选出了三条主要原则：平衡的饮食、良好的睡眠，以及定期的体检。但这其实是远远不够的，如果希望拥有一个运动的人生，我们需要回归到最基本的原则以及个体的自律上。

马费通博士不仅教会我们如何成为一名运动员，而且教会我们如何指导自己。我们的最终目的是，必须成为自己的教练。但是首先，我们应该意识到，我们对自己的身体所做的每一件事，以及我们让自己的身体做的每一件事，都是至关重要的。我们的身体属于我们自己，运动着的身体才意味着生命的存在，所以我们必须掌控自己的能量。

随时开始，永远都不会晚。

THE BIG BOOK OF ENDURANCE TRAINING AND RACING

一旦确定了最大有氧心率，就可以用这个心率到比其低 10 下的心率作为训练的心率区间。例如：

> 如果一个运动员的最大有氧心率计算出来是 155，那么他的有氧训练心率区间就是 145～155。当然，在心率 155 状态下的训练越多，最佳有氧基础就会越快形成。

在训练之初，很多运动员觉得在心率相对低的情况下训练会有压力，最普遍的抱怨就是："我不能按照这么慢的速度训练！"但是过了一段时间以后，他们会发现在相同的心率下，身体舒服了很多，而且步伐也加快了很多。其实，你停留在低配速下进行训练的时间不会太久。当然，对于很多运动员来说，改掉自己的坏习惯并不太容易。

唐是我的一名患者，他是一名很优秀的长跑者，在 30～39 岁年龄组，他的成绩经常名列前茅。当他来我的诊所咨询他的慢性损伤、疲劳以及复发性感冒的时候，我们所做的第一项检查就是使用心率监测仪来跟踪他的心率。如果采用最大有氧心率，唐的配速是每公里5分25秒，这几乎比他平时训练的配速慢了2分钟。我给唐的建议是，使用这个比较慢的配速进行三个月的基础训练，并佩戴心率监测仪。但是两周以后，他打来电话说，他没办法以这么慢的速度跑步。我再次跟他解释了整个训练过程以及他如何能跑得更快。一周后，唐发来一份传真说，他没办法采用我的建议进行训练。但在几个月之后，唐的身体状况变得更糟了，他甚至都不能跑步了，于是他再次回到我的诊所，最终做好了进行有氧训练的准备。唐从一个较慢的配速开始，经过几个月的有氧基础训练之后，他的有氧配速达到了4分13秒，而他的心率却比之前的测试降低了25下。

多年来，实践证明了最大有氧心率公式的准确性、实用性及重要性。但是在20世纪90年代初，一些和我一起合作10年甚至更长时间的运动员向我反馈了"180公式"的一个重要缺陷。我看到了他们的变化，但也看到了他们中的一些人长期处于训练的平台期而无法突破，这些都帮助我得出了一个重要的结论：<mark>那些成功运用"180公式"超过5年的人，在算出结果后，需要把他们的最大有氧心率调高2～3下</mark>。即便他们一直保持健康的身体状态，但随着年龄的增长，他们不能一直使用多年前确定的最大有氧心率。虽然我们的实际年龄确实在增长，但从身体素质和健康角度讲，我们的生理年龄可能并没有发生那么大的变化。所以，经过5年合理、成功的训练，你的身体素质反而得到了增强，你的训练心率不需要调低5下，因为你在生理上并没有"变得那么老"，实际上只需降低2～3下就够了。如果你对此心存疑虑的话，那就选择一个较低的作为你的最大有氧心率。

这个结论假设"180公式"中相关的药物使用、疾病、竞争力提升等因素没有发生变化。另外，随着年龄增长，逐渐降低训练心率也是有必要的。

Q&A

Q 我发现，我以自己的最大有氧心率进行跑步——或者说得更准确一些，慢跑——实在是没有什么乐趣，在这么低的强度下训练，对我一点挑战和刺激也没有。我特别想念在高心率下奔跑时体验到的那种快乐和自由，我一点也不喜欢提速时心率监测仪发出的警报声。但是，在有氧心率下进行自行车训练就有趣得多，因为我可以保持一个让自己觉得刺激的训练强度。我能不能这么理解，我从自行车训练中获得的有氧能力可以转移到跑步中，最终使我的有氧跑步能力得到提升？

A 通过"慢速"训练，你仍然可以得到挑战和刺激。你至少发现了自己的一大缺点——有氧能力差，你应该因此受到刺激并且接受挑战，对此进行改变。你的目的不仅是为了更快（在同样的心率下），而且是为了更好的竞技状态（获得更好的成绩）和更好的健康状况。

你说得没错，你在自行车项目上获得的有氧能力将最终转化到你的跑步中。再过一段时间，你的最大有氧心率下的自行车配速就会超越你的能力，你会嫌这个速度太快了，这与你在跑步中的感觉正好相反，我饶有兴趣地等待着那一天的到来，也许很久，也许很快就会到来。你可以现在就在自己的计划中再增加一些跑步内容，无论在生理还是心理上，交叉训练都是好的训练方式。

"180公式"在不同运动中的应用

经常会有人问这样的问题：不同的耐力运动是否需要使用不同的最大有氧心率？例如，对于同一名运动员，用"180公式"得出的适合游泳的最大有氧心率是否也适用于自行车和跑步呢？答案是不可以。

"180公式"确实对所有的有氧训练项目都适用，在同一心率下，不同的耐力运动所对应的新陈代谢水平是一样的，但如果我们将游泳和跑步进行比较的话，在新陈代谢水平之外的其他方面，它们的差异是巨大的。一个显著的区别就是个人感知的努力程度，这一点非常重要，因为那是运动员对训练的主观感受。如果在同样的心率下进行游泳和跑步，那么游泳会让人觉得更加费力。

还有一个客观的因素来自重力，在这方面，游泳和跑步的区别也是巨大的。重力在水中对个体的影响是很小的，但对跑步来说，这种影响则相当大。在游泳池里并不需要大量的能量用来克服重力，但跑步时却非常必要。另外，还有一点与重力相关，那就是跑步时调动的肌肉数量比游泳时要多。

我会在不同运动项目中使用相同的最大有氧心率，这么做的最基本的临床意义在于，这样更容易将不同运动项目得出的结果进行比较。这里提到的结果包括：有氧基础的提升度、受伤概率、比赛成绩以及全面健康程度。

由于我几乎和所有运动项目的运动员都一起工作过，所以我认为全面提高身体素质和建立有氧基础的方法是非常类似的。下面我们给出一些在不同运动中使用心率监控的案例。关于遵循最大有氧心率和使用心率监控的整体思路一旦清楚了，将这些方法运用到任何运动项目中都会是相对简单的事情。

MYTHS OF ENDURANCE

"180公式"带来的化学益处

将"180公式"应用到心率训练还有一个显著好处，那就是在这种低强度训练下给身体带来的化学反应。通常情况下，身体在诸多压力之下会产生某种化学物质，这种化学物质被称为氧自由基。这里提到的压力包括某些特殊类型的训练，比如以略高于最大有氧心率的心率进行训练也会给运动员造成压力。虽然这些化学物质对身体是有帮助的，但如果过量，就会导致炎症、过度训练，甚至癌症和心脏病等疾病。另外，过多的自由基会加速老化的过程。高强度的无氧训练会产生大量的自由基，如果是在高于最大有氧心率时进行训练，即使是最普通的训练强度，也会产生与高强度的无氧训练相同水平的自由基。使用"180公式"作为你的训练指南，可以最大限度地减少自由基的产生。研究表明，如果对于自由基比较敏感的话，那么采用这种高效的强度进行训练是一种理想的选择。

网球

大家都知道网球是一项非常需要耐力的运动，运动时长是其关键问题，从开始热身到最后决定胜负的一局，比赛时间并不确定，尤其是当遇到一场长时间的艰巨战之时，维持比赛的主要能量中约50%~60%或者更多来自有氧系统，所以网球运动员主要依靠有氧能力来完成整场比赛。另外，有氧训练越多，就会燃烧更多的脂肪为身体提供能量，更多的糖原将会被保存起来，这样的话，运动员坚持到比赛决胜盘的时候，就可以发挥更多的无氧能力，从而提高速度和能量输出，而不是只有疲惫感。大家都知道网球比赛在长时间僵持之后，最后几盘将决定胜负。让我们回想一下一些著名网球明星的比赛，例如博格（Borg）、康纳斯

（Connors）、麦肯罗（McEnroe）、威廉姆斯姐妹、比利·简·金（Billie Jean King），他们的有些精彩比赛都是和对手僵持到最后，最终获胜的都是体力最好的运动员，而不一定是球技最好的。

通过训练有氧系统，网球运动员可以确保自己直到比赛结束都有足够的能量储备，在整个比赛过程中始终有不可限量的能量。这将大大降低受伤概率，还会带来其他方面的一些益处。

使用心率监测仪不仅可以促进有氧系统的发展，还可以提供有关有氧训练效果的重要反馈。举个例子，一开始，一名网球运动员进行一小时的比赛，平均心率在150，其中最大心率达到185；经过一段时间正确的有氧训练之后，这名运动员现在或许就可以用平均130的心率完成同样的比赛，而且心率从未超过155。这其中的差距是非常明显的，也体现出了有氧能力的重要性。在没有过度压力（平均心率150，最大心率185）的情况下，这位运动员离他的最大潜能越来越近了；紧接着，各种好处随之而来：糖原被储存、肌肉平衡得到维持（可以防止疲劳并优化节奏）、神经系统功能得到改善（眼和手的协调）、水合作用得到改善等等。

如果网球运动员定期使用骑行台或跑步来帮助训练有氧系统，那么这名运动员在这些运动上的技能也会得到提高：在同样的心率之下骑行或跑步，速度比原来更快了。

在赛季前的有氧训练期间，应该佩戴心率监测仪以确保不要超过最大有氧心率。训练一段时间之后，运动员就可以在心率没有太大变化的情况下承受更大强度的训练了。这个变化反映出身体的能量增加了，允许身体的其他部分承受更高强度的训练了，特别是大脑和肌肉。

当然，对于所有的运动员来说，比赛开始之前的有氧训练都是漫长的，所以上一赛季结束之后很快进入训练是比较理想的。在此期间使用心率监测仪来衡量训练的效果不仅对运动员很重要，对教练、助理教练、专业保健师以及整个训练中的其他相关人员也都很重要。一旦专业训练开始了，心率监测仪还可以用于确保进行正确的热身、冷身、间歇练习以及整体的恢复练习。

MYTHS OF ENDURANCE

早晨的心率

只要训练方法合理正确，有氧能力和心肺功能都可以得到提高和改善。随着时间的推移，这些变化是通过静息心率的降低体现出来的。发现这些变化的一个简单方法是测量早晨的心率，也就是晨脉。

测量时要把心率监测仪绑紧，这样才能确保读数是准确的。同时，要在起床之前测量心率，这样才是最真实的静息心率，在起床静坐5分钟之后再测量一次也可以。不管是用哪个方法，在对比时要使用测量方法相同时得出的数据。

每天的早晨心率有微小的变化是正常的，但应该只在一定的区间内波动（每分钟差3～5次），如果两天的数据变化每分钟超过5～6次，可能说明有某种压力正在对你产生影响，这个压力可能是着凉或流感，也可能是你最近正在思考的一个很重要的商务会谈，抑或其他因素：也许你过去几天的胃口不太好，或者在有氧训练中心率过高。这其实就是身体亮了黄灯，提示你应该考虑一下，到底是什么导致了你心率提高。

其实，所谓的正常心率并不存在。一个训练有素的运动员的静息心率可能只有35次左右，但是很多健康的运动员是50～60多次。更重要的是心率的变化规律，随着你训练的深入，身体素质得到改善，心率将会逐渐降低。也许这个进步过程会持续几个月的时间，但如果你每周检测 2～3 次，你会逐渐发现这个变化。心率可能会在两个月的时间内维持在平均 62 次，然后突然下降到 56 并保持三周；之后也可能会保持好几个月的时间，然后再次下降。所以，你需要经常测量，并做好记录。

篮球

在比赛淡季，篮球运动员可以通过跑步、骑行、游泳或其他任何耐力训练来建立一个良好的有氧基础。在这期间，无论是进行哪一项活动的训练，都需要佩戴心率监测仪，只要运动员不超过他们的最大有氧心率就可以。几周之后，在同样的心率下，他们在篮球场上可以承受的强度越来越大，这样在季前赛到来之前，即便是高强度的训练，也不会导致心率比刚开始进行有氧训练时候的高。下面我们举一个例子。

训练首先从一个良好的热身开始。如果一名 28 岁的篮球运动员进行各项热身练习，包括场地运球跑、跑步、投篮以及两组对抗赛，通过心率监测仪都可以看到进展。在 60 分钟的训练过程中，当运动员触及到最大有氧心率 152 的时候，就必须强制要求运动员放慢速度，避免超过这个心率水平。但是经过几周的有氧系统训练之后，同样是 60 分钟的训练，他的平均心率可能只有 131，最大心率也只是达到 152。这时，这名运动员就有了更多的能量，眼和手的协调配合能力提高了，整体能力都发挥得更好了，特别是在下半场比赛中，这些进步表现得尤其突出。

赛车运动

在我给运动员介绍使用心率监测仪的各项运动中，比较有趣的是赛车。曾经与我共事的赛车手有马里奥（Mario）、迈克尔·安德烈蒂

（Michael Andretti）、德里克·贝尔（Derek Bell）、阿尔·霍尔伯特（Al Holbert）等。跟棒球、足球等很多传统运动一样，向赛车手介绍新的想法并不是一件容易的事情。

我是从训练一个年轻、不知名的赛车手开始的，他叫奇普·鲁滨逊（Chip Robinson），我像对待耐力运动员一样开始训练他，这样他的大脑和身体可以在时速 300 千米的时候仍然把车操控得很好。在赛季前以跑步和走路为主的耐力训练中，他一直携带心率监测仪，他甚至还颇有兴致地参加了一些跑步比赛。但无论如何，驾驶的压力在训练期间的确是很明显的，所以我让他驾驶时也一直使用心率监测仪，甚至在比赛中也使用。我发现，他心率的数值几乎和驾驶速度的数值（英里／小时）是一致的，后来我在其他运动员身上也证实了这一点。跟其他赛车手相比，奇普属于过度反应，说明他需要建立一个更强大的有氧基础。

当赛车手开始启动跑车，在一个相对低速的预热状态时，速度大概在每小时 90～100 英里，其心率也差不多是这个数值。驾驶是一项有风险的活动，必须随时保持警觉以便更好地驾驶，防止撞车等事故发生，所有这些都会转变成压力，使心率加快。我曾经看到过赛车手在时速 180 英里的时候，心率也达到了 180。

这是一个很有意思的发现，但我并不意外，我曾经做过试验，佩戴心率监测仪在城市道路和高速公路上行驶，发现开得越快，心率就越快。

对赛车手来说，这个信息非常重要，特别是对于那些高速驾驶时会反应过度的人，这也是奇普的问题所在。如果能通过训练拥有一个强大的有氧系统，那么虽然在提速的时候心率仍然会提高，但不会出现反应过度的情形。如果赛车手在高速驾驶的压力之下，仍然能保持合适的心率，他的驾驶水平就会提高，从而击败竞争对手。合适的心率也可以改善整体的健康状况，尤其是提高眼和手的协调能力和优化肾上腺的功能。

经过一段时间的有氧基础训练之后，奇普和他的新团队捷豹赛车队突然赢了好几场比赛，第二年，他成为阿尔·霍尔伯特所在的保时捷赛车队的一员。阿尔对奇普的训练方法非常感兴趣，所以也来找我咨询。有氧基础训练使保时捷赛车队在代托纳24小时耐力赛中取得了第一名的成绩，他们以平均111英里的时速，在24小时内驾驶了将近2 700英里。之后，奇普在退役之前多次赢得比赛，包括三次冠军。

有氧训练与无氧训练

既然有氧训练状态是由心率来确定的，那就让我们重新定义一下之前提到的有氧训练和无氧训练：

- **有氧训练：** 是指那些把心率控制在最大有氧心率之下的耐力活动，越接近最大有氧心率，就越能从训练中获得更多的有氧刺激。最终得到的好处包括：有氧系统得到拓展，脂肪燃烧加速，血液循环得到改善，有氧肌肉组织功能得到改善。即使在低于最大有氧心率的心率下训练，也可以享受有氧运动带来的好处。实际上，在低心率下对有氧肌肉组织进行刺激，使身体进行缓慢运动，在有氧训练中是一个非常重要的环节。
- **无氧训练：** 包括高于最大有氧心率的任何活动，不管是游泳、骑行、跑步、滑雪、还是其他形式的运动。

唯一的例外是力量训练，虽然在从事这种训练时，心率也不会超过最大有氧心率，但它仍属于无氧训练。这里的力量训练指的是举重、力量器械、俯卧撑、引体向上、深蹲及其他类似的活动，无论这些力量训练的速率有多慢、难度有多低、重量有多轻，它们都属于无氧训练。研究显示，即便是轻量级的力量训练，也会显著地提高压力激素皮质醇的分泌水平，最终可能会影响有氧能力。

在力量训练期间，心率监测仪之所以不能提供有关有氧或无氧状态的足够信息，主要是因为时间太短。以举重为例，实际上这种无氧运动不会使心率加快到超过最大有氧心率的程度，因为运动过程中，身体处于活跃状态的时间不够长，不足以支持心率达到稳定水平。例如，在力量训练中，你把某个动作重复到第 15 次的时候，心率开始提升，但 15 次已经是你的极限了，然后你就停了下来。实际上，在这种训练中，你必须重复 30～40 次的时候才会达到最大有氧心率，而你的肌肉能力根本无法支撑你达到这个次数。

在建立有氧基础的过程中，有氧能力的提高是显而易见的。

首先，你会觉得自己更加健康了，这是可以明显感觉到的，比如觉得自己充满了能量，再也没有受伤；如果你体形明显偏胖，你会瘦下来，但如果你的体脂率指标是正常而且健康的，那么你的体重就不会减轻，因为再减轻反而不健康了。建立有氧基础不仅仅是为了跑得更快，更重要的是为了更加健康。

其次，与进行有氧训练之前相比，在相同心率之下，你会跑得更快。对大多数运动员来说，这已经足够了。但为了尽可能客观，我还是坚持用数据来证明有氧能力的改善，这一测量可以通过 MAF 测试轻松实现，这个话题我们在下一章详述。

ENDURANCE TRAINING

RACING

04

MAF 测试

THE BIG BOOK OF ENDURANCE
TRAINING AND RACING

配速提升　　　每 3~4 周一次测试

最大有氧心率

静息心率　　　巅峰　　　平台期

心率监测仪　　　压力管理
　　　　　　　　上升期

衰退期　　最后 1 英里　　运动腕表

04

MAF 测试

仅仅通过手腕上的表对自己的表现进行评估，很容易使人产生误解。秒表的嘀嗒声和数字读数并不能显示你的健康状况，它们只是显示你在某一天里跑得有多快。从长远角度看，使用心率监测仪才是最有效的。

在建立 MAF 的过程中使用心率监测仪有诸多好处，其中之一就是在消耗不变的情况下产生更多的能量。例如，经过数周、数月的训练之后，跑者可以在相同的心率之下跑得更快。如果这位运动员同时还进行自行车的交叉训练，那他也会骑得更快，因为在有氧系统改善的同时，身体新陈代谢的功能也得到了提高。在训练中监测心率的主要目的是为了确保你处于有氧状态，除此之外的另一个作用是在 MAF 测试时，客观地测量出你的进步。这个评估方法是我在 20 世纪 80 年代初期建立的，运动员们可以因此更加准确地监测到自己的进步，而更重要的是，这一测试可以在他们的训练陷入瓶颈、濒临受伤或是过度训练之前发出警报。

MAF 测试适用于任何耐力项目训练，其目的是测量你在最大有氧心率之下，用跑步、骑行、游泳甚至轮滑的方式完成一段距离所需的时间；或者是测量在最大有氧心率之下，在给定的时间内完成的距离。并不是所有的运动项目都适合用来进行 MAF 测试，比如在篮球和网球运动员战胜对手的过程中，我们观察到他们的心率基本保持恒定，所以他们的这种胜利很难被量化。骑行台或跑步机则可以更好地用来进行 MAF 测试。

在 MAF 测试中，要始终保持自己通过"180 公式"计算得出的最大有氧心率，这一心率将决定你在特定时间内的配速和运动的距离。MAF 测试也可以在固定设备上进行，前提是这些设备的数据是准确的。

如果是通过跑步进行 MAF 测试，那么 400 米跑道的田径场是最理想的场地，5～8 公里的测试距离能够提供足够多的信息。进行所有的 MAF 测试之前，都应该先热身（热身问题我们将在后面具体讨论），表 4-1 是一个跑者在田径场上进行的 MAF 测试数据：

表 4-1　室外 400 米跑道上的 MAF 测试

距离	用时
第 1 英里	8'21"
第 2 英里	8'27"
第 3 英里	8'38"
第 4 英里	8'44"
第 5 英里	8'49"

如表所示，随着跑步距离的加长，每英里（跑 4 圈）所花费的时间都在增加，这是一个正常的现象，说明身体在逐渐疲劳。第 1 英里跑得越慢，第 5 英里与第 1 英里相比的降速就会越明显，这是由于耐力不足导致的有氧能力下降。如果你在第 1 英里的用时是 10 分 17 秒，那第 5 英里可能就是 11 分 20 秒；如果你第 1 英里跑得比较快，那么第 5 英里与第 1 英里相比，降速也会变小：假如第 1 英里用时是 5 分 50 秒，那么第 5 英里的用时可能就是 6 分 14 秒。

在任何一个 MAF 测试中，跑步速度都是越来越慢的，第 1 英里应该跑得最快，最后 1 英里跑得最慢，这是正常的。如果实际情况不是这样，比如第 1 英里用时 7 分 46 秒，而第 2 英里则用时 7 分 39 秒，就说明你的热身做得不够。另外，经过数周的训练之后，MAF 测试显示的配速应该越来越快。表 4-2 显示的是同一个运动员在表 4-1 的基础上，耐力不断提高之后的数据。

表 4-2　同一运动员配速的提高

	4 月	5 月	6 月	7 月
第 1 英里	8′21″	8′11″	7′57″	7′44″
第 2 英里	8′27″	8′18″	8′05″	7′52″
第 3 英里	8′38″	8′26″	8′10″	7′59″
第 4 英里	8′44″	8′33″	8′17″	8′09″
第 5 英里	8′49″	8′39″	8′24″	8′15″

我把这种变化称为有氧速度的提高，体现为在有氧基础训练阶段，跑步和骑行的配速以及其他运动的耐力的进步。而在无氧训练阶段，包括赛季期间，有氧能力的提高会减慢甚至停止，这体现为同样心率之下的速度提高会放慢或者停止，这是正常的，也是暂时的。

有一点非常重要，同时也是 MAF 测试中需要特别注意的一个因素：如果在有氧基础训练阶段，你没有出现任何进步，或是在一些进步之后，你的 MAF 测试指标开始变差，那就说明你的训练、饮食、压力管理出现了问题，或者有其他因素破坏了你的有氧系统。这种情形是对你的一种预警，可能是感冒或其他疾病要发作的一个征兆；或者是饮食出现了问题，例如在假期暴饮暴食；或者是出现了贫血等营养问题；也可能是工作压力过大或处于过度训练的边缘。

还有一种可能性是，运动员在确定自己的最大有氧心率时并没有完全遵从"180公式",而是提高了自己的训练心率,哪怕只提高了3下,这也会最终导致有氧系统出现停滞。这是耐力训练需要特别注意的一个问题,因为这个时候,MAF 测试正在提醒你出了状况。[①] 从运动、饮食到心理压力,对你所承受的生理、化学和心理的压力进行评估是非常必要的,不仅可以帮助你以良好的身体状态进行耐力训练,还可以预防你在健康方面出现问题。

Q&A

Q 在我开始 MAF 训练计划之后,我的静息心率在 5 个月的时间里下降了 10 下,达到了每分钟 59 下。我的问题是,我是不是可以将我的最大有氧心率提高 5～10 下？我的年龄是 51 岁,每周训练时间 4 小时左右。

A 在建立有氧基础的过程中,静息心率的下降是意料之中的一个变化。但这并不意味着你可以提高自己在训练中需要遵守的最大有氧心率。请注意,在"180公式"中,静息心率和最大心率都不是参考因素。随着你的静息心率的下降,以及其他一些有氧能力指标的提升,你在最大有氧心率下的跑步配速和骑行配速也会提升,这使你在心率不变的同时,需要付出更大的努力。

MAF 测试在其他运动中的应用

MAF 测试是耐力运动员在自我管理时最重要的评估工具,可以全

---

① 作者的意思是,按照比最大有氧心率高 3 次的心率进行训练,实际上已经进入无氧区间。这种训练既不能提高有氧速度,也不能提高无氧速度。——译者注

年使用，每个月评估一次。上文中，我们已经对跑者如何进行 MAF 测试进行了描述，自行车运动员的 MAF 测试与此大同小异，而且有更多有效记录结果的方法。最简单、有效的方法是选择一条大约需要骑手花费 30～45 分完成的平坦的自行车路线，热身之后，在最大有氧心率下开始测试，准确地记录下完成这段距离的用时。随着速度的逐渐加快，你的用时会越来越少。例如，今天你可能需要 36 分 50 秒，一个月之后是 35 分 30 秒，再一个月之后就是 34 分 15 秒。经过三个月的基础训练，同样的距离你可能只需要花费 33 分钟。

你也可以选择另外一种测试方式：记录在最大有氧心率水平下的骑行速度。这个测试最好是在自行车场或者室内骑行台上进行。假如你开始的速度是 29 千米 / 小时，经过三个月的有氧基础训练，在同样的心率下，你的速度可能会达到 38 千米 / 小时。①

MAF 测试同样适用于游泳项目，游泳运动员可以在泳池或开放水域进行测试。游泳是一项不太需要克服重力的运动，因此在测试中很快就可以达到有氧速度，但是保持这个速度却需要强大的体能作为支撑。换句话说，你需要越游越快才能使心率保持在最大有氧心率的水平。所以，即使是那些技术好且耐力强的运动员，在最大有氧心率下进行 40 分钟的训练可能也不太现实。这一方面证明了上述运动员耐力的强大，另一方面体现了 MAF 测试是一个很难完成的任务。也许你还无法达到这么高的水平，但你需要知道的是，只有保持正确的泳姿，才有可能越游越快。②

如果你游泳的速度不够快，或者无法在最大有氧心率下保持正确的泳姿，那么你还有两个选择来进行 MAF 测试：

---

① 作者写作该书时自行车功率的概念尚不普及，以当今的自行车耐力训练科学体系而言，自行车 MAF 测试也可使用功率数据替代速度。——编者注
② 作者认为，当运动员水平不够高的时候，如果一味加速，会使动作变形，这样不利于水平的提高。所以他反复强调，在保持正确泳姿的前提下进行训练才有意义。——译者注

- 在测试时降低自己的心率。如果你的最大有氧心率是 150，但是你的技术无法支撑你达到这个心率，或者你需要以牺牲自己正确的泳姿为代价才能达到这个心率，那就采用一个让你感觉舒服的心率，比如 130，并且在这个心率下保持正确的泳姿。
- 利用其他运动来监测有氧能力的进步。如果你同时还骑行和跑步，那就使用其中一项或两项运动来进行 MAF 测试。如果你的自行车 MAF 测试显示出了进步，那说明你身体将脂肪转换为能量的能力正在提升，这将最终帮助你提高游泳速度。

MAF 测试的执行过程

运动员应该定期进行 MAF 测试，并把测试结果制成表格进行比对，我的建议是每 3 ~ 4 周做一次测试。

如果测试过于频繁，运动员可能会产生心理压力，因为有氧速度通常在一周内不会有显著的提高。对于测试结果的过分关注也会形成一种痴迷状态，就像有些运动员执着地每天一次甚至多次称量体重一样。

如果 MAF 测试进行得不规律或是间隔时间过长，那么当你的训练偏离轨道时，你就无法及时得到反馈，这将使测试发挥的作用大受影响。当你在训练、饮食或压力方面出现问题，从而造成进步停滞时，你一定希望早早发现，而不是等到身体感觉不适或比赛成绩退步的时候才醒悟。实际上，当你的竞技状态和健康状况变差时，MAF 测试比任何其他手段都能更早地发出预警。

当你在耐力训练中开始进行 MAF 测试，将会经历三个阶段：上升期、平台期和衰退期。大多数运动员都是如此，当然也有例外。

上升期

如果你成功地建立起自己的有氧系统，那么你的有氧速度就会得到提升。在这个上升期里，你可以像耐力高手那样增加训练量。上升期可能持续数周或者数月，甚至有可能长达数年。在这个过程中，你的运动表现不会出现任何回落。

平台期

有氧训练也会遇到各种各样的平台期。训练初期，你的进步很明显，所有的指标都在增长：配速不断提高，每小时跑的距离不断增加，或是其他一些参数都在进步。但是，随着时间的推移和训练的深入，你进步的速度开始放慢，当然，数据肯定要比刚开始训练时好很多。图 4-1 记录了一个中老年组的自行车运动员在过去 4 年里的成绩变化。

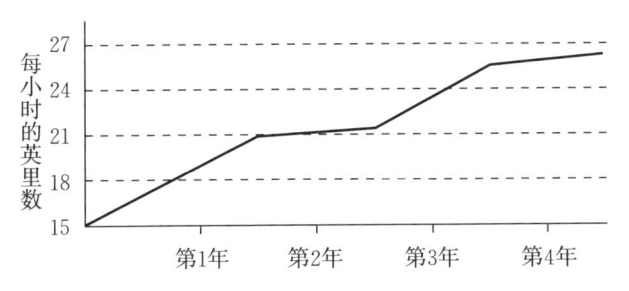

图 4-1　一名普通自行车运动员的有氧能力进步图

图 4-1 中显示的平台期有两种不同类型，一个是正常的，另一个是不正常的。正常的平台期出现在训练过程中的某一个点上，你疲惫的身体在这个时候需要休息一下。其中的具体原因目前还不是很清楚，但可以被理解为大脑、肌肉和新陈代谢系统需要某种调整。这也许与身体的恢复有关，就像是在马拉松比赛中刚刚爬了一个大坡后需要调整一样。这种正常的平台期不会持续太久，一般是几周时间，最多几个月。在平

台期，即便是极微小的提升，也应该被当作进步，这意味着平台期的结束，这种进步在 MAF 测试中马上就能体现出来。但是，如果在平台期停留的时间过长，那就是不正常的了，可能标志着衰退期的开始。

之所以会进入非正常的平台期，是因为受到了某些生理、化学或心理上的干扰，妨碍了有氧系统的发展。MAF 测试对于识别非正常的平台期是非常有帮助的，一旦你发现自己的成绩很长时间都没有进步，下一步就是查明原因，特别是需要问自己一些很重要的问题：

- 是什么干扰了我成绩的进步？
- 我的现实生活发生了什么具体的变化：换了新鞋、新自行车，还是新的训练课程？
- 我的身体发生了什么：改变了饮食结构、增添了新的饮食补剂，还是服用了非处方药品？
- 是否有心理或情绪因素带来了更多的压力？
- 我可以做什么样的调整？

影响因素可能会有很多，而且经常是由很多看起来很小的问题组合起来的。例如，如果你的自行车尺寸不太合适，近期你又经常出差，再加上不合理的饮食，就会给有氧能力带来负面影响。在某些情况下，适当调整你的训练计划以便适应不能轻易控制的压力是唯一的方法。曾有一名运动员，他是那种典型的财务工作者，在一年的某些时间会格外繁忙，大约有一半的工作日都在加班。如果是这种情况，试图维持一个正常的训练计划就会产生很大的压力，那么调整的方法就是减少训练时间。

在极端的温度和湿度下，气候也可能成为阻碍耐力进步的压力。夏季连续数月的炎热潮湿、沙漠极端干燥的气候条件，都很容易影响训练的效果。

凯伦是一名马拉松运动员，在找我咨询之后，她开始了有氧基础训练。此后，她进步飞速。她努力改善饮食并调整压力，很快就取得了成功。她在跑道上进行 MAF 测试，第一次测试是在 9 月，每公里配速 5 分 41 秒，到第二年的 6 月成绩进步为 4 分 55 秒。之后，她进入长达 3 个月的平台期，但她的感觉一直不错，最终有氧速度再一次开始提高。在随后的一年中，同样的情形又发生了，前期进步很快，但是进步突然停止，6 月的时候再次出现了 3 个月的平台期。起初，我认为凯伦的情形就是一般的平台期，但最终发现事情不是这么简单，对她造成巨大影响的是纽约夏季的天气：多雾、炎热且潮湿的气候让她产生了很大的压力，这才是造成训练平台期的原因。避开城市、前往凉爽的山区训练对凯伦来说并不现实，所以我们决定在接下来的这个夏天缩减 30% 的训练量。新的训练计划是从春季末开始的，凯伦在接下来的夏季没有再出现类似的问题，她的成绩一直上升，超过了以往的水平。

如果你认为自己的平台期不正常，就要认真仔细地评估，或者咨询精通耐力训练的专业人士，找出真正阻碍你正常进步的原因。

如果你是一名铁人三项运动员，有可能遇到其中一项进入平台期而另外两项持续进步的情形。比如游泳和跑步的成绩一直在提高，但是自行车的成绩停滞不前，而一两个月之后，游泳和自行车的成绩进步了，跑步却保持原有水平。具体的原因现在也没有明确的答案，但我认为，对于身体状况健康的运动员来说，这种情形属于上升期。

衰退期

某些压力或上文提到的其他因素会引发不正常的停滞期，这将最终导致你的 MAF 测试结果越来越差。如果这种情况发生了，那就说明你的身体正处于一个"红色警报"状态，需要小心谨慎地对待，因为此时也是你最脆弱、最容易受伤和生病的时候。

这时，我建议你减少训练，甚至只需要执行 50% 的训练计划，这样可以确保你得到更好的休息，从而恢复体力，让你的身体从各种压力中及时恢复。与此同时，你需要再次评估自己的训练、饮食、营养及其他生活方式，这一点也非常重要。如果你同时也在进行无氧训练，这个时候就需要调整，停止所有的无氧训练，并停止参赛。造成有氧能力减退的最普遍原因就是无氧训练和过量的比赛，这两个因素会分别或共同起作用。

在衰退期的早期阶段，你不一定会有不舒服的感觉或未必能注意到受伤及其他健康问题，那些明显的体征和症状发生在耐力退化的后期阶段，血液、尿检及其他常规检测结果在衰退期的早期可能是正常的。而 MAF 测试则可能会预兆出衰退期的出现，在 MAF 测试成绩变差的同时，还有可能同时出现另外两个症状，即升高的晨脉和略高的压力激素皮质醇测试值。但在大多数情况下，唯一能准确预测出身体出现问题的是 MAF 测试。

MAF 测试结果变差显示你已经处于衰退期，如果你不听取这个声音，最终身体会用一种抱怨的方式来缓解症状，比如疲劳（精疲力竭）、受伤、生病或其他问题，还可能包括一些心理层面的问题，例如抑郁。==耐力的衰退和身体健康状况的下降是相互对应的。==

进行定期的 MAF 测试最重要的就是要记录测试结果，你可以将数据制成图表，也可以只是简单地以日记的形式记录。

每当运动员来诊所找我咨询，我做的第一件事情就是阅读他们上次咨询后记录的 MAF 测试结果。对于很多运动员来说，近期的 MAF 测试结果记录是一项非常重要的评估。

Q&A

Q 我今年 36 岁，男性，连续进行跑步训练的时间大约有 5 年了。我刚开始使用"180 公式"进行耐力训练，但我沮丧地发现，自己只有把配速降到每公里 7 分 30 秒～7 分 50 秒，才能保持 140 的心率。而且如果距离超过半程马拉松，我甚至还要再降速。我目前每周的跑量大约为 64～80 公里，这种训练方法我准备再试 8～10 周，我想知道，这期间我能够获得哪怕一点点进步吗？

A 你现在的配速说明你的有氧能力很差。无论是哪个项目的运动员，在使用这个训练方法的时候，都需要慢下来。在未来 10 周里，你将看到自己获得明显的进步，如果这种进步没有出现，那说明你的健康状况和（或）竞技状态存在问题，而这是由你的饮食、营养、压力和其他一些因素引起的。

影响 MAF 测试的因素

　　MAF 测试可以应用到任何一项耐力运动中，但有一些因素会影响测试的结果。例如，在跑步运动中，不同的地面会对配速产生影响，在同样的心率下，运动员在新型材料跑道上的配速是最快的，而煤渣跑道会使你的配速下降，而最影响配速的是那种非常柔软的地面，比如沙地，大部分佩戴心率监测仪的运动员都会注意到这个区别。研究显示，以同样的速度在沙地和坚硬路面上行走，前者需要的能量是后者的 1.8 倍，而且前者也需要一个极高的心率。如果你在两种路面上的运动都保持最大有氧心率，那么在沙地上的配速会减慢。

　　不平坦的跑道也会导致 MAF 测试结果变差，最理想的情况是在室内跑道上测试，但是有一点要注意，相较于长跑道（400米），短跑道（200米）有更多的转弯，所以在短跑道上测试，速度会略慢一些。

MYTHS OF ENDURANCE

关于"巅峰"的迷思

在训练过程中，耐力运动员的身体状态经常会出现阶段性起伏，很多运动员和教练都认为这很正常，但实际上不是！这种错误的观念催生了所谓的"巅峰"（the peak）理论，这一理论认为，经过一段时间的耐力训练，运动员会达到最佳状态，之后便是一个状态下滑的过程；一旦你从这个"巅峰"状态离开，你的表现就会越来越差。

虽然"巅峰"的概念已经使用了多年，但实际上对耐力运动员来说，这不是一种健康的状态。正如我在很多现实案例中看到的，这其实是一种过度训练的状态。在过度训练的初期，那些由过度训练所引发的常见病症出现之前，运动员的成绩确实是在进步，但这个进步的窗口期非常短暂，然后运动员很快进入第二个阶段，更多严重的状况就出现了，包括受伤、生病、成绩下降。

"巅峰"的概念可以引申出正反两方面的意思。第一种是负面的，把自己逼向巅峰显然不是一种健康的训练方法。大多数情况下，这种训练方法都会导致过度训练综合征，我不推荐任何形式的过度训练，我相信大多数运动健康专家也不会认可这种方式，原因很简单，因为它确实不利于运动员的健康。第二种是正面的，即通过正确的训练方法，运动员可以达到最佳运动状态，而且这种状态可以持续很长时间。和其他方式相比，一个采用正确训练方法且健康的运动员往往可以长时间保持巅峰状态。

相较于巅峰，我更提倡一种在整个赛季持续进步的状态，即每一场比赛都比前一场成绩更好。随着赛季的推进，运动员会在最后阶段创造最好的成绩。我会建议他们在赛季结束之后好好休息调整，在这段时间减少训练量，有时是大幅减少，虽然竞技状态会随之下降，但健康状况不会受影响。这种竞技状态的下降与由于过度训练而导致的成绩下降是不同的。我不愿意把运动员在赛季最后时刻的最好成绩称为巅峰状态，这只是训练策略的一部分，在这个策略中，运动员的竞技状态和健康状况才是最重要的。迈克·皮格在每个铁人三项赛季之后都会用三周时间进行调整，这期间，他的训练量很少，MAF 测试结果也会有小幅下降，然而一旦他再次开始有氧基础训练，竞技状态很快就会恢复，MAF 测试结果也会恢复正常。

对于自行车运动员而言，室内自行车馆是最理想的测试场地，但大多数人很难有这个条件。而公路表面的平整度，道路不同的难度等级以及交通状况又都会影响测试的结果。如果选择在山地进行测验，成绩通常都不会很好，除非是一路下坡。所以，最好的选择是使用室内骑行台或滚筒式骑行台。

一般来说，受这些因素和下面会提到的其他因素的综合影响，在跑道上的跑步测试每公里会产生 3～5 秒的误差，自行车项目上每小时的距离误差可以达到 3～5 公里，甚至更多。也许这些影响并不是很明显，但最好还是能保持一致性，即每次测试时都使用同样的场地和方法。如果某次测试改变了场地，应该在训练日志或图表里注明。

还有其他一些因素会影响 MAF 测试结果，例如天气、海拔、补水，以及包括跑鞋、自行车在内的装备。这些因素中的大部分都会给你制造阻力，使你需要付出更多的体力，从而导致你心率增加；但因为你需要在测试时保持心率不变，所以配速肯定会变慢。如果这些负面因素不是特别明显，那么它们对你测试结果的影响也就不会太大，你只需要知道就可以了。

很多导致你测试成绩下降的因素是可控的，包括补水、跑鞋及你的健康状况。例如，并不是所有人都对天气敏感，区别主要体现在他们各自的体温调节能力上，这种能力由大脑和新陈代谢控制，具体地说，就是肾上腺控制下的水和电解质的平衡能力。

天气如何影响身体机能

天气以各种各样的方式对身体产生影响，有时候甚至会让你感到困惑。你可能会问自己，为什么有时候会跑得很慢，会感到身体疲惫，会心跳加速？下面让我们来看一些重要的气象学因素：

- 一定强度的逆风会阻碍你向前的行动，加快你的心率。顺风起到的作用则正好相反，在同样的心率下，你会跑得更快。
- 气温对你的测试结果同样会产生影响。高温和寒冷都会提高你的心率，迫使你减速。
- 潮湿对速度的影响和逆风的作用类似，它就像是一道你需要穿过的水的屏障，你为此耗费的体力将导致心率提高、速度下降。
- 雨和雪的作用类似潮湿和逆风，在雨和小雪中跑步需要付出更多的努力。另外，如果路面湿滑或覆盖积雪，跑步时同样需要更多的能量，这些额外增加的能量主要是被过分紧张的大脑所消耗。就像在骑自行车时，你越担心摔倒，肌肉就越紧张一样。
- 低气压也会减慢你的 MAF 测试速度。低气压会降低你的氧气摄入量，导致肌肉吸收的氧气量减少，身体不得不通过提高心率来进行补偿。

来自天气的压力通常并不是单一的影响因素，比如，寒冷加大风的组合作用会导致心率明显升高；夏季闷热潮湿和低气压，我们称之为"三伏天"，也会给身体带来压力，导致心率提高。相对湿度同样也是一个很重要的影响因素，在户外训练或比赛时，如果相对湿度偏高，就意味着空气中的水蒸气含量较高，运动员会感觉空气很厚重，像充满了水。基于以上原因，如果你的MAF测试刚好赶上一个极端天气，那么最好等几天，直到来自天气的影响减弱。

海拔对身体和MAF测试的影响也是很显著的，尤其是当你还没有时间去适应一个新的海拔环境时。如果你准备在山区训练一段时间，那么在MAF测试之前，要给自己至少一周或更长的时间来调整适应。即便如此，你的速度还是会因为海拔的升高而减慢，但当适应了高海拔环境后再回到正常的海拔，你的MAF测试结果往往会得到改善。

天气因素不光会影响MAF测试结果，还会影响训练和比赛，乃至所有的活动。它还会影响包括内分泌平衡在内的人体化学反应，以及与大脑有关的活动，比如考试。恶劣天气最终会导致人犯错，当天气出现异常，比如气压过低时，人体会受到影响，各种人为的事故会随之增加。

影响测试结果的其他因素

运动过程中即使是轻微的脱水也会减慢你的速度。而一旦发生脱水，身体需要24小时甚至更长的时间进行恢复，在这个恢复期内，无论你如何补水，也不会缩短恢复的时间。需要注意的是，这时你要增加饮水次数，并且每次少量地摄入，而不是在少量的饮水次数下每次喝大量的水。

装备同样会影响你的MAF测试结果，自行车和跑鞋是两个最重要的装备。自行车的组装质量和座椅高低、胎压及轮胎的磨损度，以及骑行服等可能改变骑行阻力的其他因素，都可能使你的MAF测试成绩下降。如果进行测试时采用了不同的自行车装备，穿了更多的衣服，或出现了其他可能改变测试结果的因素，你应该在自己的训练日志里做好备注。

跑鞋也会影响 MAF 测试结果。一般来说，拥有太多减震和支撑功能的跑鞋以及较重的跑鞋都会造成速度的下降。在同样的心率下，较轻的跑鞋会帮助你跑得更快。

上述大部分因素都会提高心率并减慢配速，为了减少这些变量对测试结果的影响，你可以延长 MAF 测试的时间。如果是跑步，最好能进行 8 公里测试；如果是自行车，可以进行 30～45 分钟甚至更长时间的测试。

还有一个因素值得一提——身体状况欠佳。如果你正在生病或是处于生病边缘，身体的免疫系统会全力以赴帮助身体恢复，这个过程几乎会消耗身体的所有能量。这时，你的身体最不愿意做的事情就是训练，尤其是当你还在发烧的时候。在这种情况下，不要进行任何训练和比赛。如果你曾经尝试与自己的身体作对，而且恰好佩戴了心率监测仪，就会发现自己的心率明显升高。如果你贫血，同样的状况也会发生，因为肌肉摄入的氧气量不足会导致 MAF 测试结果变差。

各种因素影响着 MAF 测试结果，它们也同样会影响到你的比赛成绩。当然，最好的办法就是尽可能地保持良好的健康状况，这样身体所有的生理机制都能够发挥最佳功效。

MAF 测试和成绩测量

我和琳达的合作是在她成功的秋季赛季结束之后开始的。

12月初，琳达进行了第一次MAF测试，第1英里用时8分25秒（每公里配速5分15秒）。我跟她解释说，这个有氧配速与她的5公里路跑比赛成绩是匹配的，一周之前，她的5公里成绩是21分10秒，每公里配速4分14秒。琳达的MAF测试成绩在冬季一路提高，她的总体感觉好极了，也更有活力，睡眠质量比以前大大提高，过敏症状有所缓解。春季赛季开始之前的MAF测试中，她的第1英里用时提高到7分45秒（每公里配速4分50秒）。赛季的第一场比赛是4月初的一次5公里赛，尽管整个冬天她只进行了有氧训练，但却跑出了18分57秒的个人最好成绩。其中最重要的一点是，琳达提高了自己的有氧能力，MAF测试的结果和比赛成绩都证明了这一点。

MAF测试结果和你的比赛成绩是紧密相关的，当你的有氧系统和MAF测试结果都得到改善，你的比赛能力自然就增强了。

20世纪80年代初期，我开始收集跑者们的MAF数据。经过数百次测试和多个赛季的积累，我从数据中发现，跑者在最大有氧心率下的配速，即MAF测试结果，与比赛的配速是存在非常明显的对应关系的。我收集了更多有关5公里和10公里的比赛数据，并把这些数据整理成表（见表4-3）。多年的实践证明，无论你从事哪个耐力运动项目，铁人三项、马拉松、自行车或游泳，在有氧配速得到提高之后，运动成绩都会得到明显提高；即使是篮球、足球、网球以及其他需要耐力的项目，运动员也会从有氧训练中获益。

表4-3　MAF测试与比赛的配速对比

MAF测试配速	5公里比赛配速	5公里用时
6′15″	4′40″	23′18″
5′27″	4′21″	21′45″
5′19″	4′12″	20′58″

续表

MAF 测试配速	5 公里比赛配速	5 公里用时
5'00"	4'02"	20'12"
4'41"	3'44"	18'38"
4'22"	3'25"	17'05"
4'04"	3'16"	16'19"
3'45"	3'06"	15'32"
3'36"	2'57"	14'45"
3'26"	2'48"	13'59"
3'17"	2'42"	13'28"
3'07"	2'38"	13'12"

Q&A

Q 我一直都戴着心率监测仪进行训练，看到你的训练方法之后，我很想试试。对于你基于年龄的"180公式"，我很感兴趣。我今年43岁，因为一直进行武术训练，所以身体条件不错，我的最大心率是193，是在一次爬坡间歇跑的过程中达到的。根据你的公式计算出的最大有氧心率远远低于我的最大心率。按照你的公式，我的最大有氧心率应该是137，但由于我有轻微的高血压，需要服用低剂量的降压药，所以需要再减去10，也就是127。由于我刚刚感冒痊愈，而且刚刚经历过一次轻微的食物中毒，所以我也不能因为长期训练而再加上那5下心率。这样一来，我的最大有氧心率就太低了。

A 记住，"180公式"与最大心率无关。你需要保守一些。刚开始按照"180公式"进行训练的时候会显得有些难，因为需要你跑得特别慢，但这个公式的准确性不容置疑。

MY PERSPECTIVE
MAF 名人评测

一段神奇之旅

玛丽安娜·迪克森

2009 年的某一期《跑步时代》杂志（*Running Times*）这样写道："如果有一个称号是'被历史遗忘的马拉松高手'的话，那么玛丽安娜·迪克森会是非常合适的候选人。"迪克森是美国唯一获得过世锦赛马拉松奖牌的女运动员，1983 年，她以 2 小时 31 分 09 秒的成绩获得了银牌，而那才是她第三次参加马拉松比赛。从路跑项目退役之后，迪克森成为狂热的铁人三项运动员，具有进入 12 小时的实力。

1974 年，我 14 岁，上高中一年级，在学校田径和越野队开始接受跑步训练。很快，我在中距离项目上的能力就显露出来，开始参加 800 米和 1 英里的比赛。高中 4 年，我在比赛中进步显著，这主要归功于赛季中高强度的间歇跑训练。进入大学之后，我获得奖学金，成为大学生运动员，继续场地跑和越野跑的训练，并向更长距离转型，开始参加 10 公里比赛，我的周跑量和训练强度也因此持续提高。我的训练很有效，在场地跑和越野跑项目上，都获得过全美赛事的名次。

1983 年毕业之后，我决定开始马拉松训练，希望能代表美国参加 1984 年奥运会的马拉松比赛。我的训练强度和跑量继续提升，每周的总跑量超过 160 公里，而且每周有两天进行高强度的场地间歇跑训练。从 1983 年 1 至 8 月的 6 个多月的时间内，我获得了奇迹般的进步，在当年 5 月的雅芳女子马拉松比赛中，我取得了第三名，获得了代表美国队参加首届世界田径锦标赛的资格。10 周之后，我在芬兰赫尔辛基世锦赛中取得亚军，对于一个 22 岁的马拉松新人来说，这是一个多么了不起的成绩！在与一家世界知名跑鞋公司签约之后，我觉得自己已经站上了"世界之巅"，我想象着一个世界级长跑运动员的美好未来正在我脚下铺开。此时，1984年洛杉矶奥运会离我越来越近了。

我完全没有意识到，这个"灰姑娘"的故事马上就要结束了。世锦赛仅仅6周之后，我的腰部受伤。在一次长距离训练中，我突然感到骶髂关节剧痛，只能停止训练。在接下来的一年时间里，我去看过很多骨科医生，但都没有效果。经过数月对骶髂关节注射肾上腺皮质酮，服用消炎药片，再配合脊柱按摩疗法，我仍然无法进行正常的跑步，但我还是坚持进行自行车和游泳训练以保持高水平的竞技状态。

我是在1984年8月的一次活动上遇到菲利普·马费通博士的，那次见面改变了我的人生。马费通博士说，我的问题主要是过量的无氧训练给肾上腺造成了太大的压力。起初，我对这个观点持怀疑态度，但马费通博士带我去最近的跑道，给我戴上心率监测仪，设定了我的有氧阈值（即最大有氧心率），让我进行了一英里跑的测试。令我震惊的是，在有氧状态下，我甚至无法在11分钟内完成一英里（每公里配速6分52秒），这实在让人难以置信，要知道在12个月之前，我的马拉松配速是每公里3分37秒！

当然，我对马费通博士的诊断是持怀疑态度的，但在那个时候，我愿意去尝试任何治疗手段。在接下来的8周里，我严格遵守他给我提供的结构化食谱和训练计划。那份饮食计划的基本原则是摄入优质脂肪，并大量摄入优质蛋白质，比如鸡蛋，避免摄入糖和氢化脂肪（反式脂肪酸）。训练计划的主要目的是建立有氧基础，每次的训练时间在45～90分钟。他要求我在所有训练中都佩戴心率监测仪，心率不能超过有氧阈值区间。开始训练后，我发现我的配速每周都在提高。经过8周的有氧基础训练之后，他让我参加了一次10公里的比赛。那场比赛轻松得让我自己都感到不可思议，最后的成绩是33分02秒，居然创造了我的个人最好成绩。8周前，我的有氧配速勉强进入7分钟每公里，而现在我居然可以在10公里的比赛中跑出3分18秒每公里的配速，我觉得这简直太神奇了。

那之后，我又经历了几个成功的赛季，然后我决定返回大学重新规划我的职业生涯。1988年之后，我不再参加高水平的田径赛事，但仍然保持了对耐力项目的参与。我目前从事商务咨询工作，工作量很大，工作时间又长，而且需要频繁出差，但在过去5年里，我还是完成了三次铁人三项的比赛。在这些比赛的训练期，我依旧谨遵马费通博士的理念，在不高于有氧阈值的状况下进行所有的训练。最近几次铁人三项的比赛，我都在12小时以内完赛，而且，感觉棒极了！

THE BIG BOOK OF ENDURANCE TRAINING AND RACING

把你MAF测试的第1公里成绩与短距离比赛的平均配速进行对比，就可以看出你的有氧能力与无氧能力之间的关系。如果这两个成绩不匹配，说明你的有氧能力和无氧能力处于一种失衡状态。如果我们看到一名跑者MAF测试的第1公里的配速是4分22秒，而10公里比赛的平均公里配速是3分36秒，那么这两个数据之间就是不匹配的，这反映出他过于兴奋的无氧系统和低效的有氧系统之间的不平衡。换句话说，这名跑者可能处于过度训练的早期状态，他的"漂亮"的成绩是以不健康的有氧系统为代价的。当然，这种状况可能看起来也不算太糟糕，毕竟他的成绩还是相当不错的，但这的确反映出一种明显的不平衡。当这种类型的运动员减少训练量，并建立一个良好的有氧基础，他们可以很快地恢复到先前成绩的最高水平，而且是以更低的心率，之后会迅速超越个人最好成绩。

对所有的运动员来说，如果希望监测自己的有氧能力的进步，MAF测试都是一个非常重要的评估工具，它可以对过度训练的早期症状、低效的有氧能力等潜在的训练和比赛的不平衡，以及其他一些可能会导致受伤、不健康、成绩下降的常见问题进行预测。另外，MAF测试可以为你的比赛成绩提供一个预测：==MAF测试结果越好，你的比赛成绩也会越好。==

ENDURANCE TRAINING

RACING

05

热身和冷身

THE BIG BOOK OF ENDURANCE
TRAINING AND RACING

柔韧性≠拉伸　　12~15 分钟

血液循环加快　　　主动拉伸

为什么我的身体"起义"了？

普拉提　　拉伸运动　　冲击式

被动拉伸　　　瑜伽　　静态式

05

热身和冷身

我对热身和冷身的认识是以一种极特别的方式获得的，我当时甚至都没有意识到。离开大学的第一个夏天，我在家乡的一家小型搬家公司找到了一份差事，老板是一个体格健壮的前海军士兵。搬家时，他会开一辆卡车带上三四个人，每一次都让我们从最小的东西开始搬。老板的做法让我觉得非常奇怪，我们先搬出一些最小、最轻的盒子以及其他物品，然后他让我们搬大一些、重一些的东西，快搬完的时候，我们又开始搬小的和轻的东西。到最后，我们搬的东西已经轻得不能再轻了，就像刚开始时一样。虽然我并不知道他为什么这么安排，也从未仔细分析过其中的道理，但我相信这是他总结出来的最佳方案。

每次我带运动员去田径场训练时，都会看到前来运动的人们。我的队员们都是以慢跑的方式进行热身，慢慢过渡到训练的配速，而其他人的热身方式是传统的拉伸或围成一圈蹦蹦跳跳，然后开始快跑。而另外一些人的跑后拉伸是在停车场进行的，他们把车当作拉伸工具，看起来像是要努力推动汽车，在他们看来，这样能帮助紧绷的小腿及其他肌肉群放松。当这两拨人结束他们的计划，一拨人停止速度训练，另外一拨人回到他们的车里时，而我们也开始做冷身。这样的场景有什么不对吗？

我觉得问题挺多的。

无论你进行何种训练，有氧系统都可以为你提供两方面的支持：一是帮助大脑和身体做好训练前的准备；二是在你训练后第一时间开启极为重要的恢复模式。由此，你将会改善训练质量，提高成绩，并且降低受伤的风险。

每当热身这个话题被提及的时候，大多数人想到的都是拉伸。在田径、体操和芭蕾这些项目上，拉伸也许确实非常重要，但它并不起到真正的热身和冷身作用。对耐力项目的运动员来说，拉伸并没有那么重要，甚至还会带来危害，动态的热身和冷身才更适合他们。耐力运动员不需要挑战动作幅度的极限，他们需要的是提高灵活性。

热　身

动态的热身指的是为使身体进入运动状态所做的一些轻松的身体活动，应该成为每一次训练和每一场比赛的组成部分。正确的热身能够降低受伤的风险，在体育运动对人体起到的治疗作用中，热身是非常重要的一个环节。当你实施一个新的训练计划时，肌肉总会在早期出现酸痛感，而热身能帮助你缓解这种不适。热身不足会给身体造成压力，并导致心脏功能不正常（可以从心电图中观察到）、心肌获取的氧气减少（心肌缺氧）以及运动后血压紊乱，即使是健康、强壮的人群也会出现上述情形。

热身是为训练和比赛做身体上的准备，所谓的"热"是从血液循环加快开始的。一般来说，当你开始训练，肌肉对氧气和各种营养物质的需求就会快速增加，也会快速产生一些必须被清除掉的副产品。肌肉的这种需求是通过加速血液流动得到满足的，有氧肌肉拥有丰富的血管，大部分血液循环都经过有氧肌肉。如果肌肉能获取更多的血液，那么这些血液是从哪里来的呢？这个问题的答案正好说明了热身活动的重要作用。人体休息的时候，循环系统主要服务于大脑和神经系统、内脏器官和腺体、消化系统及其他系统。从血液循环的角度来看，休息与运动是两种完全相反的状态。

运动开始之后，肌肉对血液循环的需求会提高，原本流向身体其他部位的血液中，大约有一半以上会拐弯进入训练中的肌肉。以无氧训练为例，此时进入肌肉的血液量超过80%。这样当然就满足了肌肉的需求，但会导致内脏器官和腺体的供血量突然下降，使它们无法保持最佳状态。在很多情况下，如果这种变化发生得过快，就会对内脏器官和腺体产生巨大的压力。

出于健康的考虑，时间控制是非常重要的。如果肌肉之外的系统慢慢放缓血液循环，与此同时，肌肉的血流量逐渐增加，身体就不会有压力。这样的流程会使大脑、内脏器官、腺体、消化系统以及其他部位慢慢适应逐渐减少的供血量，而肌肉又得到足够的营养物质。这个过程至少需要12～15分钟，通过比正式训练强度低很多的活动来完成，这个过程就叫作热身。

热身的第一阶段之后，人的体温会略有上升，有利于运动的一系列表征也开始显现，包括：

- 流向运动肌肉的血液量提高。
- 供氧量提高。
- 关节、肌肉、肌腱和韧带的伸展能力提高。
- 关节的活动范围扩大。
- 储存的脂肪开始被分解，准备为有氧肌肉供能。
- 肺活量提高。
- 神经肌肉的活跃程度提高。

为了达到以上效果，肌肉的运动，也就是训练强度，应该从非常轻松的活动开始，然后逐渐加强。也有一些运动员会以过大的强度开始训练，这样会使神经系统和新陈代谢系统的血液流失过快，有可能引发压力。

在热身过程中，心率监测仪是一个调节身体的好工具。我们以最大有氧心率为 140（训练心率区间 130～140）的运动员为例，看看他应该如何为一次 1 小时的有氧训练做热身。这名运动员最开始的心率是 60，对他来说，适当的热身意味着心率缓慢上升到 70、80，直到 15 分钟之后，最终上升到 130～140。对于超过 90 分钟的训练来说，热身的时间应该加长，大概需要 20 分钟或者更多，对于 3 小时或以上的训练，热身时间还要增加。

理想状态下，你应该针对自己的身体设计热身活动。但是，一旦你适应了这个过程，就会发现，即便是一次短时间的训练，热身时间也会比以前更长。如果是这样，要特别留意身体给出的信号并相应地延长热身时间。不管怎样，热身时间不要少于 12～15 分钟，这其实是身体需要的最少时间。

Q&A

Q 在跑步训练开始前，通过步行的方式提高心率，这种热身的好处，我非常能够理解。就我本人而言，如果没有经过充分的热身就开始跑步，我的心率会有一个 30～40 下的突然提升。当这种情况发生的时候，我会由跑变走，等身体热了再继续跑。

几周前，当室外温度接近 20 摄氏度的时候，我只需 12 分钟热身就够了。上周，温度降到 10 摄氏度，我需要 20 分钟热身，才不会出现心率骤升的情况。而刚刚过去的这个周末，温度只有不到 5 摄氏度，我花了 30 分钟才完成了热身。我的麻烦在于，因为气温非常低，而我穿的又是轻质的跑步服装，所以热

Q&A

身很难完成。而如果我穿厚衣服热身，跑的时候又会不舒服。通常跑到第二个小时的时候，我对自己心率的控制就比较轻松了。

您有什么办法帮我解决这个问题吗？有没有能让身体快速热起来的方法？我有一个想法，先在家通过自行车骑行台进行热身，然后再去跑步。但问题是从我家到跑步地点需要开 15 分钟的车，这会不会影响我的热身效果？

A 你在家骑车热身的想法非常完美，我也经常推荐这种方式。其实，一旦你在家热身完毕，这种效果持续的时间会超过 15 分钟，足够你开车去跑步地点了。

在家中通过蹦床、骑行台和其他有氧、动态的方式进行热身，都会起到效果。而且，冬天进行室内热身，你既不用担心热身的时候被冻到，也不用在热身之后的训练时穿多层的衣服。

你需要注意的反而是不要在训练时穿过多的衣物，以避免过热，那同样会对身体造成压力。如果身体过热，会影响与脂肪存储相关的生理方面的功能，从而降低燃脂效率。而且，如果身体长时间过热，会增加脱水的危险，也会使体温升高。所以，如果你穿多件衣服跑步，当感觉到热的时候，就一件一件脱下来。

在大多数情况下，即使在寒冷天气，也要在训练结束后进行冷身。如果气温过低，不适合做动态的高效的冷身，你可以按照热身的流程进行冷身，只不过顺序反过来。就你的情况而言，可以考虑在室外做短暂的冷身，然后回到室内完成整个程序。

冷 身

　　动态的冷身指的是在训练进入尾声时进行的放松的身体活动，与热身的顺序刚好相反。这与被动的恢复不同，被动恢复指的是突然停止训练，然后坐下或躺下休息。我有一个朋友叫乔治，当被问到他是如何冷身的，他说他会拿着一瓶啤酒躺在身前的草坪上。

　　<mark>最差的选择是在训练的最后几百米进行高速冲刺，然后收兵。</mark>如果你想毁掉自己的身体，就这么做吧。虽然你的肌肉此时已经经过了热身，但你给它们施加了更大的压力，让它们处于高速运行之中，你本应投入更长的时间使它们彻底冷却下来，但这时你却草草结束了训练，使身体无法好好恢复。

　　我们在训练后之所以需要冷身，最重要的原因是，这是身体开始恢复的一个起点。冷身运动会使心率慢慢降下来，虽然不会达到你训练开始时的心率或者静息心率，但会很接近，也许只多 10～20 次。我们还是用热身中提到的同一个运动员的例子来说明。训练开始时，他的心率是每分钟 60 次，之后增加到 140。在训练结束前的 15 分钟，通过降低强度，心率逐渐减慢，直到接近每分钟 60 次。我们需要知道的是，<mark>最正确的冷身是使心率降到 70～80。</mark>

　　通过对心率的监测，我们可以看到运动强度的缓慢降低。这种冷身使运动员免受生理压力和化学压力的侵蚀，对心血管系统和肌肉也会提供很好的保护，并且可以促进肌肉的氧合作用和血液循环，帮助代谢血乳酸（即使只进行有氧训练也会产生乳酸），而这些都是恢复过程中非常重要的部分。

　　大部分训练通常都需要 15 分钟的冷身时间。训练时间越长，冷身时间也越长，两小时、三小时甚至更长时间的训练至少需要 20～30 分钟进行冷身。

热身和冷身都需要调动全身的参与，所以你不必拘泥于具体方式。你可以采用与正式训练不同的活动来进行热身。比如，你可以在健身房骑行 15 分钟作为热身，然后进行 1 小时的跑步，你还可以采用其他活动进行冷身，例如游泳。这些方法都可以解决恶劣天气带来的不便。寒冷冬天的早晨，在外出跑步之前，你可以在室内进行热身。在室内的网球训练中，以轻松的慢跑作为开始和结束同样是非常好的热身和冷身选择。

==热身和冷身的时间都应该被视为训练的一部分，而且是非常重要的一部分。== 所以，如果你计划进行"一小时的有氧跑步"，那么你需要热身 15 分钟，冷身 15 分钟，在有氧心率区间内跑步 30 分钟，如图 5-1 所示。

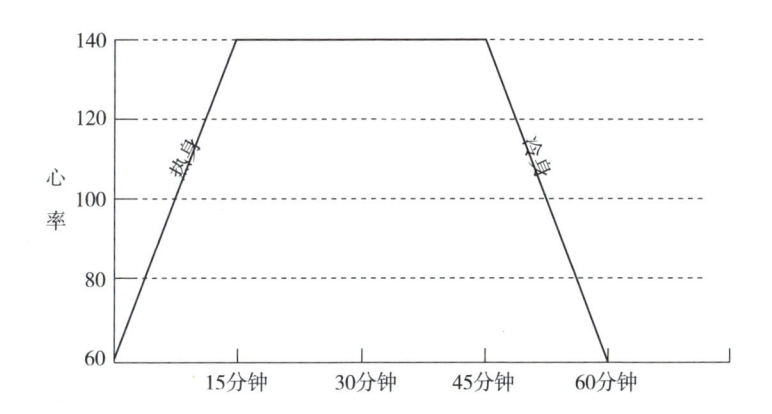

图 5-1　包括 15 分钟热身和 15 分钟冷身在内的 1 小时训练

也许你觉得，如果把热身和冷身的时间排除在训练时间之外，那么训练时间就能更长一些，那你实在是自欺欺人。要知道，健身运动给你带来的健康有很多都是通过热身和冷身实现的，缺乏热身和冷身会造成过度训练。如果在训练开始之前有足够的热身活动，那么那些莫名其妙的不适感都会消失。而且，如果在训练前适当热身，比赛成绩也会有所提高。

Q 我的 5 公里最好成绩是 17 分 19 秒,希望能够进入 17 分钟。我现在使用 MAF 训练法进行训练,但是配速减慢到了 6 分到 6 分半,甚至需要加入一些步行。我去年有过过度训练的情形,每周跑量近 130 公里,所以目前这个训练法对我而言是全新的。我的问题是,为了能够恢复到以前的状态,我的跑量需要达到多少?我需要像以前那样每天两练,并且每周安排三次长距离训练吗?还是我需要减量,因为我曾过度训练?

A 过度训练是一种非常严重的问题,在恢复比赛之前必须予以彻底修正。你的 5 公里成绩和你的 MAF 配速之间的落差说明了你身体状况的不平衡,这是过度训练的典型表现。只有通过建立强大的有氧基础,根据你的目标对饮食和生活方式进行合理调整,你才能彻底摆脱过度训练的影响。我建议你关注训练时间和心率,而不是跑量和配速。这样可以给大脑和身体提供更直接的指令,因为我们对于训练指标的最明确的反应是时间和强度,而不是距离和配速。在彻底恢复并且建立起一个强大的有氧基础之后,5 公里突破 17 分钟不仅相当容易实现,而且你可以跑得更快。

远离拉伸

很多运动员认为拉伸可以作为热身运动,但实际上,通过拉伸远远不能达到热身的效果。还有很多人认为拉伸可以预防受伤,还能提高训练效果,这种想法不仅不正确,而且事实往往正好相反。

==提高灵活性对于运动员来说当然非常重要，但是通过恰当的热身，而不是拉伸，能够达到同样的效果，并且没有受伤的风险。==即使是有关节炎的患者也可以通过有氧热身来提高灵活性，而且这种热身的效果不比拉伸差。

拉伸运动有两种基本的类型，一种是"静态式"，另一种是"冲击式"。静态拉伸是一种非常缓慢精细的活动，轻轻地拉伸肌肉并保持稳定状态约 10～30 秒。运用得当的话，这个活动可以促进被拉伸肌肉的放松，最佳的静态拉伸要求每个肌肉群组按照顺序重复 3～4 次。我建议这个拉伸活动以极慢的速度进行，而不是快速完成。

静态拉伸可以主动完成，也可以被动完成。在这两者中，主动的静态拉伸更安全一些。

- 主动拉伸是通过收缩拮抗肌（正在拉伸的肌肉的反面位置的肌肉）完成的。例如，当你主动拉伸腿腘绳肌时，股四头肌被收缩了。
- 被动拉伸是通过自重、身体其他部位施加的外力或者他人的帮助，使身体的某一部分的活动范围达到极限或者超越极限，这也就是被动拉伸容易使身体受伤的原因。

第二种拉伸类型是冲击式拉伸，这是一种"振颤"的方法，也是运动员最常采用的拉伸方式。它利用身体的冲力来重复拉伸关节位置或者超越身体的极限范围。这种方式要比静态拉伸的速度快很多，它激活了拉伸的反作用，所以加大了肌肉的紧张程度，而不是使之放松，这样会使肌肉组织出现微小的撕裂，从而导致受伤。

虽然大部分运动员都表示自己不愿意使用冲击式拉伸，但这却是他们现实中采用最多的方式，这是因为大部分运动员在训练之前和训练之后都显得很匆忙，因此需要尽快结束拉伸，冲击式拉伸似乎满足了这种需求。如果是在赛前，那些运动员们紧张的情绪使他们在拉伸时更加用力，而且速度更快，所以他们也会更多地采用冲击式拉伸。

MYTHS OF ENDURANCE

步行，训练耐力的另一种方式

很多耐力运动员都认为，如果在一场比赛中出现了走路的情形，那就是一场失败的比赛。但其实步行是一个强有力的手段，在热身和冷身的过程中起到非常重要的作用，还能够帮助建立更多的有氧能力。很多在训练中用不到的有氧肌肉纤维在步行的时候都会被激发，调动这些肌肉有助于增加脂肪的燃烧和额外的血液循环。

步行对受伤后的康复非常有益，还可以延长训练时间。对于超长距离马拉松运动员来说，步行是训练的重要组成部分，同时也是自行车、游泳、滑冰等非跑步运动员进行交叉训练的一个手段。通过交叉训练，运动员从训练得到的竞技状态和健康状况都能得到强化。

不管是比赛之前还是之后，步行对耐力运动员都非常有用；更重要的是，在跑步之前，步行能够帮助运动员放松，这是一个可以保持的重要习惯，有助于取得比赛的成功，也能够防止产生太多压力。这些压力会引发过多的糖分消耗，并减少脂肪燃烧。

作为冷身的一部分内容，步行可以结束比赛状态，让身体开始恢复。在一场重要的比赛之后，很多运动员都不愿意通过跑步或骑行进行冷身，这时步行就成为非常合适的选择，因为步行不仅舒服，而且一旦开始步行，大部分运动员都会体会到它有助于更好的恢复。

有三种类型的运动员把步行作为他们比赛的主要组成部分：

- 奥运会竞走比赛有 20 公里和 50 公里两个项目，这两个项目的运动员在比赛中每公里配速不超过 4 分 22 秒。
- 现代路跑赛事流行起来后，吸引了大批以快乐为目的的步行人群加入。他们步行的速度不快，参赛的距离涵盖了从 5 公里到马拉松甚至超级马拉松的赛事。
- 超级马拉松运动员的比赛距离会超过 42.195 公里，最常见的距离是 50 ～ 160 公里。有些比赛不是跑距离，而是跑时间，比如那些 24 小时、48 小时或 6 天的比赛，在规定时间里跑动距离最长的运动员成为优胜者。虽然这些超级马拉松运动员的训练内容以跑步为主，但如果他们不在训练中加入快走的内容，那么当他们在长距离比赛中需要步行的时候，他们的效率会降低，速度会变慢。在我指导斯图·米特尔曼准备 6 天长距离马拉松比赛的时候，我建议他在训练中重视步行。他照做了，最终他的步行配速可以达到每公里 5 分钟，他使用的就是那种正常走路的姿势，而不是竞走。

柔韧性不同于拉伸

柔韧性指的是在一个关节周围，肌肉所能实现的活动范围。使关节活动或限制关节活动的是其周围的肌肉，柔韧性与这些肌肉的紧张程度密切相关。肌肉的平衡发展也许是柔韧性最重要的特征，肌肉的不平衡会降低相关关节的灵活性和柔韧性。总之，身体越健康，肌肉越平衡，柔韧性越好。

有氧能力的提高可以改善肌肉功能，从而提高柔韧性。拥有更好有氧基础的人一般都会拥有恰到好处的柔韧性。要知道，柔韧性太好的人也会面临受伤的风险，因为肌肉会驱动关节进行大大超出正常范围的运动。

柔韧性太好或太差都特别容易受伤，如果关节柔韧性存在某种不平衡，比如左右不平衡、前后不平衡或身体两侧的不平衡，那么受伤的风险就会增加。

拉伸的危险性

一项针对美国新兵的调查显示，与那些柔韧性一般的人相比，柔韧性最差的和最好的人受伤的概率是他们的两倍以上。经常拉伸的耐力运动员通常会比那些不做拉伸的人更容易受伤，这不仅仅是我个人过去30多年的观察以及其他专业人士通过实践所得出的结论，也得到了科学研究的证实。

我们以腘绳肌为例，这是运动员最经常受伤的肌群，也是被拉伸最多的肌群，而习惯于拉伸腘绳肌的运动员并不比不拉伸者的受伤率更低。此外研究表明，针对紧绷的腘绳肌的拉伸练习并不会使它们的僵硬度降低，也就是说，针对腘绳肌的拉伸并无明显的收益。

《运动医学研究》杂志（Research in Sports Medicine）发表了一项研究，它回顾了之前刊登过的一篇有关静态拉伸和预防受伤的研究，得出的结论是："有力的证据显示，常规的静态拉伸练习并不能降低整体的受伤概率"。2009年10月的《力量与训练研究杂志》（Journal of Strength and Conditioning Research）就拉伸潜在的负面效应刊登了两篇论文。第一项研究表明，在训练之前进行静态拉伸的人，其肌肉力量会被削弱，这一研究的研究对象是60～70岁的女性。另一项研究的研究对象是年轻男性运动员，研究显示，静态拉伸之后，他们的冲刺能力减弱了。

MY PERSPECTIVE
MAF 名人评测

听从身体发出的声音

比尔·科多夫斯基

比尔·科多夫斯基（Bill Katovsky），曾完成过 1982 年和 1993 年的夏威夷铁人三项世锦赛。他创办了《铁三选手》杂志，后将杂志出售，他还是《详解三项全能》杂志的创始主编。另外，他还出版了很多有关健康、媒体和政治方面的书籍。他的最新著作是《找回竞技状态：在受伤、疾病或长期疏于锻炼之后重塑自我》（*Return to Fitness: Getting Back in Shape After Injury, Illness, or Prolonged Inactivity*）。

就像那些经历了错误和任性的历程之后，带着伤病找到马费通博士的人们一样，我也是这样来到他面前的。我真应该早几年就听从他的建议，我真应该记住他著作中那些关于全面健康的信息，我应该改善我的饮食，我应该使用心率监测仪，我应该做很多很多的事情。但是我都没有做到，所以，我这个固执的傻瓜终于受到了惩罚。

我在 1993 年就认识了马费通博士，当时我是《详解三项全能》杂志（*Inside Triathlon*）的总编辑，一个同事给了我马费通博士的第一本著作《竞技状态和健康状况》（*In Fitness and In Health*），我承认我只是大概翻了一下，但我发现书籍里有大量有关训练和跑步的非常实用的内容，所以我邀请马费通博士为杂志撰稿。后来，我离开了《详解三项全能》杂志，去《铁三选手》杂志（*Triathlete*）做主编，马费通博士继续担任我的专栏作家。我们相处得很好，但是在马费通博士的圈子中，我更像一名异端。我从事多种户外项目，但都是以消遣为主，每周只训练 7 小时，而且酷爱高热量的垃圾食品。几乎每一次的长途骑行之前，我都会去

7-11便利店采购奶油夹心的巧克力甜甜圈、蛋白质奶昔和一小包薯片，但这种无规律的随意的生活似乎并没有给我带来太多影响。当我30多岁的时候，还可以通过抄近道的方式侥幸成功，还可以贪吃甜食和各种汽水，身体对我还算仁慈。

但当我年过四十，离开了《铁三选手》杂志，开始写书生涯时，所有的事情，包括生理和心理，都开始崩溃。我的身体开始出现状况，就像一座没有打好地基的房子。我的两条腿都出现了水肿和皮炎，有时候要几个月卧床不起；我开始失眠，不得不依靠非处方药入眠和镇痛；我情绪低落极了；因为停止了训练，肌肉也消失了。我失去了锻炼的动力，那之后大约10年的时间里，我再也没有骑行或跑步，每况愈下的身体状况让我觉得无望和迷茫。我不再想锻炼的事情，整整10年，我没有为锻炼洒过一滴汗水。

在彻底的绝望和恐慌中，我找到了一直保持联系的马费通博士，希望能够找回我的健康、竞技状态和心智，但是我不知道该如何去做、从哪里开始。我们进行了一番谈话，共同分析了我的情况。他建议我调整饮食，增加蔬菜和蛋白质，不再服用安眠药和止痛片。那之后，我的皮炎马上就消失了。但是当我恢复训练之后，我无时无刻不在感受着来自身体内部的疲劳，就像不断猛撞到同一面坚硬的墙上，某种恶性循环开始了。我每次都小心翼翼地逐渐增加跑量，然后连续进行几次爬坡的无氧训练，接下去就会不可避免地出现大腿变软、反应迟钝、无力支撑等状况，身体发出"无法忍受"的声音。这时即使只跑10分钟，我的呼吸也会变得非常吃力。这是典型的肾上腺疲劳，是身体系统由内至外的彻底崩溃。这时，不要说跑步1小时，我甚至连一英里的慢跑都无法完成。这种状态后，我要持续休息三四个月的时间，才有可能开始下一次训练。在每一次被迫休息期间，我的心情灰暗，无比沮丧。为什么我的身体"起义"了？

为了解决这个问题，马费通博士建议我使用心率监测仪进行训练。作为一个对高科技高度恐慌的人，很长时间内，我一直拒绝采纳他的建议。但是经历了第三次过度训练和肾上腺疲劳之后，我最终还是购买了心率监测仪，使用了马费通博士的"180公式"，再次启动我的训练。训练结果正如他在著作和文章中非常明智的阐述一样，刚开始，我跑得很慢，在任何情况下都确保我的心率低于128，爬坡的时候，我的跑步更像是一种快走。我就像一个虔诚和顺服的奴隶一样遵从心率监测仪的指挥，让我的心率保持着有氧的配速。几个月之后，我就能够以很舒服的状态跑步90分钟，包括爬坡。令人惊喜的是，那之后我再也没有经历任何的肾上腺疲劳，而且完全没有受伤。马费通博士告诉我，跑步时要穿平底运动鞋，还要去掉鞋垫。我有了一种重生的感觉，而且又重新开始了山地自行车训练，经过6个月的训练，我打下了一个良好的有氧基础。为了测试我在阴雨天的状态，我尝试跑了5小时，累积爬升高度达到600米，我甚至都惊异于自己的轻松表现。而且我恢复得也很顺利，4天之后，双腿感觉充满活力，可以进行一次45分钟的跑步。

我从马费通博士那里学会了如何听从身体发出的声音，我希望自己的身体一直处于良好的竞技状态。

THE BIG BOOK OF ENDURANCE TRAINING AND RACING

《运动医学大全》（*The Complete Book of Sports Medicine*）的作者、洛约拉大学医学中心的整形外科医生理查德·多明格斯（Richard Dominguez）博士指出，在特殊的拉伸动作中，对身体危害性最大的是瑜伽里的犁式动作、跨栏拉伸、脚趾抓地和腿部僵硬状态下的抬腿。

拉伸造成的伤病会出现在以下几个部位：肌肉本身、肌腱、与肌肉连接的韧带、肌肉控制的关节部分。游泳、自行车、跑步及其他一些耐力运动的重复性练习也会造成一种轻微的过度伸展的状态。另外，不论是普通训练还是拉伸练习产生的化学反应，都会促使炎症的产生，加入更多的拉伸只会增加炎症发生的可能性。

很多运动员进行拉伸训练是因为他们认为这对他们的成绩有帮助，

但如上所述，研究表明事实并非如此。静态拉伸不仅不能提高运动员的成绩，反而会阻碍他们的发挥。然而，对于那些要求肌肉大范围活动的运动，恰当的拉伸还是有必要的，这些项目包括舞蹈、短跑、体操和非耐力运动。

我曾经有一名患者，名叫兰迪，他因为下腰痛和慢性哮喘来找我。他是一名自律的自行车业余运动员，他通常会在早晨起来之后进行10分钟的拉伸，主要部位是他自认为非常紧张的腘绳肌，然后便到户外开始骑行。他居住在山区，所以他训练的前15分钟都是在爬坡。当第一次使用心率监测仪的时候，他的心率在5分钟之内就达到了170，但是他并没有意识到这些和他的下腰痛有什么关系。通过对他的按摩检测，我发现兰迪的腘绳肌处于过度拉伸的状态，而且很虚弱，难以支撑他的腰部。所以，我给他的第一个建议是停止拉伸腘绳肌，因为它已经被过度拉伸了。几周之后，他的腰痛有了明显的改善。接下来做出的艰难改变是调整他每天早上的训练计划，避免爬坡。我给他的唯一解决方案是让他在室内骑行台上骑行15分钟，然后到户外用极慢的骑行速度通过那段山坡。当他执行完这个训练计划的时候，他的慢性哮喘也消失了。

瑜伽和普拉提

瑜伽及其他一些锻炼全身柔韧性的运动和上述的拉伸是截然不同的，它们采用非常缓慢、舒缓、轻松的动作进行练习，全身柔韧性活动是健康、安全且非常有效的。但是，据我观察，大部分运动员在做瑜伽、普拉提或其他一些运动来提高柔韧性的时候，他们的方法是不正确的——他们做得太快，也太用力了。另外，因为瑜伽等活动并没有提供足够的热身，所以在进行这些运动之前，应该自己增加主动热身环节，这样可以使训练中的收获最大化。

ENDURANCE TRAINING

RACING

06

进阶训练方法

THE BIG BOOK OF ENDURANCE
TRAINING AND RACING

赛前减量　　法特莱克训练法

低风险高回报　　模拟比赛

有氧间歇训练　　下坡训练　　力量训练

赛季　日程安排

最大心率 = 208 − 0.7 × 年龄

06 进阶训练方法

当所有的训练要求都得到满足，饮食和压力也在控制之中，你的有氧基础将得到发展，你的配速也会相应提高，这种进步可以从 MAF 测试结果中体现出来。当你的训练配速提高了，你的有氧速度也会提高，也就是说，在相同的努力或相同的心率下，你可以以更快的速度游泳、骑行、跑步、滑冰或滑雪。这时，你已经成功地改善了自己的新陈代谢系统，使体内更多的脂肪被转换成能量。而随着你的有氧系统功能的改善，你也变得更加健康。

我曾有一名患者，我姑且把他称为约翰吧，他是一名 32 岁的铁人三项运动员，正准备在自己职业生涯第 4 年的冬歇期开始有氧基础训练。我首先在跑道上为他测量了 MAF，结果是每公里配速 6 分 05 秒，心率 152。不出我所料，他的第一反应是抱怨："我不能以这么慢的速度进行训练。"是的，与他每公里 5 分钟的配速能力相比，这种反差确实很大。

但是，这个配速没过几个月就开始提高，他的有氧系统也得到了改善。4 年之后，他的低心率配速提高到了每公里 4 分 30 秒。随着训练的深入，约翰已经从一开始抱怨低心率有氧跑太慢，到感觉自己的低心率自行车训练变得艰难，到现在已经开始抱怨 4 分 30 秒的配速（这是他 MAF 测试第一公里的成绩）对于他的日常训练来说太快了。

在建立有氧基础的过程中，有几个训练阶段的重要性是非常明显的。虽然在初始阶段，你的有氧训练可能会很轻松，你甚至会怀疑自己能否从中受益，但你的努力马上就能得到回报，到最后，你甚至需要付出极大的努力才能保持自己的最大有氧心率。训练的效果受到很多因素的影响，可能需要几个月的时间才能显现出来，这些因素包括：训练的连续性和纪律性，是否在最大有氧心率下进行训练，饮食，以及尤其重要的对压力的控制。对很多人来说，压力来自日常的工作或饮食的不平衡。如果你开始有氧基础训练后，短时间内没有进步，比如一两个月之后仍无效果，那么可能是有什么东西干扰了你的有氧系统。此时你需要做的就是去寻求教练或保健专家的帮助，找出问题所在。

随着有氧速度的提高，你可以在日常的有氧基础训练中增加两项内容——下坡训练和有氧间歇训练。甚至在无氧训练阶段，你也可以采用这两个训练技巧。

下坡训练

在建立有氧基础的过程中，如果你同时希望发展腿部的速度能力，那么可以利用下坡进行训练，而不必进行无氧训练。我第一次采用这种训练方法是让运动员进行下坡跑，但其实这种训练方法可以应用于多种运动，比如自行车、越野滑雪或滑冰。这种训练方法可以让运动员们在不提高心率的情况下提高配速，如果是在跑步项目中，这意味着步频的加快。

例如，如果你可以在平坦路面上以 145 的心率跑出每公里 4 分 50 秒的配速，那么当你以同样的心率进行下坡跑，必然会跑得更快，依据坡度和距离的不同，你或许可以提高到 4 分 30 秒。如果一个自行车手的骑行时速是 27 千米，那么在同样的心率下，他在一个平缓的长下坡路上的平均时速可以达到

45 千米。

通过利用一个坡度不大的长下坡，你可以训练大脑对双腿的控制，这时双腿摆动的频率要比在平地上训练时快很多，但仍然处于有氧状态之下。如果这段下坡足够长，比如需要你用 10 分钟甚至更长的时间来完成，那么你的神经肌肉将得到巨大的锻炼。需要注意的一点是，用于训练的下坡的坡度不能过大，否则会迫使运动员加大步幅，从而对双脚、膝盖、臀部及脊柱产生过大的压力。即便下坡的坡度适当，你的步幅也应该与平地训练时相差不多。

如果下坡的跑步距离很短，比如只有 5 分钟路程，那么你可以进行重复的下坡跑，而在上坡时采用步行或者慢跑，但要始终保持有氧的状态。有些跑步机可以调节到下坡的倾斜模式，这对跑者是个不错的选择。

我通常会建议运动员们在有氧基础训练阶段每周做 1～2 次的下坡训练，但是不用放在连续的两天。尽管这是有氧状态下的训练，而且带来的压力对身体有益，但出于恢复的考虑，我还是不建议连续两天使用这种训练方法。如果训练得当，大部分运动员都不会感觉这和其他训练方法有什么不同，但总有些运动员在刚开始尝试的时候，会感觉到肌肉的轻微酸痛。这种训练不需要持续太长时间，算上热身和冷身的时间，跑者需要 45 分钟，自行车运动员需要 90 分钟。这些训练可以帮助你进一步提高有氧速度。

有氧间歇训练

一旦你建立起有效的有氧系统，你的有氧速度就会显著提高，这时在某些训练项目和训练内容上，你就很难达到甚至完全不可能达到最大有氧心率了。这是因为改善之后的有氧系统能够让你在同样的心率之下提高速度，脂肪燃烧的效率更高，从而为你的跑步和骑行等活动提供更多的能量，这种情形在游泳、自行车、滑冰或越野滑雪中尤为明显。有些跑者发现，在日常的训练中保持每公里4分钟左右的配速已经非常困难。①在训练到达了这个阶段时，你可能就需要在训练中加入被我称作"有氧间歇训练"的环节了。

由于无法在最大有氧心率下长时间持续训练，所以我设计了有氧间歇训练，使你可以在最大有氧心率下进行短时间训练。你需要确认的是，自己是否已经到达了需要进行有氧间歇训练的阶段。以自行车或游泳训练为例，你希望自己的心率接近最大有氧心率，但你发现自己必须骑行或游得更快，才能做到这一点，而这个速度对身体的要求已经超出了你的能力，你无法将心率保持在最大有氧心率附近，你甚至无法接近最大有氧心率。这和你第一次执行MAF计划时的感觉刚好相反，那时候你还嫌自己的配速太慢了。

对你来说，在整个训练过程中都维持最大有氧心率已经变得不再容易，或者说，在全天的训练中都保持最大有氧心率挑战太大，所以你需要在最大有氧心率下或接近的心率下进行短时间的间歇训练，然后放松一段时间后，再次回到最大有氧心率，这个和传统的间歇训练很相似，区别只在于这是在纯有氧的状态下完成的。

例如，如果你的最大有氧心率是152，你想骑行90分钟，进行一次有氧间歇训练，下面就是一个训练方案：

1. 20分钟热身。
2. 50分钟训练：每组10分钟，共5组；每组训练包括5分钟心率152的训练和5分钟心率120的训练。
3. 20分钟冷身。

---

① 这里指跑者的配速已经很快了，但是心率还达不到最大有氧心率。——译者注

有氧间歇时的大脑

在某些情况下，有氧间歇训练可以参照法特莱克训练法。比如，先进行热身，然后以最大有氧心率骑行，直到你的大脑告诉你开始减速，然后从高度紧张的状态中放松休息一下，身体恢复之后再次加速。对很多人来说，法特莱克训练法将他们从跑道和秒表中解脱出来。有些事先设计好的训练计划虽然看上去很有趣，但在某些特定的日子，可能并不适用于身体的具体状况，这时，法特莱克训练法就派上了用场，这更像是一个根据个人情况制定的训练法。

在山区进行跑步或者骑行训练时，也可以把下坡训练和有氧间歇训练结合起来进行。下坡时，尽力维持你的最大有氧心率，把平路部分甚至是上坡部分的训练作为放松环节。

Q&A

Q 我的最大心率和运动心率都高于我这个年龄人群的平均值，这让我很"受伤"。过去 14 个月，我每周锻炼 2～3 次，每次 1 小时。一年前，我进行了一次压力测试，结果是"没有锻炼风险，但是身体对于运动的耐受能力在下降"。我今年 54 岁，按照 126 的心率进行 MAF 测试的时候，我的配速超过了 11 分钟每公里。我只能走，只要一跑，心率就超。我以 9 分 20 秒的配速跑步的时候，心率会迅速达到我这个年龄的最高限——166。如果我按照每公里 6 分钟的配速跑，我的心率能够达到 186，然后一整天都感到恶心。但是如果我不在乎心率的数据，我可以用 8 分 20 秒的配速跑上 10 分钟，休息 3 分钟，之后按照跑 3 分钟、走 3 分钟的节奏无限循环下去。您能否给我一些建议，让我成为一个"跑"者？

Q&A

A 这是一个相当极端的有氧和无氧能力失衡的例子。你的有氧系统显然太差了，以至于在最大有氧心率之下，你甚至无法以最慢的配速跑起来。当然，从生理角度上讲，你是可以跑得快的，但那样会使你的身体承担巨大的压力。你的心率骤升以及你训练之后全天处于不舒服的状态，都证明了压力的存在。你应该是处于过度训练的第二阶段，甚至有一些第三阶段的症状。建立有氧系统是你恢复状态的第一步，而同时也要关注自己的饮食和压力因素。最重要的是，如果你的 MAF 测试成绩长期没有进步，那说明你的身体还存在饮食、新陈代谢、压力等方面的问题。

无氧训练

无氧训练是在最大有氧心率之上进行的训练，还包括俯卧撑、引体向上、仰卧起坐和屈膝仰卧起坐在内的所有类型的力量训练。==一般来说，比较理想的状况是先进行三四个月或者更长时间的有氧训练，有了一个很好的有氧训练基础之后，再进行无氧训练。==即便是有了一段时间有氧基础的训练，有些运动员还是不能承受常规的无氧训练。有些运动员即使身体没有受任何伤，但在无氧训练一周或者一个月之后，伤病就可能开始出现，这种案例很典型。

许多耐力项目的运动员都认为，单一的有氧训练其实是最好的训练方式，因为比赛时所需要的大部分能量（通常大于95%）都来自有氧系统。基于这种认识，他们不会专门进行无氧训练，而是通过小型比赛对身体进行无氧刺激。而另外一些运动员则认为无氧训练有助于提高成绩，但是一旦启动无氧训练，他们就会发现自己的有氧系统进入了平台期；他们中的一些人的成绩会出现短暂的提升，但随后同样会出现有氧能力下降的情况。这种平台期通常会持续整个赛季，直到开始下一次有氧基础训练，由 MAF 测试得出的有氧能力都不会得到任何改善。在无氧训练阶段或者赛季中，任何有氧能力的下降都是一个警告，提醒你身体出现了不平衡的状况，你正处于过度训练之中。

如果训练得当，无氧训练的潜在好处将会显现出来，包括身体外形上的变化——无氧肌肉纤维得到强化，肌肉力量同时得到提升。虽然肌肉力量在某些项目中作用极大，但在耐力运动中却并不是主要因素。否则的话，第一个跑过终点的将总是那些最强壮的运动员，而不是最具耐力的人。无氧训练还能够引发代谢的变化，从而使包括激素系统在内的体内化学因素得到改善。关于无氧训练的重要意义，很多耐力运动员都曾经在心理上被灌输过，但是，对此一定要特别小心谨慎，因为大部分受伤、健康损害以及过度训练的状况都发生在无氧训练阶段。

无氧训练给你的身体带来的大多数积极效果可能会在前三四周就显现出来。此时，如果你会感到有些吃力，这很有可能是因为你正接近过度训练的边缘。所以你一定要仔细监测各项信号、症状以及 MAF 测试结果。进入正常的平台期可以接受，但如果 MAF 测试结果下降，意味着你已经进入过度训练的状态了。

有研究显示，大约在无氧训练开始的三周之后，过度训练的风险就会加大。如果 MAF 测试显示有氧能力在下降，那么无氧训练就应该停止。因为这意味着你已经接受了足够多的无氧刺激，或许即将超越你身体所能承受的范围，此时，你不再需要更多的无氧训练。同时这也是一种提示，告诉你正在进入某种不平衡的状态，你的身体正在阻止你的进步。不论是哪一种情形，停止所有的无氧训练都是非常必要的。即使是在无氧训练阶段，也应该保证必要的有氧训练。有氧活动可以作为无氧训练时热身和冷身的一部分，也可以在无氧训练的休息日贯穿一些有氧训练。如果你正处于交叉训练中，可以把游泳作为一种固定的有氧训练手段。

有氧训练对力量型运动员有好处吗

很多从事举重、健美、橄榄球等力量型项目的运动员都对有氧训练敬而远之，他们担心有氧训练会给他们的力量训练带来负面影响。这个观点源自早先的研究，那些研究证明了以上观点。但最近，更客观的研究显示，无论以何种比例进行有氧训练和无氧训练，都不会影响运动员的力量。实际上，有氧系统的改善会促进无氧能力的提高，这些无氧机能的进步包括更好的血液循环系统、淋巴排毒能力、恢复能力，更强大的关节、肌腱、韧带和骨骼的机械性支持功能，以及全面改善的各项健康指标。所有这些改善对力量型运动员都是很有帮助的。力量型运动员应该尽最大努力使自己的训练计划保持平衡，其中应包括无氧训练和有氧训练，最重要的是适当的热身和冷身。

我曾经有一个患者叫埃德，他是一名参加过奥运会的举重运动员。他当时 26 岁，令他格外沮丧的是，他的比赛成绩已经有两年多没有提高了，而且似乎也不会再提高了。他来找我是为了向我咨询一些持续出现的健康问题，包括哮喘、过敏、肌肉和关节的长期疼痛以及疲劳。在我的建议下，埃德极不情愿地同意了停止所有的力量训练，改为进行有氧基础训练，他选择的运动项目有走路、徒步以及骑行台的骑行训练等。在开始有氧基础训练后不到 5 个月的时间里，埃德的有氧能力以及全面健康状况得到了显著的改善。之后，他又重新开始了举重练习，并且加入了适当的热身和冷身活动；在举重训练的间隙，他仍保持每周 4～5 天的有氧训练。在调整训练方式之后的三次比赛中，埃德以两年来最好的表现，一次又一次刷新了个人最好成绩。在之后的训练计划中，他每年都安排为期 4 个月的有氧基础训练，比赛成绩也持续提高。

如何确定自己的最大心率

另一个有关个体差异性的例子就是每个人的最大心率,即便是在年龄、性别和身体素质相同的一组运动员当中,每个人的最大心率也存在很大差别。有两种方法可以找到你的最大心率:一个是试验,另一个是通过公式计算。

最好的方法是试验,某项运动的最大心率可以通过追踪你3~4分钟最大限度(竭尽全力)的训练来确定,而跑步就是把心率提升到最高值的最有效的方法。

确定最大心率最好的公式如下(针对不在药物治疗期的成年健康运动员):

$$最大心率 = 208 - 0.7 \times 年龄$$

这个公式不同于传统的计算方法"220-年龄",计算结果会更准确一些。但是,使用这个公式或其他公式得出的最大心率与实际测试得到的数据一般都不一样。大多数情况下,测试中得到的最大心率都会更高一些。

需要再次强调的是,最大心率与通过"180公式"得到的最大有氧心率无关,"180公式"得到的不是你的最大心率,而是最大有氧心率。

从事不同运动项目得到的最大心率会有所不同。对于同一个体,相较于自行车和游泳,跑步产生的最大心率是最高的,因为相对于其他运动,为了克服来自地球引力的压力,跑步需要调动数量更多的肌肉群自始至终参与运动。

最大心率也会因为一个人的训练和压力程度(是否得到了很好的休息或是否很疲惫)、营养状况(例如补水情况)、气候(例如湿度的大小)或其他因素的不同而略有不同,这样会产生一个很大范围的最大心率值。举个例子,在一组年龄40

岁的运动员中，正常的最大心率范围是每分钟 160～200 下。而且，运动员的最大心率会随着年龄的增长逐渐减小，年龄每增加 10 岁，每分钟心跳大约减少 5～10 下，这种变化也因每个人的健康状况和竞技状态差异而相应不同。

尽管科学计算不会完全准确，但最大心率确实会因为不同的训练而显示出变化，尤其会随着成功的有氧训练而变化，这是因为心脏效率提高后，血容量得到了改善，还有一些方面得到了优化。另外一个现象表明，在不训练的时候，最大心率会有所提高，比如在受伤之后训练减少的阶段。

我们需要讨论的一点是，知道自己的最大心率对运动员有什么作用？很多运动员非常关注他们的最大心率，并且认为这个数值越大越好（事实并非如此）。

最大心率至少有两个用途，首先，我建议你使用最大心率的一个百分数值作为无氧训练的常规指导，在这个心率下的训练强度或许产生的训练效果最佳，在这个心率之上的训练产生的效果则十分有限，甚至没有任何额外附加的益处，反倒增加了一些潜在的负面压力。通常最大心率的 90% 比较适合用于间歇训练、坡道重复跑或其他一些无氧训练（当然不包括举重练习）。

另一个用途是将根据计算得到的最大心率与实际的最大心率进行比较，实际的最大心率一般会高于从公式得到的最大心率。如果实际数值和计算数值差距比较大，可能表明运动员在以下方面存在问题：自主神经系统、大脑对心脏的控制、血管和其他一些组织器官的机能。在极端情况下，实际数值和公式计算出的最大心率数值如果差别过大，说明心脏很可能存在问题，这意味着猝死的可能性在增加，存在这种情形的运动员通常拥有极低的最大心率。

无氧训练：保持简单和精短

在提到"保持无氧训练的简单和精短"时，我指的是一些特殊类型的训练，比如在跑道上进行的无氧间歇跑训练。现在，这些训练已经变得非常复杂，以至于需要动用电脑作为辅助。当然，现在也已经有很多软件可以提供这样的训练计划。

在过去数十年中，我在不同的运动中使用过上百种不同类型的无氧间歇训练，我对自己的结论非常自信：==所有这些不同的无氧间歇训练方法给耐力运动员带来的帮助不会有太大的差别==。无论跑者进行的是400米的重复跑、上坡的重复跑、台阶跑，还是法特莱克跑，这些不同的训练法所提供的无氧刺激最终体现在运动员的参赛成绩上时，即便不完全相同，也不会有太大的差别。那些耐力型游泳运动员在间歇训练中无论游多长距离、游多少组、采用哪种泳姿，只要训练计划来自那些成功的教练，那么他们的表现不会有太大的差别。==使无氧训练获得最大功效的原则在于，在训练中模拟比赛==。比如，跑步运动员使用比比赛配速稍快的配速进行间歇跑，自行车运动员使用比比赛配速稍快的配速进行骑行训练。

除了力量训练，其他无氧训练时的心率不能超过最大心率的90%。如果你在进行场地间歇跑训练，除了用心率作为主要参考指标外，还需要参考你的总体训练时间。

我的一个患者贝齐是一名耐力运动员，她高中时曾是一名短跑运动员，很喜欢在400米跑道上训练。她找到我的时候，刚结束4个月的有氧训练，准备进入一英里（约1.6公里）间歇跑的无氧训练阶段。她的目标是把10公里个人最好成绩从41分10秒提高到40分钟以内。当时我给她的建议是，以大约6分30秒完成一英里跑（约合4分钟/公里），然后以

140～150 的有氧心率慢跑 1～2 圈（400～800 米）作为恢复。在这一配速下，她跑完一英里时的心率是 180 多一点。6 个月前，贝齐在一英里比赛中测得的最大心率是 197。

同样类型的训练也可以用于其他运动，比如，自行车运动员可以用无氧训练的方式，用比竞赛速度稍快的速度骑完 3 英里、4 英里或 5 英里。不管是什么运动，都要在运动恢复间歇期内让你的心率顺利降到有氧区内。==无氧训练中最重要的关注点是，虽然运动员一定会产生一定程度的压力，这也是有好处的，但应该避免压力过度。==不幸的是，运动员往往耐心不够，想要快速提高速度，这样就会导致过多压力，从而形成过度训练。

一个名叫丹的跑者在阅读了我写的一篇关于有氧系统重要性的文章之后跟我取得了联系，他刚刚成功地完成了一个阶段的冬季有氧基础训练，接下来准备进行春季的跑道训练。他和贝齐一样，最喜欢的跑步距离是 10 公里，他今年的目标成绩也是突破 40 分钟。他决定和一个朋友一起训练，他的间歇跑计划是以 75 秒完成 400 米，然后慢跑 400 米。但当赛季来临的时候，他 10 公里的成绩只比去年提高了几秒钟，更糟的是，他在赛季中越跑越慢，未能突破 40 分钟。

丹有什么必要在间歇跑中跑这么快呢？他的 10 公里成绩从未打破过 40 分钟，但 75 秒完成 400 米的速度相对应的是用 31 分钟跑完 10 公里，这远远超出他的能力！如果他用 90 秒完成 400 米的话，他就不需要承受那么大的压力，而且也能获得更多无氧训练带来的好处，这就是我第一次在办公室见到丹的时候给他的建议。

另外，用 75 秒完成 400 米跑让丹的心率达到了 180，这个心率几乎接近他之前测量的最大心率。如果同样的 400 米，用 90 秒跑完，他的心率大概是 170，接近他最大心率的 90%，这对于无氧训练来说才是一个非常有效的强度。这样训练的结果就是产生的压力相对较低，提供了有效的无氧刺激，同时也让丹跑出了比他的目标成绩略快的速度。

我不认为耐力运动员的无氧训练课需要太长的时间。与有氧训练不同的是，无氧训练能够相对轻松地刺激到无氧系统，并使之提高，较短课时的无氧训练效果会更好。所以，==无氧训练的第二个原则就是保持精短，这与每一次训练的总时间和训练周数都有关系。==如果训练项目中过长的无氧间歇和无氧训练持续数周或数月，就会导致过度训练或受伤。如果这些问题集中爆发的话，它们对运动员的健康是一个很严重的威胁。

一个人的大脑、肌肉和新陈代谢从个体的无氧训练中能获取的东西是有限度的，这里的"有限度"指的基本就是45分钟的高强度跑步或者60～90分钟的自行车、滑冰和游泳。其实，这个时间对于无氧训练来说已经足够了，请记住，这是包括了热身和冷身的时间。这样的话，结束训练回到家中，你不会有崩溃感。其实，精疲力竭的感觉并不是必须的。

那么，一次无氧训练应该持续多久呢？这个问题有很多的影响因素，其中最大的一个是压力，特别是你在训练之外承受的压力。由于皮质醇激素的作用，压力和无氧训练的基本原理是相同的，在不过度训练的前提下，生活中承受的压力越大，你所能接受的无氧训练程度就越轻。

另一个非常重要的影响因素就是时间。你每天或每周能抽出多少时间来进行训练？尤其要考虑到无氧训练需要增加的恢复时间（当然还要加上你其他有氧训练的时间）。请记住训练等式：

训练 = 运动 + 休息

无氧训练需要比较长的时间来进行恢复，如果你经常会有其他事情占用白天和晚上的时间，那么你最好就不要进行这项比较耗费时间的运动了。

MY PERSPECTIVE
MAF 名人评测

开启全新的生活

里克·鲁宾

47 岁的里克·鲁宾是哥伦比亚唱片公司的联合总裁，是美国最具影响力的唱片制作人之一。由于参与制作了包括南方小鸡乐队（Dixie Chicks）、迈克尔·克兰兹（Michael Kranz）、红辣椒乐队、U2、绿日乐队（Green Day），以及约翰尼·卡什等音乐人在内的唱片，鲁宾赢得了 2008 年的格莱美年度制片人奖，《时代周刊》称其为"刺客"，《华盛顿邮报》也给了他一个"音乐博士"的昵称。

我在 2003 年认识了马费通博士，自那之后，我生活中的方方面面都发生了变化。我过去经常熬夜、久坐，酷爱碳水化合物、素食，后来我听从了马费通博士的建议，控制热量的摄入，最终减掉了 120 斤体重，我记忆中从未有过如此棒的感觉。现在我的生活与各种体育运动为伴，包括游泳、自行车、慢跑、皮划艇。我每日会摄入大量的蛋白质，进行大量的户外活动。我感觉自己开启了一种全新的生活，我从未想象过自己可以这样。很有意思的是，我亲眼目睹了那些看似"遥不可及"的想法在马费通博士多年的持续努力下最终成为主流科学，并且融入健康文化中。

赤脚在海滩上散步和慢跑曾经被认为是运动的禁忌，因为"专家"说，你的脚需要支撑、矫正和缓震。最近，哈佛刚刚发表了一篇关于赤脚锻炼的好处的论文，其观点和马费通博士的是一致的。在我开始按照马费通博士的建议进行健身的头几年，这样的事情出现过很多次。另一个就是有关每天晒太阳的问题，皮肤科医生会说，即便剂量不大，光线也是有害的。但现在，已经有著名的皮肤科医生指出，即使晒太阳会对皮肤造成小危害，但这样做可以增加对维生素 D 的吸收，从而预防骨质疏松和骨质流失，所以晒太阳是一件值得去做的事。

当前的趋势又一次迎合了马费通博士的观点。通过使用心率监测仪，我已经从开始游不了一圈到现在可以游 1600 米，从 5 分钟都走不了到现在已经可以每天轻松步行几小时。当我决定开始慢跑，最初的那几天，我每天连续跑步的时间都能翻倍。马费通博士的方法相当奏效！

THE BIG BOOK OF ENDURANCE TRAINING AND RACING

那么你到底需要多久进行一次无氧练习呢？要回答这个问题，最好先进行 MAF 测试。在无氧训练阶段，如果你的测试成绩开始下降，那么这时候你就需要停止所有的无氧训练，转而进行有氧基础训练。如果 MAF 测试结果一路下滑，就说明你的无氧训练已经过量。很多运动员都感觉到，从提高成绩的角度讲，其实只需进行短短几周的无氧训练就够了。当然，我们也可以反过来说，无氧训练所带来的包括睡眠障碍、疼痛、极度疲劳在内的种种"副作用"说明，这种训练方式是不健康的。

对于大部分耐力运动员来说，无氧训练最多持续 6～8 周，这已经是一个极限值，而非例外值。对于一周需要工作 40 小时，特别是那些还需要照顾家庭的普通耐力运动员来说，5 周的无氧训练就足够，而且效果很好。难道我们不是都希望安全地进行这项训练吗？大部分运动员在训练 3～4 周之后就能够收到最好的无氧训练效果了，但对更多的运动员而言，不进行无氧训练反倒是最好的。找到适合你自己的训练方案是非常重要的，而不仅仅是简单地模仿其他运动员的训练方案，或者模仿所谓主流体育杂志推荐的最新方法，你需要的是一个真实的自我评估。

那么现在，问自己一个简单的问题：如果我不训练，如何能使自己跑得更快？正如我之前强调的，你要相信最持久的活动是依赖有氧系统而不是无氧系统的，有氧系统能够满足身体所需能量的 95%～99%，所以，你可以通过参加更多的有氧训练来提高你的速度。

对于那些拥有多年耐力训练经验的运动员来说，让他们执行一个全年只有有氧训练、没有无氧训练的计划实在是一个巨大的挑战。但是，一旦你开始实施这个计划，并且收到很多正面效果的时候，形成一种新的训练习惯就没有任何问题了。随之会产生另外一个问题：那我应该如何进行无氧刺激呢？答案是：通过比赛。运动员在比赛中的状态其实就是无氧训练。对于很多运动员来说，比赛的强度正好可以保证身体的平衡，并且让身体正常运转。我们可以以迈克·皮格的1994年铁人三项赛季为例，那是他个人成绩最好的赛季，在铁人三项历史上，也称得上最好的一个赛季。他在参加的大多数比赛中都获得了冠军，没能问鼎的几次也名列前茅。一直到那年的9月中旬，他的大部分比赛都已经结束的时候，他都没有进行任何无氧训练。

如果你考虑在你的训练计划中加入无氧训练，需要注意以下基本原则：

- 每周不要超过2~3次的无氧训练，包括比赛；对大部分运动员来说，一周1~2次足够了。
- 大部分运动员在3~4周的无氧训练之后就能达到最佳的状态。
- 在无氧训练前一天和后一天应该安排轻松的有氧活动或者休息。
- 绝对不要连续两天安排无氧训练。
- 在无氧训练的时候尽可能模拟比赛环境，例如：在公路上跑步、与团队一起骑行或是在公开水域游泳。
- 为了提高身体力学（动作）的效率，需要关注放松和呼吸的问题。如果你情绪焦躁、压力较大或者感到疲劳，那就做些轻松的训练或者休息一天，第二天再继续努力。
- 无氧训练尽量放在早晨进行，或是按照你未来比赛的时间进行。
- 一定要进行有效的热身和冷身活动。
- 在心理和生理上都要把无氧训练当作比赛来对待。

- 在训练之前、之后以及过程中（如需要）都要保证充足的饮食。

力量训练和其他无氧训练

力量训练中，无论是高频次举小重量，还是相反，都属于无氧训练，类似的无氧练习还包括俯卧撑、引体向上、仰卧起坐等。我们讨论的有关无氧训练的一切原则也同样适用于力量训练，尤其是应尽可能保持简单和精短，以及用任何你喜欢的轻松的有氧活动来进行热身和冷身。

我曾经说过，在力量训练中，不要指望自己的心率能够超过最大心率。对于大部分人来说，在心率达到峰值之前，肌肉就已经开始疲劳了，此时你会停止训练。既然在力量训练中你的心率永远不会达到峰值，那么以此作为指标就没有意义了。

如果训练计划足够合理，举重以及类似的练习对耐力运动员是会有帮助的。例如，如果运动员在正确的力量训练之后有足够时间进行恢复，那么他的跑姿将会得到改善。

但是，力量练习会使肌肉体积明显增加，从而导致体重增加，有些时候还是显著的增加，这对耐力运动来说是一个负面影响。一些人认为这些在力量练习中增加的肌肉对运动员是一种保护，可以防止受伤，但实际上，保护运动员的任务更多的是由有氧肌肉纤维完成的，而不是无氧肌肉纤维。还有一些人认为举重训练能够提高力量，事实确实如此，但在耐力运动中，与有氧肌肉纤维发挥的作用相比，这些增加的力量并没有那么重要。

最重要的是，一般耐力运动员的训练计划已经非常艰苦了，其中包括训练、工作、家庭或家庭责任，以及其他可能的责任，再安排时间进行额外的每周 2～3 次的训练，会给已经很繁忙的训练安排增添更大的压力。如果你的时间表允许每周增加 2～3 次额外训练，那首要的就是尽可能先形成一个良好的有氧训练基础，然后再增加无氧训练，比如力量训练。另外，如果有可能的话，可以减少一些训练项目，使你的训练不再满满当当。不过，如果由于训练减少或者受伤，你身上的肌肉量开始下降，那么举重练习就变得有价值了。或者，你已经超过 30 岁或更年长，而且才刚开始进行训练，那么在形成有氧基础之后加入力量训练是有好处的。

如果把包括力量训练在内的无氧训练都看成是一次投资的话，那么这是一次高风险低回报的投资。幸运的是大部分耐力运动员都能够从小比赛中获得所需的无氧刺激。在良好的有氧基础建立起来之后，随后开始的新赛季中，运动员定会有优异的表现。

ENDURANCE TRAINING

RACING

07

训练压力

THE BIG BOOK OF ENDURANCE
TRAINING AND RACING

过敏　　　炎症　　　血糖问题

头痛

腰痛　　病毒感染　　压力清单

激素失衡　　心脏病

肠道问题　　睡眠障碍

肾上腺疲劳　　　体重增加

07

训练压力

训练之所以会使我们进步，在很大程度上恰恰是因为压力的存在。我们给身体施加了足够多的生理、化学和心理方面的压力，在这些压力下，我们的耐力水平得到了发展，我们的运动表现因此而提高，这是一个正面压力的案例。同样是这几类压力，如果压力值再大一些或者和另外一些新的压力结合起来，其正面效果就会迅速消失，从而变成一个负面压力的案例。在运动中，负面压力或过度压力经常会导致过度训练。

耐力运动员感受到的压力总会以各种不同的方式对他们产生影响。布鲁斯曾是我的一名患者，在看完他女朋友参加的一场地区级别的自行车赛后，他非常激动地准备开始铁人两项和铁人三项的训练。

布鲁斯在大学时曾是游泳运动员，以前的锻炼习惯是在健身房进行自行车训练和力量训练。后来，他开始在户外进行慢跑，很快又购买了公路自行车。

几个月之后，他的进步显著，每周的跑量已经达到24公里，还会进行两次自行车训练，同时还保持每周三次的健身房力量训练。兴奋感一直支撑着他锻炼的热情，但一个严重的腰部问题让他来到了我的诊所。

布鲁斯的个人经历成为我对其进行评估的一个最重要的部分。他是个单亲父亲，有两个孩子，他的工作非常繁忙，每天需要花 45 分钟在上班路上，留给他进行训练的时间远比他希望的少，所以每天早晨他都提前 1 小时起床，晚上睡觉也会比平常晚 1 小时。这种安排很快就对布鲁斯的身体和大脑产生了影响，相关激素致使他在每天凌晨 2 点醒来，他开始用更多的咖啡来努力抑制疲劳。从根本上说，布鲁斯在用他的健康来换取竞技状态。

另外一个因压力引起的次要症状是他的腰痛越来越严重，在他的腰部疼痛缓解之前，他首先要做的是减少生活中的压力。他的工作计划和家庭生活很难做出改变，所以我们的注意力就直接集中到他的训练安排和饮食上。我取消了他的力量训练，大幅削减了他的训练时间，并建议他佩戴心率监测仪进行训练，布鲁斯很快感觉到自己的精力恢复了，而且他的腰痛也在两周之内消失了。他最初也抱怨最大有氧心率下的配速过慢，所以我建议他不再把跑步距离作为目标，而是改成跑步时间。一个月之后，布鲁斯告诉我，在相同的心率下，他跑步和骑行的速度比以前明显快多了。

压力过度不仅仅是运动员中存在的最普遍的问题，也是最容易被忽视和低估的问题。如果你想挖掘运动员的潜能和最佳身体状态，首先需要对压力有一个全面的理解。

压力对人造成的影响大的不可思议，即便在训练、饮食和营养各方面都没有问题，它还是可以摧毁你为自己的健康状况和竞技状态所付出的努力。过多的压力会直接或间接地导致受伤、有氧能力降低、训练效果不佳，还会引发很多健康问题，包括一些致命的疾病，比如癌症、心脏病、阿尔茨海默病等。它还会导致疲劳、细菌和病毒感染、各种炎症问题、血糖问题、体重增加、肠道不适、头痛以及各种失调症。据统计，在普通内科医生接诊的患者中，与压力相关的问题占到 75% 以上，也就是每天有上百万人需要因此而耽误工作和学习。所以，压力不仅仅是对你的运动状态和身体健康的威胁，也是一张需要你去付款的价签。

达尔文曾说过，存活下来的不是最强壮的，也不是最智慧的，而是那些最能适应环境的。一个正面的例子就是通过调整训练计划，把压力转化成帮助你进步的动力。

有一点很重要，压力是保持健康状况和竞技状态很正常的一部分。过多的压力也不是不能补救，问题是如何适应和应对压力。人体有一套很好的应对压力的机制，那就是大脑和肾上腺。但是，当肾上腺超负荷的时候，就会导致全身的问题。而当大脑过度紧张，你也无法达成耐力训练的目标。

三种主要压力

有很多有效的方法可以用来保护自己免受负面压力的影响，这里介绍三种主要的压力类型：生理的、化学的、心理和情绪的。这三种压力可以交织在一起对大脑和身体产生多种多样的影响，而且，每一名运动员对这些压力所产生的反应也完全不同。

生理压力

生理压力表现为施加在身体上的拉伸力或压迫力，运动员认为这是一种很自然的东西。肌肉的过度运动是生理压力的一个例子，轻微的生理压力可以让训练受益，是一种正面压力；但过多的生理压力或没有得到足够恢复的压力也可能会导致各种问题的发生。

举一个很常见的例子，如果参加一个难度极大的自行车爬坡训练课程，而你又没有习惯这个强度，就会导致股四头肌的酸痛，这个压力会影响你的腰部，引起疼痛。同样的道理，有一些和运动无关的事情也会影响训练，比如牙齿问题也会影响到口腔以外的部位，然后引起肠胃功能紊乱，甚至肩、颈或头部的疼痛。其他一些生理压力，包括不正确的跑姿、糟糕的体态、眼部的疲劳以及其他很多状况，都会对身体的力学状态产生不利的影响。

化学压力

很多因环境产生的化学物质能对身体的机能产生负面影响，从而引起压力，这也会对你的免疫系统、肠道、呼吸、心率和其他部位产生负面影响。饮食和营养的不均衡，例如摄入过多糖分或缺乏维生素 D，都可能引发化学压力。另外，药物也会显著影响身体的化学合成过程，会带来如过量的咖啡因或非处方药的副作用这样的负面压力。产生化学压力的其他来源还包括空气中的化学物质，如二手烟、室内外的空气污染等。减少来自空气、水、食物中的有害化学物质、提高饮食质量是减少化学压力的重要途径。化学压力还可能会对生理和心理情绪问题产生影响。

心理和情绪压力

心理和情绪压力是我们大多数人都很熟悉的压力类型，具体包括紧张、焦虑和失落。心理压力可能会导致疼痛、情绪上的焦虑和失落，使人丧失热情和动力，也会导致生理和化学问题。心理压力会影响认知功能，包括感觉、知觉、学习能力、概念的形成以及决策制定，这些都是运动中非常重要的因素，例如，意志力和制定有效战术的能力是优秀运动员的标志。

以上三种形式的压力经常会在训练和比赛中出现，但是压力也会来自工作、家庭、情绪、传染病、过敏反应甚至天气。大部分人会被不止一种形式的压力影响，经常是受三种压力的共同作用。而且，压力是可以累积的，前一个周末的长距离训练所带来的生理压力会被周一过多的咖啡和垃圾食品引发的化学压力放大，再加上周二来自家庭和周三来自老板的心理压力，所有这些压力叠加在一起，将会影响你周六比赛的表现。

天气也是一个潜在的刺激源。正如之前讨论 MAF 测试与天气之间的关系时曾经提到的，天气方面的压力能够影响我们的生理、化学或心理和情绪压力。季节性情感障碍（SAD）其实就是天气在一年的不同季节对人产生影响的例子，特别是北半球的秋天和冬天会对人产生巨大的负面影响。

有些人积累了很多压力，但没有很好地把握压力的发展过程。比如，当我让患者列举一下他们的各种压力时，他们可能只能想起三四个，但如果我举一些其他压力的例子，提醒他们在自己身上是否存在的时候，他们才能想起那些也是他们的压力。当你做好准备要应对这些压力的时候，==首先要做的事情就是让自己意识到它们的存在，而最好的方法就是把这些压力一一记录下来。==

压力清单

毫无疑问，运动员对压力不是免疫的，即便只是减轻其中的某些压力都会对整个训练和比赛有显著的影响。如果把压力在纸上写出来，会更容易减轻甚至消灭它们，下面是一个实践的例子：

1. 找出一张纸，划分为三列，分别是生理压力、化学压力和心理和情绪压力。
2. 在每一个类别里，写出你认为的自己的压力。这个工作或许要花好几天来完成，因为你可能很难一下子把所有的压力都想出来。
3. 当你记录完成之后，把压力排序，每个类别里最大的压力放在最上面。
4. 然后开始逐一进行减轻或消除压力的工作，或者你可以每次处理一个类别里的一个压力。

减轻或消除生活中不必要的压力，会给你的身体提供一个更好的机会，用来应对那些你目前也许无法改变的压力。

当你把压力清单列好之后，可以用星号在那些已经得到控制的压力前面做标记。这其中可能包括一些不健康的饮食习惯，如进食太快、饮食不规律、喝太多咖啡，或者在训练中没有进行适当的热身和冷身等。

对于那些你无法控制的压力，你可以划线标出，如果你对它们确实无能为力，暂时也不必过于担心。很多人花费了很多精力去应对那些他们没有能力（很多情况下是他们不想）处理的压力，比如来自工作或气候的压力。其实现实生活中，没有哪些压力是不能解决和消除的，问题的关键在于，你对把自己调整到最佳的健康状况和竞技状态的需求到底有多迫切！随着时间的推移，也许你自己就会将很多压力从清单上去除。比如，你意识到必须换工作了，或者移居到另外一个适合你的气候环境中，这都会很大程度地改善你的健康状况和竞技状态。

一旦你可以看到列在纸上的压力，就会更容易对其进行管理。从那些标记星号的压力开始，因为你已经很容易控制它们了。从标记星号的压力中圈出三个最大的，然后开始对付它们。你可以对其中的一些进行改善，也可以对其他的一些进行彻底去除，有时候，这需要你改变一些习惯。这是一个艰巨的任务，然而一旦完成，就会带来巨大的好处。当你成功地消除或调整了一项压力，就将其从清单中移除，然后再圈出下一组的三个最大的压力。这样，你始终都在对付三个压力。

除了自我管理的压力清单之外，还有其他一些方法可以用来应对压力：

- 当被要求做一些你确实不愿意做的事情，要学会说"不"。
- 不要把时间浪费在担心过去或未来，当然这并不是说你应该忽略过去或不计划未来，而是要活在当下。
- 学习一些放松的技巧，并有规律地进行练习。最强大的一个手段是利用呼吸进行放松，这种方式在比赛的时候尤其有用。
- 当你对某件事情非常忧虑的时候，可以找你信任的人倾诉。
- 简化你的生活方式。可以从简化琐事开始，问自己一个问题："这件事真的如此重要吗？"
- 把你的事务按照优先顺序排好，先做最重要的事情，但也不要忽略让你快乐的事情。每天在起床之前，问自己："今天我准备做点什么有意思的事情呢？"
- 知道自己的兴趣是什么，并且对此努力追求。

关于压力，最重要的一个事实是压力过大会影响休息，或者更准确地说，要想从过度的压力中恢复过来，需要更多的休息。我们说的休息通常是指睡眠，如果你的休息不够，压力的影响会持续累积。这时，你需要问自己一个问题："与你所承受的压力相比，你的睡眠是否充足？"正如你看到的，压力过大的一个症状就是失眠，事实是，过多的压力激素皮质醇分泌会妨碍睡眠，会让你在午夜时分醒来，然后很难再次入睡。压力不仅会对夜间的睡眠造成障碍，还会降低恢复能力。

学会控制生活中的各种压力，可以提高训练的质量，让运动表现更好，也会让你更加健康，还能帮助肾上腺更好地调节其他压力。

压力和肾上腺

不管遇到的是什么类型的压力，生理的、化学的或是心理和情绪的，你的身体都有一个有效的应对机制，这份重要的工作由肾上腺掌控。这些微小的腺体位于肾脏的顶端，它们与大脑和神经系统一起工作，对重要的压力应对机制进行维护，通俗地说，它们需要做出"是战斗还是逃跑"的选择。肾上腺是通过分泌特定的激素来完成任务的，这样做不仅能够成功地应对压力和优化人体表现，对于生命本身也意义重大。这些激素对身体的很多方面都有益处，包括帮助调节压力、繁衍、生长、抗衰老、细胞修复、维持电解质平衡以及控制血糖。

前文提过，皮质醇是重要的肾上腺压力激素，通过简单的血样和唾液实验就可以测量。唾液在大部分情况下都是一种比较好的测量介质，因为当针刺进手臂，血管就会产生压力，皮质醇就会生成，有时候会导致血液测试非常不准确。唾液实验只需要找一个日常训练日，取少量你的唾液样本放入试管中，因为皮质醇在白天和夜晚会一直波动，所以需要在一天的不同时间取样4次，这样得出的结果会更准确。

当你的身体处于高度压力之下，皮质醇分泌水平会显著提高，压力过去之后，分泌水平会恢复正常。在长期不断的压力之下，压力一直持续不能得到释放，高水平的皮质醇分泌水平会变得很危险，这对包括脑垂体在内的大脑会有负面影响，特别是会让记忆力减退；它会影响有氧功能，引发血糖问题，降低脂肪燃烧能力；同时，也会抑制免疫功能，降低身体对感冒、流感以及其他感染的抵抗力——不仅包括风寒和感冒，还有其他的一些感染；最后，它还会引发肠道问题。长时间的压力最终会致使肾上腺功能衰竭，造成日常的激素制造功能严重减退。这样的状态下，皮质醇水平会降到一个危险的水平，其他由肾上腺产生的激素也是如此。

包括雌激素和睾酮在内的性激素也是非常重要的肾上腺激素，它们帮助女性和男性维持正常的性功能和生殖健康。除了性腺，这些性激素的合成也受另一种非常重要的肾上腺激素——脱氢表雄酮的调性。压力会造成皮质醇的升高，但会使脱氢表雄酮减少。

过度的压力也是导致过度训练综合征的一个原因，这个会在下一章进行更全面的阐述。不论我们称之为精疲力竭还是过度训练，本质都是同一个问题。我们对于过度训练的理解相对更新一些，早在一个世纪之前，肾上腺的压力模式就已经被发现了，压力的三个阶段被充分证明，它和训练过度的三个阶段是相互关联的。

运动员或跑者的癫疯状态

大部分运动员会认为训练是最好的减压方式，所谓的"跑者的癫疯状态"（runner's high），指的是在训练过程中一种精神欢快的感觉，经常被作为运动员逃避压力的一种方式。这种情况不仅发生在跑步中，自行车、游泳等其他各类运动中都存在。那么，到底什么是"癫疯状态"呢？

我们也不能确切地知道到底跑者的癫疯状态是什么及其为什么会发生。在过去几十年里，曾有研究把这种状态和大脑中的天然麻醉剂联系起来，或把它当作一种分裂状态。在围绕内啡肽进行的讨论中，上述观点经常成为中心。内啡肽是大脑内部产生的类似于激素的化学物质，有些甚至是在阳光照射和维生素D的作用下，在皮肤中产生的。最近又有人提出，大脑中对所谓的"跑者的癫疯状态"进行感受的区域与感受大麻的区域是一样的。大脑感受器的工作原理至今仍是实验室课题，我相信，未来还会有其他化学物质被发现，用来解释训练过程中产生的令人难以捉摸的感觉。人类的大脑太复杂了，很难把"情绪振奋的状态"归咎于单一原因。

我相信，跑者出现癫疯状态的现象是感知过程中的一个非常重要的状态。一般来说，当我们处于睡眠、商业会议之中，或是正经历一场伟大的训练，我们的大脑会产生某种脑电波。而当我们的心情放松，没有压力，正在做某件能把自己带入自我世界之中的事情时，比如上面提到的那场训练，我们的大脑会产生阿尔法脑波。这个状态也可以通过其他活动来实现，比如听音乐、冥想或其他活动。然而，并不是所有的运动员都有过癫疯的体验。对某些人而言，压力会压倒训练带来的快感，使阿尔法脑波的制造受到影响。

压力的多米诺骨牌效应

人类对压力和肾上腺功能的认识是从20世纪20年代开始的，当时，著名的压力研究先驱汉斯·塞利（Hans Selye）注意到，由于肾上腺压力过大而导致的问题具有普遍性，他着手将这些问题进行了归纳。这些问题包括糟糕的免疫力和肠道功能紊乱，然后多米诺骨牌效应就出现了，它们又会触发数百项其他问题。最终，塞利的研究结果描述出当面临过度压力的时候，肾上腺是如何进行反应的，他称其为"一般适应综合征"（GAS），它包括以下三个不同的阶段：

- 第一阶段始于对压力的警戒反应，那是我们与压力的最初相遇，之后通过增加肾上腺激素的产生来帮助身体应对压力。在无氧训练阶段和赛季过程中，这是很普遍的，但在有氧训练阶段会减弱很多。在第一阶段中，肾上腺的任务是努力反抗和适应逐步增大的压力，如果战斗成功，压力减小，我们就会恢复，肾上腺功能也会回归正常，特别是在充分休息之后。如果这个阶段维持的时间太长，各种轻微的症状就会出现：白天很容易疲惫，轻微过敏，腰部、膝盖或脚部出现那种让人不安的疼痛。如果几周或几个月之后，肾上腺没能打败压力，没能满足身体的需求，那么就进入第二阶段。

- 第二阶段也被称作抵抗阶段，肾上腺自身通过一个叫作"肥大"的过程变大，因为第一阶段增多的激素不能应对压力，所以肾上腺通过努力变大来产生更多的皮质醇以完成同样的任务。在这个阶段，更严重的症状可能会出现，包括疲劳，失眠，更严重的腰部、膝盖和脚部疼痛，或是很差的恢复力。大部分出现压力问题的运动员会被困在这个阶段，时间经常长达数月甚至数年。他们往往再也看不到自己有最佳的表现，受伤和生病也很普遍。如果运动员在这个阶段继续给自己施加压力，那么身体将继续维持在高压之下，肾上腺最后就会进入第三阶段——精疲力竭。

- 进入第三阶段的运动员是精疲力竭的，他们的疲劳经常伴随着慢性损伤，而且很有可能无法在比赛中发挥训练水平。肾上腺此时既不能适应压力，也不能产生足够水平的激素和皮质醇。当运动员处于这个阶段时，他的问题已经很严重了，在生理、化学和心理方面都是如此。

但是，我们的讨论不仅局限于肾上腺疾病，还涉及普通肾上腺功能和疾病之间的灰色地带。当肾上腺不能产生足够的皮质醇来维持机能时，就会出现艾迪生病（Addison's disease）。这种疾病可以出现在任何年龄层的男人和女人身上，具体症状包括：体重迅速下降、肌肉虚弱、疲惫、低血压，有时候肤色还会变黑。这种疾病也被称为肾上腺功能不全或肾上腺皮质功能减退。

饮食和肾上腺功能

食用精制碳水化合物和糖会导致肾上腺压力或使压力恶化，这里的糖包括隐藏在很多食物里的糖分。那么摄入多少算是太多呢？答案是越少越好。

咖啡因是肾上腺刺激的另一个常见来源，也是人们食用它的一个主要原因。咖啡、茶和可乐是咖啡因的主要来源。如果你有肾上腺的问题，可以对自己的咖啡因摄入量进行一下评估。对很多人来说，不摄入咖啡因是最好的，对另一些人来说，一两杯的咖啡或茶是可以接受的。你必须尽可能客观地进行评判，根据身体的反应来判断你可以承受多少咖啡因。如果感到紧张不安或高度紧张，心率快速提高或反胃，就说明你摄入了过多的咖啡因。

早餐是一天中最重要的一餐，尤其是对那些肾上腺功能紊乱的人。一顿健康的早餐应该包含蛋白质，但要注意回避过于精细的碳水化合物，鸡蛋应该成为一顿理想早餐的基础。

有肾上腺压力的人经常需要在三顿正餐中间加餐，在恢复期的早期阶段，差不多需要每隔两小时进餐一次。健康的饮食意味着少食多餐以及健康的食物。

营养和肾上腺功能

你摄入的营养应与缓解肾上腺压力相关，这样可以满足免疫系统、消化系统和肾上腺本身的营养需求。你所摄入的营养，即使不是全部，但绝大部分应该来自一份合理的膳食清单，下面提供的是营养摄入的几种可能：

- 对于缓解多种类型的肾上腺压力，特别是引发失眠症的压力，服用锌可能会有所帮助。研究表明，这种重要的矿物质能够降低皮质醇水平，皮质醇水平正是肾上腺压力的一个重要指标。在睡前补充锌可以改善睡眠模式，降低高水平的皮质醇。
- 胆碱也是肾上腺压力人群普遍需要的一种营养，部分原因是由于胆碱和大脑之间的关系。例如，对于那些经常四处奔走、超负荷工作、总是尽力做很多工作的人，胆碱会很有帮助。每天多次少量，而不是大量少次地摄入是最有帮助的。患有运动引发型哮喘的人需要更大的剂量。胆碱在食物中的最佳来源是蛋黄。

训练与肾上腺功能

建立一个强大的有氧基础是改善肾上腺功能的重要手段，无氧训练则会恶化现有的肾上腺问题。只有在肾上腺功能改善之后，才能重启无氧训练。当然，有氧训练和无氧训练的平衡必须得到保持。

肾上腺压力的检查清单

下面是肾上腺功能紊乱的 10 个主要症状，要注意发生在你身上的那些症状。这其中的任何一个症状都会因为身体的其他不平衡而出现，所有症状集合在一起便引发了肾上腺功能紊乱者的痛苦。

- 精神不振：这种症状通常出现在下午，但也会在其他时间发生，或者是一直都在发生。这种疲劳可以是生理、心理上的，或者两者都有。当肾上腺压力过大，身体会消耗很多糖分而不是脂肪来提供能量，这样你供应每天完成各种事务、训练或比赛所需的能量就受到了明显的限制。

- 起身时头晕：从座位上站起、从躺卧的姿势起立，或蹲下来捡东西再站起时，如果你感到头晕，那是因为血液不能很快回流到头部。你可以在坐着时先测一下自己的血压，站起来后马上再测一次。如果你肾上腺功能紊乱，就会看到收缩压（第一次的读数）不升高。正常情况下，当你站起来之后的汞柱数值应该会比第一次高 6~8 毫米。

- 眼睛对强光敏感：肾上腺压力会使眼睛对光线更加敏感，所以即便是在多云的天气也要佩戴太阳镜。由于不能适应对面来车的灯光，所以无法在晚间开车（而患者只会认为自己只是在黑暗条件下看不清楚）。还有人发现，在肾上腺压力下，他们眼睛的近视程度加重了。

- 哮喘和过敏：无论你把它们称为由锻炼引发的哮喘、食物过敏，还是季节性过敏，这都是肾上腺功能紊乱的症状。

- 身体不平衡：腰部、膝盖、脚、脚踝的问题与肾上腺直接相关，产生的症状包括腰痛、坐骨神经痛以及脚部过度内翻，这些都将导致脚和脚踝的问题。

- 压力相关的并发症：我们经常说的精疲力竭、过度劳累、过度训练和神经衰弱本质上都是一样的，它们都是肾上腺疲劳的结果。有时候，这些问题严重到需要药物治疗或入院治疗，而肾上腺功能紊乱早在这一切发生之前就已经存在了。

- 血糖压力：因为肾上腺功能紊乱，所以身体不能及时对血糖进行调节。具体症状包括：时常感觉饥饿，如果不能按时进餐容易急躁，对甜食和咖啡因有特别的欲望。

- 失眠：很多患有肾上腺功能紊乱的运动员很容易入睡，但又会在半夜醒来，而且醒来之后就很难再次入睡，这可能是由于人体在错误的时刻分泌出过多的皮质醇（在睡眠期间，皮质醇水平应该是较低的）。很多人说自己半夜醒来是因为想上厕所，但其实是肾上腺问题导致他们醒来，然后他们才想起来要去上厕所。休息是肾上腺功能恢复的至关重要的因素，你每天的睡眠时间至少达到 7～8 小时了吗？如果没有，那你需要更多的休息。肾上腺压力越大，身体对恢复的需求就越大。

- 性需求减弱：这是一个很常见的肾上腺功能紊乱的症状，原因是产生雌激素和睾酮的脱氢表雄酮分泌水平降低。
- 季节性情感障碍：这是一个很普遍的问题，经常发生在寒冷的季节。当白天变短、气温下降时，很多人会进入一种轻微的冬眠状态：新陈代谢速度放慢，身体和大脑都变得迟钝，有时甚至会导致轻中度的抑郁。这是众多压力共同作用的结果，比如寒冷的气候、日晒与维生素 D 的缺乏，甚至与假期相关，因为人们通常在假期吃得不健康，缺少运动，体重也会增加。

认识和了解肾上腺功能紊乱的十大症状对自我评估是非常有用的，你也可以在保健专家的帮助下进行肾上腺激素水平的测试。检验肾上腺功能的最佳测试方式是测量唾液中的皮质醇和脱氢表雄酮水平，请选择一个普通的训练日进行多次测量，不要只进行一次测试。

天然的激素

在维持一个人生理、化学及心理和情绪压力的正常的过程中，所有的激素都扮演着非常重要的角色，对运动员当然也很重要。不论是男性还是女性，体内都含有三组非常重要的激素：雌激素、睾酮、黄体酮。随着我们年龄的增长、压力的增大，这些激素的分泌能力在减弱，尤其是在皮质醇水平升高之后，脱氢表雄酮的分泌会减少，最终的结果就是雌激素和睾酮减少。

由于内分泌系统非常复杂，所以当你需要对激素不平衡的情况进行评估和治疗时，建议你咨询专业的医疗人员。目前，天然激素的使用量呈上升趋势，大多数关注自身健康的个人都更愿意使用天然激素而不是人工合成激素，因为后者经常会有很危险的副作用。但其实很多健康的人群可以通过改善肾上腺功能来恢复激素平衡。只有当这个方法未起作用时，天然激素才会成为首选。

雌激素

这个最著名的激素实际上是一组由大约 20 种激素组成的混合物，最重要的雌激素包括雌酮、雌二醇和雌三醇，每种雌激素在身体里都有独一无二的作用。例如，雌二醇对乳腺最有刺激性，可能会提高患乳腺癌的风险；雌三醇则会保护乳腺。正常情况下，人体会使这两种激素的水平维持在一个平衡状态。天然的雌激素对人体有很多益处，包括预防潮热、提高记忆力和专注力、减缓衰老、减少抑郁和焦虑等。

雌二醇的激素替代治疗（HRT）会提高乳腺癌的患病风险，这是因为替代激素在肝脏里被降解的速度没有自身激素那么快，所以它们对细胞的破坏时间也更长。由孕马尿液制成的口服雌激素泼玛龙（Premarin）无法完全替代人类雌激素的作用。除了天然的雌二醇，如果其他的天然雌激素含有人工合成物质，都会在不同的商标名下做特别标注。

激素替代治疗最普遍的风险之一就是，替代的雌激素剂量往往要比人体自身产生的激素水平高。身体里雌激素过多最常见的症状就是水肿，这会导致胸部柔软和肿胀、体重增加、头痛。过量的雌激素还会使血糖降低，并使人体产生嗜糖倾向，提高子宫瘤和胆囊疾病的患病风险。

激素替代治疗经常会被"兜售"给患者，推销者夸大事实，说这可以起到强健骨骼的作用。但实际上，雌激素并没有这个功效，应该说，它能做到的就是降低骨质流失率。这种流失会伴随我们的一生，而对新骨骼生长起最大作用的物质是黄体酮（孕酮）和睾酮。

黄体酮和睾酮

与雌激素是由一组激素组成的不同，黄体酮是它这个类别唯一的激素，它可以改善睡眠、强健骨骼、预防乳腺癌和子宫癌。同时，它还能提高碳水化合物的耐受性，帮助燃烧脂肪，防止水肿，提高性欲，并对绝大多数人都能起到镇定神经系统的作用。

安宫黄体酮是一种普遍应用的人工合成黄体酮，但是它的功效和天然黄体酮并不相同，天然黄体酮有利尿作用，而安宫黄体酮则会提高盐分和水分在身体中的滞留，还会提高体脂率。这种人工合成的黄体酮如果摄入过多，会导致肿胀、抑郁、疲劳、毛发增多或体重增加。安宫黄体酮还会导致自身合成天然黄体酮的能力减退，强迫你更加依赖补剂。需要特别注意的是，雌激素和黄体酮是协同工作的。我们可以真切地感觉到，在自然状态下，它们之间是相互平衡的。如果过分消耗其中一个，就会打破另一个的平衡，从而对身体造成压力。

睾酮也是男人和女人与生俱来的激素，它对自我恢复是非常重要的，有助于建立、维持肌肉和骨骼的力量，提高性能力，使人精力旺盛，同时对新陈代谢的其他方面也至关重要。甲睾酮是一种人工合成的睾酮，但会对人体产生一些副作用，具体包括激素不平衡、肠道疾病、胆固醇升高、脱发、抑郁、焦虑等。

以上提及的激素以及身体产生的其他激素对于保持最佳的耐力和健康状态都是极其重要的，最理想的情况是让身体自发产生所需的足量的激素。人体对激素的需求每年都会不同，每天也会不同，甚至每分钟都不同，如果身体的这个脆弱机制遭到了干扰，不平衡就产生了。如果激素不平衡的体征和症状出现了，一定要通过检验唾液来测量激素水平，介入治疗之后还要进行再次检测，这样有助于了解改善后的生活习惯或其他治疗方式是不是成功。

市场上也有一些非处方的激素产品，例如 Pro-Gest 是一种天然的黄体酮乳膏，它可以外用而不是口服，因为口服过多的天然激素会损害你的肝脏。对那些雌激素和黄体酮都需要补充的人来说，有一种叫作"OstaDerm"的乳膏产品也是非处方的天然激素产品。

对于那些处于绝经、经前期综合征之中的人，或具有其他相关激素不平衡的人群，使用天然激素能够改善生活质量。最重要的是，要理解我们不是必须承受痛苦、悲伤和不适，而医生却经常会告诉患者，这些症状都是人类在老化过程中的正常现象。

我想强调的是，改善肾上腺功能和全面健康状态是防止和调整激素不平衡的最有效的方法，也应该是首选的方案。而且，那些激素不平衡的运动员往往都同时受到过度训练综合征的困扰，只是他们自己还没意识到这一点。

MY PERSPECTIVE
MAF 名人评测

保持有氧的生活方式

斯蒂芬·甘杰米博士

斯蒂芬·甘杰米（Stephen Gangemi）博士是一名脊柱按摩师，他和家人居住在美国北卡罗来纳州的查珀尔希尔，一直希望将人体运动学、营养生物化学、功能性神经病学、针压法、经络疗法以及其他关于人体健康的全面解决方案应用于高级训练中。甘杰米博士曾经6次获得参加夏威夷铁人三项世锦赛的参赛资格并完赛，他完成过15次大铁以及大量其他距离的铁人三项赛事，1997年和2004年两次获得全美铁人三项赛冠军。

我第一次知道马费通博士是在 1990 年年初，我和本地的一个脊柱按摩师见面之后，他坚持推荐我阅读马费通博士的书《竞技状态和健康状况》。我读后备受鼓舞，之后我的关注点从疾病治疗转向了卫生保健。当时我正在读高中，还是一名有追求的运动员，于是开始参加铁人三项的比赛。跟其他人一样，我发现我的心率监测仪"坏"了，因为我的心率总是比预计的要高很多。虽然我佩戴心率监测仪，但一开始并没有按照马费通博士的方法进行训练，对我来说，心率监测仪更像是一个用来检测我到底能承受多大压力的工具。

我的饮食与 20 世纪 90 年代后期大多数运动员的差不多：高碳水化合物、低脂肪，总是吃意大利面和硬面包圈。我的比赛成绩很好，但总是受伤，最后几乎集所有伤病于一身了：下腰痛、颈部疼痛、足底筋膜炎、跟骨骨刺、髂胫束综合征、外胫夹、肌肉酸痛。我的身体总是有问题出现，一个伤病接着另一个。我是那种对自己非常狠、非常在意自己状态的运动员，我一直都在与自己的伤病较劲，但我找到的医生除了没完没了地问我的症状，什么也干不了，所以我只能自己给自己解决问题，消炎药成了我的必备品。我坚绝避免摄入脂肪，即使是那些健康的脂肪，因为在我受到的教育中，这些东西只会让我体脂增加、速度减慢。

5 年之后，我开始参加更长距离的铁人三项赛事，包括半程大铁乃至大铁赛事。那个时候，我还在按摩学校学习，对应用人体运动学以及与生物化学和神经病学之间的关联非常着迷。我是在著名的佛罗里达圣安东尼铁人三项赛上偶然碰到马费通博士的，那天晚上，他带着我和我夫人去了一家寿司店用晚餐。当时我夫人还是一个素食主义者，她气得都快崩溃了。但是，当我们用餐结束离开的时候，我意识到马费通博士是个优秀的教练，而我那位已经 10 多年"绝不吃任何曾经活着的食物"的百分百纯素食主义夫人居然吃了生鱼片。

转眼 15 年过去了，到 2010 年，我不仅将马费通博士的独特方法应用于运动员训练中，也用到了专业的保健之中。这些年里，我完成了 15 场铁人三项赛，以及不计其数的耐力跑步比赛，从未有严重的伤病。究其原因，主要归功于合理的训练理念和饮食方案，以及我几乎在所有训练中都佩戴心率监测仪的做法。

我理解的马费通博士传播的理念里最核心的东西是：尽最大的努力减少压力、优化健康状况，并发挥身体的潜能。这针对的不仅是训练和饮食，指的也不仅是健康和比赛成绩，而是有关获得最佳生理和心理状态的方法，而且这也不是仅通过实践一种理念就可以实现的。你可能一直都在进行有氧训练，但如果你的饮食含有过多精制碳水化合物，那么你仍然有可能处于有氧不足的状态。这会导致你几种重要的激素处于失衡状态，特别是皮质醇含量过高和性激素含量过低。如果你正在承受高度压力的折磨，即便饮食包含的都是健康脂肪和高品质的蛋白质，这些状况还是会发生。在现实中，我看到过很多处于高压状态下的患者。

为了能够让自己发挥最大的潜能，日常生活中需要尽可能地做出改变。换句话说，如果在个人最大能力之下，工作压力还是非常大，那么饮食和锻炼就要成为平衡工作压力的重要方式——虽然你的身体会非常渴望咖啡因和精制碳水化合物，而且这些都是在办公场所最常见、最容易得到的东西，但按照马费通博士描述的方法调整饮食会对你身体的整体状态产生巨大的影响，也会让你的工作压力变得更容易管理。所以无论你是正处于减脂中，还是正在努力提高 10 公里跑的速度，或是正在尽力降低很多疾病的患病可能性，保持一种有氧的生活方式都是这一切的基础。

THE BIG BOOK OF ENDURANCE TRAINING AND RACING

THE BIG BOOK OF
ENDURANCE TRAINING AND RACING

08

过度训练综合征

THE BIG BOOK OF ENDURANCE
TRAINING AND RACING

脚部、膝盖、腰部损伤　　骨质流失

性功能障碍　　亚临床症状

感染　　情绪波动

自主神经系统

副交感神经　　女性和过度训练

08

过度训练综合征

有很多因素都会阻碍耐力运动员发挥最大的潜能，其中最常见的一个就是过度训练，这也是造成数百万运动员受伤和健康状况欠佳的最常见的原因。在过度训练恶化成更严重的问题之前，很多运动员、教练和保健专家都容易忽略这个问题。

由于过度训练的问题没有被及时发现，才导致了运动员的训练时间被浪费、受伤、健康状况欠佳，直至最终运动成绩下降。也就是说，这些运动员总是处于过度训练发生之后，被动进行调整修复的状态，而不是事先预防。过度训练是多种压力累积叠加的结果，包括生理、化学及心理和情绪的压力。

在传统概念中，过度训练被描述为由于训练量或训练强度提高而引起的运动成绩下降。我想再次强调一点，过度训练是由下面这个简单的耐力等式的两边出现了不平衡造成的：

$$训练 = 运动 + 休息$$

造成过度训练的原因有很多，它引发的后果也很多，但都与大脑、肌肉、新陈代谢等问题相关。因为很多问题都是重复交叉的，相当复杂，所以我们采用一个相对宽泛的词会更加准确——过度训练综合征。每个有此问题的运动员的状况差别会很大，包括征兆、症状和发作情况。

预防和纠正过度训练综合征需要从认真而持续的评估开始，在最初阶段就需要观察一些细微的症状，这一点非常重要，因为这样可以预防状态的下降。或许你正在经历压力不断上升的阶段，这时，MAF测试就成为评估是否过度训练的有效工具。在过度训练的开始阶段，MAF测试能够展现出最初的征兆，相当于给你亮了一盏红灯，提醒你需要暂停训练。这时候要尊重身体的声音，进行相应的调整，否则，身体的下一次提醒就会更加严厉，那有可能是影响训练和比赛的伤病，也有可能是糟糕的成绩。

过度训练的整体分析

让我们一起来看看过度训练的整体情况，而不是只关注那些显而易见的组成部分。这是一个整体分析方法，为此，我们需要首先看看我们的神经系统是如何工作的，因为这可以帮助我们理解身体与训练的关系，即身体如何对训练做出反应。

了解大脑的细节以及包括自主神经系统在内的神经系统的所有组成部分，这件事情相当复杂。为了帮助理解，我将采用一个类比的方法。假设一个房子里面有很多电线穿过，其中一些电线有特殊用途。这些电线代表的是神经系统的不同部分。有些电线通往开关和灯，有些通往空调和冰箱这样的大型电器，有一些是通往电话和调制解调器，还有一些是连接门铃这样的低压设备的。大脑就像是主配电箱，自主神经系统就像是电话线一样，是一条包含两根线的电缆：一根线是交感神经，另一根是副交感神经。

自主神经系统的交感神经部分能够使心率和血压升高，提高肌肉的力量和速度，对比赛中的其他一些活动也会产生影响。我们可以把这种反应称为赛前紧张，是准备比赛的重要方式之一。而副交感神经对于恢复、肌肉的放松、减慢心率和降低血压有非常重要的作用，它还能激活肠道系统功能、改善消化。

==交感神经可以被比作汽车的油门，它让一切更快地进行；而副交感神经则可以被比作刹车，它让一切都慢下来。==

因为自主神经系统的功能都是自动进行的，所以我们可以通过改变生活方式对它产生影响。交感神经大部分时候倾向于随时进入运动状态，所以我们需要经常通过增加更多的副交感神经活动来平衡对自主神经系统功能的控制，比如放松、冥想、避免摄入过多咖啡因（交感神经的刺激物）等。

当自主神经系统出现了不平衡时，通常都是由于交感神经活动过多，而副交感神经活动太少造成的。如果长期处于这种不平衡状态中，人就会进入压力的第三阶段，相反的情况就会发生：交感神经处于"燃烧殆尽"的状态，不能很好地发挥作用，副交感神经接管工作。与塞利的一般适应综合征一样，过度训练的发展模式也有三个阶段。

过度训练的负面效果通常是逐渐出现的，但最初的症状很容易被忽略。如果我们把过度训练看成身体的敌人，那么除非我们在训练、饮食和压力控制方面做出应对，否则，最终获胜的就可能是这个狡猾的对手。

- **第一阶段，功能性过度训练。** 在开端和早期，一些很细微的线索会提醒你，你正向更严重的方向发展。
- **第二阶段，过度训练的交感神经阶段。** 大脑、神经系统和激素的不平衡引发一系列的身体信号和症状。
- **第三阶段，过度训练的副交感神经阶段。** 这是一个比较严重的状况，会导致人精疲力竭，严重影响神经系统、肌肉和激素水平。

通常来讲，过度训练综合征会导致运动员成绩不佳，还会引发结构性损伤，比如脚部、膝盖、腰部的损伤，再严重一些就会导致肌肉失衡和新陈代谢方面的问题，比如疲劳、感染、骨质流失、性功能障碍、情绪不稳定、大脑和神经系统的功能紊乱。这些信号和症状在训练和比赛出现问题之前就出现了，它们甚至会影响到一个人的生活品质，有时候会持续很多年。更重要的是，在没有进行仔细的评估之前，早期阶段的过度训练的程度通常是模糊的。

通常我们会认为过度训练都与运动相关，但其实日常生活中的其他因素也会导致过度训练。骤然加大的工作量、来自家庭或工作的压力、社会责任、抚养子女的义务、不良的睡眠习惯等都会以间接但显著的方式造成过度训练。

身体机能的状态

过度训练在早期阶段是很难被察觉的，在这个阶段，身体表现出的不适症状很少，也不明显，你很难意识到自己出了问题。了解自己身体机能的状态是非常重要的，尤其是有助于了解过度训练综合征的第一阶段。

身体机能出现问题在运动员中非常常见，有的症状非常明显，例如疼痛，而这些问题又不是由诸如肌腱撕裂或骨折这类突发的伤病带来的。身体机能问题有时候被称为"亚临床症状"，这些症状会给运动员带来机能障碍，但又查不出原因，运动员们发出的绝大多数抱怨都源于此。例如，我经常遇到一些受下腰痛困扰的自行车运动员，他们的症状有的比较轻微，有的很严重，但无论是做X光还是磁共振成像，他们都无法在神经病学上得到确诊。另一个明显处于严重疲劳状态的运动员经过血检、尿检以及其他测试，结果却显示他一切正常。还有一个运动员，他的成绩在急剧下滑，但他接受的所有医疗测试的结果都在所谓的正常值范围内。运动员们为此陷入了深深的困惑，他们奔走于各个专业的保健机构，希望得到那种传统诊断结果。但其实，诸如椎间盘破裂导致的腰部疼痛、恶性贫血导致的极度疲劳这样的传统诊断并不适用于身体机能遇到的障碍，然而又没有一个通用的名字适用于这些身体机能问题。但是，很多患者都希望能够有一个哪怕是奇怪的医学名词来形容这些症状，不管它描述得是否准确、诊断得是否正确，他们都乐于接受。

在我的亲身实践中，有些患者甚至在和我见面之前就主动填写了表格，列举出了一些问题，其中包括很多奇特的诊断，例如奥斯古德 - 施拉特病（一种常见于儿童的膝盖下的胫骨的问题）。当我问及有关这些诊断的情况时，他们可能会回答说这些诊断是 20 多年前的。他们居然认为自己 20 多年来一直得着这些病！

耐力运动员的膝盖外侧疼痛是另一个例子，不管疼痛有多严重，这都是非常典型的纯粹因肌肉不平衡而导致的伤病。但如果对患者这样解释，他们既不容易接受，也并不放心，他们宁可听到自己得的是一种叫做"髂胫束综合征"的疾病。更糟糕的是，无论是西方医学的诊断模式，还是保险公司的具体操作，通常都要求做出一个标准的结论，最好能将患者的每一种状况与他们提供的一长串病情的可能性配对。但是如果不和保险公司玩这种文字游戏，而只是按照真实的状况给出诊断，那么最后的结果往往是被保险公司削减赔付金额，甚至是被拒绝赔付，这种情况也导致医生总是在试图找出最贴近的病症名称，而不是关注诊断的准确性。当运动员们不能从我这里得到确定的病名时，我经常会拿这一点和他们开玩笑：如果编造出一个病症的名字能让你感觉好一些，我也可以这么做。这时候，他们通常都会露出紧张不安的微笑，接着我会向他们解释我的发现，也会提及诸如肌肉不平衡、炎症等一些重要的因素，向他们解释受伤的可能原因（例如不正确的骑行姿势等），他们该如何纠正（通过生物反馈和饮食的改变），以及他们远离疼痛、重新开始训练所需的时间。

还有一种类型的身体机能问题发生在很多运动员身上，他们的各种体征和症状与受伤或疾病无关，例如：休息时心率加快、体温降低、步态不规则，以及其他一些异常的情形。很多时候，这些身体机能问题不仅是受伤之前的临床表现，也是耐力停滞不前的一个原因。有时候，旁人反而比运动员自己更容易发现问题，比如如果观察一名运动员跑步、骑行或游泳，就经常能够发现他们身体的异常状态；通过这种"肢体语言"，可以判断出他们身体的不平衡。如果忽略这些，可能会导致他们因过度训练而受伤，甚至生病。

身体机能问题可以让我们更容易理解，为什么受伤并不总是和疼痛、外伤或疲劳同步出现。==身体损伤，有时候就是没有任何症状的功能障碍。==

身体机能问题是生理结构、化学或者心理和情绪方面出现障碍的过程，它是介于最佳健康状况和某种伤病之间的一种形态。当耐力运动员出现身体机能方面的问题时，标志着他进入了过度训练综合征的第一阶段。

第一阶段：功能性过度训练

过度训练的第一个阶段往往不会出现很明显的问题，而只是一些细微的或临床症状不明显的问题。最明显的无非就是进入平台期或是MAF测试成绩的退步，这表明在有氧能力和无氧能力之间出现了不平衡。其他的变化还包括，心率变异性降低、静息心率升高等。

有意思的是，在过度训练的第一个阶段，经常会出现比赛成绩提高的现象，虽然这是一个很突然、短暂的过程，但还是可能会让人确信一切进展顺利。这个短暂的进步通常只能持续一次比赛，可能是由于自主神经系统失衡导致的交感神经过度活跃,所以暂时提高了肌肉的能力和力量,这时往往也伴随着有氧系统和无氧系统的不平衡。

有氧系统和无氧系统的不平衡可以通过各种测试检查出来,但其中一些测试对于大多数运动员来说是不容易做到的,具体包括呼吸商的评估、唾液皮质醇的测试等。所以,对所有运动员来说,最简单的评估方法是 MAF 测试和心率测试。另外,将最大有氧训练的表现(例如第一公里的 MAF 测试结果)与比赛成绩(例如 10 公里比赛的平均配速)进行比较,就能够发现有氧和无氧的不平衡。如果他们处于过度训练的第一阶段,那么他们在最大有氧心率下的 MAF 测试成绩与他们的比赛成绩会非常不匹配。因为在这一阶段,有氧系统发展得不够充分,而无氧系统又过度活跃。

过度训练的第一阶段往往源于"轻微过度训练",这是很普遍的现象,运动员们会以略微超越自己能力的程度进行训练。这种通过给身体施加生理、化学及心理和情绪的轻微压力以提高成绩的训练手段,是运动员进步的必要过程。研究表明,轻松训练和轻微过度训练之间的灰色地带对运动员提高成绩是有帮助的。但是在没有得到充分休息的情况下,很多运动员继续将自己推到了过度训练的状态。实际上,从轻微过度训练到过度训练是很难进行评估的,但如果 MAF 测试成绩下降,则说明你已经从轻微过度训练的正常状态进入了过度训练的第一阶段。在这个阶段,有些运动员甚至还可能会有一次成绩优异的比赛,而另外一些人可能已经伤得不能再跑了。轻微过度训练的状态需要更多的恢复时间,这时身体如果没有得到足够的恢复,就会进入过度训练的状态。此时,一些微小的功能性失衡都会被放大,经常会发展成疼痛或疲劳,同时还会伴随着静息心率的升高和 MAF 测试成绩的下降。

过度训练的第一阶段往往还会出现另外两个功能性问题:肾上腺功能紊乱和有氧能力下降。疲劳、受伤、睡眠不规律、不正常的饥饿、对甜食和精制碳水化合物的过度需求,以及与肾上腺及有氧能力相关的一些其他问题,都说明运动员已经明显进入了过度训练的第一阶段。此时,有些运动员可能很难减掉身体多余的脂肪,饭后难以入睡,对咖啡因有强烈需求,或是存在一些其他体征和症状。

在过度训练的第一阶段,其他常见问题还包括:

- 腰部、膝盖、脚踝和脚受伤的概率增大。
- 肾上腺激素水平不正常,这一点很典型。皮质醇的测试结果只在白天或晚上的特定时间偏高,其次是睾酮、雌激素和脱氢表雄酮水平偏低。
- 女性会出现闭经,更严重的会出现经前期综合征或绝经的症状。
- 性需求减弱,有时候还会不孕。
- 心理和情绪上有压力,包括轻微的抑郁和焦虑。

如果功能性过度训练的第一阶段没有通过适当的训练以及压力、饮食或其他方面的调整进行纠正,所有的这些征兆、症状和身体机能问题就都会更糟糕,运动员会进入过度训练综合征的第二阶段。

第二阶段:过度训练的交感神经阶段

过度训练的第二阶段开始的时候,很多保健专家和运动员都能够发觉身体已经出问题了。但此时,过度训练的情形已经进一步发展,身体各种系统之间的不平衡更为严重,也变得更不容易治疗。特别是神经系统的交感神经部分已经变得比第一阶段更为活跃,这样就会对有氧系统产生更大的伤害。静息心率和训练心率都会出现很明显的升高,这也使MAF测试结果更差。如果很多运动员规律地测量他们早晨的心率,并且训练的时候都佩戴心率监测仪,他们就会注意到这个变化,心率的升高通常会令他们坐立不安或过于兴奋。

过度训练第二阶段的症状在那些进行了大量无氧训练的运动员身上

体现得更加明显，这些运动员要么训练量过大，要么生活压力过大，或是集各种压力因素于一身。

在过度训练的交感神经阶段，肾上腺功能紊乱和有氧能力下降的趋势会越来越明显，皮质醇随时都有可能会升高到一个异常的水平。在那些特别需要注意力高度集中和手眼协调能力的运动项目中，激素水平的变化会严重影响运动员的发挥。高皮质醇水平也会对生理状态、化学状态及心理和情绪状态产生负面影响，其效果就像让疲惫的身体进行超长时间训练那样，此时，肌肉的不平衡状态会进一步恶化。

高皮质醇水平也会提高胰岛素水平，从而降低脂肪燃烧速度，增加脂肪的存储。虽然在无氧训练的过程中，胰岛素的分泌会受到抑制，但研究表明，高强度的训练能够显著提高胰岛素的反应能力。这样会提高交感神经系统的活动能力，提高身体对碳水化合物的不耐受程度，从而使更多的碳水化合物转化为脂肪，使过度训练综合征变得更为严重。另外，升高的皮质醇水平致使睾酮和脱氢表雄酮的水平降低，而这两种激素却是对肌肉的恢复至关重要的。那些经常在半夜醒来，然后难以入睡的人，一般来说都是皮质醇水平偏高，这是过度训练的另一个表征。

值得庆幸的是，这种激素失衡相对来说是比较容易纠正的，通过饮食和生活方式以及训练和比赛计划的改变就能做到。那些不尊重身体的声音，继续过度训练的人会出现更差的体征和症状，包括成绩的降低，最终发展成慢性损伤。很多运动员持续陷入过度训练的第二阶段长达数月时间，有的甚至数年，有些继续发展到了更严重的程度，进入到了过度训练的第三个阶段。

第三阶段：过度训练的副交感神经阶段

长期的过度训练会导致更严重的大脑、肌肉和新陈代谢的不平衡，这些和长期的肾上腺功能紊乱和有氧功能失效同时作用，最终使身体精疲力竭，很多激素分泌严重不足。例如，肾上腺无法分泌正常水平的皮质醇、脱氢表雄酮、睾酮和其他一些激素，结果就出现了与是第一阶段和第二阶段相反的效果——皮质醇水平低下，这会导致生理、化学及心理和情绪的状况进一步变差。

过度训练的第三阶段的典型特征是缺乏比赛和训练的欲望，感到抑郁，出现严重的伤病，以及呈现出极度疲惫状态。运动员的成绩会显著下降，以至于在这个阶段，很多运动员都认为自己已经被边缘化了，有的甚至就此退役。他们处于长期疲劳的状态，无法进行正常的训练和比赛，很多人还伴随着非常严重的伤病。他们的 MAF 测试结果通常会有明显的退步，训练心率非常高，但也会出现一个异常低的静息心率，因为过于活跃的副交感神经系统降低了静息心率。由于肾上腺激素分泌不足，所以负责调节矿物质和水分的肾上腺激素醛固酮也会分泌不足，这样长期的激素问题会导致钠的流失，运动员会更容易患上低钠血症，这是一个由于钠缺乏而引发的很严重的状况（这个状况在第二阶段也有可能出现）。

处于过度训练第三阶段的运动员会感觉非常不舒服，有些甚至会发展成为慢性疾病，影响心脏、血管或其他部位，这个时候想恢复到之前的最佳训练状态将是一个非常艰巨的任务。

来到我诊所进行治疗的运动员中处于各个过度训练阶段的人都有，而且，我也观察过很多处于这三个阶段的运动员。其中有一位名叫阿尔伯托·萨拉扎（Alberto Salazar）的美国长跑运动员，他的故事就是一个很好的例子。[1]

萨拉扎并不是我的患者，但他的故事被无数的报刊刊登转

---

[1] 2019 年阿尔伯托·萨拉扎被美国反兴奋剂机构指控违反兴奋剂使用条例，并被禁赛四年，该新闻与以下案例的转折充满了戏剧性。——编者注

载过。在三年的时间里，他的表现一直充满着各种惊喜，他入选了1980年的美国奥运会代表队，但由于美国对那次奥运会的抵制，他没能参加莫斯科奥运会。那之后，他于同年完成首马，在纽约马拉松赛上赢得了自己的第一个冠军。三个月后，他创造了美国室内5 000米纪录（13分22秒）。接下来的两年里，他连续赢得纽约马拉松赛冠军，又在1982年赢得了波士顿马拉松的冠军。那一年，他创造了美国5 000米（12分11秒）和10 000米（27分25秒）的纪录。

媒体所报道的萨拉扎超高强度的训练计划令人无比敬畏。我忍不住会想，这种令人难以置信的强度，他可能坚持不了多长时间。在多次观察了他的各种比赛之后，我注意到他的跑姿开始变差了。在那段时间，我见到了萨拉扎的教练比尔·德林杰，他也是俄勒冈大学的田径队教练，曾经三次参加奥运会。我们当时一起在一个训练营里讲课，德林杰邀请我去俄勒冈大学参观学校的训练和设施。

那之后没过多久，我就去拜访了德林杰。在俄勒冈大学的校园和他的家里，我们进行了交流，还一起去了萨拉扎的家。我看到了萨拉扎的训练和饮食的第一手资料。在训练场上，我看到了萨拉扎的1英里间歇跑训练，他用每英里4分20秒的配速跑了5组，中间用90秒的慢跑作为恢复，前后没有任何热身和冷身。训练结束后，萨拉扎喝了两罐汽水，午餐是从汉堡王叫的外卖。

无论是德林杰还是萨拉扎，他们都没有想过要改变，毕竟通过这种训练方法，他们从5 000米到马拉松都获得了令人难以置信的成就。萨拉扎的训练不仅强度大，跑量也非常大，他的周跑量曾达到过320公里。那个时候，他认为跑得越多越好，而且他还频繁参赛。到1983年的时候，萨拉扎的成绩开始下滑，当年的世界田径锦标赛10 000米比赛中，他是最后一名，同年的鹿特丹和福冈马拉松赛上都是第5名。1984年，他代表美国参加洛杉矶奥运会的马拉松赛，只跑了第15名。

疾病和受伤成为萨拉扎的一个长期问题，他一直在寻找导致他成绩下滑的原因。1984年奥运会之后，萨拉扎做了各种恢复的尝试，但他的身体和大脑都不再允许他继续跑步了。有报道称，他甚至开始服用抗抑郁药物以激励自己进行训练。之后，萨拉扎应耐克之邀担任跑步教练。2007年，萨拉扎遭遇了一次严重的心肌梗死。2008年，他由于严重的高血压和脱水再次入院。

应对过度训练综合征，有两个重要的对策。第一个，也是最重要的是，根本不让它发生。这需要通过学习来实现，既要使训练效果最大化，但又不越过那条界线。第二个，如果你已经处于过度训练状态了，那一定要从那个状态中恢复过来。

Q&A

Q 在颇为明智地选择 MAF 训练法的很早之前，我大约每隔几个月就会进行一次时长为 90 分钟的健身训练，每次训练之后，我的身体就像崩溃了一样。不是那种受伤的感觉，而是那种深度的疲劳，就像腿里灌了铅一样。但那已经是以前的事情了，现在，在经历了 6 个月的 MAF 训练之后，谢天谢地，那些症状都消失了。上周，我进行了 5 小时的公路自行车训练，感觉出人意料的好。由于有很多下坡的骑行，所以我的股四头肌在训练之后有肿胀感，但身体的整体感觉相当不错，我休息了 4 天，其间只进行了一次 1 小时的放松骑行。那之后，我的第一次跑步是一次速度非常慢的 45 分钟山地跑。我的腿到现在仍然有一点点疲劳，但我感觉与执行 MAF 训练之前的那种深度疲劳完全不一样。您能否给我解释一下正常疲劳和那种由过度训练引发的不正常疲劳有什么不同？

Q&A

A 其中一个不同就是你已经建立起了良好的有氧基础，这可以帮助你快速地恢复。比如，得到改善的循环系统会给人体提供更多的营养，也会更好地消除代谢产物，得到改善的有氧肌肉功能会更好地支撑关节和肌肉。从本质上说，你过去的不适感其实是一种伤病，不是那种典型意义上的伤病，而是由于你不能迅速恢复造成的，但现在不一样了，你的身体能够快速恢复。恢复过慢其实是化学类型的伤病与有氧系统的不足共同造成的，祝贺你解决了这个问题。与刻苦训练或者长距离山地跑形成的酸痛相比，伤病造成的酸痛通常更疼，持续时间更长，更不容易恢复过来。

过度训练的预防

避免过度训练综合征发生的一个关键是需要观察生物反馈，包括测量静息心率、在最大有氧心率下进行训练，以及进行 MAF 测试。

过度训练是交感神经机制和副交感神经机制这两个自主神经系统的组成部分失衡的一种反应。在失衡的状态下，过度训练在第一阶段和第二阶段分别代表了过多的交感神经活动和减弱的副交感神经活动，而到了第三阶段，则是由于过多的副交感神经活动导致交感神经功能丧失。

我们下面通过一个例子来解释，当自主神经系统出现功能障碍时，也就是当交感神经和副交感神经出现失衡时，身体是如何应对的，而身体的这种反应可以通过监控静息心率被观察到。

大部分运动员都知道，如果清晨的静息心率比平时高，可能意味着出了某些问题，比如潜在的病症、压力过大或过度训练，这是因为交感神经的活动增多了，提升了心率。静息心率的升高往往伴随着训练心率的升高和 MAF 测试成绩的降低。有时候在过度训练的早期阶段，成绩会突然变好，这是一个有趣的现象，原因是交感神经系统过于活跃，暂时加强了肌肉的力量，提高了血糖水平，但这些都是以牺牲身体的全面健康为代价的。

同样，长期处于过度训练的第三阶段与偏低的静息心率也是有关系的，这是由副交感神经的作用以及正常的交感神经功能的丧失导致的。但是，在进行 MAF 测试的时候，这并不会令你跑步或骑行的速度更快，因为你的训练心率依旧很高。

保持自主神经系统的平衡非常关键，在某种平衡状态下，交感神经和副交感神经都可以一直工作，这种平衡状态取决于你是在训练、休息还是跑步。例如，在一个大型比赛之前，运动员们通常都会有些焦虑和紧张，有些人会表现得更严重，这很正常，这就是交感神经系统在为活动做准备；当比赛结束之后，运动员最终安顿下来，准备放松地吃晚餐的时候，交感神经系统就安静了，副交感神经系统这时候处于支配地位。想象一下，如果那种赛前紧张始终伴随着你，你的交感神经系统将一直处于"备战"状态，你就不能得到放松，会处于持续的焦虑和紧张中，过度训练的前两个阶段其实就是这个样子。

MYTHS OF ENDURANCE

女性和过度训练

医学博士科拉林·汤普森（Coralee Thompson）是一名医师、运动员，同时也是全科家庭医生，他曾经说过："过度训练的女性运动员通常都会伴有严重的新陈代谢问题，尤其是激素失衡问题，这个问题最常见的症状是闭经。"最新发表的一项研究显示，40%的铁人三项女运动员都有闭经的历史。其他与经期不正常相关的问题还有月经稀发（一般月经的周期在35～90天），有些年轻的运动员还存在月经初潮（第一个生理周期）迟来的现象。

闭经是运动员可能会出现严重问题的前兆，会对她们现在和未来的身体健康造成影响。激素失衡引发的闭经对训练成绩也是有负面影响的。汤普森博士说："不孕、骨质疏松症、性功能和肾上腺功能障碍等因激素失衡而导致的病症，其风险和危害都是长期的。"

过度训练及其相关的生活方式，特别是饮食的不平衡，都会导致闭经。那些追求完美、训练和比赛强度过高的耐力运动员所面临的风险是最大的。

在上述研究中，60%的研究对象的饮食中热量和营养不足，尤其是蛋白质、健康脂肪和钙质，体重过轻和身体脂肪过少经常都面临热量和营养不足的问题。股部的脂肪存储对女性的身体是非常重要的，特别是髋部、臀部和大腿。有些闭经的女运动员的饮食属于低热量；还有一些闭经的女运动员虽然摄入的总热量与那些月经周期正常的运动员相同，但蛋白质和脂肪的摄入不足（最多的可以少50%），精制碳水化合物摄入量过高（这也是导致闭经的原因之一）。脂肪摄入量减少会阻碍钙质的吸收，最终导致骨质含量总体降低，这就是典型的因脂肪和钙质的摄入量都不足而不断恶化的状况；不过，她们血液中钙的含量通常不会出现太大的问题。

汤普森博士还曾说过："无规律的饮食本身就是一个很复杂的问题，从不良的饮食、节食、低脂饮食，到临床诊断的神经性厌食症和贪食症，涉及的问题非常广泛。激素平衡控制着生殖功能，同时也会被其他的心理因素影响，运动员比赛时的紧张情绪就是一个非常重要的影响因素。"

骨质流失是与闭经相关的最严重的问题之一，也是激素失衡诱发的更严重的一个问题，这其中包括生长激素的减少，因而导致训练效果和恢复都变差。过度训练和比赛促进了应激激素皮质醇的分泌，皮质醇的这种过度分泌"抢占了"女性激素的分泌，从而导致雌激素、睾酮和黄体酮水平降低。这种激素的失衡状态和女性绝经后的状态非常类似，如果年轻时出现这样的状况，身体的骨质和肌肉的损失会持续更长的时间。

骨密度的降低加大了女性运动员发生应力骨折、肌肉问题以及身体疲劳的风险，这对运动员目前和未来的生活都是很严重的问题。骨质流失通常出现在脊柱、臀部、腕关节和脚部。脊柱侧凸（脊柱不正常的弯曲）则是骨质和肌肉问题带来的另一个风险。

骨质疏松症会导致将来出现更严重的生理结构性问题。类似的激素平衡问题在男性中同样也会出现，特别是睾酮的减少同样会致使骨质流失，从而加大骨折的风险。虽然经常在户外训练，但太阳暴露时间不足及维生素 D 水平降低在女运动员中都是非常常见的，这使女性面临更大的骨质流失、肌肉失衡以及其他健康问题的风险。

随着越来越多各年龄段的女性都希望参与激烈的体育活动和比赛，预防过度训练综合征成为最重要的议题。受教练、老师以及知名运动员影响的年轻女性需要了解，摄入充足的健康营养物质、避免垃圾食品和饮料对她们的运动员生涯和身体健康是至关重要的。教练和训练员有责任和义务帮助她们避免产生过度训练的想法，这种想法会影响处于发育期的年轻运动员。当她们意识到自己处于过度训练中的时候，就需要一个全面的方案进行治疗，这包含了健康的饮食和营养、均衡的训练和比赛，以及压力管理，这样才能够顺利地重建运动员的正常激素水平和生理周期。一个健康的运动员自然也就可以在相当长的时间里更好地比赛，并远离伤病。

过度训练的修正

即使是处于过度训练的第一阶段,那些身体上表现出来的明显失衡也应该及时纠正,这样做是为了更好地进行耐力训练。为了解决这一问题,第一步就是要进行正确的评估。这样,治疗和恢复过程才能够得到有效的监控。除了 MAF 测试和心率变异性检查之外,其他的评估也是非常重要的。患者应该回答与情绪、精力、睡眠质量、成绩表现和感染有关的问题,这些方面也会在日后的治疗过程中受到监控,恰当的饮食和压力管理也是恢复的关键要素。

过度训练的修正往往是通过立即重新构建训练计划、调整包括饮食和营养在内的生活方式,以及对各类压力进行调整开始的,以下是可以帮助你的身体同步协调的一些建议。

训练

- 将训练时间减少 50%～70%,如果需要,可以减少得更多。
- 立刻停止所有的无氧训练和比赛。
- 对于过度训练最好的修复方式就是步行。步行能够缓慢地刺激血液循环和有氧肌肉群,对心理也有益处,其功效类似于冥想。步行还有助于重建有氧系统,这是重启训练的第一步。
- 建立或重建有氧基础可能需要花费 3～6 个月时间,在此期间不进行任何无氧训练或比赛。这个时间对于大部分处于第一阶段和第二阶段的运动员来说已经足够用来恢复了,处于第三阶段的运动员需要花费的时间更长。

饮食和营养

- 减少或去除所有提高血糖的食物,这些大部分都是加工过的谷物，例如：大部分面包和面粉制品、所有的糖和含糖食物。减少碳水化合物的总摄取量也是有帮助的，因为高碳水化合物的饮食可能会进一步提高皮质醇的分泌水平。

- 少食多餐有助于控制血糖和皮质醇，尤其是那些有抑郁、疲劳、易饥饿和睡眠质量不高的症状的人群。
- 足够的热量摄取是非常重要的，记住，永远都不要让自己挨饿。所用的菜谱应该包括适量的蛋白质（尤其是鸡蛋和肉类）和健康的脂肪，例如橄榄油、椰子油、牛油果、坚果和种子。
- 过度训练会破坏体内正常的脂肪平衡状态，引起与炎症相关的伤病。请停止某些植物油的摄取，比如大豆油、花生油、红花油、玉米油，这些会引发炎症。二十碳五烯酸（EPA）适用补充品，比如鱼油，有助于减少炎症。如果已经患有严重的炎症，还要避免所有的乳制品脂肪，包括牛奶、奶油、黄油和奶酪。
- 对很多运动员来说，咖啡因的摄入会使过度训练的状态恶化。所以应避免刺激性的饮食，比如咖啡、茶、汽水和巧克力，还要小心含咖啡因的食品和处方药物。有些运动员可以承受少量的咖啡因，但是大部分运动员还是应该完全回避。
- 对营养物的吸收不良在过度训练的运动员身上很常见，这主要是由于压力过大导致的肠道功能欠佳，这在年龄40岁以上的人群中更为普遍。膳食补充品中的盐酸甜菜碱可以改善消化功能，L-谷氨酰胺则可以改善对营养的吸收。

如果严格按照建议去做，运动员通常可以快速地从过度训练中恢复。对处于第一阶段的运动员来说，通过修改训练计划并进行合理的营养和饮食调整，那些症状通常会在两周内就得到很好的缓解，MAF测试结果也会有所改善。

处于过度训练第一阶段和第二阶段的运动员可以通过迅速及时的调整恢复正常，但对于即将参加赛事的人，可能就需要调整或者取消比赛计划，这样才能从过度训练中更彻底地恢复。

运动员如果长期处于过度训练的状态，也就是进入了第三阶段时，即便是已经享受最好的照顾，他们恢复的速度仍然会很慢。他们甚至需要取消整个赛季的比赛，就像他们的身体受了很严重的伤病那样，然后花时间重新建立有氧系统、减少压力、改善营养。这些运动员需要至少6个月的时间，有时候甚至一两年后才能重新开始比赛。

A

THE BIG BOOK OF ENDURANCE TRAINING AND RACING

第二部分
提高耐力水平

> 耐力训练中最真实的"秘密",就是定制自己的训练计划和恢复计划。
>
> ——菲利普·马费通博士

ENDURANCE TRAINING

RACING

09

量身定制你的训练计划

THE BIG BOOK OF ENDURANCE
TRAINING AND RACING

比赛空闲期　　记录心率
　　　　　　　　　　　夏训
恢复计划　　　冬训
铁人三项训练表　少意味着成功
训练日志　　休息日
　　训练量　　交叉训练

很多职业运动员都能够从训练和比赛中得到报酬，相比之下，绝大部分业余耐力运动员的目标是在自己的年龄组里提高自己的排名，为此他们严格执行着与职业运动员几乎相同的训练计划，为自己热爱的项目付出几乎同样的努力。正因为如此，他们需要把训练和比赛计划合理地融入自己的工作、家庭和各种社会责任之中。

如果你是一名严肃的业余运动员，或是一名没有得到高额赞助的职业运动员，你就需要合理地设计自己的训练计划，这样有助于你在耐力比赛中取得最佳成绩。训练中最重要，也是最容易被忽视的一个方面就是，合理地定制自己的训练计划和恢复计划，这也是耐力训练中最真实的"秘密"。在这里，定制的意义是使自己的训练更个性化，更匹配个人实际情况。

你训练的最重要的目的是培养在没有伤病的情况下成功完成比赛的能力，这时，你每天的训练计划就已经成为第二重要的事情了，你也不应该再纠结于精细到分钟的训练时间。

训练日志

我们每个人的心中都存留着一些愿意与别人分享的重要故事。如果我们保持写训练日志的习惯，那么很多重要的经历就会被记录下来了。像很多其他人的经历一样，关于将要发生的事情，你经常会有很好的想法，比如：现在是增加无氧训练的恰当时间点吗？自己已经准备好参加比赛了吗？自己的精力是否仍然旺盛？

你的日志应该包括有关训练的所有内容，从每一次训练的时间和心率，到你当天训练使用的赛道和运动的距离。你还可以提及天气状况、自己的感觉，以及你的恐惧和梦想。更重要的是，你的日志应该包括记录 MAF 测试结果的图表，它会清楚整齐地呈现出这些数据，让人一眼就能够看出你最近几个月的进步。这样，当你回顾过去几个月的日志，就可以更客观地评估自己的进步。如果训练体现出连贯性，训练的用时呈逐渐增加的趋势，就说明身体的竞技状态在逐渐提升。最后，记得在日志中写下自己的目标。

一般来说，大部分的运动员都会记录训练的距离和配速，例如，跑步 8 公里，平均每公里配速 5 分 10 秒，或者骑行 48 公里，平均时速 35 公里。当然，如果能着重记录一下总用时和心率就更好了，原因如下：

1. 如果单纯记录距离，那么当有氧速度提高之后，总体的训练量会逐渐减少。这样导致的结果就是，完成同样的距离所需要的时间减少了。
2. 如果单纯记录距离，一些运动员在完成每周固定的里程任务时会感到压力。他们会把自己的训练量与其他运动员、训练伙伴、自己年轻时的训练量进行对比，甚至会与一些体育杂志文章中"推荐"的训练量进行比较。心率是比距离更有用的参数，因为它涉及的是运动的质量而不是数量。

训练量

或许，本节更恰当的题目应该是"训练越少，收获越多"，这句话的意思是，对于那些还肩负其他责任的中级水平的业余运动员来说，训练得越少，往往比那些堆跑量和训练时间的运动员比赛成绩更好。

虽然在自己的职业生涯中，我曾经和各个项目的职业运动员都一起工作过，但我帮助的大部分运动员都不是职业运动员。他们的经历告诉我，即便你有一份全职的工作，拥有家庭以及其他责任，你仍然可以在一个非常高的水准上进行训练和比赛。但是你不能期望投入与职业运动员相同的训练时间和训练距离，你也不需要那么做。实际上，很多职业运动员在训练上投入的时间远没有你想象的多。

很多时候，我发现，如果某一个运动员某一周的训练时间减少，那么他们身体的恢复效果就会更好，而且压力也比较小，这样有助于在建立有氧基础时提高效率。这样，当赛季来临的时候，他们会感觉精神饱满、准备充足。

卡拉曾是我的一名患者，她是一名快 40 岁的铁人三项运动员，在同年龄段运动员中排名中等，她希望能够提高自己的成绩。当时她已经进行了 4 年的训练，成绩一直在退步，她开始努力寻找更好的解决方案。在看完我早期出版的一本书之后，她就严格按照书中的训练计划训练，只有一件事情除外——她平均每周训练 18 小时。但卡拉实际上并没有那么多时间，她只能努力挤出时间进行训练。她从事的是一份兼职工作，家里还有两个年幼的孩子，所以她早晨会很早起床，然后晚上熬夜到很晚来完成工作。对于卡拉来说，这意味着睡眠不足和恢复不充分。最初几个月，她的 MAF 测试成绩有所提高，但之后，她就开始感到非常疲劳，同时伴随着腰部和膝盖的不舒服。

深秋的时候，卡拉来到我的诊所寻求帮助。最初我给她的建议是减少训练时间，每周训练大约 12 小时，这是训练计划中唯一需要做出调整的部分，她在训练的其他方面都已经做得很正确了。在第二年的夏季赛季中的 9 场比赛中，卡拉有 8 场都创造了个人最好成绩，其中有 4 场比赛进入自己年龄组的前五名。

训练周期

为自己的训练和比赛做出计划，为比赛设定目标，这些固然重要，但也不能太过机械。一般来说，我们把 12 个月作为一个周期，其中包含 1～2 个基础训练阶段，以及 1～2 个比赛季。例如：在北美，由于天气的原因，大部分比赛都放在春季和秋季；冬季一般用来建立有氧基础；夏季的高温会给人造成很大的压力，可以作为一个恢复的时机，进行一些轻松的训练，巩固自己的有氧基础；秋季一般会有非常多的比赛，赛季的结束是在 12 月份，那之后，漫长的有氧基础训练又要开始了。

训练周期通常可以根据自身的情况进行相应的调整，例如，如果突发的工作安排影响了你的训练，或者一次意外的自行车碰撞事故减慢了你的有氧基础的建立速度，你应该做出相应的调整。如果你的 MAF 测试出乎意料的好，或者因为饮食的问题没有出现预期的进步，你都应该很从容地做出相应的调整。

你应该在每年刚入冬的时候制定未来一年的训练计划，这个时间点对你来说非常重要。你还可以专门针对某一个重要的赛事做出计划。

Q&A

Q 一个潮湿的周日下午，我在暴雨中缓慢地独自跑步。我知道绝大多数人的想法都会是"待在家里"，但我仍然边跑边庆幸自己决定出来跑 45 分钟。就在这时，一个跑者突然从迷雾中出现，闪电般从我身边

Q&A 超了过去。我最初的想法是加速，跟上他，但另一个念头马上冒了出来："没必要吧？"所以，我保持了自己缓慢的有氧配速，看着他一点点从我视线中消失。我的问题是："我们的大脑中是否真的存在竞争的基因？为什么有些人比其他人更好斗？他们能否改变自己的想法和感觉，被教育和训练成为耐力运动员？或者这根本就是他们与生俱来的天性？"我还有一个训练伙伴，在骑行训练时从来不能容忍任何人——无论是陌生人还是朋友——超越他，他就是拼死也一定要确保自己永远率先到达终点。

A 我认为，竞争只有两种形式。一种是健康的竞争，以一个合理的方法为基础。首先我们需要有一个伟大的训练计划，在这个计划中，我们只与自己竞争，而不是其他任何人，最终的目标是为了达到更好的竞技状态。另一种是比赛中的竞争，这仍然是与我们自己的竞争，但客观上对其他人是一种促进。健康的竞争有赖于大脑在训练和比赛过程中对生理、化学和心理方面的因素进行的平衡。

然而，不健康的竞争更常见，这种竞争基于"无伤痛，不收获"的理念，热情取代了逻辑思维和普遍共识。在这种不健康竞争中，我们不能接受其他人的竞技状态比自己好，甚至以为自己旋转一个开关就能立即加速超过前面的对手，我们陷入了一种愤怒的状态。这已经不是比赛了，而是一种癫狂，就像是中学里那些横行霸道的学生，随时准备动手打架。作为成熟的成年人，我们应该更加理性。作为智慧型耐力运动员，我们希望自己的身体能够实现最好的结果，这一切需要精心计划的策略作为保障，而各种情绪需要大脑进行平衡。

人类不仅仅天生好斗，也是天生的胜利者，所以我们作为一个种群才会进化到今天。简而言之，我们都拥有内置的竞争基因，但是只有那些控制力强的人才能获得最大的成功。就像生活的其他方面一样，只有在训练和比赛中实现自我控制，才能使我们成为更好的运动员。

更少意味着成功

很多年以来，研究者一直都知道运动员的训练量有一个极限值，一旦超越了那个极限值，训练就会对运动员的成绩起负面作用。很多研究显示，相较于训练量比较多的运动员，训练量比较少的运动员可以和他们有同样的表现，有时候甚至会更好。运动员通过训练提升自己的身体能力，这种提升的绝大部分大约都发生在训练周期的前10周。

比如，你的赛季在11月结束，然后从12月到4月中旬建立有氧基础，在训练最初的几个月里，大脑、肌肉和新陈代谢等方面都会通过训练得到提升，而且这种提升很容易保持下来。这之后，你可以减少总体的训练时间，以便为无氧训练和比赛留出时间和精力。到了7月初的比赛空闲期，由于没有无氧训练和比赛的压力，你可以在剩余的夏季时间里再次缓慢地增加有氧训练，直到9月中旬赛季开始，再停止有氧训练，开始无氧训练和比赛。

当然，所有这些规划都要建立在个人需求和自身条件基础之上，有些运动员不进行无氧训练，而是在基础训练的末期开始参加一些短距离的赛事，然后再正式开始新的赛季。还有一些运动员如果夏训时气温过高，就不会增加户外训练的时间。

MY PERSPECTIVE
MAF 名人评测

运动，作为一种生活方式

蔻蕊丽·汤普森博士

蔻蕊丽·汤普森（Coralee Thompson）博士在全世界进行演讲，她针对神经迟缓儿童的研究非常著名，也是《健康的大脑，健康的孩子》（Healthy Brains, Healthy Children）一书的作者。

我自小在爱达荷州的一个小农场长大，所以对各种体力劳动及运动一点儿也不陌生，比如：换喷水管、打包收获的苜蓿、人工耕地、无鞍骑马，以及在灌溉渠里游泳。我会勉强参加那些必须上的体育课，但并不喜欢和小伙伴们一起活动，因为我觉得自己体形过于高瘦，差不多在每项体育运动中都是最慢的那个人，这让我觉得很尴尬。直到上了大学，我才发现自己与生俱来的水性和游泳速度。我当时的两臂伸展的距离达到了 1.83 米，我很快就意识到游泳对我来说是一件多么轻松的事情，而且我也游得很快。

我对绝大多数的比赛都已经印象不深了，只有两次除外。一次是学院之间的对抗赛，当时我 18 岁，参加了全部 6 个项目的比赛，并且都取得了冠军。它们分别是 100 米自由泳、100 米蛙泳、100 米仰泳、100 米蝶泳、500 米自由泳和 500 米仰泳。另一次是在埃及开罗举行的老将游泳比赛，那时我 33 岁，再一次取得了参加的所有项目的冠军。在那个短暂的瞬间，我曾经想过，该不该多参加一些这种刺激的纯竞技性比赛，但最终还是选择了把体育运动作为一种爱好，这样可以让我好好照顾我处于成长期的儿子，多关注他们的健康和体育能力。

作为一名内科医生，同时也是一位母亲，我从未向我的儿子们特别推荐过什么体育运动，而是身体力行地每天与他们一起锻炼。

从 6 岁到 13 岁，每年秋天他们都会参加学校组织的三项赛：400 米游泳、10 公里自行车和 5 公里跑步。一整年中，我们都会坚持每周 2～3 次的游泳和至少 4 次的跑步，这些训练始终都是缓慢而轻松的，跑步的时候，孩子们会佩戴心率监测仪以确保他们的心率每分钟不超过 165 下。我们一起训练的时候非常开心，也能体会到运动带来的正面效果。他们从学校一放学，我们就开始一起在公园小路上骑自行车，同时逐渐增加连续骑行的距离。

在铁人三项赛前的两个月，我们把两项不同的运动组合在一起，比如跑步和游泳，最困难的一种组合是在骑行之后进行跑步，无论我们的骑行有多轻松，刚开始跑步的时候，都会感觉腿像果冻一样。在铁人三项赛前的一个月，每一天的训练都会包含两种训练组合。距离比赛两周时，我们会进行一次模拟比赛。无论是对于孩子、老师还是父母，每一次的铁人三项赛都是一次非常愉悦的体验。当结束自己的赛事之后，每个孩子都会陪着年龄更小的同学一起跑，直到每个人都完成比赛。小学毕业之后，我儿子还会回学校，和那些更年轻的铁人三项运动员一起训练，并一直鼓励他们。作为父母，让我最满意的事情并不是铁人三项赛的结果，而是我们能够一直在一起运动。

在某一个学年，我们家来了一个来自日本的交换生，名叫中原，他当时 13 岁。从三件与众不同的事情上，我能够看出他对自己的严格要求：第一，他每天都在地下室拉 2～4 小时的小提琴；第二，他几乎不吃加工过的食物；第三，他每周有 6 天都在非常认真地跑步。出于好奇，我对他日常的跑步进行了观察。他通常都是缓慢走出前门，看一下自己的手表，以小步幅开始跑步，然后慢慢加快速度、加大步幅；大约 15 分钟以后，他会以一个非常轻松的速度从拐角处跑过来，并经过我们的房子，每经过一次，他都会加快速度，但是看起来依旧很舒服和放松；大约绕行 5 圈之后（8 公里多），他开始变跑为走，并时不时地观察手表。周末时，他会在外面跑大概 2 小时，然后回到家里，他那种轻松的状态就像只是绕着街区走了一大圈似的。他偶尔会很骄傲但不失谦逊地告诉我，他又刷新了自己的最好成绩，比如最快的一公里只用了 4 分钟。我很欣赏他的训练方法，有一天，他给我看了他的训练"圣经"，那是一本日文书，书名是《MAF 训练法》。从那之后，我也开始接受马费通博士的建议——活到老，学到老。

现在，我的两个儿子都长大了，但每次他们来看我，我们还是会一起去徒步，这就是一种生活方式。

THE BIG BOOK OF ENDURANCE TRAINING AND RACING

尽管已有证据表明，略微减少训练会带来更多的好处，但大运动量所导致的过度训练依旧很普遍。如果你只针对某一项运动进行训练，你的训练计划往往要比全能运动员轻松。单项运动员一般每天只进行一次训练，进行这次训练的最佳时间其实取决于对训练无关的那些事情的安排，而不是层出不穷、时常更新的训练理论。也就是说，你何时进行训练取决于你何时需要去上班，以及你必须去完成的其他事务。对于很多跑者来说，晨跑是最合适的选择，而其他项目的运动员通常都会有一些局限性，游泳运动员需要考虑泳池开放的时间，自行车和滑雪运动员需要考虑天气因素。我通常会建议单项运动员每周进行 1～3 次其他运动项目的训练。正如本书之前提到的，只要你进行的是有氧训练，并且能够恰当地融入训练计划之中，交叉训练是有益处的，尤其是对大脑和神经系统。

如果你是一名全能运动员，你的训练安排会更繁忙一些，但这也不意味着你需要每天训练每一个项目。不过，很多耐力运动员一直在努力这样做，从而经常给自己带来伤害。

让我们一起来看看杰的例子，他非常热爱铁人三项运动，但他已经陷入过度训练的循环中三年时间了。他会尽最大努力更多地训练每一项运动：早晨 5 点钟就开始跑步，中午游泳，然后傍晚时骑自行车。但是，杰有自己的生意，他每天从早晨

7点工作到晚上9点，他还有家庭。这样的时间安排每周都要重复5天，周二和周四他还要预留出来时间分别进行长距离的骑行和跑步，这的确非常累人。杰经常感觉非常疲惫，每隔几个月都会因为生病需要彻底休息一周左右。当他感觉稍微好一些的时候，他又会如此安排自己的工作和训练，这种恶性循环一直在持续。后来，杰向我寻求帮助。

根据杰的需求，我结合我的训练方案为他量体裁衣，并告诉他如何跑得更好、更健康。然而，他无法理解，如果没有高强度的训练，一个人的成绩如何得到提高；他还提到，所有成功的铁人三项运动员都是那样训练的，我向他保证事实并不是他想的那样。不幸的是，杰对我的方案并不认同，他再也没有来过我的办公室。通过一个很偶然的机会，我们在一次比赛中相遇了。多年以来，他的成绩一直没有任何提高，而且还经常受伤。

如果你是一名全能运动员，每项运动每周至少训练三次，那么这个训练计划就已经非常有效了，而且很多时候还不需要这么大的训练量。如果可能，可以将这些项目分散安排，这样就可以不用连续两天从事同一个项目的训练了。例如，你可以如表9-1所示的这样做。

表9-1 铁人三项训练表

	星期一	星期二	星期三	星期四	星期五	星期六	星期日
游泳	√		√			√	
自行车		√		√			√
跑步	√			√			√

休息日

大家应该注意到了表9-1中的时间表没有给周五安排任何训练，周五是一周忙碌工作日的结束，也是一个繁忙训练周末的开始，所以它是一个极佳的"空当日"。如果你想称其为"休息日"或"恢复日"，也非常合适。有时候，"空当"这个词指的是什么都不做，但实质上这些休息日是训练公式中重要的一部分。这一点我之所以在本书中多次提及，是因为它的确至关重要。

训练 = 运动 + 休息

对于大部分运动员来说，周末的训练时间更长，包括周六的骑行和周日的长跑；或者你可以将两项运动结合在一起进行一个更长时间的训练，比如两小时的骑行之后加上一个 45 分钟的跑步。在寒冷天气中，最好的训练方式是一小时的骑行台训练或器械训练之后立刻进行游泳训练。这种组合不仅可以让训练时间更长，还可以帮助你模拟比赛项目的转换，这样你的身体也会越来越适应从一个项目转换到另一个项目时所承受的压力。

我总是建议每周至少有一天休息以帮助恢复，而在赛季期间，即使训练减少，你也不用担心状态下降，所以这期间最重要的就是恢复。实际上在赛季中，每周休息两天会更好，因为此时从训练和比赛中得到的无氧刺激会增加。如果周末是你训练最繁忙的时间或者周末有比赛的话，休息日最好是放在周末之前。另一个合适的休息日是周一，由于周末运动量很大，所以周一需要用来恢复能量。你也可以给周一安排小运动量，周五用来休息，周末上大运动量。

在选择休息日和放松日的时候，也要考虑到工作的压力问题。周一往往工作最繁忙，这一天就不要训练了。

季节性压力也是一个影响因素，如果你自己做生意，而且最繁忙的时间是在秋季，那就在最繁忙的时间到来之前结束比赛。

另一个可以用来放松的重要时间是在训练和赛季快要结束的时候，

对有些运动员来说，这段时间应该是 11 月或 12 月。在这段时间，我建议休息 2～3 周时间，如果需要，还可以休息得更多。阶段性的休息对身体是有帮助的，精神上的放松也同样重要，在这段时间里，让你的身体彻底放松，做愿意做的事情，比如慢跑、徒步或者散步。或许，对有些运动员来说，一周内什么也不做效果更好。或者，你也可以不要每天都训练，而是隔一天进行短暂、放松的训练，以此来获得放松。

ENDURANCE TRAINING

RACING

10

做好准备，迎接比赛

THE BIG BOOK OF ENDURANCE
TRAINING AND RACING

身体准备 & 心理准备　　比赛策略

体重

训练越慢，比赛越快　　步幅

脱水　　赛前减量期

体脂　　定制你的赛季

10

做好准备，迎接比赛

对大多数耐力运动员来说，所有的努力最终都是为了一件事情：比赛。比赛不仅会带来荣誉和乐趣，更是一个很有价值的学习过程，这对你以后的发展会有很大帮助。比赛是检验你所有训练理念和自我约束能力的顶峰时刻，也是你所有辛苦努力的最后结果。当然，对很多运动员来说，比赛也可能是令人失望的时刻。为什么会这样呢？让我们一起来看看有哪些可能的原因吧。

我参加比赛的第一个原则是做好计划，这应该包含在 12 个月的训练计划中。对于参加哪些赛事，很多运动员都有多种选择，随着耐力型赛事的增加，一年中的任何时候在任何地方都会有比赛。不要仅仅因为现在正好是 4 月（或是随便哪个月份），你就必须去参加比赛，除非有必须参加的赛事，或者你已经签订合约必须参加某场比赛。不要让日历控制你的比赛计划，除非你必须在那个时候参赛，因为你身体的状态不是在任何时候都适合比赛的。如果你想在一年中某个特定时间进行比赛，一定要确保做好充足的准备，有足够的时间建立有氧基础。如果你在开始训练的早期就进行比赛，或是在赛季中参赛过于频繁，那可能会变成一个令人沮丧和失望的经历。为了比赛的成功，有三项重要的任务必须执行：准备、执行和恢复。

准　备

==比赛的诸多环节中，最重要的一点是，了解自己的身体是否做好了比赛的准备。==你不仅要将赛季作为一个整体来通盘考虑，也要具体到每一场比赛。为了给自己确定理想的赛季开始时间，最有效的方法是通过MAF测试来评估自己的身体，这个测试的结果会显示出你的有氧能力的状况。==建立有氧基础是训练中最重要的部分，也是决定比赛结果最有意义的因素。==所以，在训练开始之前，要确保安排足够的时间让身体建立起尽可能坚实的有氧基础。有氧速度的提高和正常出现的平台期说明，在有氧基础的建立阶段，你的训练已经取得了最佳效果，这时候是开始比赛的最佳时机。如果你参加的是一个短距离比赛，也可以把它视为无氧训练。

对耐力运动员来说，理想的比赛准备方法是先建立一个有效的有氧基础，然后开始比赛。当你的身体开始需要一些无氧刺激时，就让早期的比赛来满足这些需求吧。

赛前减量期

在比赛之前的一段特定时间内减少训练量或强度，抑或两者都减少，这个过程被称为赛前减量期。这样做的最大益处就是会提高恢复能力，由此可以改善大脑、肌肉和新陈代谢的功能，赛前减量期的最终目的是提高比赛成绩。

最佳的赛前减量期要根据每个运动员的个体情况、训练量和训练强度，以及全面健康状况来决定。全面健康状况好的运动员有可能都不需要减少训练，因为他们从日常训练中就可以得到很好的恢复了。

减量通常被认为应该在大型比赛之前进行，比如铁人三项赛或者马拉松。但是，在赛季开始的早期进行减量也是非常有效的。一般来说，减量从赛前 2～4 周开始，视比赛重要程度和你个人感受而定。如果你感觉比平时更疲惫，或者那之前曾经得过感冒、流感、受过其他感染，或者被某种伤病困扰，那么你可以延长减量期以确保更好的恢复，这样还可以帮助身体纠正不平衡。这个时候，保持肌肉平衡非常重要，否则它将会成为一个麻烦。

减量期也可以很短，比如在较短距离的比赛开始前休息一两天，在这段时间里，很多运动员可能会有些焦虑，特别是在赛季第一场比赛之前，或是在一场非常重要的比赛之前。如果是这样，那么在赛前的两天里进行一些放松的散步是比较理想的选择。

如果赛前的减量期较长，则应采用逐步减量的方式，比如从 50% 开始逐渐减掉 70%，离比赛时间越接近，训练量越少。你还可以在此期间再安排一些休息日，比如在两周的赛前减量期内，每周 1～2 天不训练，赛前 1～2 天休息，休息日可以进行一些步行，这也是非常有益处的。另外，赛前减量期的训练中应减少甚至完全放弃无氧训练，每周有 1～2 次的下坡跑或者骑行台训练就够了，这样可以帮助大脑和肌肉保持敏捷度。

在减量期内，你不必担心自己的竞技状态会受到影响，实际上这段时间里，你的肌肉力量是在增强的，而且 MAF 的测试成绩也不会降低。赛前减量的另一个好处是，充分的休息可以改善大腿的力量；有研究发现，经过充分的休息游泳者手臂的力量得到了提高。还有一个好处是，乳酸的代谢能力会得到增强，比赛一开始，这一能力就会显现出来。

很多运动员担心在休息的这段时间内，他们的竞技状态会变差，但赛前减量并不意味着完全中止训练。即使不进行训练，在 1～2 周时间内，耐力反而会得到增加。尽管在减量期间，训练量减少了 50%～70%，但实际情况是，运动员不仅会保持竞技状态，而且会有所提升，因为经过减量，身体得到了更好的恢复，身体的各项机能也得到了提升。

赛前需要关注的其他因素

除了做好准备和赛前减量，赛前还有其他一些因素需要考虑。

心率

静息心率是非常经典而又值得信赖的生物反馈参数，几十年来一直被用于评估身体状态。在训练期间，静息心率通常都比较低，这说明心脏的工作效率比较高，如果你患了感冒或受到其他隐形压力的影响，你的静息心率就会提高，因为心跳加快反映出压力的存在。越临近赛季，你的静息心率应该越接近最低心率水平。当然，静息心率并不是用来衡量身体状况的唯一指标，那样的话反而会误导你。恰当的例子就是，在过度训练的第三阶段，静息心率也会降低，你看起来好像一切正常，如果只关注静息心率，没有综合考虑其他的因素，比如你的感觉、伤病恢复情况，特别是 MAF 测试结果，就会很容易被误导。

体重和体脂

体重和体脂都是运动员普遍关注的问题，也是比赛准备期非常重要的环节。很多人会在休息日阶段体重增加，这可能是因为训练量减少、饮食不合理，或者两个因素都有。

体重和体脂之所以对比赛很重要，有以下三个重要的原因：

第一，如果相对于你的身高，你的体重过重，那么会减慢你的速度，因为那样会受更大的重力的影响，还需要消耗更多的氧气；但是这并不意味着你越瘦，跑得就越快。就像生活中的很多事情，任何极端都是危险的。

第二，如果你太瘦了，你的肌肉组织可能就会减少，比赛时所能调动的肌肉也会减少。而且，如果储存的脂肪不够，你的新陈代谢系统和缓冲组织都会受到损害，这对运动表现和健康都会起到负面作用。缓冲组织的作用是在跑步的时候防止脚部骨头受到伤害，骑行的时候防止骨盆受到伤害，甚至会保护器官和腺体，它们都依靠脂肪垫来支撑。

第三，脂肪过多或脂肪过少的运动员通常都会有肌肉失衡的问题。换句话说，脂肪过多或过少会导致竞技状态和健康状况变差，从而导致肌肉失衡，而肌肉失衡会对比赛表现产生负面影响，甚至导致受伤。

最理想的状态当然是不增加体重，或者在冬天不增加脂肪。这需要你有一个有效的计划，使体重和脂肪量下降到正常的健康水平。

心理准备

随着你将训练日志逐渐填满，你从训练中获得的成就感也应该同样充实。在这个过程中，要关注自己的感受。例如，随着骑行距离的加长，你仍然能从这项运动中感受到乐趣吗？长距离的跑步训练是否仍然能够带给你心理上的正能量？有了这些判断，你会很容易知道自己是否做好了比赛的准备。

另外，还有一点更主观的因素——你的直觉。大脑的状态，也就是你的心理情绪的状态，对比赛起着巨大的作用。这种状态反映的是大脑和身体之间的联系，以及全面健康状态。你从训练中获取的好处不应该仅仅是竞技状态越来越好，还应该越来越健康。

赛前训练和需要避免的错误

对任何一个要参加比赛的人来说，一个很重要的部分是赛前的行程安排，也就是你在比赛前的那几天的生活方式。比如今天是周四，你在为周日的马拉松比赛做准备，你接下来几天的生活习惯会对比赛日的表现和赛后的恢复产生巨大的影响。

有时候，非常微小的压力都会对比赛产生严重的影响，所以要格外留意那个最重要的压力，并做出相应的调整，这样可以帮助你在比赛日更高效且更愉悦。

1. 运动员在赛前最常见的营养缺失就是缺水，脱水的情况会随着赛前压力的增大而变得严重，尤其是在炎热干燥的季节。运动员在赛前几天很容易出现补水不足的问题，而保持水分的最佳方法是"少喝多饮"，即增加喝水的次数，但每次喝少量的水。你可以随身携带一瓶水，从早到晚一直喝，大概每次 100～200 毫升，但不要想起来才喝，也不要一次喝大量的水。

2. 如果可能的话，可以只维持最低限度的训练，无论是训练时间还是训练强度。在比赛前，尤其是临近比赛的那几天，关于训练的最佳原则是"越少越好"，最后这几天的训练不会带给你任何的益处，反而会增加压力，对比赛发挥产生负面影响。如果你觉得太少的运动量会让你全身僵硬并且紧张，你想保持松弛和放松的状态，那么步行是最好的选择。在赛前的一两天内，你应该彻底放弃训练，采用步行让自己保持放松的状态。

3. 大部分运动员会评估肌肉的力量，但他们往往低估了精神的力量，其实你可以训练自己的精神，就像训练自己的肌肉一样。你可以在赛前用大脑对某些有可能产生压力的活动进行控制，也就是换个角度去想问题。对比赛持有的悲观想法可以在现实的预期下转换为乐观的想法。虽然一些思维惯性、过往的经历（你个人的和其他人的）以及不好的记忆会对你产生负面的影响，但你可以尝试控制自己的想法。记住，你来比赛是为了寻找快乐，这样才能够表现出最好的自己。

4. 保持平时的健康饮食习惯和尽量相同的作息时间。赛前一天的晚餐时间不要太晚，也不要摄入平时不常吃的食物，最好别喝酒精饮料。请记住，身体不喜欢太多的改变。

5. 要遵循那些已经证明对自己行之有效的日程安排，当然前提是这个安排是合理、健康的。如果你还不确定什么是对你有效的，那就要多留意自己的身体，不要只是盲目地复制别人的方法。在赛前和赛事过程中避免尝试使用新的设备、鞋子、饮品和食物，这些可以在训练期间尝试。

6. 在比赛当天的早晨热身。根据参赛距离和项目，可以选择用步行或其他方式让自己的身体提前热起来，但注意强度一定要低。如果你参加的是短距离项目比赛，而且在赛前已建立了足够强大的有氧基础，那么你可以做一个 20～30 分钟的热身。但不管是什么项目，都至少需要 15 分钟的热身。

7. 比赛当天的早餐一定要适合自己，具体情况你可以在之前通过尝试不同种类的早餐来确定。比如，通过一次非常艰苦的训练或一场不是特别重要的比赛，来确定哪种早餐是最好的。一定要避免在早餐中摄入糖分太高的食物和饮品，因为这些东西会对比赛期间的燃脂过程产生负面影响，使你的耐力降低。

Q&A

为什么某些耐力运动员（我想的是马克·艾伦在夏威夷铁人三项世锦赛的辉煌时代）能够比他们的对手更好地处理压力？为什么他们在比赛前一天显得那么轻松和平静，或者他们只是善于隐藏赛前焦虑？而其他人，就像是一个筐，里面装满了紧张、压力和焦虑。

运动员们处理压力的能力有一部分与他们的自信有关，他们知道自己的训练完成得很好，他们的自我感觉也很好，然后这种情绪一直持续到比赛前。有些运动员在之前的比赛中吃过压力过大的亏，这种教训使他们有意识地进行赛前调整。但即使是马克·艾伦，赛前也会紧张，只是由于他拥有强大的专注度，别人看不出来罢了。而其他人并不善于控制自己的压力，不仅是在比赛的过程中，甚至是在人生的各个环节上；比赛日，他们站在起点，看上去疲惫得像是刚刚比完了第一场，现在准备开始第二场一样。

比赛策略

无论你参加的是 5 公里路跑还是马拉松，对大多数比赛而言，首要的原则就是开始的时候不要跑得太快。如果出发时太快，你的身体会被迫消耗更多的糖分，你就会面临糖原储备提早耗尽的风险，这样会导致脂肪燃烧的效率变低。最实际的比赛策略是，出发时采用自己舒服的配速，可以比计划中的全程配速稍微快一点。你需要控制自己的速度，不要试图跟上那些超到你前面的人群，他们中的大部分人在起跑时都太用力了，不必担心，你会在后面的比赛中追上他们的。当然，这个方法并不是适用于所有项目，比如在自行车比赛中，你可以一开始就快，但前提是你必须好好热身。对于有些比赛，比如超级马拉松，在比赛的开始阶段跑得慢一些效果会更好，这样你在后面比赛中的速度会更稳定，而且在终点冲刺的时候也会更有力量。

比赛的另一个重要组成部分就是学会如何让自己放轻松。任何比赛的出发时刻都会让人因为紧张而焦虑，有人甚至只要想到自己站在那里等待出发的场景，心率都会提高，精神都会紧张，呼吸也会变得快速而急促。虽然这种情绪对比赛很重要，但如果过多，就是大脑的反应过度，会浪费不必要的能量。

从进入出发区域等待出发开始，你就应该把精力集中在自己的呼吸和放松上。如果你能够成功地做到这些，你就会得到一个很好的状态，你的肌肉会平衡，心率会保持在一个较低的水平，你的整体表现都会得到改善，总之所有环节都会变得更有效率。如果你觉得比赛那天自己需要一些更明确的指示，可以把"呼吸"和"放松"这两个词写在手上或者胳膊上，这样你轻易就可以看到。

另一个正确而重要的策略就是在比赛当天避免心率达到峰值。你需要佩戴心率监测仪才能确保这一点，除非你非常有经验，对自己的身体熟悉到可以感知心率的程度。当你爬升或加速时，心率就会加快，有时候还非常明显。例如，你正以150的平均心率在公路上骑行，当突然开始爬一个陡坡时，你的心率可能升至170、180，甚至可能达到最大心率。如果是短距离比赛，这不会有太大问题；但如果是个长距离的比赛，这可能会对你的能量体系产生一个破坏性的影响，因为这个过程消耗了太多的糖分和糖原。如果这种状况发生在一个长距离比赛的早期阶段，即使这场比赛只有一两小时，你也会面临在后面的比赛中能量耗尽的风险。不过，这并不意味着你只能任由后面的一大群运动员将你超越，然后消失于视野，也不意味着你每一次上坡的时候都要慢得像爬行一样。如果你已经建立起一个足够坚实的有氧速度，你就可以用一个很好的速度进行爬坡，而不必让心率上升到最大值。在有些比赛中，比如跑步或奥运会距离的铁人三项赛，你可以让后面离你很近的运动员超越你，只要你的有氧能力足够强，在比赛的后半程不需要花太大的力气就可以实现反超。但是在一些长距离的比赛中，比如大铁，你应该以自己的最大有氧心率骑行，并且在整个自行车环节中都不要超过这个心率，这一点很重要。只有这样才能节约足够的能量，供最后一个阶段的全程马拉松使用。

对于跑步运动员来说，比赛期间不必要的能量损失很多都是因为步幅过大造成的。很多运动员都有一个习惯，当他们越累的时候，就越会迈大步，好像这样他们就可以用同样的能量跑得更远。但事实上，当你步幅越大，身体消耗的能量就越多，这从升高的心率就能看出来。我的建议是，让大脑和身体能量的水平对步幅的长度进行自动控制，而不是通过自己的想象来确定。

参赛运动员在比赛期间或赛前出现的另一个常见问题是，他们会临时改变计划。我把这种情况称为"最后一分钟试验"，而运动员成了自己的试验品。有些运动员甚至在比赛的过程中改变自己的常规安排。例如，提前了解赛事提供哪种运动饮料非常重要，尤其是当你不能适应这种产品的时候。在比赛期间最重要的是不要脱水，但事实上，在耐力项目比赛的最后，大部分运动员都会脱水，这将严重影响比赛的发挥，所以看似最简单的喝水对比赛的出色发挥也是至关重要的。

恢 复

对运动员来说，一次成功的比赛并不会结束于终点，即便对冠军也是如此。最后一个步骤是进行一次完美的恢复，这个环节可以让你的身体从赛事中缓解过来，也会为你的下一步训练做准备。恢复，也是备战下一场比赛的第一个步骤。

恢复涉及身体很多方面的变化，包括生理、化学和心理多个方面。

恢复有两种形态，一种是主动的，一种是被动的。对于耐力运动员，主动型恢复更好，也是我们在这里主要讨论的类型。被动型恢复通常是针对更严重的、甚至需要急救的状况，运动员需要平躺于简易床上，还需要进行静脉注射。

恢复的第一个阶段就是跑后的放松。步行、轻松慢跑、骑行台或游泳都是非常有效的帮助恢复的方法，一般来说，15～20分钟对于大部分比赛就足够了，对于超长距离的跑步赛事略有点少。==在恢复的过程中，运动强度要非常低，心率不要超过最大有氧心率的70%，==例如，如果你的最大有氧心率是140，恢复训练的心率就不应该超过100，甚至可以低于这个水平。恢复活动可以在比赛后马上进行，也可以等到补充水分和营养物之后再开始。一定要记得佩戴心率监测仪以确保在放松的时候不运动过量，当然在一次大运动量的比赛之后，很难在恢复的时候把握身体所能承受的强度。一些像大铁这样的长距离赛事，赛后即使只进行几分钟的步行，对健康和快速恢复都很有帮助。在跑完后的当晚，一次短距离的步行或轻松的游泳（如果能在冷水中进行就更好了）都可以帮助加快恢复。

如果在比赛之后，你还有一段旅程才能回到家中，那么多进行一些步行是非常有好处的，特别是当你在回家途中还需要长时间坐着的时候。如果搭乘飞机，可以选择在机场或飞机的过道上步行；如果你要进行长时间的驾驶，可以在停车的时候步行。静坐在任何时候都是一个让人感觉有压力的姿势，比赛之后如果静坐太久，会加重肌肉的不平衡。

半身或全身浸泡在凉水中也是一个帮助有效恢复的好方法，这样可以加速血液循环，降低身体过热部位的温度，从而修复负担过重的肌肉及其他软组织。这种浸泡可以利用当地的溪流、湖泊，甚至通过淋雨来完成。即便只在水里待5分钟，都能产生神奇的作用。

赛后的饮食主要是为了恢复能量和补充糖原，要特别注意这方面的营养摄入，这对恢复也是非常重要的，这部分我们会在后面具体探讨。

无论你在比赛中消耗了多少，你都可能会脱水，而且会持续 24 小时甚至更长的时间。请记得在赛后远离酒精，它会加重脱水程度，如果一定要饮酒，需要先补充大量的水分，并先摄入正餐。含盐的食物和含钠的饮品对大部分运动员都是非常重要的，尤其是在长距离比赛之后，它有助于补充因流汗而流失的大量的钠。

比赛结束当晚要好好睡觉休息，这是保证恢复至关重要的环节。如果可能，最好能够一直睡到第二天早晨。比赛之后的第二天同样也非常重要，你可以在早晨进行一次轻松的游泳或散步，或者在那天晚些时候进行轻松的骑行台运动或游泳。一定要注意训练强度和时间，不要过大和过长。如果你的比赛在星期天，星期一晚上前能够恢复得很好，你就可以在星期二重新开始正常的训练。如果进行了长距离比赛，比如大铁、长距离骑行或马拉松，就需要多花几天时间恢复。请永远满足身体的需求。

Q&A

Q 铁人三项比赛的前夜，我总是难以入睡。实际上，无论我第二天要比的是一场大铁，还是短跑比赛，都是这个样子。如果能有 3 小时充分睡眠的话，对我来说就已经很幸运了。但我经常会醒，然后就辗转反侧，难以入睡。您能否推荐给我一些睡好觉的策略或者窍门？

A 你的情况并不少见，很多人都会赛前紧张，在床上辗转反侧睡不着。一方面你需要化解这种压力，另一方面遵守平时的作息规律也会有所帮助。也就是说，你应该沿用每天的饮食习惯和日常活动，避免参加过多的赛前活动，那些活动是为快乐型跑者准备的，而不是你这样的严肃跑者。那种聚会只会让你见到更多比你还要紧张的参赛运动员。比赛前夜的晚餐之后，可以散散步或者洗一个热水澡，它们都会有助于你尽快入睡。

定制你的赛季

对于很多耐力项目，几乎全年都是赛季，跑者一年四季都可以找到离家很近的赛事。当然对于某些项目，由于气候的原因，赛季的时间会很严格。但即使是这样，赛季的时间也会很长，因为体育赛事已经成为一个巨大的产业。即使是一个生活在明尼苏达州的铁人三项运动员，去佛罗里达参赛其实也只需坐几小时的飞机。当然也有其他的状况存在，如果你是一个职业运动员，你可能需要在换季的时候收拾行李飞往另一个半球，突然之间，你身处的环境就完全不一样了，仿佛一个全新的赛季开始了。

无论你处于什么样的状况，练到一定程度的时候，都需要为自己制定参赛计划，这并不难，有一点点计划性和自律性就够了。如果你居住的地方比较冷，那么秋天就是赛季的终点了，因为气候已经替你完成了一半的计划。如果你在美国东北部，那么大部分重要的赛事都是随着好天气同步到来的，通常是在 4 月或 5 月。天气变冷之前，赛季会一直持续，直到 11 月或 12 月底，所以赛季一共有 8 个月时间。这段时间对任何一个耐力运动员来说都太长了，你不可能一直保持良好的参赛状态。所以可以考虑将赛季分割成两段时间，最简单也是最佳的方式是，在两段赛季中做一次调整和休息。例如，你的第一个赛季可以从 4 月或 5 月开始，到 6 月底或 7 月中旬结束；第二个赛季从 8 月底或 9 月初开始，一直到 11 月或 12 月中旬。你可以根据自己的具体比赛日期对比赛计划进行调整，同时也要考虑整体的训练和比赛日程以及你个人的各种需求，比如工作时间的季节性、家庭责任、孩子的学期。在这个计划中，==最重要的是在赛季中间安排出休息时间。==

两个赛季中间的那段时间是另一个建立有氧基础的好时机，虽然时间短，但足够让你发展更多的有氧能力，同时也能够让你得到更好的休息，更好地从无氧训练中恢复过来。如果在第一个赛季之后进行短暂的休息，你会发现第二个赛季的表现会更好。在很多运动中，重要的比赛都放在夏末或秋季，如表 10-1 所示。

表 10-1　训练和比赛的日程安排

	运动员 1	运动员 2	运动员 3	运动员 4
位置	美国亚利桑那州	加拿大卡尔加里	美国纽约	澳大利亚悉尼
11月	赛前减量,为最后一场比赛做好准备;短暂休息阶段;开始有氧基础训练	赛前减量,为最后一场比赛做好准备;开始有氧基础训练	赛季的最后一场比赛;短暂休息阶段;开始有氧基础训练	在中旬结束有氧基础训练;开始无氧训练
12月	有氧基础训练	有氧间歇训练/下坡训练	有氧基础训练	开始参赛
1月	有氧间歇训练,下坡训练	继续12月的训练	有氧间歇训练,下坡训练	减少训练时间,继续参赛
2月	赛季开始	继续1月的训练	继续1月的训练	继续参赛
3月	减少训练时间,继续参赛	无氧训练	中旬开始无氧训练	赛前减量,为最后一场比赛做好准备;短暂休息阶段;开始有氧基础训练
4月	继续参赛	赛季开始	减少训练时间,赛季开始	有氧基础训练
5月	赛前减量,为最后阶段的比赛做好准备	减少训练时间,继续参赛	继续参赛	有氧间歇训练,下坡训练
6月	短暂休息阶段,开始有氧基础训练	继续参赛	赛前减量,为最后阶段的比赛做好准备	继续有氧训练
7月	继续有氧基础训练	赛前减量,为最后阶段的比赛做好准备	短暂休息阶段,开始有氧基础训练	中旬开始无氧训练
8月	加入有氧间歇训练和下坡训练	短暂休息阶段,开始有氧基础训练	继续有氧基础训练	减少训练时间,开始参赛
9月	从中旬开始参赛	加入有氧间歇训练和下坡训练	无氧训练,开始参赛	继续参赛
10月	减少训练,继续参赛	开始无氧训练和比赛	减少训练时间,继续参赛	继续参赛

注:上面是 4 名运动员 12 个月的耐力训练和比赛日程安排,从 11 月份开始。这仅仅是一个例子,现在的地区性、国内和国际的比赛都大不相同了。

赛季中间的有氧基础训练不应该少于4周，即使是在某些特殊地区的特殊之人，也应该控制在6～8周。在第一个赛季参加的比赛越多，就越需要时间来恢复。如果你希望第二个赛季出成绩，就更需要建立有氧基础了。

无论你居住在澳大利亚或新西兰、加勒比海或夏威夷，甚至是在阿拉斯加，你都可以制定自己的训练计划以适应当地的气候、比赛的地点以及你个人的生活方式。也许你足够幸运，虽然在不停地变换地方，但总能赶上当地最好的季节，你也仍然可以根据气候定制自己的计划。

但是，请不要去做以下尝试：从春天到秋天的阶段，正好赶上美国的赛季，于是你大量参赛；然后从秋天到次年春天，又去澳大利亚，在南半球的赛季大量参加比赛，数量甚至比在美国时更多。我看到很多耐力运动员都这么做，但这样很快就会给他们的身体和心理造成巨大压力，并发展成过度训练综合征。

一般来说，如果你是依靠比赛来刺激自己的无氧能力的，你就可以多参加一些比赛。但是，如果你已经在进行无氧训练了，那么再大量参赛就会造成额外压力。

关于跑步的赛事安排，有一个非常重要的问题需要考虑，那就是极端天气。比如美国亚利桑那州，那里可能没有那么多比赛，或者夏季的时候，你也不会愿意在那里参加比赛。像凤凰城那样的地方，即使是清晨，温度也能达到37摄氏度。如果你只在当地参赛，那么你可能更希望在夏季进行有氧基础训练。这样的话，冬季就成为你参加比赛的季节，如同我们前面所说的，你可以把冬季分为两个赛季。但这样一来，又会出现另一个问题，如果你突然想在夏季去北方地区参加一两场大型比赛，就会影响你的有氧基础训练。总之，你应该提前做好12个月的参赛计划，以解决这些问题。

MY PERSPECTIVE
MAF 名人评测

MAF 训练法与我的两段运动生涯

鲍勃·布罗伊尔斯

鲍勃·布罗伊尔斯（Bob Broyles）是铁三运动装备网站（TriSports.com）的仓库管理经理，这家公司是美国最大的网上体育商城。他写下此文时 40 多岁，和家人居住在图森城外的一个小农场。

1988 年，我开始了我的铁人三项生涯，从那之后，我亲身经历了这项运动突飞猛进的发展。回想 1988 年的时候，关于训练的信息非常少，依据今天的标准，当时的装备和器材都是小儿科，像 PowerBar 和 Clif Bar 这样的食品公司还要再等几年才会出现。实际上，我是在 1990 年的时候购买了第一个心率监测仪，那个时候我就很确切地知道，训练时佩戴心率监测仪可以增强我的训练效果，但是对于怎样训练效果才好，我并不知道，因为那个时候有关这方面的信息实在太少了。

那些年里，我坚持不懈地训练，并一直寻找不同的方法来提高自己。1994 年，我通过迈克·皮格认识了菲利普·马费通博士，并开始学习他的训练方法。迈克赢得过很多比赛，我知道他一定是得到了什么好办法。"训练越慢，比赛越快"，这听起来挺有诱惑力，但在当时是一个让我不放心的训练方法，我问自己："这个方法真的能奏效吗？它不会让我成为那种在自己的年龄组里排名靠后的运动员吧？"

与此同时，我也一直在质疑我碳水化合物的摄入量。我每天都会食用大量的碳水化合物，但困扰我的是，两个半小时的训练之后，我就觉得没有力气了。怎么会这样呢？我食用的是特殊的运动配餐，含 1 200 多大卡的热量，其中主要是碳水化合物，但我还是会撞墙。

那段时间，我会回避任何含有蛋白质或脂肪的食物，坦白地说，那些年我一直都觉得饿。

最后，我决定对我的训练和饮食做一些调整和改变，这的确是对我信仰的一种挑战。于是我开始了一个减慢速度的训练安排，也开始在饮食中增加含有高蛋白和脂肪的食物，这对我个人来说是一场巨大的变革。这并不仅仅是简单的配速和饮食的变化，而是对我整个训练计划的彻底转变，甚至影响了我的社交关系。在我的训练伙伴中，大家都知道我是一个坚持全力训练的人，在骑行和跑步训练的时候，我经常需要放慢速度或者停下来等其他的队员跟上，但在1994年赛季快要结束的时候，我决定做出改变，按照马费通博士的方法进行训练。我当时的想法是，我要认真地进行几个月的尝试，如果看不到任何改善，就改回原来的训练方法。

我意识到，我必须按照新的节奏进行训练，也就是说，要按照比我以前习惯的速度慢很多的速度进行训练。我一直都清楚地记得，在最初的几周里，我的速度非常慢，以至于在爬坡的时候，甚至需要步行才能把心率降下来。从心理角度上说，这种对我来说极慢的训练方法需要我有极强的自我控制能力，毕竟在过去的6年时间里，我是一名水平不差的铁人三项运动员，我的身体素质极佳，各种装备优良，但我却不得不使用一个极低的速度进行训练，这个速度像是给老人设定的，而不是针对一个20多岁的年轻人。

为了制止我的改变，我的一个好朋友，也是我的一个训练伙伴，把我的这种做法解读为一种发疯的行为。对于这件事情，他的态度非常明确，他认为我在破坏过去那么多年辛苦建立的一切，当春季赛季到来的时候，我将会完全找不到比赛的节奏。他觉得如果我继续这么慢速训练的话，比赛的时候会遭遇挫败，最终甚至可能会完全放弃铁人三项比赛。而且，他毫不隐讳地说，没有人会愿意和我一起训练，因为没有人会以那么慢的速度训练。

面对这一切，我深刻地知道我必须坚持自己确信的东西，所以我继续按照马费通博士的方法进行训练。几周之后，我有了一些进步，大约训练6～8周后，我跑步的耗时开始减少，但我的心率依旧保持低位。这个训练方法开始奏效了吗？的确如此。之后没多久，我的速度已经和我改变训练方法之前一样了，甚至我已经突破了之前的速度，但我的心率却始终很低。一段时间以后，我确实需要加快跑步和骑行的速度，才能确保心率在 MAF 的目标值上。这种感觉太棒了，那个春季训练中的速度比我在上一年的秋季时更快，但心率却更低。所以我确信，训练的时候慢下来，确实可以让你跑得更快。另外，把你的心率保持在一个真正的有氧区间内，受伤的概率也会大大降低。"无伤痛，不收获"的说法可以休矣。

等到春季赛季来临，之前我曾多次在梦中期望的成绩终于变为现实。而且当我在比赛中需要挖掘自己的潜力的时候，我发现了自己继续提高的可能性。这个能力来自真正的有氧能力进步，以及我的信心，那是一种对自己在训练安排上做出了正确决定后的确信。

如果我没有做出这些改变和调整，或者我采纳了朋友的建议，我的比赛成绩就永远都不可能上到更高的层次，我可能就和他一样，沉迷于做同样的事情却期待着不同的结果。有时候，你需要做的只是跳出圈子来思考问题。

1996 年，我开始收获好成绩，先是赢得了一些小比赛的冠军，然后获得了 1997 年在法国尼斯举行的世界铁人三项锦标赛的资格，尼斯的比赛可能是我一生中最难忘的比赛。我严格遵循马费通博士的训练和饮食原则，赛前我在三个项目中的状态和专项能力都非常好。比赛开始前几天，我决定更换自行车的比赛鞋，结果证明这是个错误。事实是当我在比赛中完成自行车项目时，我感觉非常痛苦，逐渐感觉到自己已经没有办法完成比赛了。在那个时候，完成最后一个项目——30 公里跑只能靠挣扎了，而且看上去像是一个不可能完成的任务。在自行车换跑步的交接区，指示灯在闪烁，好像在提醒我，我曾经为这个比赛全力投入了多少时间、汗水、金钱和骄傲。那时候尼斯比赛的距离是 4 公里游泳、120 公里自行车和 30 公里跑步，在精神力量和良好身体素质的支撑下，我继续比赛，并跑出了 1 小时 53 分钟的成绩，仅比冠军卢克·范莱尔达（Luc Van Lierde）慢了 2 分钟。我之所以提及这次比赛，是因为如果没有采纳马费通博士的训练建议，这样的比赛对我来说是不可能完成的，更不用说和最伟大的铁人三项运动员之一卢克·范莱尔达的成绩只相差 2 分钟了，而且那一年也是他的最好成绩，这对我来说绝对是个突破。

那之后，我成为铁人三项的精英运动员，排名一直在提升。我搬往圣迭戈和约翰·霍华德（John Howard）一起工作，并计划前往意大利参加 2001 年 9 月的世界铁人两项冠军赛。但就在比赛前几天，我遭遇了一场严重的事故，导致锁骨和肩胛骨的三处骨折，两根肋骨和一根脊椎骨断裂，右肺开裂。

在那次事故之后，尽快康复成了我的首要任务。我恢复得还算不错，到 11 月底的时候，已经可以和约翰·霍华德一起前往图森（Tucson）参加自行车巡回赛了，但我还是没能进入那次比赛的白金运动员行列。那次比赛之后，我把运动方面的事情都放到一边，当时我想，是时候开始新的生活了。我从圣迭戈的海边搬到了亚利桑那州图森的沙漠。我从自己曾供职多年的一家公司的关联企业里得到了一个相当不错的管理职位，这家公司在美国西北部。在图森安顿好我的新生活之后，我很快便全身心地投入到工作中去了。我偶尔还会参加一些训练，但这跟不训练也没什么区别。那些了解我的人都还记得，我曾经是一个多么全身心投入的虔诚的铁人三项运动员，他们若看到我放弃了训练的样子，一定会非常奇怪。但我自己觉得，远离体育的感觉挺好。

我很享受自己全新的"自由"生活方式，可以随意吃任何美味的食物，做任何我喜欢做的事情。在那段时间里，我一直觉得我还很年轻，那种"自然"的方式可以让我的身体状态一直保持下去，甚至能保持一生，而且对于竞争性的比赛，我已经太老了，无法继续比赛了。

时间飞逝，很快就到了 2009 年，那时候我已经结婚 5 年了，即将进入 41 岁，有 2 个儿子，一个 2 岁，一个 6 个月。我们的家足有 1.6 公顷，我们把它改造成了一个小型农场，所以有很多事情要做。这些事情让我非常忙，但并不会给我带来必需的健康状况和竞技状态。为人父母，我算是相当迟的了，所以我希望花更多的时间陪伴孩子们成长，直到看着他们长大，拥有各自的生活。

我身高大约 1.72 米，在我的运动生涯中，我的体重保持在 65～68 千克，但是到了 2009 年，我的体重一下子增加到了 80 千克。以前单身的那个我住在距离索拉纳沙滩的太平洋海岸线仅半个街区的小型公寓里，2009 年时的我与那个我已经完全不一样了。

我当时供职的公司铁三运动装备网站那时正好要参加在加利福尼亚圣罗莎（Santa Rosa）举办的一个铁人三项赛的博览会，所以我需要开卡车拉着拖车前去。虽然我从事体育行业，但我一直以来抵制住了恢复训练的诱惑，可这一次比赛却把我拉了回去。我当时想，现在我年龄大了，应该比以前更聪明了，我觉得这是一次让我重新找回失去的健康状况和竞技状态的完美机会。我知道我很忙，那时候两个孩子都还很小，我不太可能有时间把铁人三项的三个项目都捡起来，所以我想先集中精力于跑步，使自己慢慢找到状态。跑步是一件非常简单的事情，它不需要很多设备，只要有运动衣、合适的跑鞋、太阳镜、帽子以及心率监测仪就可以了。

我知道时间对我来说是非常宝贵的，所以我需要提高训练效率。因为我曾是一名优秀的长跑运动员，我担心自己会很容易陷入过度训练的状态，所以需要一套方法能够让我保持健康，我开始在市面上寻找有关跑步的书籍。我发现，以我的背景、经验和当时的生活状态，所有的方法对我不是太简单了，就是限制太多。于是我重新翻找自己的藏书，我马上意识到，马费通博士的书才是我需要的。他提供了很好的实用建议，那些都是我曾经采纳过并且验证过效果的方法，而且我知道它也能够帮助我实现目前我想要达到的目标。

幸运的是，当我上网寻找马费通博士的时候，非常惊喜地发现，他依旧在那里，从事着多年以前一直在做的工作：提供那些伟大且简单易懂的建议。而且更重要的是，我知道那些建议是非常有效的。他的理论已经完全建立起来，它非常简单，但仍然有人不能理解，就像很多人只见树木，不见森林一样。你首先要对自己进行全面的评估，对饮食进行调整，尽可能摄入天然的食品，经常检查自己的压力水平，这些可能是很多其他教练欠缺的东西。我知道很多教练都在指导耐力项目的运动员，但他们中的大部分人并不能像马费通博士那样为运动员提供整体的训练方法。另外，作为运动员，我们已经习惯于等待别人来告诉我们该如何一步步实现我们的目标了。这是一个很大的挑战，因为统一、标准的计划对每个人来说并不都是最佳的，这种严格的按部就班的计划也很难关注到每个人生活中的压力（这种压力是可以累积的）。因此，那些"非定制"的训练计划对这种压力无能为力。

我当时的训练目标是参加 2009 年 12 月 13 日在图森举办的半马，且在 90 分钟内完赛。另外，我希望我的体重能从 80 千克减到 70 千克。在我训练的这段日子里，我始终没有把这件事告诉身边的同事。我相信我们每个人都会用一些隐秘的东西进行自我激励，它们源于内心。我不希望自己受到外界因素的影响，诸如与其他人一起训练，回答有关自己进步情况的问题等，这些都是我不想面对的东西。

那次半马比赛我跑了 1 小时 38 分钟，虽然没有我希望的那么快，但对刚刚恢复训练几个月的人来说，这个成绩还算不错了。后来，我的体重下降到 65 千克以下，这已经比我多年以前跑步时候的体重还轻了，这一切都归功于马费通博士提供的健康合理的营养、训练建议。后来，我在训练中持续进步，这非常令人兴奋，面对即将到来的更多比赛，未来看起来是如此光明和美好。

随着体重的减少和身体素质方面的提高，我彻底远离了咖啡因，而且一点儿也不想念它，我的饮食已经从加工食品转换为以水果、蔬菜、坚果、谷物和全蛋白为主，当然还包括大量的鸡蛋。在做出改变之前，我经常会过敏，主要是干草和花粉过敏，由于调整了饮食，我的过敏症消除了。在此之前，我会从柜台买各种处方药来压制我的症状，但从来没真正摆脱过。我养了一匹马，整天都被干草包围着，这个病症的去除对我来说真是天翻地覆的改变。

可否在赛季外临时增加比赛

如果你已经在 12 月到第二年 3 月间进行了一个周期的高质量有氧基础训练，也经历了一个表现出色的赛季，而且保持了良好的身体状态，这时你可能会希望在非赛季的时候增加一些比赛。当然，这与我们之前讨论的原则是相悖的，我的建议是，只有当你的状态和身体素质非常好的时候才考虑这么做，但如果你受了伤、感觉精力并不旺盛、MAF 测试成绩出现下降，或你的工作、家庭生活以及其他安排都很繁忙，那就一定不要参赛。

在你进行下一个周期的有氧基础训练时，你可以偶尔参加一到两次比赛，这不会产生什么副作用。让我们再重申一下具体的原则：

1. 你已经至少经历了一次长时间的有氧基础训练。
2. 你已经经历了一个很成功的赛季。
3. 你在有氧基础的训练阶段和赛季期间的身体状态都很好，也就是说，你比赛的成绩很好，而且没有受伤或生病。

如果是这种情况，在长时间的冬季有氧基础训练期间（这是相对于夏季较短的有氧基础训练期而言的），比赛一到两次应该不会对你的健康状况和竞技状态产生影响，而且你应该会比得非常好。

如果你准备好了去参加比赛，就应该严格遵循赛前准备、赛中执行和赛后恢复的步骤，这样可以确保你有出色的表现。==但是如果你还没有做好比赛的准备，就不要参赛，否则你会为此付出代价。==你可能不得不牺牲下一个赛季的一部分，用来改善你的有氧系统和健康的其他方面，从而回到正确的轨道上。也就是说，你不得不修改和调整训练计划、饮食或其他任何需要改善的方面，一直到你准备好为止。

史蒂夫是一名很优秀的跑者，他找到我的时候已经 49 岁了。他向我抱怨，他长期受到膝盖和小腿伤病的困扰，还伴有各种过度训练的症状，例如极度疲劳、睡眠不规律、气喘以及肌肉的无力感。没受伤的时候，他的训练安排是从春天一直到秋天，每周都在跑道上进行超过 160 公里的无氧训练。另外，当佩戴心率监测仪按照以往的训练配速跑步的时候，他的心率高达 150。史蒂夫每周还会去公司的健身中心进行 2～3 次力量训练。

因为当时是 5 月初，他的主要关注点就是消除损伤，从而开始他的赛季，但是我关心的是史蒂夫当时的身体状况和未来的训练和比赛。所以我跟他解释，这个特殊的赛季需要进行调整，我们得先修复他的损伤，然后开始建立有氧基础，这至少需要花费三个月的时间。如果一切进展顺利，新的赛季将从 7 月开始。这个理念对史蒂夫来说是很难接受的。

在过去的两年时间里，他咨询过很多医师，但都没有成功。最后，基于他日渐退步的表现和逐渐变差的健康状况，他决定妥协，试试我的方法。

通过调整由于膝盖和小腿问题引起的肌肉不平衡，史蒂夫的身体损伤得到了修复。换一双合适舒服的跑鞋也是非常重要的。第一个月，他的有氧配速就有了很好的提高，从每公里 5 分 50 秒提高到了 5 分 25 秒。接下来的一个月，史蒂夫的精力旺盛，睡眠和呼吸的问题都得到了解决。到了 6 月中旬，我帮助史蒂夫为他的新赛季做计划，他的第一场比赛是 7 月末的 8 公里越野赛，他过去 5 年每年都参加这个比赛。从 7 月到 10 月初，史蒂夫一再刷新个人最好成绩，其中就包括那次 8 公里越野赛。

ENDURANCE TRAINING

RACING

11

高海拔训练

THE BIG BOOK OF ENDURANCE
TRAINING AND RACING

温和型高压氧舱　　改善乳酸代谢
低压氧舱　　红细胞生成素
伽莫夫袋　1600米　　恢复
血红蛋白含量
毛细血管　　氧合作用

11

高海拔训练

> 多年以来，高海拔训练一直保持着某种神秘感，博尔德（Boulder）和弗拉格斯塔夫（Flagstaff）这样的城市已经成为耐力运动员向往的圣地。但是就像其他高海拔的地方一样，那里并没有那些希望提高耐力的人寻找的神奇魔力。事实上，在我的教练生涯中，我本人曾和很多运动员一起在那些高海拔的地方训练过，但经过我亲眼观察，这非常有可能导致训练过度。

即使是在不算太高的海拔1 000米的地方，几天或几周之内，你的训练心率就会每分钟增加几下甚至更多，每个人的情况会有所不同。如果训练是基于配速而不是心率，大部分运动员的训练会因为太艰难或太频繁而无法坚持。这主要是由于空气太稀薄，也就是说高海拔地方的低气压降低了身体从空气中吸收氧气，然后输送到肺部毛细血管的能力，而这个情形也同样发生在血液循环中。在高海拔地区训练，除了静息心率和训练心率会更高之外，恢复能力也会大幅下降。

虽然飞机是在10 000米的高度飞行，但你在客机密闭的机舱内相当于身处海拔1 800～2 500米的高原。当你走出机舱来到一个高海拔的地方，你的身体立刻就暴露在巨大的压力之下，除了氧气含量下降之外，你的训练表现也会显著地减弱。你的食欲也会下降，这使你的能量摄入与消耗出现了不匹配，你开始感受到营养方面的压力。而且由于空气中的水分含量降低，所以你需要避免脱水。进入高海拔地区后，有些运动员会出现一种被称为急性高山病的症状，表现为头痛、恶心、失眠和心神不宁。你可能还没到达海拔那么高的地方就会出现上述状况，一些滑雪者在2 000米的高度也会有此反应。

高海拔对你的身体造成的压力至少需要你在氧气方面给予补偿，为了给身体提供更多的氧气，你只能提高心率和呼吸频率。一段时间之后，肾脏会产生更多的红细胞生成素，这会对骨髓产生刺激，因此产生更多、更大的红细胞，从而提供更多的补偿。在这个过程中，身体为肌肉输送氧气的能力也提高了。在高海拔地区训练三周之后，身体各方面的适应性造成了更好的氧合作用，可能就很接近你在平原地区的状况了。

最终，上述所有的这些补偿在你的身上发生作用，你刚到高原时感受到的那些压力都消失了，你又可以在没有压力的条件下进行训练了。这大概需要几周时间，具体的时间取决于个体的身体状况，每个人的反应可能都不一样。当然，处于高海拔地区也是有很多好处的，稀薄的空气意味着在训练或比赛的时候产生的物理阻力较小，因为空气中的湿度减小了。例如，自行车和滑雪运动员在高原上的成绩是在适应了海拔高度之后提高的，而不是在之前。一旦运动员们的身体发生改变，当他们返回低海拔地区的时候，红细胞制造能力的提高以及潜在的氧气运输能力的提高，都会使他们的比赛成绩进步。

如果训练时间足够的话，高海拔训练还会带来一些其他益处，但真正的优势需要在那里居住足够长的时间才能体现出来，比如三四个月，这段时间倒不必一直在训练。最糟糕的情形是，在山区只停留几周时间，却误认为这样会对训练有所帮助，但实际上这段时间不足以使你的身体出现必要的调整。如果在高海拔地区停留的时间足够长，那么身体就会产生更多携带氧气的红细胞，红细胞生成素的数量和血红蛋白含量也会增加。这些变化对你的健康都是有益处的，而对你的运动能力的影响只有当你返回低海拔地区进行比赛的时候，才会显现出来。

<mark>在重要的比赛前三周返回低海拔地区，能够保证在比赛中出现最好的状态。</mark>首先，下降到低海拔地区后，你的摄氧量比以前大了；其次，你在高海拔地区训练时所提高的携氧能力到比赛时仍然有效，这对你的比赛很有帮助。这些改变在你回到低海拔地区一个月以后会很快消失，但是这种训练方法却是很有效的。这也是马克·艾伦能够赢得6届夏威夷铁人三项世锦赛冠军的策略之一，每年夏季，他都会前往博尔德居住和训练几个月时间。

所有这些潜在的改变和身体的反应都是因人而异的，有些人对高海拔的反应很好，而有些人则会感到艰难。全面健康的水平高低是造成这种差异的最重要的因素，饮食、营养以及压力方面的因素也影响着运动员能否从高海拔训练中获益。例如，如果你自身制造红细胞的能力由于叶酸含量较低或铁含量不足而被损坏，那么高海拔训练也不会有什么效果，但这并不意味着如果你准备进行高海拔训练，就需要补充含铁的补剂。健康且含有足够的铁的饮食足以给你的身体提供产生适量红细胞所需的铁元素，当身处高海拔的时候，身体可以通过从饮食中吸收超过原来3～4倍的铁，进行自动的调整。和大部分的营养物一样，铁元素通过肠道系统的时候，大脑和身体知道你到底需要从食物中获取多大量。如果你不贫血的话，食用含铁补充物是比较危险的，因为这样会对肠道系统产生严重的化学压力，甚至是物理压力。

对很多运动员来说，如果在高海拔地区进行一段时间的训练，身体为了适应海拔的升高，会产生额外的压力。这可以通过逐渐升高的皮质醇激素水平看出来，这是由于压力而产生的物质，高海拔所造成的环境压力就是压力的一种。肾上腺压力不仅会使皮质醇水平升高到一个不健康的数值，还会降低其他肾上腺激素的水平，尤其是醛固酮，这会导致电解液和水传导能力下降。在高海拔地区训练时应该戴心率监测仪，从而确保在前几周内保持有氧状态，这样可以帮助你获得高海拔训练的潜在好处，同时也可以减少风险。

在高海拔地区居住和训练时间足够长的话，除了血液的化学过程会得到改善之外，其他一些潜在的健康变化也会发生，具体包括有氧肌肉循环的增强、肌红蛋白（有氧纤维中的红色素）的增加以及有氧酶类的增多，它们可以帮助脂肪燃烧，改善乳酸代谢。

不同的海拔会对训练产生不同的影响，海拔越高效果越好。很难确切地描述高原训练的神奇之处到底在哪里，因为对每个不同的个体，不同海拔产生的正面和负面效果也不同。例如，红细胞免疫功能在2 600米的海拔会比在1 600米好，但在海拔更高的地方，其他的压力也会出现，诸如脱水的风险加大，摄氧量降低导致训练配速变慢。海拔1 300～2 300米可能是改善健康和身体素质最好的区间范围，如果你的竞技状态已经足够好，训练时一直佩戴心率监测仪，且最大有氧心率一直符合"180公式"的计算结果，那么一定要认真评估自己的进步，避免进入过度训练的第一阶段。

高海拔训练的好处不仅体现在生理上，游走于多山地区的那种乐趣能带来社交和心理两方面的收获。比如，无论是在北美洲的落基山脉，还是在世界的很多其他地区进行训练和生活，都能够让人保持健康、减压的方式，和生活在纽约、洛杉矶或类似场所那种匆忙、高压的环境形成了鲜明的对比；而且，在这些山脉地区的夏季，由于气候凉爽且湿度不大，在这里训练会产生附加的好处。不过，这种社交和心理的愉悦也可能会导致一些其他压力的形成。

特别的改变

让我们来一起看看在高海拔地区进行训练会具体发生哪些变化，你理解得越多，就越能够在那里找到对身体进行补偿的更合适的生活方式，这对你未来参赛策略的制定也有帮助。

- 在高海拔地区呼吸的空气和在海平面上的空气包含的成分是一样的，它们都是氧气和其他气体的混合体，氧气大约占20.9%；但是气压随着海拔的升高而降低，这点不同会使肺从空气中吸取氧气的能力变差。
- 随着海拔升高，气温急速降低。比如，1 300 米左右的温度是 7 摄氏度，2 000 米的温度就降到了 3 摄氏度，人在骑行的时候对温度的变化会更敏感，如果海拔继续升高，再考虑到寒风的影响，温度会下降更快。
- 由于冷空气中水分的含量较少，海拔越高的地方湿度就越低。身处高海拔地区，你会本能地增加饮水量以防脱水，但你仍然会感到鼻子干燥，使你容易得感冒和流感。
- 还应该格外注意的问题就是，高海拔地区的紫外线照射强度很高，会明显加大皮肤晒伤的风险。空气中水分会吸收光线，由于干燥，高海拔地区照射在身体上的光线强度变大，所以最好避免在夏季的正午进行户外训练。
- 海拔 1 600 米以上的高度会对肌肉产生影响，肌肉整体的表现会因为氧气的减少而减弱，最终导致速度减慢（登山者到了六七千米的高度，动作会变得非常缓慢）。另外，负责调节能量生产的肌肉酶水平会减弱，肌肉的总体表面积也会减少。
- 在高海拔地区训练有很多需要注意和考虑的因素，佩戴心率监测仪，采用最大有氧心率可以让你得到很好的补偿，减少潜在的训练压力，还可以继续夯实你的有氧系统。
- 在衡量过在高海拔地区训练的正面和负面因素之后，有些运动员还是认为这值得一试。我强烈建议，只有当你的全面健康已经提高，而且已经建立了良好的有氧基础之后再开始进行高海拔训练。高海拔训练应该是一个策略性实施计划，而不应该把它当作一个改善健康状况和竞技状态的方式。

下面是对那些准备进行高海拔耐力训练的运动员的一些建议：

- 如果你不能在高海拔地区训练 2～4 个月，那这可能就无法作为一个策略性训练方案，但如果你把这当成一个精彩的假期，那么这段时间内的训练可以减少，但还是要始终佩戴心率监测仪。
- 高海拔耐力训练的好处会在低海拔地区开始显现。高海拔的定义是不能低于 1 600 米，在这个高度训练一段时间，再返回到低海拔地区，经过一小段时间之后，训练效果才会显著体现出来。
- 抵达高海拔地区的前两周应该减少训练，刚到的 1～2 天，你的训练应该仅限于轻松的步行。
- 高海拔地区的无氧训练应该减少到最低程度，要知道，这是建立有氧基础的最佳时机。如果你一直以来都有无氧训练的习惯，那就简短地进行，重点要放在恢复练习上，同时还要佩戴心率监测仪。

如果要在高海拔地区进行比赛，那至少需要在同样海拔上进行两周的训练，才能更好地适应比赛。如果赛前不能保证有两周的适应时间，那就索性在前一天晚上到达赛场，因为很多对你不利的生理变化会在到达高海拔地区的 24 小时之后才开始显现出来。

最理想的状况是在高海拔地区居住，在低海拔地区训练， 例如在 1 600～2 400 米的高度生活，然后驱车下山进行训练。这个方法对大部分运动员不太现实，但是科技可以改变一切，即使你整年居住在佛罗里达，也可以得到海拔训练的益处，两种不同类型的可移动室内氧气舱将这一切变成可能。

你可以使用一个温和型高压氧舱来模拟低海拔，也可以用低压氧舱来模拟高海拔。高压氧舱可以调节的压力范围最低可以使你的海拔下降

1 600 米，低压氧舱可以调节的压力范围是从 1 600 ～ 6 000 米的海拔。换句话说，高压氧舱模仿的是低海拔和较高的气压，低压氧舱模仿的是高海拔和较低的气压。

温和型高压氧舱

20 世纪 80 年代末，我去科罗拉多州博尔德讲课的时候，碰到了拉斯特姆·伊戈尔·伽莫夫（R. Igor Gamow）教授。他对不同海拔上人体的不同表现很有兴趣，他邀请我去他在科罗拉多大学化学工程系的实验室，在那里，他正在设计一个用于登山运动的便携式温和型高压氧舱。

登山者在海拔非常高的地区可能会因缺氧而产生不适，如果不送往安全的海拔，就会有生命危险，但这往往是个非常艰巨的任务。这个新型产品使用的是脚踏打气泵，可以快速地挽救生命。伽莫夫教授的便携式高压氧舱将空气压缩到一个重量极轻的尼龙可充气袋子里，创造出一个高压的环境，以此来模拟低海拔地区。即使没有额外的氧气加入，人体从压缩的空气中获得更多氧气的能力也会显著提高，就像是在低海拔地区一样。

我立刻想到了这个装备在登山爱好者人群之外的另两个潜在好处：一个是可以帮助耐力运动员更快速、更有效地恢复，因为氧气舱能够模仿低海拔环境，也能够提高使用者的摄氧量；另一个是可以改善全面健康，也能够治疗各种健康问题。

高压氧舱在运动中的使用

对于生活在较高海拔地区的运动员来说，使用"伽莫夫袋"是非常有用的。运动员可以在这个塑料充气袋中每天停留 45 ～ 60 分钟，那里的压力相当于将当前海拔降低了 1 600 米。

使用这种装置可以帮助运动员在每天的训练后得到很好的恢复，尤其是在即将比赛之时，这个方式非常有效。这对在高海拔地区生活和训练的运动员来说是相当重要的，对于那些特地来到高海拔地区进行跑步的人也尤为重要。

高压氧舱带来的其他好处也是显而易见的。在任何海拔训练的运动员都能够获得类似的好处，因为更低海拔的压力会让身体发生显著的正向变化。在海平面的水平高度，在高压氧舱内停留短短的 45 分钟都会让运动员感受到气压升高的压力，仿佛他处于海拔更低的状态。即使没有额外的氧气进入氧舱，都会明显提高身体的摄氧量，而且这种效果在运动员离开氧舱之后还可以持续数小时，有时候甚至能持续好几天时间。

最早关于身体对不同海拔反应的研究出现在 1971 年的《应用心理学期刊》（*Journal of Applied Physiology*）上，研究人员表示，在一个深井里，海拔下降到负 1 763 米的时候，人的摄氧量会急速提高 11%～12%，这是一个非常明显的变化，也正是温和型高压氧舱所能提供的效果。

对运动员来说，这是一种令人难以置信的"治疗方法"，也是很好的训练助手。几个月之内，我开始给一些正在训练的耐力运动员使用新型高压氧舱。因为氧舱是便携式的，就是一个轻型的塑料袋配上一个小的充气泵，它们可以一起放在背包里，所以很方便携带到世界各地的耐力比赛场地。

我开发的运动方案里包括 45 分钟的氧舱使用环节（压强大小是 4 磅/平方英寸），以此帮助训练和赛后的恢复，在比赛那一周可以多次使用。

MY PERSPECTIVE
MAF 名人评测

一段意外开启的友谊

伊戈尔·伽莫夫教授

拉斯特姆·伊尔·伽莫夫的父亲乔治·伽莫夫（George Gamow）是宇宙大爆炸理论的创建者，也许正是因为这个原因，对科学的好奇心流淌在伊戈尔·伽莫夫的基因里。他曾在国家芭蕾舞团担任过舞者，也曾经担任过CBS（哥伦比亚广播公司）的摩托车信使，专门负责将新闻部门在白宫拍摄的新闻素材送回总部，但做这些工作的时间都不长。之后，年轻的伽莫夫成为科罗拉多大学博尔德校区的化学工程系教授。可充气压力氧舱可以用于治疗登山运动员的高原反应，也可以作为水下浮潜的呼吸器具，这是他最著名的发明专利之一。

20世纪80年代初期，我在博尔德的一项研究使我确信，一个运动员进行训练的最佳环境是他能创造最好成绩的环境，这种理想的状态就是，在海平面或低于海平面的地区进行训练，但是生活、居住在高海拔地区。我从一份地方报纸上得知菲利普·马费通博士将于某个下午在科罗拉多州博尔德市中心进行一个健康讲座，那时候我正在从事有关如何测试人体对高海拔和低海拔不同反应的实验。我从来没有参加过这种健康讲座，但我决定去看看是否有什么观点值得借鉴。他的演讲非常受欢迎，参加的人很多，我双手插兜，站在人群的后面。当时，马费通博士正在邀请志愿者做尝试，我刚好站在那里没有挪动，所以被他选中像一只豚鼠一样展示如何在骑行时使用心率监测仪。

随后，我们又针对高海拔训练的优缺点进行了讨论。第二天，马费通博士参观了我的实验室，我给他展示了一个巨大的高压透明圆形罩，可以在博尔特这个被称为"1英里高的城市"（海拔约1600米）进行充气，人钻进去之后立刻进入模拟的低海拔环境中。我还给他展示了一个小型透明圆形罩——"伽莫夫袋"，可以用来治疗登山者的高原反应。马费通博士看到我们的便携式高压氧舱，对这个产品的发展前景异常兴奋，他觉得它不仅可以用来训练运动员，还可以用来解决儿童大脑受伤、肥胖症、心脏病等。在那之后的25年多的时间里，我非常荣幸能够持续与马费通博士交流关于便携式高压和低压氧舱的各种故事。

THE BIG BOOK OF ENDURANCE TRAINING AND RACING

除了能够增加摄氧量，高压氧舱本身也是一个很有用的东西，很多运动员在比赛之前的几天都会待在里面休息和放松，有些人甚至在里面睡觉。这些运动员还感觉肌肉功能、运动范围、姿态和步法都得到了改善和提高，他们经常说总体感觉很好，很多人都在期盼着轮到他们进入高压氧舱休息放松。

在我纽约的诊所里，高压氧舱经常都处于被使用的状态。居住在这个区域的运动员如果整周都有训练安排，他们就会在繁忙的训练日程中使用高压氧舱。在重要的比赛之前或之后，在他们感觉非常疲劳或训练非常辛苦的时候，抑或在漫长的赛季即将结束的时候都会使用。

在非常重要的比赛中，我会经常随身携带温和型高压氧舱，比如夏威夷铁人三项世锦赛、奥运会、法国尼斯的铁人三项赛等。运动员每天都会被安排45分钟的高压氧舱放松环节，比赛之后，这些运动员还会使用高压氧舱帮助自己迅速恢复。

从某种意义上说，我把高压氧舱作为保健器械里的另一个治疗工具。

汤姆是我的一名患者，热衷于自行车、跑步和游泳。29

岁的时候，他经历了一次自行车事故，经过医院急诊室处理之后的次日，他来到我的诊所。他的双肩因为疼痛只能做一些局部动作，我给他做了很多检查，他的疼痛导致我的检查工作非常困难。之后，我让他在高压氧舱内躺了45分钟，他的肺活量得到了显著的提高，从5 100毫升提升到了5 900毫升。进舱之前，他的体温是36摄氏度，出来的时候升高到接近正常体温的36.7摄氏度。由于遭遇事故，所以他腰部、肩部和腿部的很多肌肉在之前的检测中非常虚弱，但在高压氧舱内都恢复了正常，而且疼痛也消失了。肌肉功能的改善也对姿态产生了巨大的影响，他的站姿和步态几乎都恢复了正常，肩部的改善是最明显的，已经恢复了正常的活动范围。汤姆在第二天清晨成功地完成了一个5公里的公开水域游泳比赛，获得了他那个年龄组的第二名，这是最显著的变化。他在一周后和两周后的所有评估中都显示出了连续的改善和提高。

高压与高氧

增大周围空气的压力被称为高压，比如温和型高压氧舱内的压力，这可以提高运动员的摄氧量，但和呼吸纯粹的氧气不同，呼吸纯氧被称为高氧。使用高压氧舱时，我尝试过增加额外的氧气，在大部分情况下，我不认为额外的氧气是必需的。有些人认为，在高压氧舱内只利用房间内的空气和呼吸适当量的纯氧的作用是没有区别的，但很多在这个领域工作过的专业人士认为高压（调高压力）和高氧（增多氧气）在治疗上并不呈现相同的效果，一个非常重要的区别是大脑里的氧气和二氧化碳水平。高氧，呼吸的是纯氧，实际上减低了大脑的血流量，甚至也减少了氧气的使用率，对于大脑来说并不是一种健康的方式。一般来说，呼吸了高浓度的氧气其实会降低通往身体其他部位的氧气含量，会产生氧中毒，更不要说来自自由基的危害了。在温和型高压氧舱内停留 45 分钟后的正面效果可以持续数小时甚至数天，这和呼吸纯氧不同，而且没有呼吸纯氧带来的风险。

温和型高压氧舱的价格区间相当大，从几千美元到上万美元不等，如果是最新的款式，价格还会更高。最精选的款式使用感舒适，提供的压力更大，也会有很多额外的配件，但其实最低配的对运动员来说就足够了，其压力可以达到 4 磅 / 平方英寸。那些我曾使用过的压力更高的高压氧舱可以进一步提高摄氧量，但并没有那么明显。跟其他运动装备一样，你还可以在网上寻找二手的氧舱。

使用高压氧舱改善健康状况

使用温和型高压氧舱的第二个好处是可以改善健康状况，这在各种伤病的治疗中已经非常显而易见了。临床上，我会使用高压氧舱作为一种治疗手段，还可以观察不同患者对高压氧舱的不同反应。除了氧合作用得到提高之外，我还观察到很多其他健康方面的改善，从肺活量的增大（肺功能得到改善）、pH 升高，到肌肉的平衡和活动范围的扩大。就这样，我开始使用温和型高压氧舱来治疗患者的各种问题，包括那些希望减肥的人（改善的氧合作用可以促进脂肪的燃烧）、大脑受伤的孩子和成人、患有睡眠呼吸暂停问题的人群以及很多有其他问题的人。

从传统意义上说，数十年以来，大型金属高压氧舱的高压和附加的氧气都用于急救护理，最常见的应用是治疗初级潜水员和飞行员由于速度过快或施加在身体上的压力急剧变化而导致的减压病。另外，患有心脏病、慢性感染、重度烧伤以及其他问题的患者都曾经在这种高压氧舱中被治愈过。

低压氧舱

温和型高压氧舱模拟的是低海拔和高气压环境，另一种装置则刚好相反，低压氧舱模拟的是高海拔和低气压的环境，可以给个人提供一个休息时曝露在高海拔中的环境，具体包括小憩、阅读、放松或是整个夜晚睡觉的时候。同时，它又可以让使用者在其所处环境的海拔水平上进行常规的训练。低压氧舱的环境能够提供一个"在高海拔生活，但在低海拔训练"的便利条件。通常情况下，运动员睡在低压氧舱内，每天晚上都可以获得各种高海拔带来的益处，另外一些人白天阅读、工作或午休的时候也会选择在低压氧舱内小憩片刻。

低压氧舱不像小型可充气的温和型高压氧舱那样方便携带，但我认为通过对这些高海拔模拟环境的使用，不论是普通人还是专业运动员，获得的效果都是很正面的。低压环境最显著的益处是促进了身体天然红细胞生成素的产生，红细胞生成素几乎是在一进入低压环境之后立刻就会产生。红细胞生成素会刺激更多红细胞的产生，这样可以提高身体的携氧能力，也能够提高把氧气运输给工作肌肉的能力，甚至可以提高150%。另外，这样还能够生成更多的血管，因而使用者整体的运动成绩能够得到显著的改善。不言而喻，用这个方法生成红细胞生成素要比注射人工合成的红细胞生成素（对大部分人来说这是不合法的，也是很危险的）或采用其他血液回输的方法（这同样也是不合法和危险的）更健康，也更自然。使用健康方法生成的红细胞生成素会提高人的携氧能力，明显改善比赛表现，而这些结果都是通过合法和健康的方式获得的。

获得这些益处所需的时间要根据每个个体的情况以及低压氧舱使用的不同海拔来确定。低压氧舱可以通过调节来模拟不同海拔。一项研究表明，只需要30分钟就可以收获明显的低压氧舱益处，也有其他的研究一直在证明短时间身处低压氧舱环境的好处；另一项研究表明，在相当于大约4 300米海拔的低压环境中停留仅84分钟之后，红细胞生成素的生成量就可以提高3倍。一组使用低压氧舱进行训练，并且准备攀登珠穆朗玛峰的人或许是低压氧舱对运动员的显著治疗效果的最好例证了。在开始攀登之前，登山者连续4天使用低压氧舱，平均每天晚上使用9个半小时。在珠穆朗玛峰上，攀登者的速度快了很多，他们在6天之内达到了5 600米的海拔，但按照传统的速度，安全到达相同的海拔一般至少需要12～32天。

低压氧舱对竞技状态和健康状况的其他益处还包括：提高了总体的血容量、血细胞比容、毛细血管数量、线粒体数量和氧气利用率，这些益处直接转化为比赛成绩的提升。一项研究证明，使用低压氧舱仅9天之后，跑者的跑步速度几乎可以提高4%，如果一个人10公里比赛的成绩是35分钟，使用低压氧舱之后可以提高1分24秒，即提高后的用时是33分36秒。对于一个需要跑3～4小时的马拉松运动员来说，这个提高相当于加快了7分多钟；对于要参加10小时的铁人三项比赛的运动员来说，这相当于减少了30分钟比赛用时。

在此，我再次强调，一定要确保身体已经处于良好的竞技状态和健康状况下再使用低压氧舱，这一点很重要，要格外注意避免进入过度训练的第一阶段。如果你准备使用低压氧舱，要记得使用心率监测仪，这一点也尤为重要，而且最好是在有氧基础训练阶段就开始使用，这是因为过度训练和无氧训练都会加大感染炎症的风险，这会导致红细胞生成素的减少。

由于个体的差异性、身处低压环境的时间长短和连续性，高水平的红细胞生成素、红细胞、血细胞比容和其他可测量因素能够维持的准确时间难以预估。一项研究表明，定期、有规律地使用低压氧舱能够比不使用时多维持高含量的红细胞生成素达20天之久。你的身体素质越好，获得的反馈也会越好。

运动员最理想的监测进步的方法是验血，可以通过手指取血的测试来进行某些评估。在低压氧舱的治疗过程中和治疗之后，还可以有更广泛的测试方法，具体包括以下几种：

- 血常规（CBC）可以检测红细胞数量、血红蛋白、血细胞比容，从而描绘出一个更全面的身体受益状况。
- 检测铁、铁蛋白、叶酸、维生素 B12 以及其他营养物质的含量水平，以确保运动员体内含有在低压环境中曝露能获得最佳益处的原生材料。
- C 反应蛋白（CRP）和红细胞沉降率（ESR）检查是有助于去除炎症的重要测试。

在运动员的训练安排中，饮食和营养都是对低压治疗效果产生显著影响的因素。饮食会在后面章节进行更详细的讨论，这里有些关于低压治疗应用的重要因素。

- 因为慢性炎症会抑制红细胞生成素的产生，所以使用低压氧舱的时候，需要考虑到强大的可以控制炎症的饮食问题，包括平衡饮食中的脂肪摄入量，确保摄取某种维生素和矿物质以及足够的蛋白质，这非常重要。在使用任何可以提高红细胞生成素产生量的设备时，都需要评估你的铁、维生素 B12 和叶酸的含量，以及抗氧化剂的摄入量，这也非常重要。
- 有些营养物质对运动员的心理有明显的潜在影响，而且这种影响会因为低压环境变得更加严重。如果运动员使用低压氧舱来改善身体素质和比赛表现，那么各种特定的营养因素会起到锦上添花的作用，以下是其中的一些具体表现：

    ◆ 铁含量不足会降低携氧能力。
    ◆ 蛋白质的摄入量不足会给红细胞生成素的生成带来负面影响。
    ◆ 对锌的需求量会比正常时要高。
    ◆ 那些正处于低压治疗中的人会增加对抗氧化营养

物的需求。
- ◆ 叶酸对红细胞生成素和红细胞的生成有很显著的作用。
- ◆ 来自鱼油的ω–3脂肪酸对产生的红细胞的质量有影响,并有助于减少炎症。

低压氧舱中会内置一张床,所以比温和型高压氧舱要大得多、重得多,价格也昂贵很多,通常在一万美元以上。如今的市场里有很多二手装备,价格便宜很多,虽然老款没有昂贵的组件,舒适度也相对差一些,但价格会便宜很多。

只要可行,在每一个训练环节都可以定期使用低压氧舱。运动员必须平衡可操作性、有效性和潜在的益处,所有这些条件都取决于是多个运动员共享一个氧舱,还是每个人都有属于自己的一个。下面有一些选择可供考虑:

- 让自己放松。使用低压氧舱的时候,从模拟海拔2 400米开始,就像坐飞机旅行那样。在接下来的几天里按比例提高到4 600米,然后保持这个模拟海拔,这是最理想的水平。
- 有些运动员可能会在重要的比赛或赛季之前每晚都睡在低压氧舱内,并持续3周的时间,这可能是在相对较短的时间内确保最佳表现的方式。
- 长期的益处。一个比较简单的选择是长期、定期使用低压氧舱,但每次停留时间较短,这样也能够享受到类似的好处。随着更多的红细胞的产生和氧气使用率的提高,在训练几周或几个月之后会有更多的益处。有了更好的恢复,运动员可以从训练中获得更多潜在的好处。
- 虽然在低压氧舱内停留的时间和获得的益处大小是相匹配的,但短时间曝露在低压环境中也是有作用的。虽然每晚都睡在低压氧舱内是最理想的,但即使曝露时间少,也能获得非常显著的好处，例如每周 5 天进入低压环境，每天 60～90 分钟。

- 与朋友分享。你可以和你的朋友共同使用一个低压氧舱，因为短时间的低压曝露也是有效果的，所以几个运动员可以共享一个低压氧舱，这样一组运动员就都能够受益于低压环境了。针对每个人不同的训练时间和安排，可以在白天和晚上高效地安排每个人使用低压氧舱的时间。另外，有一名运动员还可以在夜间睡在低压氧舱内，这样的话，10 名或者更多的运动员可以很轻松地一起享受一个低压氧舱带来的好处。

- 如果想保持前一次低压曝露获得的益处，可以通过减少曝露时间来完成。对运动员来说，通过 MAF 测试来监测成绩的提高是非常重要的。

- 监控结果。血液检查可以反映出更客观的生理变化，由于每个个体的生化系统是不同的，所以使用低压氧舱后身体给出的反应也是多样的，但如果低压环境曝露时间已经足够的情况下，并未看到可测量的结果有显著的改善，那通常就涉及一些营养、饮食或其他生活方式方面的影响因素。对于作为个体的运动员来说，监测如血细胞比容这样特定的指标是最理想的评估这些方面的改善的方法。只有这样，每一名运动员才能决定在低压氧舱内停留的最佳时间，并确定当不再使用低压氧舱的时候，这些最理想的益处能够维持多长时间。

虽然在体育比赛中使用红细胞生成素是被世界反兴奋剂组织禁止的，但高压和低压氧舱的使用却没有被禁止，可是如果运动员被发现红细胞生成素含量格外高，就必须证明这个含量是因为生理条件所致，比如使用低压氧舱或生活在高海拔地区。

ENDURANCE TRAINING
RACING

12

饮食与有氧能力

THE BIG BOOK OF ENDURANCE
TRAINING AND RACING

新鲜蔬菜、橄榄油和鸡蛋　　人造黄油

燃脂和燃糖比例　　燃脂效率

身体燃料　　植物营养素

疼痛　　天然食物　　宏量营养素

12

饮食与有氧能力

在第一部分中，我阐述了改善有氧能力的各种方法，包括提高速度、燃烧更多体脂以获取能量、采取多样化的训练，以及比赛策略等。以上种种都是为了确保在不受伤的前提下，实现个体最佳的耐力表现。当然，你同时也得注重饮食和营养，否则上述这些方法所带来的积极变化将会有一部分被抵消掉。

身体就像一台机器，习惯于依赖某种特定类型的燃料运行。直到几十年前，美国文化开始接受某种对整体健康有害的饮食习惯，比如大量摄入富含白糖、不健康的碳水化合物以及不健康的脂肪等非自然食物。虽然耐力运动员在食物选择方面通常非常挑剔，但是一些与训练和比赛息息相关的食物因素，他们有时则疏于考虑。

本书的第二部分探讨了饮食和营养在改善竞技状态和健康状况中所发挥的重要作用。饮食涉及可供我们食用的所有食物，而营养则指的是特定的营养素，如维生素和矿物质、碳水化合物、脂肪、蛋白质，以及数以千计被称为植物营养素的植物中富含的化合物。

让我们从我的一名患者谈起：

里克，约30岁，大学时曾是一名成功的越野跑运动员，毕业后开始进行交叉训练。一年后他想涉足铁人三项，希望在训练计划方面得到更多的帮助，因此找到了我。里克渴望了解更多关于个性化训练的内容，尤其对包括MAF测试在内的自我评估的理念非常感兴趣。然而，当我询问他的食物摄入情况时，我注意到他对此并不关注，他的饮食包括各种精加工的食物和高糖零食。尽管他的饮食不够合理，但里克还是在训练中取得了很大的进步，并且每年都会向我咨询一两次与训练相关的问题。在最近的一次谈话中，他提到自己的MAF测试结果不再像以前那样持续进步，并且第一次提到了时有发生的身体疼痛和挥之不去的疲劳感。里克将此归结于自己的年龄，但我坚定地告诉他，在他这个年龄成绩不会停滞，身体也不该出现上述的症状。然而，无论我对他说什么，都无法说服他改变饮食结构。

在这次谈话后不久，里克的妻子凯瑟琳来我这里治疗。几个月前她在骑行时发生了事故，膝盖和臀部的疼痛一直没有消失。这是受伤部位的持续炎症所造成的，非常容易转成慢性伤病。好在我及时对她受伤的肌肉进行了生物反馈治疗，她的伤病很快就被治愈了，一周后凯瑟琳重新开始骑行。我向她解释了如何通过平衡脂肪的摄入消除慢性炎症并避免复发等。

一个月后，凯瑟琳和里克一起来见我。里克终于想明白了，他希望得到一份合理的饮食计划，凯瑟琳也想参与其中。我做的第一件事是用一个饮食分析软件评估他们当前的饮食习惯。结果显示，他们有多种营养素的摄入量都没有达到推荐值，而且必需脂肪、高质量蛋白质等都存在摄入不平衡的情况。我告诉他们需要增加一些特定的食物，建议他们每天摄入更多新鲜蔬菜、橄榄油和鸡蛋。同时，我还列出了他们需要避免的食物清单，包括面包等精加工面粉制品，以及植物油和人造黄油。

两个月后，他们再次来到诊所，我对他们进行了随访。两人的饮食习惯都得到了显著改善，同时在优化整体食物和营养方面也取得了相应的进展。凯瑟琳的脂肪燃烧能力明显改善，表现为供能能力增强、更好的 MAF 测试结果、腰围的减小。里克也终于突破了耐力瓶颈，他的 MAF 测试结果提高了，身体不再疼痛。两人现在对食物的力量深信不疑，并对如何改善饮食充满了希冀。

为有氧能力提供燃料

你现在的任务，是通过正确的训练对自己身体的燃脂能力进行更精细的调整，以提升自己的最大有氧能力，而获得正确的燃料对于完成这一任务至关重要。与这些燃料息息相关的营养素，基本都来自我们摄入的食物。除了提高燃脂效率，这些营养素也是我们维持大脑、肌肉、新陈代谢等身体功能所必需的。

我们的饮食中有三类营养素：

- **宏量营养素**：包括碳水化合物、脂肪和蛋白质。我们大部分的能量来自碳水化合物和脂肪，但蛋白质也发挥着重要的作用，其他宏量营养素还包括水。
- **微量营养素**：主要指维生素和矿物质，它们在帮助碳水化合物和脂肪转化为能量方面同样重要。它们还有着预防肌肉损伤、帮助恢复等功能。
- **植物营养素**：包括成千上万种植物化合物，它们在控制炎症、提高免疫力、恢复健康功能等方面有着至关重要的作用。

对于耐力运动员来说，除了平衡地摄入天然食物外，并没有什么与众不同的"魔法食谱"。只有将食物摄入环节尽可能做到最优，才可以考虑按需添加辅助补剂。如果能将身体的需求与合适的食物相匹配，你的耐力将会大幅提高，健康状况也会得到相应的改善，身体各方面的功能也将得到优化。总之，通过训练和正确的营养补充，你的耐力水平甚至会随着年龄的增长而提高。

一旦合理的饮食平衡得以建立，你在运动中的供能能力和耐力水平就会提升，而这种提升还将表现在生活的其他方面。真正的强效营养，归根结底是通过摄入食物获得的营养素，它能帮助人体达到功能的优化。

运动员、科学家和临床医生长期以来的共识是：==饮食习惯直接影响耐力水平，对训练和比赛的影响尤甚。==在谈论这个话题的时候，大多数情况下无需援引最新的研究，只需掌握一些生理学和生物化学的基本常识，就足以理解上述共识。举个众所周知的例子，水是运动中最重要的补剂，即使只是轻微的摄入不足都有可能导致脱水，并对成绩造成严重影响。同样的原则也适用于电解质，体内的钠含量降低会对训练和比赛造成严重的负面影响。需要注意的是，如果负责调节水和电解质的肾上腺皮质激素系统不能正确地发挥功能，那么仅仅补充这些营养素可能无济于事。

燃烧脂肪

如果你想实现最佳耐力，那么就需要燃烧更多脂肪。在你的体内有大量的脂肪"仓库"，食物中摄入的大部分脂肪首先会被储存在那里，它们代表着巨大的潜在能量。例如，一个身高183厘米、体重68千克的耐力跑者体内的脂肪转化为能量后，足以支持超过100小时的跑步消耗。但是仅靠大量摄入糖，则远远无法支撑如此长的时间。

当人体处于休息状态时，脂肪提供的能量占比高达60%～80%，甚至更多。同样，在轻、中强度的运动以及时间较长的训练和比赛中，有超过一半的能量是由脂肪提供的。==那些成熟的运动员在训练时有高达80%或更多的能量都来自脂肪。==从运动的角度来看，摄取足够的脂肪有助于训练有素的耐力运动员更多地燃烧脂肪来供能。增加膳食脂肪的摄入量可以让人在锻炼时节省身体内储存的肝糖原，这对提高耐力以及赢得比赛至关重要。

为了保持高效的脂肪燃烧，我们还必须燃烧一些以葡萄糖形式存储的糖。脂肪和糖在任何时候都是同时被用作能量来源的。此时此刻，你的能量可能有一半来自脂肪，另一半则来自糖。当你的有氧系统和脂肪燃烧能力得到改善之后，也许你能量的70%能从脂肪中获得，而从糖中获得30%。现实中，许多人只能从脂肪中获得10%的能量，另外90%的能量只能靠糖提供，这是一种非常低效的供能方式，可能导致疲劳、体脂增加以及其他问题。实际上，几十年前我就意识到，那些通过燃烧更多脂肪获得能量的人会更健康，并且患病和受伤的概率更小。

燃脂和燃糖比例的测量

脂肪和糖作为人体的混合燃料，其比例可以通过气体分析仪进行测量，只需测出一个人吸入的氧气量和排出的二氧化碳量便可以计算出结果。二氧化碳和氧气的比率被称为呼吸商，即RQ（respiratory quotient），通常以此确定转化为能量的脂肪和糖的百分比。较低的RQ数值对应着更多的脂肪燃烧和更高的有氧能力。对于大多数人而言，我不建议他们进行RQ测试，因为这需要一整套仪器，而且由于许多教练和医疗人员对于RQ不够了解，所以很难根据RQ给出与耐力训练相关的指导意见。更重要的是，测量RQ的过程设计，与我之前提到的测量最大摄氧量的过程设计相似，是一种非自然状态下的测试。当然，掌握RQ的概念有助于你更好地理解本书所提供的生理学知识，从而提高自己的耐力水平。

更多地使用脂肪作为燃料，可以提高燃脂能力和有氧能力，从而显著提升竞技状态、改善健康状况。表12-1是一些个体在休息状态下的

RQ 数值和他们的症状列表。如果隐去他们的姓名，这个表格从上到下就像是某一个人在按照本书的方法进行训练之后，他的身体逐渐变强大的过程。总之，无论运动强度处于何种水平，只要燃烧更多的脂肪和摄入更少的糖，个体的健康状况和竞技状态就会更好。

表 12-1 不同患者的糖及脂肪燃烧百分比

个体名	燃糖比例	燃脂比例（%）	症状
JC	88	12	极度疲惫、失眠、超重 20 千克
BK	74	26	下午和晚间有疲惫感、哮喘、头痛
JO	62	38	下午有疲惫感、季节性过敏、超重 4.5 千克
PS	55	45	慢性轻微膝盖疼、消化不良
MK	42	58	偶发性腰痛
BE	37	63	—

饮食中的碳水化合物也是保证耐力和整体健康的重要营养素。与摄入高质量脂肪时我们采用的标准一样，选择碳水化合物时也应尽量摄入天然形式的碳水化合物，避免精加工和精制碳水化合物。摄入过度精加工的碳水化合物，则会减少脂肪的燃烧。

与选择食物同样重要的是消化和吸收营养素的能力。如果不能很好地消化宏量营养素，使葡萄糖、脂肪、氨基酸更好地被人体吸收，或是不能充分地分解食物，使微量营养素和植物营养素变得更容易被吸收，那么即使是理想的饮食结构，也会造成营养失衡。

ENDURANCE TRAINING

RACING

13

碳水化合物和两周测试

THE BIG BOOK OF ENDURANCE
TRAINING AND RACING

碳水化合物不耐受 CI　　胰岛素抵抗

血糖指数 GI　　两周测试

精加工食品　　小麦　　葡萄糖

肥胖　糖原　　健康零食

上瘾　　　　　　有氧速度

蛋白质

耐力运动员的成长和生存依赖的是葡萄糖，这是来自日常饮食的碳水化合物，身体也能够从脂肪和蛋白质中获得葡萄糖。对大部分运动员来说，碳水化合物是饮食中的主要营养，它能为身体提供能量。富含碳水化合物的食物包括：水果、全麦谷物、蔬菜、糙米、扁豆、大豆和蜂蜜，这些食物还能够提供维生素、矿物质、纤维素、水分和很多植物营养素。

不幸的是，许多运动员食用的食物里，大部分碳水化合物都是经过精加工处理的，例如精白面粉，人们用它制成面包、面包卷、百吉饼和麦片粥。其他不健康的碳水化合物包括大米、果汁、糖或含糖食品，比如甜品，这些食物对运动员的健康都是非常不利的，因为和天然食品相比，这些食品都不能提供全面的营养物质，还会促进胰岛素的分泌，由此减少脂肪的燃烧。

碳水化合物的种类

所有碳水化合物都可分解为单糖分子，单糖分子以三种形式存在：葡萄糖、果糖和半乳糖。

- 复合碳水化合物，也称为淀粉（多糖），包含很多联结在一起的单糖。例如很多葡萄糖分子组合在一起（葡萄糖 + 葡萄糖 + 葡萄糖），这种糖类可以在土豆、玉米、各种谷物和豆类中找到。
- 双糖（二糖）由两个糖分子相互联结，包括蔗糖（葡萄糖 + 果糖）、乳糖（葡萄糖 + 半乳糖）和麦芽糖（葡萄糖 + 葡萄糖）。这些可以在食糖（蔗糖）、奶糖（乳糖）、枫糖（麦芽糖）和其他"含麦芽的"糖（如麦芽糊精）中找到。
- 单糖指单独的未被联结的糖，可以在成熟水果、蔬菜、蜂蜜以及其他所有包含各种葡萄糖和果糖的食物中找到。

未成熟的水果和蔬菜中淀粉和双糖的含量更大，在逐渐成熟的过程中，这些复合碳水化合物和双糖转换成单糖，这使成熟的水果尝起来更甜。例如，香蕉未成熟的时候是绿色的，成熟之后变成黄色（果皮上带有黑色斑点）。即便是蔬菜，在成熟之后口味也会变得更甜：辣椒未成熟的时候是绿色的，成熟之后变为红色或黄色。因为成熟后包含在植物里的大部分糖转换成了单糖，这时候它们不再需要消化就能被人体吸收，有些人消化不良的原因是食用了未成熟的水果和蔬菜。

理解碳水化合物的一个特性至关重要，那就是：复合碳水化合物和双糖都需要消化过程，目的是把联结在一起的单糖分解开来，为了糖分被更好地吸收而且能够转化为能量，这个过程必不可少。复合碳水化合物需要最多的消化过程，而单糖不需要消化就可以立刻被吸收。

在消化的过程中，复合碳水化合物和双糖都是以化学的形式被拆分成单糖的。消化的过程主要发生在口腔和小肠内，一旦被消化，糖分就会被血液吸收，然后被称为"血糖"。

复合碳水化合物和双糖通常不能完全被消化成单糖，这可能是由于咀嚼不充分，导致唾液中的酶与食物混合不充分。在比赛压力下或长期训练中，这是很常见的。没有完全消化的糖类会产生大量的肠道气体，导致不舒服或疼痛。体育活动中，我们的肠道都经历过这种压力。

饮食中包含大量精制碳水化合物会产生一个问题，那就是其他健康的食物——脂肪、蛋白质和蔬菜将被替代。对耐力运动员来说，这会导致营养不平衡，还会减少脂肪的燃烧，降低有氧能力。

虽然很多科学家认为人类并不是真的需要碳水化合物（因为脂肪和蛋白质也能够转化成葡萄糖），但很多人还是把精制碳水化合物作为饮食中的主要食物，而且食用量很大。实际上，大部分运动员都是将精制的加工食品作为他们摄入的主要碳水化合物来源。

碳水化合物和胰岛素

我们摄入的碳水化合物大部分会被分解成葡萄糖，被血液吸收。血糖的升高会立即使胰腺分泌胰岛素，胰岛素是人体非常重要的一种激素，但如果分泌过多，会对一个人的耐力和健康起到负面作用，特别是会降低身体脂肪燃烧的能力。

胰岛素可以帮助我们消耗和储存葡萄糖，在这个过程中，血糖降低了。胰岛素的工作机制有以下三种方式：

- 大约 50% 的血糖（相当于你摄入的糖类的一半）被快速用于全身，特别是肌肉和大脑，从而产生能量。
- 摄入的碳水化合物中多达 10% 被转换成糖原，这是糖的一种储存形式。糖原被储存在肌肉和肝脏中，储存量的大小取决于糖原储备能力。例如，肌糖原可转化成葡萄糖而产生能量，肝糖原有助于维持两餐中间和夜间睡眠时候的血糖水平。

- 摄入的碳水化合物中的 40% 以上被转化成脂肪，储存在身体脂肪中，这是被有氧肌肉消耗从而产生能量的脂肪来源。但是如果脂肪燃烧机制不能很好地工作，或是摄入了太多的糖类，脂肪的存储量会越来越大。

只要你的饮食中包含了碳水化合物，胰岛素就会分泌，除非你是在训练或比赛中食用的碳水化合物。为了帮助身体燃烧更多的脂肪从而获得能量，胰岛素水平在体育运动期间是降低的。如果你食用的食物只含蛋白质，可能只会产生少量的胰岛素。对于有些人，高蛋白的食物也能够刺激产生大量的胰岛素，但对大部分人来说，主要还是碳水化合物触发胰岛素的生成。正如之前所述，过多的胰岛素对耐力运动员会产生一些问题；同样地，太少也会出现问题，糖尿病就是其中之一。

在过去几十年里，大量食用精制碳水化合物导致了严重的流行性肥胖症以及其他慢性病，例如糖尿病和心脏病。另外，"过胖"的问题即使是在运动员中间也存在。碳水化合物摄入过多的问题直至今天依然存在，这是由那些销售糖和精制碳水化合物的公司推动的，这个问题在耐力体育市场中非常普遍。

在大部分人类的进化历史中，人类都居住在大海附近，食用大量的鱼、海鲜和其他一些陆地动物蛋白，更为重要的是，大量植物也是我们日常饮食的一部分，包括蔬菜、水果、坚果和种子。另外，我们的祖先在肢体活动方面也是非常积极活跃的，甚至比今天的大部分耐力运动员的活动还要多。在最近的 5 000 年中，这一切才发生了改变，农业革命为我们的生活带来了巨大的变化，碳水化合物食品大量增加，工业革命又将精制碳水化合物食品放到了餐桌上。在最近的 100 年时间里，人类食用精制碳水化合物食品的数量达到了前所未有的高度，这段时间看似不长，但这种饮食结构的巨大改变导致了人类过胖的问题。还有很多因素引发了心脏病、癌症、肥胖和其他疾病，在某种程度上，这些症状都是由于过多食用精制碳水化合物、胰岛素分泌过多、大量脂肪堆积和慢性炎症导致的。

食用的碳水化合物越多，胰腺分泌的胰岛素就越多。即便是健康人群，也会因为食用过多的糖而过度分泌胰岛素。这个问题不仅存在于过胖人群中，苗条人群也会出现。

这可能会导致出现"胰岛素抵抗"的状况，相应的胰岛素丧失了为肌肉有效提供葡萄糖的能力，最终导致的结果就是能量减少了，脂肪燃烧也减少了。饥饿是另一个结果，因为细胞组织不能得到足够的能量，所以人每次食用碳水化合物的时候，大脑会接收到"细胞组织获得糖分不足"的信息，然后大脑传递给胰腺信号使其分泌更多的胰岛素。最终，胰岛素超过了正常水平，这种状况被称为"高胰岛素血症"。

过多的胰岛素除了造成更多的糖类转化为可储存的脂肪，还会继续降低血糖，因为这是它的功能之一。因为大脑只能依靠葡萄糖作为燃料，所以降低血糖的过程会导致心智功能受到损伤，具体包括记忆力减退、专注度下降，还有其他一些认知障碍。低血糖还会导致饥饿感，有时候甚至仅仅是在饭后的两三小时，甚至更短时间就会出现。渴望甜食是这个循环中的典型表现，而经常食用更多碳水化合物致使这个循环恶化，但如果不吃甜品，你会感觉更糟。这个恶性循环最终的结果就是身体储存的脂肪越来越多，有些运动员还会引发更严重的问题，甚至引发糖尿病。所有这些碳水化合物的问题，我用一个词来描述——"碳水化合物不耐受"（Carbohydrate intolerance，CI），下面我们会具体探讨。

高水平的胰岛素还会抑制另外两种重要激素的分泌：胰高血糖素和生长激素。胰高血糖素和胰岛素的作用相反，它负责调节蛋白质的消化和代谢。胰岛素促进脂肪的储存，而胰高血糖素促进脂肪和糖类的消耗，从而产生能量。生长激素协助我们通过训练获得耐力的提升，包括肌肉生长、糖类和脂肪的燃烧、矿物质和氨基酸的平衡等。

血糖指数

在食用某种糖类之后测量到的血糖升高值被称为血糖指数(glycemic index, GI)，这与该食物引起的胰岛素的分泌量有关。GI 是对食用特定碳水化合物之后个体反应的一般性测量，但在研究食物和食物升糖效果的时候并没有考虑个体的差异性。

高 GI 食物会引起最强烈的血糖反应，也会产生最大量的胰岛素，它们包括百吉饼、面包、土豆、甜食以及其他含有精制面粉和糖分的食物，如表 13-1 所示。很多加工过的谷类，特别是包含麦芽糖的谷类（枫糖浆、麦芽糖、麦芽糊精等）都具有非常高的 GI。即便是那些你认为可能对你有益的食物，也会触发高水平的胰岛素，如果汁和香蕉，特别是未成熟的香蕉。在大部分日常饮食中，最大的高 GI 问题可能来自小麦产品、土豆、果汁、糖或含糖的产品。

此外，大部分运动饮料、能量棒以及其他含糖食品都有非常高的 GI，在训练和比赛中，胰岛素水平非常低的时候，它们是很有用的，但不应是运动员日常的饮食内容。

具有中低 GI 的碳水化合物包括各种低糖水果，例如苹果、桃子、梨、葡萄柚和樱桃，还有豆类，例如扁豆。虽然有些人的餐食中如果包含高蛋白会引发异常的胰岛素反应，但蛋白质和脂肪这类非碳水化合物食品通常不会引发血糖问题。

少食多餐中低 GI 食物可以减少胰岛素过高的情况，后面我们会具体讨论一些健康的零食。除了淀粉含量非常高的蔬菜，比如土豆和玉米，大部分蔬菜只含有少量的碳水化合物。胡萝卜曾经被认为是高 GI 食物，但研究显示，这种根茎蔬菜的 GI 其实较低。

在现实生活中，这就意味着如果食物中包含的碳水化合物数量及热量相同，食用曲奇或蛋糕这样的精制食物会比食用水果或全麦饼干引起的问题更多。

低脂食物或低脂膳食包含的碳水化合物具有相对较高的 GI，因为当脂肪较少的时候，糖的消化和吸收会变快。食用碳水化合物的时候再结合一些脂肪，例如橄榄油或黄油，则会减慢消化和吸收的速度，这样可以减慢胰岛素反应。一餐中蛋白质含量适当可以降低餐食的总体 GI，纤维素也有这个功效。

如果你通过减少碳水化合物的摄入来控制胰岛素的产生，就可以提高燃烧脂肪的能力，从而使脂肪成为最佳和最高效的产生能量的来源。使用 GI 作为挑选食物的原则已经很普遍了，除此之外，运动员应该懂得哪些食物组合对自己有着最佳效果。

表 13-1　高 GI 食物和低 GI 食物

高 GI 食物	低 GI 食物
精制面粉类产品：面包、薯条、百吉饼、谷类食品	未加工的粮食：全黑麦、小麦胚芽、高纤维产品
糖和含糖类食物：糖果、曲奇饼干、汽水	低糖水果：苹果、桃子、梨、浆果、甜瓜
甜度高的水果：菠萝、西瓜、葡萄、香蕉	豆科植物：扁豆、蚕豆
淀粉类蔬菜：土豆、玉米	除淀粉类蔬菜之外的所有蔬菜

碳水化合物不耐受

随着人类世世代代过多地食用精制碳水化合物，很多人已经产生了 CI（carbohydrate intolerance）现象，即碳水化合物不耐受。虽然大部分人在早期阶段完全没有意识到，但很大比例的人群在不同阶段都会遭遇 CI 的痛苦。CI 早期的症状非常普通，包括饭后嗜睡、肠道胀气、身体脂肪增加、疲劳，以及很多如下面调查显示的其他症状。CI 的中间阶段往往伴随着高血脂现象，特别是甘油三酯，还包括高胆固醇和高血压；末期阶段包括糖尿病、肥胖、癌症和心脏病。

CI 的早期阶段是比较模糊的，经常不能被保健专家辨识出来。很多组织，例如美国糖尿病协会和世界卫生组织，一直在使用各种各样的名字和不断变化的定义来描述这些异常的碳水化合物和葡萄糖问题，这些都是为了更好地理解这个问题所做的尝试，但更全面、标准化的定义一直没有被找到。

我们都知道在身体里，碳水化合物（葡萄糖）有一个全范围的功能，从正常的健康状况到极端的糖尿病，中间存在很多异常的状态，有些比较温和，另外一些则更严重。很多人在一生中都经历了这些功能中的部分或全部，对其最佳的命名就是全范围的碳水化合物不耐受，而不需要因为要给不同阶段（这是科研人员和临床医生的重要任务）进行定义而感到困惑。

很多临床医生是从葡萄糖的角度讨论 CI 的全范围：正常的葡萄糖代谢和受损的葡萄糖代谢，这个划分要依据测试的结果以及对结果的解释，也会有一些处于混合状态的结果，这还是会让保健专家和外行人士感到困惑。例如，CI 早期阶段的常见分类包括受损的葡萄糖代谢、受损的血糖、葡萄糖不耐受及其他问题，胰岛素抵抗和高胰岛素血症是后来在应用中的命名，属于慢性疾病。

"低血糖"这个术语最早是在有关糖尿病的讨论中用到的，现在我们知道它可以发生在没有诊断出疾病的个体身上。除此之外，还存在更多的混淆，因为有些血糖过低的现象是正常的，而由于胰岛素分泌过多而造成的低血糖状态则是异常的。

CI 还会从很多方面影响人的耐力，包括减少脂肪燃烧、引发慢性炎症和升高受伤风险。

和大部分问题一样，CI 也具有个体差异，它对不同人群的影响是不同的，你需要考虑的是你对碳水化合物的耐受度有多大。只有在中期和末期阶段，血液检测才能诊断出问题，但其实体征和症状早已在几年之前就出现了。避免 CI 所有阶段性问题的重点是在最早期就留意到它们，并配合适当的饮食，进行生活方式的调整，这样可以很快改善运动员的表现，并改善生活质量，也能预防疾病的发生。

以下是 CI 不同阶段表现出来的一些常见体征和症状，很多是在食用了大量的碳水化合物之后立刻表现出来的。需要谨记的是，这些体征和症状可能和很多其他原因有关，请自我检查是否有这些问题：

- **身体疲劳**。不管称之为疲劳还是精疲力竭，CI 最常见的特征是使人体力耗尽，有些人只是在早晨或下午疲劳，而有些人则一整天都感觉疲倦。
- **精神疲劳**。CI 的疲劳有时候是身体上的，但更多是精神上的，注意力无法集中是最明显的表现，记忆力下降、学习成绩不好或不及格、缺乏创造力都是 CI 的症状，看起来类似"学习障碍"。这些现象在饭后，或是在进餐被拖延或错过时更为明显。人们在午饭后返回工作岗位的时候，因为精神疲劳而无法集中注意力，有些甚至在午餐后趴在桌子上睡着了，都是非常常见的例子。
- **血糖问题**。在一顿富含碳水化合物的膳食被食用前或没有按照规律时间进餐时，血糖可能都是正常的。血糖周期性的不稳定，包括低血糖症和以下症状：紧张不安、容易激动、喜怒无常，这都是 CI 的常见现象，一旦进食就能立刻得到缓解。头晕也是很常见的症状，跟渴望甜食、巧克力或咖啡因是类似的，这些症状不一定都和异常的血糖水平有关，也可能和神经压力有关，也有可能是因为血糖和胰岛素的快速变化导致的。
- **肠道胀气**。含有复合碳水化合物的食物会产生非常多的肠道气体，特别是淀粉类食品，比如小麦产品、土豆以及其他非淀粉类的碳水化合物，例如糖。这会对患有 CI 的人群造成极大的困扰，抗酸药或其他缓解症状的治疗方法在应对这个问题上都不是很成功，气体常常会不断增多。之后，无论是白天还是夜晚，情况会越来越糟。

- **嗜睡**。很多患有 CI 的人在食用一顿超过限定量的碳水化合物的膳食之后会立刻感到昏昏欲睡，比如在吃完一顿意粉之后，或是在吃完一顿包含肉食、面包、土豆或甜品的餐食之后。
- **身体脂肪量增加**。对于大部分人来说，体重过大也意味着脂肪过多。身体上脂肪堆积的位置经常会因为性别的不同而不同，对于男性，在 CI 早期阶段，腹部脂肪的增加更为明显，会形成"啤酒肚"；对于女性，脂肪在上半身的储存更明显，在女性面部，"花栗鼠脸颊"的出现可能是一个警示信号。
- **甘油三酯增高**。患有 CI 的人经常会出现血液中甘油三酯增高的现象，这些甘油三酯是饮食中的碳水化合物被胰岛素转变成脂肪导致的直接结果。依据我的经验，尽管空腹时甘油三酯水平达到 150 毫克 / 分升或以上才被认为是异常，但超过 100 毫克 / 分升就代表患有 CI 的可能。
- **高血压**。大部分患有高血压的人都有 CI，胰岛素水平和血压之间往往有很直接的关系，当胰岛素平均水平升高，血压也会升高。对有些人来说，不管血压是否上升，对钠的敏感性是很常见的，食用过多的钠会引起储水量增多，还会伴随血压升高。
- **抑郁**。碳水化合物是一种天然的"镇静剂"，因此患有 CI 的人群中，抑郁是一个非常普遍的现象。碳水化合物对大脑产生的神经传导物质的分泌水平有负面影响，因而会造成抑郁。很多人都曾经听说过糖会令人兴奋，但实际上糖的效果是相反的，有些人在吃完糖之后会产生短暂的能量爆发，但并不持久。

另外，你自己或直系亲属的病史也会表明你是否更容易患上 CI，包括个人或家庭成员是否患有糖尿病、肾结石或胆结石、高血压、高胆固醇/低高密度脂蛋白、高甘油三酯、心脏病、中风或乳腺癌。

某些类型的人群会更容易患上 CI，包括压力较大、摄入雌激素过多、肌肤暗黄的人，以及有糖尿病或其他代谢综合征家族史的人。另外随着年龄的增长，患有 CI 的概率会更高。

两周测试，改善你的饮食和耐力

20 世纪 80 年代中期，我开发了一个有效的方法用来帮助人们找到适合他们的最理想的碳水化合物摄入量，这个方法被称为"两周测试"（Two-Week Test）。数以万计的运动员都曾把这个方法看作必要的手段，以此获得健康，远离身体脂肪，显著提高有氧能力和整体耐力。

两周测试也是启动新陈代谢的最佳方法，因为它可以迅速将身体转换到脂肪高速燃烧的状态，这个方法曾经使很多人的健康有所好转，有时候还可以帮助人们减少或者停止使用药物。

在我的职业生涯里曾经使用过的各种工具中，在整体的效果方面，两周测试带给我的惊喜最大。我不断看到它是如何使一个人在短时间内，从一个极端身体不适的状态变成非常健康的状态。

罗斯是我的一名患者，那时她三十出头，也是一名跑者。在之前几年，她通过建立良好的有氧基础加上健康饮食，跑步成绩明显提高，她的 MAF 测试也从最初的每英里 9 分 35 秒提高到大约 8 分 05 秒，这是她所测试的第一英里的成绩。但是针对她的训练量和热量的摄入水平来说，罗斯的身体脂肪含量还是过高，她经常感觉疲劳、嗜睡，而且饭后觉得肚胀。她整体摄入精制碳水化合物的量已经比前几年降低了，但她热量摄取中的大约一半还是来自一些"不好"的食物，而且几乎每餐都是如此。她拒绝放弃精制碳水化合物，但最终在我的说服下，罗斯准备进行两周测试。

在没有食用任何精制碳水化合物两周之后，她所有的挥之不去的症状都消失了。在此后的 MAF 测试里，她在第一英里的成绩提高到 7 分 40 秒，比之前提高了 25 秒。饮食调整一个月之后，罗斯不得不购买小一号的衣服，因为她的体重从 60.8 千克下降到了 55.8 千克。几周之后，她开始了她的赛季，并取得了 10 公里跑的个人最好成绩。

两周测试会标记出一段胰岛素水平适中的时间，因为在这段时间里碳水化合物的摄入量减少了。这个测试的目的并不是限制热量或脂肪摄入，而是限制中高 GI 的碳水化合物，它的目的也不是回避所有的碳水化合物或引发酮症（这是一种被称为酮类的化学物质引发的新陈代谢状态，由于摄入过少碳水化合物而引发），也不会产生其他低碳水化合物饮食那样的问题，当然也没有必要称量食物或计算克数或卡路里。最重要的是，这并不是节食，只是食用允许吃的、回避不应该吃的，适当地加些零食，而且不要挨饿，就这样保持两周时间。

两周测试最好是在有氧基础训练阶段进行，进行的时候不要参加比赛，也不要涉及无氧训练，当然也有很多运动员在无氧或比赛阶段成功完成了测试，而且没有出现任何问题。

在你开始测试之前，可以问问自己是否存在上面提到的有关 CI 的体征和症状。写下你所了解的问题，再写下你可能会遇到的问题，这可能需要花费几天时间，可能很多人不能立刻想起所有的问题，但这一点很重要，因为在测试之后，你可以对比之前的问题有哪些得到了改善。

接下来，在开始测试之前称一下你的体重，在测试中，你可能会失去身体内某些多余的水分，但是你也会进入脂肪大量燃烧的状态，减掉身体的脂肪。我曾经看到一些人在测试中只减掉了几千克，而有些人则减了 10 千克甚至更多。这不是一个减肥的方法，体重主要是作为一个显示自己身体如何工作的指标，特别是在测试之后。

碳水化合物会让人上瘾吗

碳水化合物是会让人上瘾的，尤其是糖。有些人不太接受这个观点，让人吃惊的是竟然没有明确的科学研究能够证明这个观点。很多保健专家都曾经努力帮助那些无法减少糖摄入或不吃糖的患者，尽管那些患者自己也知道这些对健康不利。

虽然没有一个明确的研究能够证明糖或其他精制碳水化合物食品具有让人上瘾的特性，但的确有研究显示，糖和高 GI 食物能够激活大脑的奖赏中心。在咖啡因、尼古丁以及其他被广泛认为会导致上瘾的物质的刺激下，大脑内都会产生相同的物质。

甜食和所谓的快乐食品会让人上瘾是被大家广为接受的，这个事实甚至被一些使用市场营销作为强大手段来销售产品的大型公司证明过。食品广告商每年花费几十亿美元，他们非常清楚如何用能置你于"死地"的食物来戏弄和诱惑你，这些广告对年轻人和孩子尤其有效，这和几十年前烟草行业采用的方式没什么区别。看看饮料巨头可口可乐和百事可乐，它们的饮料中每 12 盎司（约 340 克）含有 40 克碳水化合物，相当于 9 汤匙的糖。2009 年末，可口可乐推出了一款小听装饮料，市场推广的时候打出了"更健康的选择"的口号，因为它含有的热量更少！

如果社会真的意识到精制碳水化合物，尤其是糖引起的危害，就像最近几年大家对烟草的态度一样，那么将会有一场由消费者倡导的变革。由于食用糖和精制碳水化合物产生的健康保健方面的天文数字花费，国家、城市的政府机构都会对糖或精制碳水化合物食品征收巨额税赋或者全面禁止。生产谷类、糖果、曲奇和糖的公司都会面临诉讼，就像烟草控制行动的法律诉讼一样。我能想象到这样的情形：学校之外的曲奇保密协议、糖只能依据处方才能购买、治疗糖依赖症诊所的增加，在诊所里使用的替代品将是人工甜味剂，也许事情正在朝那个方向发展。

一些欧洲国家已经开始在儿童电视节目中禁止播放关于糖的广告，美国加利弗尼亚州正在施行禁令，禁止在学校销售汽水，餐厅也被要求在餐食中公示所含的热量。所以我们看到，食品大战已经开始了，科学也已经跟上了，但我们不能只依靠政府、科学、社会或其他人来解决问题，让我们大家一起行动起来吧。正如其他成瘾物一样，我们需要对自己承担起责任。如果需要帮助，我们可以得到帮助。拥有长期临床经验的我清楚，尽管那些兜售"致命食物"的大公司还在进行各种宣传，但我们每个人手中却掌握着控制或去除糖成瘾的钥匙。

碳水化合物不仅能够成瘾，CI也是沉溺于酒精、咖啡因、烟草或其他药物的人群中很常见的问题。药物经常是次要问题，CI才是首要问题，治疗这个首要问题无疑应该针对成瘾本身，这样才可以更成功地恢复。

开始测试之前，请进行 MAF 测试。在两周测试之后，立刻再次进行 MAF 测试，然后将两次结果进行对比。

首先你要制作一份购物清单。在开始测试之前，要确保你在测试期间有足够的食物，下面是具体的购物清单明细，去把以下物品备齐，把你想吃和希望摆在手边的食物、膳食和零食列个表。另外，检查橱柜和冰箱，把家里所有的甜食都扔掉，否则你会被诱惑。请记住，很多人都对糖和其他碳水化合物上瘾，在测试的前几天，你会非常渴望这些食物，而且渴望程度甚至会超出你的想象。

你要确保自己在测试期间不会挨饿。最好的方式是把进食的频率加大，如果需要，可以每 2 小时进一次食。当你不太可能会被节日大餐干扰的时候，再安排两周的时间进行测试，这样就会轻松地按照计划行事，如果有假期或事先计划好的社交活动，那最好不要进行测试。如前所述，在测试期间要避免竞技比赛。

这个饮食计划如果执行时间少于两周，可能不会带来有效的结果，所以，假若第 5 天，你吃了一碗意面或一盒曲奇饼干，就需要从头开始。

在测试期间可以食用的食物

在两周测试期间，你可以随意享用以下食物：

- 鸡蛋（蛋白和蛋黄），未加工过的（真正的）奶酪，全脂（可打发的）奶油，酸奶油。
- 未加工的肉类，包括牛肉、火鸡肉、鸡肉、羊肉、鱼、贝类及其他。
- 番茄，纯天然蔬菜汁或其他蔬菜汁（例如胡萝卜汁）。
- 水。
- 煮熟或未加工的蔬菜（除了土豆和玉米）。
- 坚果，种子，坚果黄油。
- 食用油，醋，蛋黄酱，莎莎酱，芥末和香味料。
- 海盐（除非你对钠过敏）。
- 各类咖啡和茶（如果你平时就饮用它们）。

如果这些食物是包装好的，一定要阅读其成分，因为它们经常会被添加不同形式的糖。

新陈代谢综合征

如果 CI 在各种问题的早期阶段不能被纠正，那么你的体征和症状以及全面健康状况都会很容易恶化，甚至最终导致疾病。近几年，一系列可预防的复杂的相关疾病都被验证与 CI 有关，包括当今社会最大的杀手——心脏病、癌症、中风和糖尿病，这些疾病每年导致的美国死亡人数比美国内战时死亡的总人数还要多。这个复杂的疾病被称为"新陈代谢综合征"，具体的失调状况包括：

- 糖尿病（2 型）。
- 高血压。
- 肥胖。
- 多囊卵巢。
- 中风。
- 乳腺癌。
- 冠心病。
- 高血脂（高血胆固醇和高甘油三酯）。

这些问题并不是按照特定的次序出现的，但都与 CI 相关。不幸的是，一旦某些疾病出现了，保守治疗是非常困难的，需要格外的关照。但是，这些问题其实可以通过正确的饮食控制得到改善，包括解决碳水化合物摄入量过多的问题。

运动员不会对疾病和功能失调免疫，也不会被多余的脂肪存量保护，尤其是他们的动脉，这可以从很多运动员的死亡中看出来。那么，运动员应该如何确定饮食中最佳的碳水化合物水平和类型，从而更好地适应他们的需求呢？第一步就是进行两周测试。

测试期间应该避免的食物

在两周测试期间，不允许食用以下任何一种食物：

- 面包、面包卷、意面、薄煎饼、谷类食品、小松饼、薯条、咸饼干、年糕，以及其他类似的碳水化合物食品。
- 甜食，包括含糖的产品，例如包装的番茄酱、蜂蜜和很多其他已加工的食品（阅读外包装）。
- 水果和果汁。
- 深加工的肉类，例如冷切肉，它们经常含有糖分。
- 各种类型的土豆、玉米、大米和豆类。
- 牛奶、酸奶，以及两者的混合物。
- 能量棒和饮料。
- 所有汽水，包括所谓的低热量品种。

关于酒精

如果你平常会饮用适量或少量的酒，在测试期间有些酒是允许饮用的，包括：混合碳酸化淡水（包括苏打水）的干红和纯蒸馏酒（杜松子酒、伏特加、威士忌等）。

不允许喝的酒有：甜酒、啤酒、香槟、含有糖分的酒（朗姆酒、利口酒等），或者混合了糖的酒，例如加了汤力水、汽水或其他含糖饮料的酒。如果不确定是否可以饮用，那就不要饮用。

膳食建议

下面是对饮食、食物的准备和外出就餐的其他建议，无论是在两周测试期间还是结束之后，这些对你都是有帮助的。

| 早餐 |

- 煎蛋饼配合任何蔬菜、肉类和奶酪。
- 搭配牛油果沙拉酱、酸奶油和莎莎酱的炒鸡蛋。
- 搭配一汤匙意大利乳清干酪和自制番茄酱的炒鸡蛋。
- 煮鸡蛋或去壳水煮蛋搭配菠菜（或芦笋）和荷兰酱（或奶酪酱）。
- 鸡蛋搭配培根或其他肉类。
- 蛋奶酥。

| 沙拉 |

- 主厨沙拉：生菜叶子、肉、奶酪、鸡蛋。
- 菠菜沙拉：菠菜、培根、鸡蛋、凤尾鱼。
- 凯撒沙拉：长叶莴苣、鸡蛋、帕尔马奶酪、凤尾鱼。
- 任何含有鸡肉、金枪鱼、虾或其他肉类和奶酪的沙拉。

| 沙拉酱 |

- 特级初榨橄榄油和醋（意大利黑醋、葡萄酒、苹果酒），调不调配海盐和香料均可。
- 奶油：由全脂奶油、蛋黄酱、大蒜和香料制成。

| 鱼和肉类 |

- 用洋葱、胡萝卜和芹菜一起炖熟的肉。
- 肚子内塞有茴香、芹菜和胡萝卜球的烤鸡。
- 用辣椒烹饪的鲜肉和各种各样的蔬菜，例如：茄丁、洋葱、芹菜、甜椒、西葫芦、番茄和香料（不含豆类）。
- 牛排和鸡蛋。
- 任何肉类和蔬菜、混合沙拉。
- 用帕尔马干酪调制的鸡肉（不要裹面包屑或油炸）和混合沙拉。
- 没有裹面包屑或非油炸的鱼搭配各种酱料和蔬菜。
- 金枪鱼肉末搭配西兰花和芦笋。

| 酱料 |

- 淡的融化黄油。
- 可以把全脂奶油加上芥末、咖喱粉、辣椒或任何你喜欢的口味，慢煮变成速成奶油汁，把这个汁浇在鸡蛋、禽肉或蔬菜上，这非常美味。
- 可以用意式番茄酱辅助任何鱼、肉或蔬菜做出速成的帕尔马干酪，然后把它放在意大利面瓜上，这很像意面；或者用切片的烤茄子或西葫芦做成千层面，来替代意面。

| 零食 |

- 水煮蛋。
- 用生菜包裹起来的风干鲜肉或奶酪。
- 蔬菜汁。
- 杏仁、腰果、胡桃。
- 用坚果黄油或奶油奶酪填满的芹菜。
- 用蔬菜段蘸牛油果沙拉酱。

| 外出就餐 |

- 让服务员知道你不需要任何面包。
- 另外再要一份蔬菜，不要米饭或土豆。
- 中餐：蒸的肉、鱼或蔬菜（不要米饭或甜酱）。
- 西餐：牛排、烤肉、鸭肉、鱼肉或海鲜。
- 法餐：扇贝、煎牛肉。
- 意大利餐：撒有帕尔马干酪的小牛肉（不要面包屑或油炸），海鲜沙拉。
- 避免各种油炸食品，这类食品通常都裹有面包屑或面粉。

两周测试之后

两周测试完成之后,重新评估你最初的那些问题。你的精力是否得到了恢复?你的疲劳感是否减少了?餐后的嗜睡感是否减轻了?夜间的睡眠质量是否变好了?是否不再经常感到抑郁了?你的 MAF 测试成绩是否进步了?如果你现在感觉比两周之前要好,或者体重减轻了,那就说明你可能患有某种程度的 CI,那么你不应该再和测试之前一样食用那么多的碳水化合物了。有些 CI 程度比较严重的人会感觉比测试之前好很多,特别是那些体重减轻较多的。有些人说,在测试之后感觉像换了个人一样;还有一些人说,经过几天的测试,他们感觉青春重现了。

检查你的体重,在测试期间任何的体重减轻都不是因为热量减少了,因为很多人在两周测试期间所摄入的热量比平时还要多,真正的原因是胰岛素的减少导致脂肪燃烧增加了。虽然可能减少的体重会包括一部分水,特别是如果你对钠过敏的话,但不管怎么样,脂肪确实是减少了。

如果你曾经血压很高,甚至在服用药物,那么在测试期间就需要接受保健医生的多次检查,在测试结束后要立刻进行血压测量。有时候血压明显下降了,你的药物就需要进行调整或者停止,这些都要在保健专家的建议下进行。有些人随着胰岛素水平降到正常水平,血压也正常了。

找到你的碳水化合物耐受点

如果在两周测试期间所有的事情都是按照上述要求执行的,但你什么改善都没感觉到,那说明你可能没有 CI 问题,你的碳水化合物摄入水平应该是均衡的,那么我唯一的建议就是避免食用精制碳水化合物。但是如果两周测试改善了你的体征和症状,那么下一步就是确定你能容忍的碳水化合物是多少,从而使那些问题不会再重复出现。

你可以在两餐之间或点心中加入单人份的天然未经加工的碳水化合物，通过这种方法来确定耐受点。例如，可以在早餐的原味酸奶中添加一点蜂蜜，或者在午饭或晚饭后增加一个苹果；至于点心，可以试试不加蜂蜜的健康能量棒。避免所有精制碳水化合物，例如糖和精制面粉产品（如白面包、面包卷或意面）。如果你能够找到全谷类的产品，那是可以食用的，具体包括用发芽谷物制做的面包和全麦产品（需要30～45分钟进行烹饪），还有其他一些由磨碎的小麦制成的粗加工产品、黑麦或其他谷物，如果不确信是否属于可食用范围内的食品，那就尽量避免食用。

逐步加入这些碳水化合物食品的目的是确定究竟是哪些食物会引起最初的体征和症状，如体重增加。在这个阶段，由于刚刚完成测试，你的身体和大脑对碳水化合物的反应会比较轻微，从根本上说，你需要对身体对食物如何反应更敏感一些。但我还是想强调，不要在测试后的正餐中添加碳水化合物或点心，因为胰岛素的生成部分原因是受你前一顿餐食影响的。

随着每一次碳水化合物的加入，要留意在之前测试中已经去除的症状是否再次出现，尤其是那些在饭后立刻就会出现的症状，如肠道胀气、嗜睡或抑郁。

最重要的是，如果任何在两周测试期间或之后消失的体征、症状现在又出现了，说明你可能超过了自己的碳水化合物限度。例如，如果你的饥饿感或对食物的渴望在测试快结束的时候已经得到了改善，但现在又出现了，那可能说明你摄入了太多的碳水化合物；如果你在测试期间体重减轻了8磅（约3.6千克），但在加入碳水化合物后的一周或两周时间内体重又增加了5磅（约2.3千克），那说明你摄入了太多的碳水化合物。同样，如果血压在降下去之后又明显上升了，也可能是由于过多地摄入了碳水化合物。如果以上提到的任何一种状况发生了，那么立即减少一半的碳水化合物摄入量，或者进行实验，看看到底是哪一种食品引发了症状。有些人会重新回到两周测试中，再次开启新的进程。

在某些情况下，人可以承受简单的碳水化合物，例如新鲜水果、原味酸奶和蜂蜜，但复合型的不行，例如红薯、全谷类、豆类或其他淀粉类食品。在其他一些情况下，有些人不能承受任何的小麦食品。在测试之后，这些因素会更容易确定。

使用天然碳水化合物进行 1～2 周的实验之后，你对你身体的碳水化合物承受水平会有一个很清晰的认识，你能够更好地了解哪些食物需要回避，哪些是可以食用的，哪些是必须限量食用的；你能够更加清醒地意识到，当你食用了过多碳水化合物之后，身体的感觉是怎么样的。慢慢地，你会觉得需要再次进行两周测试来检验自己的身体，或者在假期和任何放纵饮食之后，需要立刻回归饮食的正轨。

修改版两周测试

对于那些希望参加两周测试，但又正在进行无氧训练或者正处于赛季之中的人来说，两周测试是可以被修改的，唯一的变化就是新鲜水果将被允许食用，但果汁不行，除非是在训练或比赛之中。除了高 GI 的水果，如香蕉、西瓜、菠萝和所有的水果干，其他所有的新鲜水果都是可以食用的。

用修改后的方案进行两周测试时，要遵循上述谈到的原则。如果想食用新鲜水果，一定要选择允许食用的。

纤维素

很多人发现饮食中去除谷物之后会出现消化系统懈怠的问题，还会有一定程度的便秘。常年食用碳水化合物，你的肠道系统已经习惯了那种类型的物质，如果你在两周测试期间或测试之后，在饮食中保持碳水化合物摄入量的时候出现便秘，可能的原因有以下几个。

<mark>首先，你摄入的纤维素可能不够</mark>。面包、意面和谷物对很多人来说是重要的纤维素来源。

车前草是一种高纤维的草本植物，对肠道功能的促进作用非常明显。把原味车前草加入水、番茄汁或健康饮品中，能够让你的肠道顺畅工作。在刚开始的几天，每天加半汤匙以确保肠道的承受力，然后每天增加至一汤匙或者大约 6 克。另一种在饮食中添加车前草的方法是用它替代增加酱料浓稠度的面粉或替代面包屑来搭配肉类和蔬菜。如果你需要纤维素的补剂，一定要阅读商标再使用，以确保它不含糖。市场上有不含糖的车前草产品，买到它们应该不是困难的事情。

<mark>便秘的另一个原因可能是脱水</mark>。如果你饮用的水不够，你会更容易便秘。在两周测试期间，你需要多喝水，需要注意的是每天的最大摄入量不能超过 2～3 升，测试结束之后，蔬菜、豆类（例如扁豆）和水果都是水分和纤维素的重要来源。所以如果你便秘了，说明你需要在承受范围之内食用更多的蔬菜和水果。另外，摄入足够的天然脂肪也很有帮助，这个会在后面的章节中详细讨论。

偶尔会有一些人在两周测试期间或之后感到非常疲劳，这是由多方面因素造成的，最常见的原因是食用的食物不足。最普遍的问题是不吃早饭，很多人如果没有一顿健康的早餐是不能坚持 3～4 小时的。

一旦你成功地完成了两周测试，而且后来也成功地再次加入了适当量的可承受的碳水化合物食品，那么你对自己的碳水化合物耐受度就有了一个非常明确的了解。定期询问自己有关体征和症状的问题是最佳的方式，包括精力不足、嗜睡问题、饭后胀气等。你可以做个记录，这样对自己的评估能够更客观一些。最后，你不需要时刻关注这些问题，因为直觉会告诉你，你自然就会知道你的极限。

理想的碳水化合物

位列未加工碳水化合物首位的就是水果，除了富含维生素和矿物质之外，水果还含有重要的植物营养物质。虽然水果是一种碳水化合物食品，但大部分水果的 GI 都在中低水平，因为水果含有大量的纤维素，而且果糖在所有糖类中 GI 是最低的，大部分水果都包含果糖和葡萄糖，那些果糖含量较高的水果 GI 较低。GI 最低的水果有樱桃、李子、葡萄柚、杏、甜瓜、浆果和桃子。苹果和梨的 GI 偏低；葡萄、橙子和香蕉的 GI 偏高；菠萝、西瓜和水果干的 GI 最高。如果对它们确实难以抗拒的话，你应该有节制地食用。患有 CI 的大部分人能够承受一定量的新鲜水果，但还是要从 GI 低的水果中进行选择。

豆科植物或豆类在很多人的承受范围之内，但大多数情况下只能少量食用。这些食物被很多人认为是蛋白质食品，但实质上它们所包含的碳水化合物比蛋白质多，比如，一份红豆一般来说包含 6 克蛋白质和 16 克碳水化合物，碳水化合物的含量又是纤维素的 5 倍。但因为包含蛋白质和纤维，所以红豆和其他豆类植物虽然是碳水化合物食品，其 GI 是相对较低的。总体来说，因为包括扁豆在内的大部分豆类的血糖升高效果是温和的，可以作为精制碳水化合物食品的的极佳替代品。

蔬菜中也含有碳水化合物，虽然大部分的含量都很低，蔬菜是饮食中极其重要的组成部分，这将在后面详细讨论。但有些蔬菜的碳水化合物含量较高，所以需要在这里探讨一下。玉米和土豆是碳水化合物含量最高的蔬菜，应该适度食用。一份烤土豆中含有 37 克碳水化合物，这相当于一份意面，其 GI 比一些蛋糕和糖果还要高。

很多人把谷物当作碳水化合物的主要来源。全谷类及其制成的产品比精制的要健康得多，例如，全燕麦片要比普通的经过加工的燕麦谷物更好，特别是那种即食燕麦；糙米要比大米好；野生稻米其实不是真正的大米，而是一种芦苇状的植物的种子，其碳水化合物的含量相当低，GI 也是较低的。市场上有大量的面包都是由发芽的全谷物制成的，大部分的 GI 都比较低。加工过的小麦粉（白面粉）与全谷物产品相比，可以使胰岛素水平提高 2～3 倍。但是不管是全麦的还是经过加工的，谷物都属于淀粉类，要比大部分的食物难消化。绝大多数人都不知晓自己对小麦不耐受。其实小麦对很多人来说都是个麻烦，所以我想在下面进行阐述。

小麦，一种不健康的主食

小麦在西方饮食里可能是仅次于糖的最不健康的主食，是导致身体不健康和疾病的重要因素。我们都知道糖由于高 GI 的特性对人类健康非常不利，但其实小麦和小麦产品由于更高的 GI 对身体更不利。食用一片面包等同于食用了好几汤匙的白糖，身体会把小麦的大部分转化为脂肪，所谓不含脂肪的百吉饼几乎有一半都会转化成脂肪被储存起来。

对小麦的营销是一个很成功的推广故事，就像烟草产业一样。它被大部分人认知的方式是媒体，推销当然不会从营养的角度考虑。但我们可以从很多其他的健康食物中获得小麦所含的营养。考虑到健康风险问题，小麦在食物金字塔中的位置无非是为那些对小麦上瘾的人群或销售小麦及其产品的公司提供了一个方案而已。

小麦是导致肠道问题、过敏和哮喘问题以及皮肤问题的一个常见原因，它还会妨碍各类营养物质的吸收，增加体重，偶尔还会导致死亡。

小麦不能成为健康食物的原因主要有两方面。==第一，小麦被称为面筋的蛋白质成分会使很多人过敏，==包括一些婴儿，很不幸的是小麦是他们的首选食物。很多人是在没有意识的情况下受到了面筋的负面影响，用一种缓慢无声的方式形成了慢性疾病。面筋是一种帮助面包发面的物质，所以大部分烘焙和包装食物中都含有这种物质。

==小麦不健康的第二个原因是，从面包、百吉饼、小松饼到谷物，几乎所有的小麦产品都是高 GI 的==，很多包装食品里还含有添加剂，而小麦粉已经成为几乎所有厨房和食谱中的重要主食。以前，人们购买完整的小麦粒，打磨后做成面粉，或让它发芽作为种子使用，但那个时代已经过去了。当小麦粒还含有面筋的时候，它们并不是高 GI 的，但我们今天使用的几乎所有小麦都经过深度加工，因而都有很高的 GI。

与食用小麦相关的特殊问题越来越多，从自身免疫性疾病（如关节炎、1 型糖尿病、狼疮、多发性硬化）、慢性炎症到不孕症、皮肤病（如湿疹、痤疮和牛皮癣），甚至是癌症。有些人对小麦比对其他物质更为敏感。小麦是儿童和成人患有过敏症的最常见的诱发因素之一，其他的过敏原还有牛奶、大豆、花生和玉米。最实用的评估方法就是留意你摄入小麦之后的个体反应，最常见的症状就是肠道胀气，其他与皮肤、呼吸和水肿相关的症状会立刻出现或稍有延迟。如果你对小麦敏感，从饮食中大量减少或去除它才是最有效的治疗方式。

以下是有关小麦不良影响的另外一些方面。

在肠道内，小麦会阻碍重要矿物质的吸收，具体包括钙、镁、铁、锌和铜，所有这些都是健康身体的必需营养素。

小麦会减少消化酶分泌，特别是那些来自胰腺的消化酶，致使关键食物的消化受阻，包括蛋白质和脂肪。蛋白质无法被消化损害了氨基酸的吸收，而吸收全蛋白质会引起过敏。如果脂肪不能被消化，必需脂肪酸就不能被吸收，这样会引起一系列负面问题，包括皮肤变差、炎症和激素平衡问题。

因为精制小麦是高 GI 的，所以会导致胰腺分泌更大量的胰岛素。除了造成更多的脂肪存储，还会加大患上各类疾病的风险，包括糖尿病、癌症和心脏病。

对于某些人，把锻炼和小麦结合会引发过敏反应，但这种情况并不普遍。当一个人摄入了某种形式的小麦之后，在特定时间内进行运动会出现某种过敏反应，有些是轻微的（有时候因为很轻微，所以人们已经习惯了），例如皮疹或荨麻疹；还有些是更严重的问题，包括全身性过敏反应；在个别情况下，甚至会死亡。有些人还会出现呼吸困难，这个问题有时候很难诊断，因为需要两个因素在同时存在（小麦和运动），有些运动员的死亡报告可以证实这个问题。

高 GI 的小麦产品通常会添加更多的糖，从而变得更甜，这样会导致人养成吃甜食的嗜好，甚至是上瘾。这样不仅会使人有渴望甜食的欲望，而且还会令人厌恶健康的食物，这些食物在口味上不太甜，甚至有点苦，比如蔬菜。

小麦有时候还会引起心理和情绪上的病症，包括抑郁、情绪波动、儿童注意力不集中，以及焦虑。有一种与小麦过敏相关的潜伏疾病是由大脑萎缩引发的痴呆。

此外，骨质疏松症也和小麦过敏高度相关。

还有一些生活质量问题也与小麦摄入相关，包括嗳气或放气，腹泻或其他腹部不适，精神专注力降低、注意力不能集中，以及疲劳。有些人在食用一顿包含小麦的餐食之后就会睡着，即便只是一个三明治。

有一种严重的小麦不耐受问题曾经被认为是乳糜泻，这是一种自体免疫性问题，患者必须严肃对待，避免大量小麦的摄入，控制风险，它有时甚至会威胁到生命。很多专业人士承认，轻微的小麦过敏症其实都是一样的，那是一种临床症状不明显的腹腔问题。事实上，这个问题今天已经被更多人意识到了，最近的一期《家庭医疗杂志》（*Journad of Family Practice*）显示，当有一个人被确诊患有乳糜泻时，还有另外 8 个人没有就诊。包括耐力运动员在内的成千上万的美国人与世界各地的很多人都有这个问题。

如果你还在疑虑小麦会对你的健康有什么影响，那就考虑尝试在几周或一个月内严格地控制其摄入量。你会变成一个全新的更健康的人，你的训练和比赛成绩也会得到提高。

甜味剂

甜味剂是碳水化合物或糖最纯的存在形式，包括深度加工的高 GI 产品，比如麦芽糊精和食糖，以及低 GI 食品，比如蜂蜜和龙舌兰。正如其他的碳水化合物食品，加工最少的纯天然的糖是最佳甜味剂。

大部分甜味剂都是复合碳水化合物，具有高 GI，而且很难被消化，比如所有的麦芽糖（麦芽糊精、麦芽糖、枫糖和糖浆）、玉米糖和糖浆（如高果糖的玉米糖浆）、所有蔗糖（白色的和棕色的）、大米糖浆和黑蔗糖浆。或许最佳的甜味剂是单糖，它不需要消化，而且未经加工，GI 也最低。蜂蜜是最好的，但食用时要注意节制，而且不能超过你的碳水化合物耐受度。

MYTHS OF ENDURANCE

蜂 蜜

蜂蜜已经被使用了几个世纪，它不仅能作为甜味剂，还能用来修复皮肤问题。即使在今天，蜂蜜仍旧是普遍使用的最天然的甜味剂。蜂蜜包括大量的维生素、矿物质和氨基酸，还包含抗氧化剂。另外，蜂蜜还有消炎和抗菌的作用，最近大量的科学文献都已经证实蜂蜜的治疗价值，以及提高运动员耐力的功效。

蜂蜜可能是唯一的不会因其酸性而导致牙齿腐坏的碳水化合物食品。总体来说，蛋白质和脂肪会提高唾液的pH，使其碱性增加，而碳水化合物食品使pH降低，使唾液的酸性增加。蜂蜜是糖类中的一个例外，虽然它是碳水化合物，但可以使pH升高。另外，由于蜂蜜有抗菌和减少右旋糖酐（一种能够帮助细菌依附在牙齿上的粘性含糖物质）的功效，所以对口腔的整体健康都是有益处的。

跟水果一样，蜂蜜主要由果糖和葡萄糖混合构成。不同类型的蜂蜜含有每一种糖的比例不同，那些结晶最快的是葡萄糖含量最高的，所以GI也最高。因为在所有的糖类中果糖的GI最低，所以富含果糖的蜂蜜的GI也就最低，例如众所周知的鼠尾草蜜和山茱萸蜜就富含大量果糖，红花苜蓿蜂蜜所含果糖含量属于中等，而紫花苜蓿蜂蜜的葡萄糖含量则更高。

在购买蜂蜜的时候，要注意其很多属性。黑蜂蜜是最具治疗效果的，所含营养物质也最多。荞麦蜂蜜据说含有最大量的抗氧化剂。未加工、过滤的蜂蜜保留了最佳的品质，温度、光线和过滤会使蜂蜜的一部分有益功能被去除。

龙舌兰经常被认为和蜂蜜同属一个类别，虽然它是一种天然的甜味糖浆，但其实两者差别很大。它是从一种像仙人掌一样的龙舌兰属植物（类似芦荟）中提取的，还会被用来酿造龙舌兰酒，虽然它果糖含量很高，GI很低，但它缺乏蜂蜜所具有的治疗功效。另外，由于它富含果糖，有些人是不能承受的，肠道问题是食用它最常出现的症状。对于那些甘油三酯水平比较高的人来说，大量果糖的摄入会使状况恶化。

人造甜味剂

我建议在任何状况下都避免食用所有的人造甜味剂，因为我相信假的糖会对健康有负面作用。人造糖包括传统的阿斯巴甜代糖和糖精，以及一些被认为是天然的糖，比如甜菊糖。有的人认为关于这个问题，科研并没有给出一个明确的认定，但我们为什么一定要等到有足够信息证明它是有害的时候呢。人造甜味剂在很多食物中都有使用：无糖汽水、口香糖、冰激凌、冰茶，以及很多其他产品，如果你想避免食用它们，就必须阅读外包装。

像糖精这样的物质不建议给儿童或孕妇食用，阿斯巴甜已经被证实与偏头痛和过敏反应发病率升高有关了。还有一个事实被我们忽略了：人造甜味剂大多数时候是伴随着食物摄入的，换句话说，如果你食用人造甜味剂，就会经常食用更多的食物，而且通常都是甜食。更糟的是，你还会储存更多的脂肪，科研人员还不清楚为什么会这样，但有一些确定的因素还是能被证实二者之间有相关性。这也许是一个身体学习了解的过程，甜味能够引发体内脂肪的储存，而不是脂肪的燃烧；或者是在食用人造甜味剂的时候容易脱水，这样会激发大脑对食物的渴望，因为摄入食物是再次保持水分平衡的方式。另外，食用代糖低热量的食物会减慢身体的新陈代谢，这样不仅会导致身体储存更多脂肪，还会引发食用更多食物的需求。

有些人认为人造甜味剂能够减少热量摄入，但其实当你选择添加了"假糖"的产品的时候，你是被欺骗认为所购买的是健康的低卡路里食物，例如，当你用人造甜味剂代替一茶匙蜂蜜的时候，你只是减少了15卡路里或者更少的热量。这并不能让卡路里有明显的降低，不仅如此，计算卡路里也是不健康的做法，有关这个问题，我们会在其他章节讨论。

显然，如果你希望健康、持续地改善有氧系统、脂肪燃烧能力和耐力，了解碳水化合物是如何影响全面健康的就非常重要了，特别是与你个人特殊需求相关的影响。总之，精制碳水化合物最好从饮食中去除，最佳的选择是水果和蔬菜，如果能够承受，还可以包括未经过加工处理的全谷物，再加上少量的蜂蜜作为甜味剂。当你开始更明智地选择碳水化合物食品的时候，你就会发现自己的耐力和全面健康状况有显著的改善。

ENDURANCE TRAINING

RACING

14

平衡膳食：蛋白质、脂肪、蔬菜和水果

THE BIG BOOK OF ENDURANCE
TRAINING AND RACING

非甾体抗炎药　　蛋白质需求

A、B、C 类脂肪　完美的鸡蛋

慢性炎症　　　褐色脂肪

胆固醇　低脂饮食

维生素　　　草饲牛肉

14

平衡膳食：蛋白质、脂肪、蔬菜和水果

我们都需要通过摄入碳水化合物、蛋白质、脂肪、蔬菜和水果来维持最佳健康状态，如果希望提高耐力则更应如此。

蛋白质的作用，远不止塑造肌肉

我们通常认为，举重运动员和健美运动员对蛋白质的需求更高，其实，耐力运动员对蛋白质有着同样的需求，甚至更多。极限运动员、正在长身体的孩子需要更多的蛋白质，体型趋于稳定的成年人也要确保充足而持续的蛋白质摄入。蛋白质不仅有助于塑造肌肉，还在许多生理活动中起着重要作用：

- 蛋白质是制造酶的必需品，对于脂肪消化和维持数百种代谢功能的平衡至关重要。
- 蛋白质对于神经递质的合成与功能维持极为重要。神经递质是一类化学物质，负责大脑、神经系统以及肠道内部的信息传导。
- 蛋白质是骨骼、器官、腺体以及身体其他部位制造新细胞的关键成分，并在人的一生中持续发挥作用。

- 蛋白质能够协助氧气、脂肪、维生素、激素和许多其他化合物在身体内部的调节和运输。
- 蛋白质是人体免疫系统制造天然抗体的必需品。
- 蛋白质中含有对健康至关重要的关键氨基酸。例如，谷胱甘肽是人体最强大的抗氧化剂，它在生成过程中需要半胱氨酸；肠道绒毛在吸收营养时，谷氨酰胺作为能量为这个过程供能。
- 蛋白质对于胰高血糖素的合成也很重要，这一物质能够促进糖原分解，是一种促进分解代谢的激素。

耐力运动员需要多少蛋白质

持续的研究表明，世界卫生组织、美国农业部和其他机构所推荐的蛋白质摄入量过低。有观点认为，摄入过量蛋白质会造成肾脏损伤，尤其是对于肾脏有问题的人，但最新研究显示，限制肾脏疾病患者从膳食中摄入蛋白质实际上会增加他们的死亡风险。

每天所需的蛋白质摄入量取决于你的肌肉含量、训练水平和其他因素，以及个人的舒适感。蛋白质摄入量的合理范围很广，通常可以用饮食中蛋白质占热量的百分比进行估计或者采用更详细的方法，比如以美国农业部指南为基准的正常摄入量范围作为参考标准。但是，这两种方法都是针对一般人群的，不能满足耐力运动员的需求。

根据研究，我们估算出耐力运动员每天所需的蛋白质是每千克体重约 1.6 克。以下的一些示例，可用于估算每天训练 90 分钟的耐力运动员的蛋白质需求：

- 对于体重 80 千克的人，每日蛋白质的摄入量应达到 128 克。相对应的食谱为：早餐 3 个鸡蛋和奶酪，午餐沙拉加上大量的火鸡肉，晚餐鲑鱼。

- 对于体重 65 千克的人，每日蛋白质需求约为 106 克。相对应的食谱为：早餐两个鸡蛋，午餐沙拉，晚餐西冷牛排。
- 对于体重 55 千克的人，每日蛋白质的最低需求约为 90 克。相对应的食谱为：早餐两个鸡蛋，午餐三文鱼沙拉，晚餐羊肉。

如果你的训练强度更大，热量需求也会更高，蛋白质的需求也应成比例增加。不同体重下蛋白质需求也有所不同。例如，你的体重为 90 千克，90 千克体重比 80 千克重 11%，因此每日摄入的蛋白质应该比 128 克多 11%，即 140 克左右。

以上这些并非最准确的计算方式，有两个原因：首先，它们是基于体重而不是瘦肌肉含量；其次，每个人的蛋白质需求略有不同。然而这为每个人的蛋白质需求提供了一个参考值。接着我们应该根据食物摄入量进行一些试验，找出最适合你的摄入量。一旦你根据前文调整了碳水化合物的需求，那么确定蛋白质需求就相对容易了。

不过摄入过量的蛋白质也是不健康的，就像摄入超过身体需要的碳水化合物或脂肪一样。摄入足够的蛋白质并不等同于高蛋白饮食，只是满足你的合理需求。需要注意的是，即使摄入适度的蛋白质有时也会对你的身体造成伤害。这是因为随着蛋白质摄入量的增加，你摄入的水分也应该随之增加，足够的水可以帮助蛋白质代谢物通过肾脏排出。如果你没有摄入足够的水，肯定会增加肾脏的压力。还有一种可能，当你面临巨大压力时，胃就不能产生足够的天然盐酸，而这种物质在蛋白质消化的第一个化学反应阶段非常重要，未消化的蛋白质会导致严重的肠道不适。解决这种不适的根本是处理压力和胃的问题，而不是蛋白质。

氨基酸

碳水化合物是由糖组成的，而膳食蛋白质则是由氨基酸组成的。为了将蛋白质分解，以获取氨基酸，肠道必须进行以下工作：首先，蛋白质必须在肠道中被高效消化，分解成氨基酸；其次，这些氨基酸必须被人体吸收。被吸收的氨基酸可作为单个产物使用，或者重新组成蛋白质，例如，氨基酸色氨酸可用于在大脑中制造某些神经递质，而多种氨基酸经过重新组合之后可用于制造新的肌细胞。

人体所必需的氨基酸至少有 20 种，它们在优化健康中必不可少。一些氨基酸可以在人体内合成，而另外一些"必需氨基酸"则必须通过膳食摄入。与直接摄入的必需氨基酸相对应的可在人体内合成的氨基酸有时被称为"非必需氨基酸"，但这一名称具有误导性，因为所有氨基酸都是人体必需的。

蛋白质的最佳来源

动物食品是蛋白质的最佳来源，其中含有所有人体所需的氨基酸。在这类食品中鸡蛋的蛋白质含量最高，其次是牛肉和鱼类。植物食品除了大豆以外，每种蔬菜只含有部分种类的氨基酸。因此，在选用非肉类食品补充氨基酸时，必须通过合理的搭配才能确保摄入的完整性，我们需要将某些特定的植物类食物组合起来，比如豆类加大米或者全谷物加豆类，这样才能提供完整的蛋白质。然而，将高碳水化合物食物（大米、豆类、谷物等）与蛋白质搭配在一起食用可能会影响消化，导致一些蛋白质无法分解成氨基酸。

同样地，鸡蛋、肉类和鱼类等富含蛋白质的食品，如果与复杂碳水化合物或双糖混合在一起，其消化效果可能会受到影响。这是因为这两类营养成分的消化速度不同。因此，食用肉类三明治、意大利面和鱼肉、鸡蛋和面包可能会影响蛋白质的消化，也可能会引起消化不良。将单糖与蛋白质搭配在一起则不会引起这些问题，因为这些碳水化合物不需要消化就能被直接吸收。

对大多数人来说，获得足够的蛋白质不是问题，因为有许多健康的选择，这些选择包括鸡蛋、肉类、鱼类和乳制品。选择最佳动物性蛋白的过程，其实就是寻找最佳食物来源的过程，有机、草饲等标签可以将优质鸡蛋、肉类、鱼类和乳制品与那些劣质的食品区分开来。

人类的消化器官进化出了独特的饮食习惯，即以大量的肉类和少量的碳水化合物为主，辅以可自由调配的蔬菜、水果和坚果。总之，人类对于消化肉类食品非常擅长。尽管最近几十年来总有"吃肉不健康"的观点误导大家，但肉类食品有许多独特的优点对健康和体能至关重要。以下是其中的一些：

- 肉类食品富含所有的必需氨基酸。
- 维生素B12是一种几乎完全存在于动物食品中的必需营养素。
- EPA是一种功能强大的必需脂肪酸，在控制炎症方面的作用非常重要，几乎完全存在于动物食品中。植物中的ω-3脂肪酸可以转化成EPA，但这种EPA在人类体内并不总能保持高效的作用。
- 缺铁是一种常见的全球性问题，这种缺乏症只需摄入含铁的动物食品便可预防。肉类中的铁也是这种矿物质在生物体中存在的最常见的方式。
- 维生素A仅存在于动物食品中，植物中的β-胡萝卜素可以转化为维生素A，但这种维生素A在人类体内并不总能保持高效。
- 动物食品中的蛋白质密度极高，却几乎不含碳水化合物，不会干扰消化和吸收。
- 摄入动物蛋白质较少的人的骨密度流失的速度较高，摄入动物蛋白质较多的人骨密度流失速度较低。

不可思议的鸡蛋

鸡蛋是一种近乎完美的食物，它含有的蛋白质是所有食物中最全面的。两个鸡蛋便含有超过 12 克的蛋白质，蛋白中的蛋白质含量占总量的一半以上，其余蛋白质都存在于蛋黄中。鸡蛋还含有许多人体必需营养素，如大量的维生素 A、D、E、B1、B2、B6、叶酸等。鸡蛋还含有重要的矿物质，如钙、镁、钾、锌和铁。此外，鸡蛋中还富含胆碱和生物素，这两者对于能量代谢和调节压力非常重要。上述这些营养物质都存在于蛋黄中。

蛋黄中的脂肪几乎是完美的平衡，其中大部分为单不饱和脂肪。此外，蛋黄中还含有两种人体必需脂肪酸——亚油酸和亚麻酸。鸡蛋中几乎不含碳水化合物，因此对于碳水化合物不耐受者来说，鸡蛋是完美的选择。而且鸡蛋有诸多的烹饪方法，又美味又快捷。对于大多数人来说，鸡蛋可以成为健康饮食计划的一部分。

尽管鸡蛋为大多数人所喜爱，但由于胆固醇的原因，许多人对吃鸡蛋表示担心——实际上，胆固醇与心脏病的关系是最容易被误解的话题之一。超高的胆固醇水平确实是心脏疾病的一个风险因素，但是在衡量心脏疾病风险时，总胆固醇并不是最佳的生理指标，也不是唯一的生理指标。许多死于心脏疾病的人的总胆固醇水平正常，而许多胆固醇高的人也从未患上心脏疾病。

关于胆固醇最大的误解是，食用含有胆固醇的食物会显著提高血液中的胆固醇水平，然而大多数研究表明并非如此。此外，一些研究表明不摄入胆固醇反而会促使你的身体产生更多胆固醇，而食用鸡蛋则可以改善你的胆固醇水平。

尽管血液中总胆固醇水平与心脏病发作的发生率之间存在相关性，但评估心脏风险需要进行完整的空腹血脂谱检测，至少要包含总胆固醇、高密度脂蛋白（HDL）胆固醇和低密度脂蛋白（LDL）胆固醇，以及甘油三酯这几项。

关于胆固醇最重要的一点是，胆固醇本身是无害的，你需要做的是保持胆固醇的平衡。同样重要的是，你需要知道，血液中的大部分胆固醇其实是由肝脏产生的。如果你摄入更多胆固醇，身体会促使肝脏减少胆固醇的生成；但是如果你摄入的胆固醇偏少，肝脏则会产生更多胆固醇。这就是为什么许多低胆固醇饮食的人仍然有较高的胆固醇水平。

实际上，身体中的所有细胞（包括心脏细胞在内）每天都会产生胆固醇。这是因为胆固醇在我们的健康中是必需的，例如，细胞的外表面含有可以调节化学物质进出的胆固醇。胆固醇还用于制造许多激素，包括性激素和控制压力的激素。胆固醇还是大脑和身体各处神经结构的关键成分以及构成皮肤的主要化合物，它使我们能够从阳光中合成维生素 D。

HDL 胆固醇被称为"好"胆固醇，因为它可以通过清除积累的胆固醇并将其运送回肝脏进行处理来保护人体，使其免受疾病影响。因此，人体中 HDL 数值较高，通常是一种良好的现象。用总胆固醇数值除以 HDL 数值，得到的数值如果低于 4.0，那么心脏疾病平均风险水平则偏低。有氧运动、单不饱和脂肪、鱼油和适量饮酒可以增加 HDL；过度的压力和无氧运动、氢化脂肪、过量摄入饱和脂肪和精制碳水化合物则会降低 HDL。

有些饮食指南建议人们用多不饱和脂肪代替饱和脂肪，值得一提的是，这种指南可能会对 HDL 水平造成严重影响。如果多不饱和脂肪与饱和脂肪的摄入比例超过 1.5：1，HDL 水平反而会降低，从而增加心脏疾病的风险。如果你的脂肪平衡良好，正如下一章所讨论的那样，你则不会被上述问题所困扰。

LDL 胆固醇被称为"坏"胆固醇。最近预防性医学的趋势是强调用药物降低 LDL 胆固醇。事实上，这种"坏"胆固醇潜在的危害或风险并非由 LDL 本身引起的，只有当 LDL 氧化时它才会沉积在动脉中。

LDL 的氧化是由自由基引起的，类似于铁生锈的过程。尽管降低 LDL 水平可以使其不易氧化，但来自水果和蔬菜的抗氧化剂可以防止氧化的发生，因此可以通过摄食蔬果避免 LDL 的危害。此外，上文提到的许多提高 HDL 水平的因素也会降低 LDL，最好是在空腹 12 小时后抽血测量 LDL，得到的数值会更为准确。

摄入过量碳水化合物尤其会对 LDL 水平产生不良影响。这是因为来自碳水化合物转化而形成的甘油三酯会产生更多、更小、更密集的 LDL 颗粒，这些颗粒极容易堵塞动脉。

此外，较低的膳食胆固醇摄入与这些更危险的 LDL 颗粒的增加有关。更糟糕的是，即使是那些相对健康的个体，当他们摄入中等水平的碳水化合物时，这些危险类型的 LDL 颗粒就会导致他们碳水化合物耐受能力的下降，即形成胰岛素抵抗。

胆固醇指标所面临的最糟糕的情况之一是 HDL 降低的同时，LDL 和总胆固醇升高。氢化脂肪和部分氢化脂肪（反式脂肪）会造成这种情况，许多专家认为，摄入氢化脂肪是引发心脏疾病的一个风险因素，因此我们应该避免食用人造黄油和含有这种危险成分的食品。

摄入过多的饱和脂肪可能会提高 LDL 和总胆固醇水平，日常摄入的黄油、奶油、奶酪和牛奶中都含有大量的饱和脂肪。牛肉虽然也含有饱和脂肪，但实际上可以改善胆固醇水平。这是因为牛肉中约有一半的脂肪是单不饱和脂肪。与大多数谷饲牛肉相比，草饲牛肉的脂肪平衡最好。此外，牛肉中的大部分饱和脂肪是硬脂酸，这是一种不会升高胆固醇，却可能会降低胆固醇的有益脂肪酸。

纤维和类纤维的物质也是降低总胆固醇、改善总胆固醇与 HDL 比例的重要因素。大多数人摄入的纤维素不足，尤其是来自新鲜蔬菜和水果的纤维素。每天至少吃一大份生食沙拉，再加上熟蔬菜和 1～3 份新鲜水果，这样才能够为人体提供大量的纤维素。这些食物还能提供天然植物固醇，有助于降低胆固醇，这可能是早期人类食用大量饱和脂肪仍能保持身体健康的主要原因。

了解了以上知识，你是否还会因为担心鸡蛋会让你的血液胆固醇水平升高而避免食用它？其实鸡蛋不一定会使你的总胆固醇水平升高。美国维克森林大学保罗·斯蒂希老龄化中心主任斯蒂芬·克里奇夫斯基（Stephen Kritchevsky）博士表示："人们应该相信医学文献，定期食用鸡蛋对于健康成年人的心脏疾病风险没有可测量的影响。事实上，许多鸡蛋消耗量较大的国家的心脏病发病率很低。"

鸡蛋营养价值的高低，还取决于鸡舍的饲养方式，所以最好从本地农民那里购买鸡蛋。这是因为他们会让鸡吃健康的野生食物和有机饲料，这样产出的蛋更具有营养价值。

牛肉

在过去几十年的碳水化合物潮流中，牛肉成为最大的牺牲品之一。事实上，牛肉可以成为耐力运动员健康食品的重要组成部分，每85克的瘦牛排就含有20克蛋白质、7克单不饱和脂肪，而饱和脂肪只有6克。牛肉是高质量蛋白质的最佳来源，它还富含B族维生素、谷氨酰胺、钙、镁、铁、锌和其他重要营养素。

草饲牛肉是最好的选择，因为它们没有使用过抗生素或生长激素，食用后不会引发脂肪紊乱。

至于牛肉烹饪方法，我建议在你能够接受的范围内越生越好。研究表明，牛肉的熟度与胃癌的发病率成正比。这是因为在烹饪过程中会产生致癌物质（某些氮化合物），同时耐热性营养素，如氨基酸和谷氨酰胺，在过熟的牛肉中也会大大减少。或许你会担心牛肉中的细菌，实际上这些细菌通常沾染在肉的表面，在烹饪过程中完全可以被消除。几乎所有的牛肉引起的食物中毒都是因为肉在购买之前便被磨碎，细菌进入了内部，却没有被烹饪至全熟。因此磨碎的牛肉应该彻底烹饪熟透，以确保安全食用。

Q&A

我从 20 多岁开始吃素，现在已经 50 岁了，每周跑量 32 公里。最近我想参加铁人三项赛，但担心目前的饮食无法满足我日渐增加的蛋白质需求。我可以考虑吃鸡蛋，对此你有什么建议？

鸡蛋是很好的蛋白质来源，我建议吃整蛋，因为蛋白和蛋黄含有大约相同的蛋白质。你可以把整蛋作为一道菜，也可以在不同的菜品中加入鸡蛋。如果你需要更多的蛋白质，也可以使用蛋白粉来制作奶昔，作为补充营养的主食或零食。此外，浓缩乳清蛋白是一个很好的蛋白质来源，可以像蛋白粉一样使用。

家禽

鸡蛋和牛肉是蛋白质的最佳来源，家禽相形之下较为逊色。当然，如果你能找到优质的鸡肉或火鸡肉，这些也都是很好的蛋白质食物。

家禽业的营销做得非常好，所以你会从广告中看到鸡肉比其他肉类更健康，其实不然。由于生产标准较低，大多数鸡场都会使用大量药物抵御常见的疾病和感染。

有机饲养的禽类才是最好的，它们摄入的是经过认证的有机饲料和过滤后的水。许多食品店都有有机鸡肉和火鸡肉，这些都是不错的选择。

鱼类

鱼类是很好的蛋白质来源，其中一些含有健康的 ω-3 脂肪酸。最优之选是野生的冷水鱼类，养殖鱼类应该严格避免。

总的来说，应避免食用所谓的底栖动物，因为这些海洋物种觅食海底食物，那里的有毒物质含量最高。比目鱼、鲶鱼和螃蟹都是应该避免经常食用的食物；牡蛎、蛤蜊、贻贝和扇贝也是潜在污染物的来源。蛤蜊是最危险的海鲜食品之一，这是因为它们通常会摄入水中的病毒、细菌、重金属和其他化学污染物，然后这些污染物便会积聚在它们体内。如果你喜欢海鲜食品，这里有一些安全提示：

- 选择食用远离污染工业区的水域捕获的鱼，比如加拿大鲑鱼、沙丁鱼和鲱鱼等。
- 尽量食用冷水鱼类，如鲑鱼、黑鲔鱼、沙丁鱼和其他富含 ω-3 脂肪的小型鱼类。
- 食用体型较小的鱼和甲壳类海洋动物，如鳟鱼、鲈鱼和虾，尽量避免马林鱼、大白金枪鱼和箭鱼。这是因为体型较大和鱼龄较大的鱼类容易积累较多的毒素。
- 控制甲壳类海洋物种的摄入量，并选择较小的种类，例如体型较小的虾。
- 避免预制鱼和预加工的海鲜，如海鲜三明治、鱼饼、碎鱼和仿蟹肉（在寿司店很常见）等。

遗憾的是，海洋、河流和湖泊正在受到污染，野生鱼类的毒素水平越来越高，所以我建议将吃鱼的次数控制在每月一两次。

其他肉类

除了牛肉、家禽和鱼类，其他肉类也是潜在的蛋白质来源，比如猪肉、羊肉。需要注意的是，在选择这些肉类时，请使用与牛肉和家禽相同的准则——购买有机的或当地农场自然饲养的肉类。

经过深加工的肉制品也不太健康。大多数香肠、午餐肉和其他加工肉类中都含有大量你想要避免的糖和化学物质。尽量选择用蜂蜜腌制且不含有害化学物质的有机培根和火腿。

动物最有营养的部分其实是内脏。日常生活中肝脏是最常见的内脏食物，不过，随着环境的污染，肝脏等内脏变得越来越危险，因为肝脏的工作是过滤血液并清除体内毒素。如果你喜欢肝脏和其他内脏食物，请务必找到值得信赖的购买来源。

乳制品

经过发酵的奶酪和原味酸奶是含有优质蛋白质的乳制品，而且不会像生乳那样给人带来不适。如果你能找到有机产品，那就更好了。值得注意的是山羊奶和绵羊奶其实比牛奶更适合人类。

无论乳制品由哪种类型的生乳制成，发酵过程都能够使它们成为优质蛋白质。发酵过程中，在"好"细菌的作用下乳糖的含量被降低。此外，请在食用前检查乳制品标签上的营养成分，碳水化合物的数值应该非常低。当然，你还要避开那些水果味和甜味的酸奶，因为那里面添加了太多的糖。

大豆

大豆作为一种素食，可以满足素食者对于蛋白质的需求。但问题是，今天的大豆制品都是经过高度加工和浓缩的。经过简单加工，大豆可以制成豆腐，这是一种很好的食物。几个世纪以来，大多数大豆都是这样被食用的。

但如今，许多大豆制品都经过了浓缩处理，以至于吃一两份就相当于吃了一千克真正的大豆，这种加工方式是大多数人所不知道的。因此，我们还是应该避免摄入那些经过深加工的大豆制品。大豆被加工得越精细，可能就越不健康。比如味精，这种曾被广泛使用的调味品就是大豆通过精加工制成的。

总之，蛋白质是运动员食谱的重要组成部分。当选择蛋白质来源时，请尽量食用"原生食物"，包括新鲜的全蛋、整块肉、整鱼、生奶酪。避免食用加工蛋白质产品、冷切和冷冻食品、加工奶酪等。如果你需要增加蛋白质的摄入，可以加入适量的蛋清粉或浓缩乳清。除了蛋白质，上述食物还含有多种重要的维生素、矿物质和植物营养素等。

膳食脂肪的作用

我们每个人都能够理解，身体内储存的脂肪是耐力的重要能量来源，也是耐力运动员成功的关键。但其实还有另一类脂肪对耐力运动员同样重要，那就是包括食用油在内的存在于食物中的膳食脂肪。这些脂肪如果能够被恰当使用，可以帮助一个人从训练和比赛中高效恢复，也能通过消除炎症来修复损伤和疾病，能控制疼痛，还能承担很多其他非常重要的任务。

虽然大部分运动员都服用消炎药物，但事实是，这些药物并没有很好地控制疼痛、炎症，也没能加速恢复。我们的身体已经拥有了比任何药物都更有效的控制疼痛和炎症的能力，那就是通过平衡膳食脂肪来达到目的。另外，膳食脂肪在预防慢性疾病和促进健康老龄化的过程中扮演了至关重要的角色。

正如前文所述，膳食脂肪的基本组成单元被称为脂肪酸，就像葡萄糖和氨基酸分别是碳水化合物和蛋白质的组成成分一样，这些脂肪酸的相对平衡是保持最佳健康和耐力状况的关键。耐力运动员中最常见的损伤都与疼痛、骨质流失，以及肌肉、关节、韧带和肌腱的炎症相关，很多还会涉及过敏和哮喘，它们都与膳食脂肪中某些特定脂肪酸的不平衡有关。

你有脂肪不平衡的问题吗？这是你应该向自己提出的第一个问题，当然，你可以通过一个简单的检查清单来回答这个问题。很多人会等到自己的伤病已经非常明显或已发展成了慢性疾病，才意识到他们存在脂肪不平衡的问题。这些问题都很典型，而且还伴有特定的体征、症状和生活习惯。以下的检查清单是一个简单的自我评估，可以帮助你确定自己是否存在脂肪不平衡的问题。

- ☐ 阿司匹林或非甾体抗炎药能够改善我的症状。
- ☐ 我有慢性炎症或处于发炎的状态，例如：关节炎、结肠炎或肌腱炎。
- ☐ 我有心脏病、中风或高血压的病史，或患有这些疾病的风险在提高。
- ☐ 我经常外出就餐、叫外卖或吃快餐。
- ☐ 我遵循低脂饮食。
- ☐ 我经常感到抑郁。
- ☐ 我有肿瘤或癌症的病史。
- ☐ 有时候我会遭受大脑灵敏度减弱的痛苦。
- ☐ 我个人或家族有糖尿病史。
- ☐ 我的年龄超过 50 岁。
- ☐ 我的血液测试已经显示出甘油三酯和胆固醇升高。
- ☐ 我存在碳水化合物不耐受。
- ☐ 我有季节性的过敏。
- ☐ 我有肠道问题，比如腹泻、便秘或溃疡。

如果你涉及上述的一个或多个问题，那说明你可能已经存在脂肪不平衡问题了，你打勾的项目越多，你存在的问题就越大。

急性炎症与慢性炎症

急性炎症是身体对日常生理及心理压力的反应和自我修复。一次轻松的自行车骑行，甚至一次步行，都会产生能够引发全身轻微炎症的化学物质，这是复杂的身体恢复过程的一个组成部分。急性损伤也会引发炎症，比如手指被切伤、关节受损或胃部疼痛，被切伤手指部位的泛红、肿胀就是一个正常的发炎过程。一旦初始的炎症开始被治愈，身体就会产生消炎的化学物质来阻止炎症继续发展，最终炎症就能够被治愈。

过多的生理压力或恢复不足都可能导致脂肪的不平衡，当出现问题的时候，身体就不能产生足够的用于消炎的化学物质。如果这种状况发生，就会发展成慢性炎症。没有适当的脂肪平衡和足够的消炎动作，即便是一次轻松的训练也会促发持续的慢性炎症。

有关脂肪的巨大谎言

数十年来，脂肪一直被认为是我们日常饮食中"坏"的成分，低脂和无脂的食物已经变成减重和健康的同义词。如果我们在一个更宏观的情境之下讨论这个问题，会发现这些理念是不正确的。事实上，脂肪是我们日常饮食中极其重要的有益物质之一，它经常在耐力运动员发展和维持最佳健康和运动表现时成为被遗忘的要素。但食品产业在不断发展，由雄厚资金支持的有关脂肪的误导信息把公众引入了迷途，使厌恶脂肪的流行风尚一直存在，但只要想一下每年花费在低脂和无脂食品上的数十亿美元，你就能理解为什么有关脂肪的真相始终没有被全盘托出了。而且，这些抵制脂肪的行为加剧了脂肪缺失，而这又造成了如心脏病、骨质疏松以及其他炎症的状况。膳食脂肪太多或太少都是危险的，这是一个简单的有关平衡健康脂肪和避免有害脂肪的问题。

健康脂肪是那些来自天然食物的脂肪，包括橄榄油、椰子油、鱼类和其他动物的脂肪。

有害脂肪指的是人工合成和深度加工的脂肪，例如反式脂肪和油炸食物中的过热脂肪，这些都会引发严重的健康问题。薯片、法式炸薯条以及炸鸡都是包含不健康脂肪的食物，这种不健康脂肪在包装食品和餐厅饮食中比比皆是。食用这些食物会扰乱脂肪的平衡，从而促发慢性炎症。

脂肪的益处

自 1929 年研究人员发现并证实了某种脂肪是人体健康必不可少的之后，科学家们就明白了饮食中脂肪的重要性。让我们一起来强调一下脂肪在饮食中的健康功效。

防治疾病。摄入比例平衡的膳食脂肪有助于预防很多疾病，例如，我们现在都知道膳食脂肪对于控制炎症是极为重要的，而炎症通常是大部分慢性疾病经历的第一个阶段。提高膳食脂肪的摄入能够减少癌症的发展和扩散，还能够促进心脏病的恢复。很多大脑问题，包括如阿尔茨海默病的认知紊乱，也能够通过脂肪得到预防，毕竟一个健康的大脑有 60% 以上是由脂肪构成的。

提供能量。脂肪不仅能够产生长期能量，还能够阻止短期能量对糖的过多依赖。脂肪提供的潜在能量是碳水化合物所能提供的两倍：每克脂肪能提供 9 卡路里能量，而每克碳水化合物仅能提供 4 卡路里能量。如果脂肪燃烧功能有效工作的话，你的身体能够从脂肪中获得大量的能量，即使是心脏肌肉，也是使用脂肪作为能量的。

帮助分泌激素。内分泌系统负责控制很多健康机能，包括大脑、肌肉、新陈代谢和一些其他方面。激素是由依附于脂肪的各种腺体产生的，具体有肾上腺、胸腺、甲状腺、肾脏和其他一些腺体。胆固醇是用来产生黄体酮和肾上腺皮质激素的脂肪之一。胸腺控制免疫力和身体的防御系统，特别是在人的青年时期。甲状腺控制的是体温、体重和其他一些新陈代谢功能。肾脏分泌的激素被用于协助控制血压、血液循环和血液过滤。

提供类花生酸。有一种类似激素的物质叫作类花生酸，它对于正常的细胞功能是非常必要的，包括对炎症、水合作用、循环和自由基的调节。这种物质是直接由膳食脂肪提供的。类花生酸的不平衡会引发便秘或腹泻，尤其是在长距离的耐力运动中。类花生酸的不平衡还可能与经期痉挛、血液凝结、肿瘤生长等其他问题相关，它还可能会加剧疼痛。

保温。身体储存脂肪的能力能够让人类在大部分气候条件下生存，特别是在一些极热或极寒的地区，还能够帮助运动员在这样的环境之下进行比赛。在较暖地区，储存的脂肪能够保护人类对抗高温，防止人体流失过多水分，否则会导致脱水。当然，水分蒸发是正常的，特别是在调节体温的时候，但皮下脂肪能够减少人体 10～20 倍的水分蒸发。在寒冷地区，皮下脂肪贮存的增加可以防止人体散失过多的热量。有一个例子能够说明脂肪的绝缘特性：因纽特人能够承受严寒，而且还很健康。因纽特人的饮食都是高脂肪的，尽管如此，他们患心脏病和其他疾病的概率仍然很低。

使人拥有健康的皮肤和头发。脂肪具有防护的特性，能够让皮肤柔嫩光滑，而且能减少面部皱纹，这是很多人努力想通过昂贵的护肤品获得的效果。皮肤和面容的健康来自体内的脂肪，它们对头发有同样的效果。包括胆固醇在内的脂肪都存在于皮肤里的绝缘层，没有这层保护，水分和可溶于水的物质都会从皮肤进入体内，比如化学污染物。通过饮食的恰当平衡和其中一定量的脂肪，你的皮肤和头发会展现出一个健康的状态。

帮助消化。胆囊中的胆汁是在膳食脂肪的触发下产生的，它可以帮助重要脂肪和脂溶性维生素的消化和吸收。部分膳食脂肪是在小肠中消化的，这是一个将脂肪分解成小颗粒的过程。胰腺、肝脏、胆囊和大肠都涉及消化的过程，任何一个器官不能正常工作都会对脂肪的整体新陈代谢产生负面影响，但最重要的两个器官是肝脏和胰腺，一个产生胆汁，一个产生脂肪酶。如果没有足够的膳食脂肪，胆囊就不能分泌足够的胆汁来进行正常的消化。

帮助调节胃部排空的频率。餐食中的脂肪会减慢胃部的排空速度，这样可以达成更好的消化效果，特别是对蛋白质的消化。如果你总是感觉饥饿，那可能是因为你的餐食中脂肪含量过低，你的胃部清空速度过快。脂肪还能够减慢小肠吸收糖的速度，这可以从根本上控制胰岛素不会升得太高、太快，所以餐食中的脂肪可以降低餐食的血糖指数。另外，脂肪会对胃和肠道的内壁形成保护，防止它们被饮食中的刺激物质侵害，例如酒精和辛辣食物。

支撑和保护。存储的脂肪会为重要的身体零件提供物理支撑和保护，包括器官和腺体。这一点对于跑者尤为重要，因为跑者的重力压力更大。脂肪扮演的是天然内置减震器的角色，它能缓和身体及各个部件因为训练而造成的损耗，有助于防止器官因为重力的拉扯而下沉。

保护身体免受 X 射线的危害。脂肪通过控制因曝露在 X 射线下而产生的自由基，达到对细胞进行物理保护的效果。除了医疗的 X 射线，我们还不断曝露在以宇宙辐射形式存在的来自大气层的 X 射线。大部分耐力运动员都在户外进行训练和比赛，而宇宙辐射能够穿透大部分物体，包括飞机。在从纽约飞往洛杉矶的航程中，乘客平均遭受的宇宙辐射比一生中在医疗中遭受的 X 射线的强度还要大。

调节维生素和矿物质代谢。大部分人都知道，通过在阳光下曝露皮肤，可以生成维生素 D，实际上，是皮肤中的胆固醇促成了这个反应的发生。日光通过照射维生素 D3，使皮肤中的成分发生化学变化，重新形成维生素 D，然后被血液吸收，最终使钙和磷被肠道适当地吸收。没有维生素 D，钙和磷就不能被很好地吸收，人就会出现这两种物质的缺失。但如果没有胆固醇，整个过程都不会发生。

除了维生素 D，包括维生素 A、维生素 E 和维生素 K 在内的多种维生素都是依靠脂肪来维持正常的吸收和利用的。 这些重要的脂溶性维生素主要存在于高脂肪食物中，身体靠自身不能产生足量的维生素来确保持续的健康。另外，这些维生素需要肠道里的脂肪来帮助其更好地被吸收，低脂的饮食会令这些维生素的功能失效，也会进一步阻止它们被吸收。

膳食脂肪中的某些类花生酸可以帮助将钙携带进骨骼和肌肉。 如果没有这个功能，骨骼和肌肉中的钙质含量会减少，最终导致应力骨折、肌肉痉挛和其他问题。未被吸收的钙会被储存起来，有时候会存在肾脏里，这加大了结石的风险；有时候会存在于肌肉、肌腱或关节腔里，成为钙质沉积。

维持味觉。 脂肪最好的一个功能是让食物变得美味可口，低脂和无脂食品的味道通常极其平淡，所以厂商会在这些产品中加入糖来加以改善。脂肪还能够通过增加你的饱腹感来满足你的食欲，因为饱腹感是发送给大脑表明餐食已经令人满足，可以停止进食的信号。吃低脂餐食时，大脑只会一次又一次地发送相同的信号：吃得更多一些！因为你从未真正感觉满足。吃得过饱的诱惑是无法抵制的，事实上，通过吃得过饱来体会"我不再饥饿"的感觉是你增加体重的一个主要原因。

脂肪的平衡

既然我们已经讨论了天然膳食脂肪的重要性和健康身体脂肪的必要

性，那么阐述如何平衡饮食中各种脂肪的摄入也是必要的，它可以通过以下简单的三步实现：

- 当烹饪中使用油脂的时候，仅选择橄榄油、黄油、椰子油或猪油，做沙拉或其他餐食时主要使用橄榄油。
- 避免使用除上述外所有的植物油和反式脂肪，反式脂肪就是氢化或部分氢化的植物油。
- 平衡富含 ω-6 和 ω-3 脂肪的食物的摄入。

平衡脂肪的摄入是相当复杂的问题，大量的研究报告都是关于这个主题的，很多科学家一生都致力于这个主题，但是我把这个问题简化了，以便帮助你更容易完成这个重要的任务。首先，让我们来了解膳食脂肪最常见的三种类型：单不饱和脂肪、多不饱和脂肪和饱和脂肪。

| 单不饱和脂肪 |

膳食脂肪的大部分是由这个类型的脂肪构成的，单不饱和脂肪也被称作亚油酸甘油三酯或 ω-9，它对健康有很多益处，包括有助于预防癌症、心脏病、肥胖和其他一些慢性疾病。地中海地区的饮食中单不饱和脂肪的含量相对较高，这可能是当地人上述疾病的发病率都较低的主要原因。在某些情况下，我们知道单不饱和脂肪是如何防御疾病的，它可以增加"好"HDL 胆固醇，并减少"坏"LDL 胆固醇，这样可以显著改善心血管的健康。

单不饱和脂肪非常稳定，多不饱和脂肪则很容易被氧化，会由于曝露在空气、光线和热量下而形成危险的有氧自由基。这些自由基会导致身体机能紊乱，使人受伤甚至生病。因为其化学结构，单不饱和脂肪实质上不会因为烹饪或曝露在空气和光线下而发生氧化。

单不饱和脂肪存在于很多食物中，有些油脂主要是由这种脂肪构成的。单不饱和脂肪含量最高的食物包括牛油果、杏仁和澳洲坚果。橄榄油富含单不饱和脂肪，是适合烹饪、制作沙拉及其他食物的最佳油脂之一。

最适合食用的橄榄油是进行最少加工处理的特级初榨橄榄油，它通过一种冷压的工艺从整果中榨取而得，不会使天然的抗氧化物、植物营养素或品质发生改变。最有效的植物营养素是酚类，它会让油脂的口味略带苦味，特级初榨橄榄油中含有大量的酚类，其他所有的油脂中几乎都不含植物营养素。

使用特级初榨橄榄油能满足你日常对油脂的大部分需求，同时食用富含单不饱和脂肪的食物，如牛油果和杏仁，你将会在平衡你的膳食脂肪上迈出非常重要的一步。

| 多不饱和脂肪 |

很多食物自身就含有多不饱和脂肪。多不饱和脂肪包括 ω–6 和 ω–3 必需脂肪酸，它们在调节炎症和其他重要功能中都扮演了很重要的角色。不过，过量的 ω–6 脂肪酸对人体是有害的。大量的 ω–6 存在于蔬菜和其他 ω–6 油脂中，在红花油、花生油、玉米油、菜籽油和豆油中含量是最高的。很多加工过的食物中含有大量的这些油脂。不论是植物油、加工过的食品，还是保健品，过多的 ω–6 多不饱和脂肪会对健康产生两方面的负面影响。

第一，过多的 ω–6 会导致慢性炎症、加重疼痛，并对肌肉功能产生负面影响，它是大部分身体受伤的重要诱因；第二，多不饱和脂肪很容易被自由基氧化，使之成为具有潜在危险性的物质。当这种脂肪被加热或曝露在光线和空气中的时候，氧化就会发生。我们食用氧化的脂肪后，这种自由基的压力会破坏身体里所有的细胞，加速老化，使 LDL 胆固醇"变坏"，明显提高我们对抗氧化营养物的需求。

很多日常食物中的脂肪都是 ω–6 脂肪，例如黄油和奶酪。大部分人饮食中所含的脂肪来自蔬菜、其他油脂或乳制品，这些都富含 ω–6 脂肪，这样造成了严重的不平衡。为了获得更好的脂肪平衡，要从避免食用所有的蔬菜油、ω–6 油脂和加工过的食物开始，取而代之的是使用特级初榨橄榄油或其他推荐的油脂。

MYTHS OF ENDURANCE

体脂的两种类型

人体拥有两种不同类型的体脂：褐色脂肪和白色脂肪，这两种体脂都非常活跃，是我们生命的组成部分，对我们的新陈代谢有很大的影响。大部分体脂是白色脂肪。对于男性运动员，体形消瘦的人体内白色脂肪大约占总体重的 5%，体形肥胖的人大约占比可超过 50%。对健康的成人来说，褐色脂肪仅占总体脂的 1% 左右，但在健康儿童的体内，褐色脂肪的含量要丰富得多。

褐色脂肪也被称为褐色脂肪组织或 BAT，它会帮助我们燃烧白色脂肪，这对耐力运动员来说非常重要。没有足够的褐色脂肪的活动，我们的体脂就会增加，尤其在寒冷季节里，我们会像冬眠动物一样变得行动迟缓。有很多方法可以用来提高褐色脂肪的活性。

某些食物可以对褐色脂肪产生刺激，整体提高脂肪的燃烧，例如一天进食五六次，每次进食少量的健康饮食，而不是在一顿、两顿或三顿中大量进食，这样能够激发一个被称为生热作用的过程，这是一个非常重要的有利于脂肪燃烧的饭后新陈代谢刺激；但是如果我们的卡路里摄入太少，褐色脂肪会使白色脂肪的燃烧减慢，当我们错过一顿饭或是采用低热量的饮食时候就会发生这种状况。

褐色脂肪也会被某种膳食脂肪激发，最好的是来自鱼油和特级初榨橄榄油的 ω-3 脂肪。虽然鱼油营养品可能是获得足量 EPA 的唯一途径，但它们中有些是有害的，有一种很受欢迎的营养品共轭亚油酸（conjugated linoleicacid, CLA）实际上会降低褐色脂肪的活性。

辣椒素是红辣椒中产生辛辣口感的物质，它能够刺激褐色脂肪，我们可以在烹饪时，甚至在沙拉中使用红辣椒。

其他可以增加褐色脂肪活性的还有含有咖啡因的食物，但摄入量必须在可承受的范围内。茶、咖啡和巧克力含有一定的咖啡因，但如果身处压力之下，过多摄入它们的话，肾上腺就会超负荷运转，促使脂肪储存，减少脂肪的燃烧。咖啡因会令很多运动员的肾上腺压力加大，而且，如果咖啡、茶和巧克力产品中含有糖分，也会减少脂肪的燃烧。

褐色脂肪很大程度上是由皮肤温度控制的，如果我们在训练中感觉过热，褐色脂肪的活性会降低，从而导致白色脂肪的燃烧减少，所以训练时要穿着轻便或者在热身的时候脱掉外套。在有氧训练之后，即便只是安静地坐在热水浴缸、桑拿房或蒸汽屋中，也会抵消一部分脂肪燃烧带来的益处。泡热水澡或蒸桑拿的确对健康有益处，但为了避免脂肪燃烧的减少，泡过热水澡之后要在冷水淋浴或浴缸中停留一两分钟冷却身体。相对而言，褐色脂肪是被寒冷激发的，冷却体内含有褐色脂肪的区域有助于刺激脂肪的燃烧。褐色脂肪存在于肩部、腋下、肋骨之间和颈背的位置，在训练过后，要确保这些部位是凉爽的。

低体温也与脂肪燃烧减少相关，这经常与甲状腺功能低下有关。

| 饱和脂肪 |

在所有的膳食脂肪中，饱和脂肪经常被认为是最差的，但跟其他脂

肪一样，饱和脂肪对于能量和激素的产生、细胞功能及其他健康活动也是非常重要的。

跟其他脂肪一样，饱和脂肪是由很多不同类型的脂肪酸构成的，其中一些过量的话，会引发健康问题。最具争议的应该是软脂酸，这种脂肪酸在乳制品脂肪中大量存在，能够提高胆固醇水平，有些饮食中的碳水化合物会因为软脂酸而转化为脂肪酸。血液中高水平的软脂酸与2型糖尿病、中风和碳水化合物不耐受相关，但当脂肪平衡以后，软脂酸就不再是一个健康问题了。

花生四烯酸（Arachidonic acid，AA）是饱和脂肪的另一个组成成分，也是因为它，饱和脂肪有了不好的名声。虽然少量的AA对身体是必需的（它被认为是一种必需脂肪），但如果AA含量过高，就是非常不健康的。AA存在于奶制品、蛋黄、肉类和贝类中，但与日常饮食里植物油中的ω-6脂肪转化的AA数量相比，这些食物中所含AA的量是相对很少量的。与很多其他有关脂肪的状况一样，平衡才是关键。AA的确是一种必需脂肪，尤其是对大脑、胎儿、新生儿、成长期儿童和运动员至关重要，但如果大量摄入，就会引发健康问题。无论是来自饱和脂肪还是植物油，过量的AA都会导致慢性炎症、骨质流失和疼痛加剧。

饱和脂肪的益处也很多，例如：硬脂酸对免疫系统有各种益处，这种饱和脂肪酸存在于可可脂和草饲牛肉中，硬脂酸可以转化为单不饱和脂肪。另一种健康的饱和脂肪酸是亚油酸甘油三酯（被称为一种中链脂肪酸或MTC），在产生能量、抗病毒和抗菌方面起至关重要的作用，特别是在肠道内。在胃部，它能对抗幽门螺杆菌。椰子油富含饱和脂肪和健康的月桂酸，它还含有少量的多不饱和脂肪，所以是烹饪的理想油脂。

肉食中的饱和脂肪含量相对较高，决定脂肪酸构成的最重要因素是动物所摄入的食物，例如：与用玉米饲养的牛的肉相比，草饲牛肉包含的健康脂肪酸会更多，由于同样的原因，野生动物肉通常包含的健康脂肪酸比用粮食圈养的动物肉含量多。对于植物来说，在确定脂肪酸含量时，土壤的角色非常重要。

在讨论一个平衡的膳食脂肪的关键特征之前，我们需要先来看看不同食物中所含的脂肪类型，以此展示每种食物中所含的单不饱和脂肪、多不饱和脂肪和饱和脂肪这三类脂肪的混合物。有些食物主要包含某一类型的脂肪，但大部分食物，即使是油脂类，都是包含这三类脂肪的混合物，例如：很多人会吃惊地发现一份普通的牛排中所含的脂肪大约是单不饱和脂肪与饱和脂肪各占一半，只有很少量的多不饱和脂肪。

表 14-1 展示了在同一种食物中每一类脂肪的大概占比。

表 14-1 某些食物中每种脂肪的大概百分比　　单位：%

	单不饱和脂肪	多不饱和脂肪	饱和脂肪
橄榄油	77	9	14
菜籽油	62	32	6
花生油	49	33	18
玉米油	25	62	13
大豆油	24	61	15
红花油	13	77	10
椰子油	6	2	92
蛋黄	48	16	36
牛排	49	4	47
奶酪	30	3	67
黄油	30	4	66
杏仁	68	22	10
腰果	62	18	20
花生	50	32	18
芝麻	40	46	14

三类脂肪的最佳平衡状态

多不饱和脂肪（ω-6 和 ω-3）和饱和脂肪这两种类型合起来总共包括三种重要的脂肪酸，我称之为 A、B、C 类脂肪。在体内，每一种脂肪又会分别转化成三组类似激素的物质——类花生酸，我把这三组物质编号为 1、2、3。基本上，A 类脂肪构成第 1 组类花生酸，B 类构成第 2 组，C 类构成第 3 组，这是一种非常简单的解释，但是却相当准确，如表 14-2 所示。

"类花生酸"这个术语是一个通用名，它是由各种各样不同的物质组成的混合物，比如前列腺素、白三烯和血栓素，它们会参与一个接着一个的遍布全身所有细胞的复杂反应。理解如何平衡 A 类、B 类和 C 类脂肪，以及第 1 组、第 2 组和第 3 组类花生酸非常重要。

表 14-2　A、B、C 类脂肪

A 类脂肪	B 类脂肪	C 类脂肪
↓	↓	↓
第 1 组 类花生酸	第 2 组 类花生酸	第 3 组 类花生酸

这三组类花生酸共同负责调节炎症：第 1 组和第 3 组产生消炎的化学物质，第 2 组产生引起炎症的化学物质。

类花生酸的不平衡导致第 2 组的相对水平较高，这不仅会促发炎症，而且还引起疼痛、骨质流失、肌肉问题、过敏、哮喘，严重的甚至会导致癌症、阿尔茨海默病、糖尿病、中风、心脏病及其他慢性疾病。类花生酸的良好平衡能够预防、延缓并治疗这些问题。类花生酸的平衡非常强大，对于全面健康也极具影响力，制药公司甚至花费数十亿美元研发新型药物，试图使身体的类花生酸得到平衡，但其实你完全可以通过正确的饮食，只花费很少的钱就达到目的。虽然服用药物可以在短期内使脂肪得到平衡，但这都伴随着严重的不利于健康的副作用，有时候甚至是致命的，而通过正确的饮食获得脂肪的平衡只会带来健康的益处，它的效果是不可思议的。

首先，让我们详细讨论一下 A 类、B 类和 C 类脂肪。

| A 类脂肪 |

在植物油脂中，A 类脂肪的含量是最高的，比如红花油、大豆油、玉米油、花生油和菜籽油。这些 ω–6 脂肪中包含一种叫作亚油酸（linoleic acid，LA）的必需脂肪酸，之所以称它为必需品，是因为我们的身体需要一定量的亚油酸，但身体自身却不能产生这么多，所以我们必须通过食物来补充以达到最佳健康状态。当我们通过食物对其进行补充后，亚油酸转化成其他脂肪，包括 γ‑亚麻酸（Gamma-linolenic acid，GLA），最终的结果是形成第 1 组类花生酸，它们具有强大的消炎功效，可以减少疼痛，并降低出现其他问题的风险，还可以预防身体的其他慢性疾病。普通的 ω–6 膳食营养品，包括黑醋栗籽油、琉璃苣油和月见草油，它们都含有大量的 γ‑亚麻酸。

不过，有一个潜在的严重问题，A 类脂肪可以转换为 B 类脂肪和第 2 组类花生酸，而第 2 组类花生酸会引起慢性炎症反应、疼痛和与这种不平衡相关的其他问题。

| B 类脂肪 |

B 类脂肪之所以有时被认为是有害的，是因为它们对身体造成的一些负面影响。但这些不好的影响只是在它过量和不平衡的时候才会体现出来。B 类脂肪包含了重要的脂肪——花生四烯酸，并会产生第 2 组类花生酸。这些类花生酸会让身体产生炎症反应、疼痛以及其他问题。但这些所谓的问题实际上在合适的时间是对健康非常重要的。例如，发炎

过程是治愈过程中至关重要的第一阶段，在这种急性炎症的治愈过程中，第 1 组和第 3 组类花生酸被产生出来用以消炎、减轻炎症。另一个例子是疼痛，身体用痛苦来帮助我们注意到出了问题，从而进行补救。而慢性疼痛是不正常、不健康的，通常与类花生酸的不平衡等问题有关。

花生四烯酸（也被认为是一种 ω–6 脂肪）的另一个重要功能是，它对大脑的生长和修复非常重要。这对胎儿、新生儿以及成长中的孩子特别重要；作为成年人，我们的大脑同样也需要不断修复和成长。

B 类脂肪是日常食品中含量最高的，如在黄油、奶酪和奶油中，在肉、蛋黄和贝类的脂肪中也会存在，只是含量会低一些。然而，大多数人最大的花生四烯酸来源通常是 A 类脂肪，从植物油和其他 ω–6 食用油中获取，因而产生了很多潜在的严重问题。如果不使用其他的食用油，而只使用橄榄油和椰子油，就会使脂肪的全面平衡得到很大的改善。植物油和其他 ω–6 食用油除了日常在家里被使用，还经常被用于包装食品和餐馆。

| C 类脂肪 |

C 类脂肪又被称为 ω–3 脂肪，大多存在于冷水海洋鱼类中，少量存在于豆类、亚麻籽和核桃中。在蔬菜和食草动物的肉中也有少量发现。这类脂肪中含有 α–亚麻酸，α–亚麻酸是一种能够在人体内转化为 EPA 的必需脂肪酸，最终会产生第 3 组类花生酸。

冷水海洋鱼类的鱼油中已经含有 EPA。这对那些需要平衡油脂的人来说是一种有益的补充，因为 C 类脂肪通常是最难通过饮食获得的。EPA 通常与另一种脂肪酸 DHA 同时存在，DHA 对人类从胎儿到童年阶段的发育都非常重要。

亚麻籽油是一种常见的 ω–3 脂肪，但它不含 EPA。虽然亚麻籽油中的部分 ω–3 脂肪可以转换为 EPA，但这个过程需要各种营养素，并且在人体中,这个转换效率不高,所以由此转换而来的EPA的量非常小。另外,亚麻籽油很不稳定,如果不新鲜的话,会对人体健康有害。

| 如何平衡 A、B、C 类脂肪 |

通过平衡 A、B、C 类脂肪来促进第 1、2、3 组类花生酸的平衡,这样做会相对容易。我们主要有三个途径来达到这个目的:

1. **在日常饮食中摄取大致等量的 A、B 和 C 类脂肪。**不一定是在每餐中都摄取等量的 A、B、C 类脂肪,但在一天或一周内要平衡地摄取。为摄取平衡的 A、B、C 类脂肪,需要摄取的多不饱和脂肪(A 类和 C 类)和饱和脂肪(B 类)的最佳比例为 2∶1。在典型的西方饮食中,不少人的摄取比例为 5∶1、10∶1,更甚为 20∶1,以致慢性炎症、疼痛、损伤等疾病的流行。如果你不吃肉类和奶制品,那么摄取的 A 类和 C 类的脂肪比例就大致相等。在这种情况下,一些 A 类脂肪会转化成 B 类脂肪。脂肪失衡通常是由于吃了太多 A 类或 B 类脂肪,或者吃了太少的 C 类脂肪。

2. **少吃或不吃会导致脂肪不平衡的最常见的两类食物:含有 ω-6 的蔬菜和含有糖的精制碳水化合物。**摄取这些碳水化合物后,人体将会制造大量的胰岛素。这将导致更多的 A 类脂肪转化为 B 类脂肪,产生更多的第 2 组类花生酸。鱼油中的 EPA 和含有芝麻素的生芝麻油是两类能防止过多 A 类脂肪转化为 B 类脂肪的食物。

3. **保持健康的饮食和生活方式。**某些因素会影响 A 类和 C 类脂肪转化为第 1 组和第 3 组类花生酸,但这些因素不会影响 B 类脂肪转化为第 2 组类花生酸。这些因素包括对特定的维生素和矿物质的摄取减少,如维生素 B6、C、E,烟酸,以及镁、钙和锌等矿物质;氢化或部分氢化的油所含的反式脂肪的摄入；低蛋白饮食；压力过度以及衰老。衰老可以通过维持脂肪的最佳平衡得到延缓。

保证最佳饮食结构可以确保你获得所有必需的营养，避免不好的脂肪，并舒缓压力。正如本章前面所提到的，当使用油脂时，你可以这样做：

- 烹饪时只使用橄榄油、黄油、椰子油或猪油，制作沙拉等食物时主要使用橄榄油。
- 避免所有的蔬菜油和 ω–6 脂肪，如豆油、红花油、玉米油、花生油，避开反式脂肪。
- 平衡地摄取 ω–6 和 ω–3 脂肪。

消炎药的作用机制和危害

许多耐力运动员服用各种类型的止痛药和其他药物，尤其是非甾体抗炎药，希望提高自身竞争力，同时缓解慢性疼痛。遗憾的是，这些药物经常引起更多的生理压力。控制疼痛和炎症应该通过摄取适量的健康脂肪和保持各类脂肪的平衡来实现。

抗炎药物的作用机制如下。在将 A、B、C 类脂肪转换为类花生酸的过程中需要一种重要的酶：环氧合酶（COX）。实际上环氧合酶有两种，许多人都熟悉一个术语——COX–2 抑制剂，这些都是试图抑制这些酶的药物。阿司匹林和包括布洛芬、萘普生在内的其他非甾体抗炎药能暂时阻断环氧合酶的生成，从而减少导致炎症的第 2 组类花生酸的形成。但在导致炎症的第 2 组类花生酸减少的同时，这些药物也会消除第 1 组和第 3 组类花生酸，以及它们产生的有益性能。这可能会导致症状的改善，但也关闭了重要的抗炎机制。除此之外，脂肪不平衡问题却没有得到解决。最重要的是，如果服用阿司匹林或其他非甾体抗炎药会让你感觉更好，那通常表明你的脂肪是不平衡的。

此外，非甾体类药物还会对身体造成如下伤害：

- 减缓身体的恢复和修复过程。
- 引发包括出血在内的肠道问题，服用药物的人都会有此症状（即使不明显）。
- 引发肌肉功能障碍，同时不一定能减少在训练和比赛中产生的肌肉疼痛。
- 降低关节修复能力和骨应力。
- 引发肾脏损伤，尤其是在你脱水的时候。
- 干扰睡眠。
- 不会减轻炎症。
- 降低自身免疫力。
- 导致身体其他损伤。

控制疼痛是运动员服用非甾体抗炎药和其他药物的常见原因，但要注意的是，非甾体抗炎药对控制训练或比赛中产生的疼痛效果并不一定很好。控制疼痛和炎症最好的方法是摄取适量的健康脂肪和保持适当的脂肪平衡，你可以参考表14-3。

表14-3 对A、B、C类脂肪的总结

	A类脂肪	B类脂肪	C类脂肪
食物来源	植物油	动物油	鱼、亚麻籽
成分	亚油酸	花生四烯酸	α-亚麻酸
转化后的物质	γ-亚麻酸	—	EPA
对应类花生酸	第1组	第2组	第3组
身体反应	消炎	炎症	消炎

你应该吃多少脂肪

一旦你了解了脂肪平衡对身体有多么重要，接下来的问题就是：在健康的饮食中，应当摄取多少脂肪？==健康饮食中的脂肪摄取量取决于个人需求。==现在我们知道，天然的膳食脂肪对所有运动员来说都是非常重要的。从饮食获得的热量如果只有 10% 或 20% 来自脂肪，对大多数人来说是不够的。事实上，低脂肪的饮食是非常不健康的，因为你摄取的必需脂肪并不足。大多数采用低脂饮食的人体内的 A、B、C 类脂肪不平衡。有许多人，其超过 40% 的热量来自脂肪，像因纽特人以及生活在地中海地区的人，他们通常比那些低脂饮食的人更健康。此外，许多保健专家和卫生组织推荐的饮食中都含有 30% 的脂肪，而不是某些人的 20%，甚至 10%。

多年以来，我发现大多数饮食中至少含有 30% 脂肪的人都更加健康。有些人可能需要更多，也许是 35%，甚至是 40%，每个人都有独立和特别的需求，而不是严格按照某个百分比来确定自己的饮食结构。我建议你去尝试找到最合适自己的饮食，那应该是个性化的，就像你的训练和比赛一样。

蔬菜和水果

植物营养素是什么？它们储存在哪里？为什么耐力运动员的饮食中应该包括大量的植物营养素？

植物营养素是指那些能促进健康和提高免疫功能的植物有机成分，它们的种类成千上万。与传统营养素，如碳水化合物、蛋白质、脂肪、维生素和矿物质等不同，植物营养素由化学化合物组成，胡萝卜素就是一个典型的代表，它一般存在于红色、橙色和黄色果蔬中。

通常来讲，所有的蔬菜和水果都可以被视为植物食物。一般情况下，水果会将自己的种子隐藏在内部，而蔬菜的种子通常是单独存在于植物的茎或其他部位，而不是内部。蔬菜和水果都含有碳水化合物，有的含量相当高，比如土豆、玉米、西瓜和菠萝，这些植物经过多年的基因改良，产生了更高水平的淀粉和糖。几乎所有干果，包括葡萄干，都是浓缩化的碳水化合物。上述食品可能会引发碳水化合物敏感者的反应，对碳水化合物不耐受的人应该避免。

一些在理论上属于水果的植物通常被认为是蔬菜，如牛油果、番茄、茄子、辣椒、南瓜等一些不甜但对健康十分有益的食物。如何分类或许并不重要，重要的是你需要知道，蔬菜和水果应成为你主要的食物来源。然而，大多数人并没有摄入足够多的蔬菜和水果。我经常建议成年人每天至少吃十份蔬菜和水果，而且很多都应该生吃，最好是新鲜的。

什么是一份？传统上，许多人认为半碗就是一份。然而，近年来，许多膳食指南已经对衡量分量做出了新的界定：例如，一份生菜可能是一碗半；一份胡萝卜可能是一根中等大小的胡萝卜；一份芦笋是五根……使用这些指南将有助于你明确摄入蔬菜的量。

如何吃蔬菜

你应该将蔬菜视为一日三餐的重要组成部分。例如：早餐用菠菜和番茄煎蛋；午餐用生菜、胡萝卜、黄瓜和洋葱拌沙拉；晚餐搭配一些轻煮的混合蔬菜，这些食物都可以轻松提供足够的膳食摄入。甚至像肉饼这类食物，蔬菜含量也可以占到一半，只需加入切碎的洋葱、甜椒、南瓜、欧芹和大蒜等即可。

轻煮类的绿叶蔬菜，非常容易烹饪，而且口感极佳。考虑到季节和采购的方便程度，像羽衣甘蓝、芥菜、油菜、甜菜和菠菜都是富有营养价值的、合适的蔬菜。这些叶类蔬菜富含宝贵的植物营养素以及多种维生素和矿物质，它们可以作为牛肉、鱼肉等高蛋白食物的美味配菜，或者蒸熟后加一点黄油或初榨橄榄油及海盐调味后单独食用，你还可以将它们和韭菜、洋葱、蘑菇和甜椒等一起加入高汤中，做成美味的蔬菜汤。

多样性也很重要，因为不同蔬菜含有特定营养素的量不同。例如，叶菜提供大量的 β-胡萝卜素，但维生素 C 含量较少，而椰菜含有大量的维生素 C，但 β-胡萝卜素含量较少。

为确保摄入足够多的蔬菜种类，最简单的方法之一是选择不同颜色的蔬菜。比如，胡萝卜和南瓜等橙色蔬菜富含 β-胡萝卜素，这些物质在人体内会转化为维生素 A；西兰花等绿色蔬菜则富含维生素 C……除了橙色和绿色的蔬菜，我们还应该考虑紫色的茄子、洋葱和紫甘蓝，红色、黄色的甜椒，白色的洋葱和花椰菜，棕色的蘑菇以及其他许多食材。每一种多彩的蔬菜都含有自己独特的维生素、矿物质和植物营养素。

| 每天至少吃一份沙拉 |

在达到每天十份蔬菜和水果的目标后，确保其中大部分是生的非常重要，一份沙拉可以轻松提供这个数量。你的沙拉可以是一份配菜，加入一些蛋白质后，它也可以成为一顿主食。新鲜的生菜、菠菜、羽衣甘蓝、瑞士甜菜和其他绿叶蔬菜都是一份好沙拉的基础，在此基础上可任意添加一些其他新鲜蔬菜，如胡萝卜、甜椒、紫甘蓝、番茄等。此外，熟青豆和芦笋可以为沙拉增添活力；切碎的核桃或杏仁、美味的橄榄、刺山柑以及朝鲜蓟心可以丰富沙拉的口感。你甚至可以在沙拉中加入水果，同时搭配橄榄油和奶酪食用。

只要再加入一些富含蛋白质的食材，你便可以将沙拉变成一道主菜，轻烤的金枪鱼和虾、切片牛排、煮熟的鸡蛋或碎奶酪都是不错的选择。当然，一份好的沙拉还需要美味的调味汁，简单的特级初榨橄榄油或醋就可以。我建议你自始至终使用自制的调味汁，这样可以避免添加剂。

你的食谱中还应该增加一些水果，包括浆果，最好的方法是将它们全部吃掉，可以作为零食、健康甜点或制成诸如奶昔之类的食物食用。

植物营养素

天然食物中的数千种营养成分可以保护你免受慢性炎症的侵害。这将帮助你避免某些损伤、加速康复，并预防癌症、心脏病以及延缓退行性疾病的发生。这些天然植物营养素是植物在优质土壤中生长时，通过光合作用制造出来的化学化合物。几个世纪以来，一些植物被世界各地的人们用来治疗疾病，科学家们经过研究发现，这些植物中包含的天然植物营养素对健康有着极其重要的作用。

所以，饮食的一大原则就是摄入的食物要多元化。除了蔬菜和水果，坚果和种子也是许多植物营养素的最佳来源，绿茶和红茶以及草饲牛肉也是相当不错的选择。

摄入多种蔬菜和水果对于预防癌症和大多数慢性疾病能够起到一定的作用。科学研究显示，植物营养素的存在是其原因之一，仅仅服用富含维生素的保健品，并不能达到这种效果。明尼苏达大学的流行病学家约翰·波特（John Potter）的一段话曾经被《新闻周刊》引用，为我们提供了更为广阔的科学视角："通往癌症途中的几乎每一步，都有蔬菜或水果中的一种或多种化合物在发挥作用，它们能够减缓甚至逆转这个过程。"遗憾的是，大多数人由于没有摄入足够的蔬菜和水果，也就无法获得这些威力强大的营养素。

| 越苦越好 |

科学家们现在已经认识到，与蔬菜和水果中的维生素相比，天然形成的植物营养素能够为人类提供更为重要的优质营养。这些植物营养素可以预防慢性炎症，防止身体产生致癌物质，阻止这些化学物质的活化或抑制已经存在的癌细胞的扩散。研究人员认为，最有可能预防癌症以及包括心脏病在内的其他疾病的蔬菜和水果，如绿叶蔬菜、西兰花、卷心菜、洋葱、柑橘类水果、葡萄、绿茶等，都有一个共同特点，那就是它们的味道略带苦味。

对于植物来说，这些苦味植物营养素可以充当天然的昆虫驱扰剂和杀虫剂。卷心菜和球芽甘蓝中的一些化合物，对鸟类、鼠类等一些形体较小的动物来说甚至是有毒的。一般来说，植物的嫩芽和幼苗中含有更多的苦味植物营养素，而成熟植物中含量较低。这样可以保护这些植物，以免它们在幼苗期便被天敌所食用，从而使它们获得繁衍生息的机会。不过人类大可不必担心，你需要日复一日地每天吃下数千克的蔬菜，才有可能积累到有害健康的毒性植物营养素。

尽管植物营养素在预防疾病和提供营养等方面具有重要作用，但食品行业依然通过基因工程和选择性育种来解决所谓的蔬菜和水果的苦味问题，通过各种方式去除了这些有益健康的化学物质。遗憾的是，我们的文化总是将苦与不好的味道联系在一起，而不是与健康联系在一起。现在许多农业科学家希望食物更甜，并致力于人工改变自然食物供应。他们正在将某些真正健康的成分从食物中去除，以便获得更好的销量，而且他们成功了。例如，菜籽油通过选择性育种大大降低了其植物营养素的含量；转基因柑橘现在无论作为水果，还是制做成果汁都已经极为常见，虽然更甜，但却不含柠檬烯……而恰恰是这些苦味物质可以帮助我们预防和治疗皮肤癌。食品工业中糖的用量越来越大，加工出的食品比以往更甜，人们渐渐不再能接受蔬菜、水果中的苦味，甚至将莴苣叶、欧芹和西葫芦的特殊味道也归为令人反感的。

癌症研究人员指出，对苦味的高度敏感是一种健康的特征，这可以帮助人们选择植物营养素含量最高的食物。食品工业的做法与上述观点恰好相反，他们也在测量这些苦味植物营养素的含量，而目的却是开发出能够迎合人类口感的食物——不苦但同时却失去了植物营养素。因此，虽然一些营养学家建议增加食品中的植物营养素以促进健康，但标准的行业做法却是为了追求更好的口味而摒弃它们。事实上，现代饮食中苦味化合物含量的降低体现了食品工业的"成就"。具有讽刺意味的是，随着农业科学家从植物中去除更多的植物营养素，农民不得不使用更多的化学杀虫剂来保护他们的作物，因此消费者在食用蔬菜和水果时面临着的双重打击：获取的营养更少，却被动吸收了更多杀虫剂所带来的有害物质。

除了苦味之外，涩味也与对健康有益的植物营养素有关，这些口味实际上还是相当有吸引力的。你可以想象一下陈年的波尔多葡萄酒或高品质的绿茶。遗憾的是这些都是例外，人们总是对于甜味更为偏好，准确地说是更为"上瘾"。

你可以通过食用带有天然苦味或涩味的食物来获得更多的植物营养素。除了豆类、柑橘以及葫芦科蔬菜在内的一些蔬菜和水果，杏仁、红酒、绿茶和可可中也含有天然植物营养素。

有机食品

有许多资深运动员都非常熟悉 20 世纪 60 年代在美国兴起的有机食品运动。今天，寻找健康食物的运动员可以在传统的"健康食品"商店中找到带有各种认证的有机农产品、肉类等。不过，大家会面临两个常见的问题：是否值得为有机食品支付额外的价格，以及是否可以信任"认证有机"的标志。

对于这两个问题，我的回答都是肯定的，但要附带一个注释。美国农业部（USDA）的有机计划现在是国际统一行动的一部分。这些标准比以前没有监管的有机潮流要更具有指导价值，以前任何人都可以声称其产品是有机的。许多有机标准对于消费者来说具有潜在益处，比如有机动物必须用有机饲料、经过过滤的水和经过认证的有机牧场饲养，而且许多之前常用的药物都被禁止使用。有机农产品必须在不常用杀虫剂、除草剂和其他化学品的情况下种植生长。有机食品中不允许使用添加剂、化学品、防腐剂等。这个有机计划相对严格，有利于清除市场上的无良商家，因此，如果一个产品带有 USDA 有机标签，那么它就与

USDA监管下的其他所有食品一样值得信赖。但就像我们食品供应的其他环节一样，你必须成为一个谨慎的消费者，仔细阅读标签，注意并避免"有机垃圾食品"，它们在今天的有机产品中依然占据着主导地位。

杰罗姆·欧文·罗代尔（Jerome Irving Rodale）在20世纪中期提出，有机食品更好。无论他所在的那个时代的食品是否符合今天的认证标准，他的观点直到今天依然正确。例如，有机蔬菜和水果通常口感更好，这是因为它们没有经过基因改良，含有更少的化学肥料或者根本不含化学肥料。此外，许多研究表明，有机农产品更有营养，含有更多的维生素、矿物质和植物营养素。一些研究发现，包括胡萝卜、卷心菜、生菜、羽衣甘蓝、西红柿和菠菜在内的许多有机蔬菜，其营养成分是常规农产品的两倍。这种情形很可能是因为有机农业对土壤进行了更好的管理，包括堆肥、轮种等。

我也对此进行了研究，通过独立的实验室分析发现，一些有机蔬菜的某些重要营养物质含量明显更高，如叶酸含量可能达到同类蔬菜在USDA数据库所记录数值的10倍以上。

多年来，营养学家坚称，今天的常规种植食品在维生素和矿物质含量上与我们祖辈的膳食一样丰富。但已经有足够的证据表明，这并不一定是事实。自20世纪40年代中期以来，美国农业界开始广泛使用化肥和杀虫剂，食品质量发生了变化。《英国食品杂志》上刊登的一项研究比较了20世纪30年代与80年代蔬菜和水果中所含的营养成分，结果发现，蔬菜中的钙、铜和镁的含量显著降低，同时水果中的镁、铁、铜和钾含量也降低了。美国生产的食品也存在类似的趋势，一些营养物质的含量降低了多达30%。

大多数食品在种植过程中都会使用化肥和杀虫剂，但有机食品除外，它们含有更少的硝酸盐和重金属，这两者都会损伤我们的大脑，特别是对儿童非常有害。重金属通过某些化肥进入植物——有些化肥甚至是工业废物的副产品。正如前文所述，为了减少苦味，一些常见食品中的植物营养物质已通过基因工程被去除。但是，有机种植食品不含有基因改良的成分或转基因物质，这使它们成为更好的食物选择。

然而，有机运动也为毫不知情的消费者创造了全新的产品，即"有机垃圾食品"。这些被 USDA 认证为有机的包装食品，同样可能造成疾病和肥胖。在销售有机产品的健康食品或其他商店中，要避免那些含有糖、精制面粉、不健康脂肪等成分的产品。曾经，"有机"一词是与健康联系在一起的，但现在显然不再是这样。

其他健康食品

有机行业确实存在诸多问题，这个行业原本以种植和生产最洁净、最高质量的食品为目标，执行着严苛的标准，但是这些标准正在被削弱，而且这个行业有着高度官僚主义的认证流程，可能会使一家公司或农场每年负担数万美元的费用用于通过认证，因此许多真正关心健康的消费者不得不寻找其他的健康食品选项。他们看到了传统农贸市场、社区有机合作社、路边农场摊位和"自助采摘"等的潜力。此外，互联网销售的有机食品也正在增长，特别是批量购买。

我购买的所有食品，包括水果、肉类、鸡蛋、奶酪、坚果、种子，几乎都是有机的，尽管其中的很多食品并没有经过 USDA 认证。不过我吃的大部分蔬菜都是我自己在花园里种植的。如果你想要得到最高质量的农产品，最好的选择是自己种植。如果你拥有种植空间，哪怕只是一个几平方米的地块，经过适当的管理，也可以为你的整个家庭提供大量的应季蔬菜。通过自己种植蔬菜，你不仅可以确保蔬菜的质量，降低生活成本，而且能够享受种植带来的乐趣。

总之，选择这些健康的蔬菜和水果，是通往最佳耐力表现和更好更健康目标的正确方向。

THE BIG BOOK OF ENDURANCE TRAINING AND RACING

第三部分

改善健康状况

很多运动员花费大量的时间进行健身锻炼,但却没有用同样的精力去追求健康。

——菲利普·马费通博士

ENDURANCE TRAINING

RACING

15

肌肉平衡与失衡

THE BIG BOOK OF ENDURANCE
TRAINING AND RACING

痉挛、抽筋和侧肋疼痛　平滑肌

神经肌肉系统 = 大脑 + 脊髓 + 神经 + 肌肉

骨骼肌　　横膈肌

易化和抑制

心肌　　关节、韧带、肌腱

15

肌肉平衡与失衡

人们对完美运动员的普遍印象是肌肉发达。这一传统观念认为更多的肌肉量会带来更好的运动能力。其实这是一种误解，尤其是在耐力项目中，力量并不是长距离训练和比赛的决定性因素。

肌肉确实是整体竞技水平和健康的重要组成部分，它们不仅在举起、推动、搬运、移动或冲刺时起到作用，还负责帮助血管泵送血液、支持免疫功能以及燃烧体内脂肪。

我们的身体中有三种不同类型的肌肉，每种类型都有不同的功能：

1. **平滑肌**。平滑肌构成了血管动脉壁以控制血液流动，同时，平滑肌还覆盖肠道，在消化过程中具有一定的调节作用。这些肌肉在很大程度上受到自主神经系统（交感神经和副交感神经）的控制。
2. **心肌**。心肌是心脏独有的肌肉，它具有收缩、自律和传导功能，这些都是心脏正常运作所必需的。
3. **骨骼肌**。骨骼肌构成了我们在体育运动中非常熟悉的肌肉形象。人类的大多数肌肉由不同种类的肌纤维组成，主要分为有氧和无氧两种。虽然它们的基本运动受到大脑的自主控制，但我们也可以通过训练、饮食、激素和治疗来显著影响骨骼肌。

本章将对骨骼肌进行深入讨论，介绍它们的功能以及当它们失去平衡时会发生什么。值得注意的是，肌肉之所以能工作，是因为大脑和神经系统在控制它们，因此，==我们将大脑、脊髓、神经和肌肉统称为神经肌肉系统。==

除了对人体起到的物理性作用之外，骨骼肌还影响着包括脂肪储存在内的多种新陈代谢过程；在确保健康饮食的前提下，骨骼肌还能够起到抗氧化的保护作用；骨骼肌在免疫功能中也发挥着重要作用，甚至还确保着血液和淋巴循环的进行，这种作用主要发生在富含大量血管的红色有氧肌纤维中。

肌肉功能的完整描述

肌肉带动骨骼，使我们能够站立、行走、奔跑和进行其他所有身体活动。肌肉还可以在各种不同的强度和维度下实现多种功能，当肌肉不能正常工作时，人体就会产生功能障碍。一般来说，肌肉功能的完整范围可以从极度松弛、完全无收缩的状态（彻底虚弱）开始，一直到另一个极端，即极度紧张的痉挛性肌肉状态。在这两个极端之间还存在许多其他重要的状态。

正常肌肉功能

正常的肌肉活动是收缩和舒张的组合，专业上称其为易化和抑制，例如跑步时，全身肌肉不断进行收缩和舒张。肌肉收缩时，会变得更紧张并做更多的功；肌肉舒张时，以较小的力量工作，从而使与其对立的肌肉能够更好地收缩。

理解正常肌肉功能的最佳方法是亲自感受一下。让我们用上臂前侧的二头肌和上臂后侧的三头肌作为例子。这两块肌肉通常一起工作，一块收缩时，另外一块则会舒张。让我们试一下。

首先，在放松的坐姿中用左手触摸你右上臂前侧的二头肌，然后触摸右上臂后侧的三头肌。在不用力的时候，这两块肌肉相对而言较为松弛，有一点硬度，但既不过紧也不过松。

接下来，将右手放在大腿下面然后向上拉，就像试图搬起大腿一样（这样做会使二头肌收缩）。现在用左手再次触摸二头肌，它应该明显紧张，这就是肌肉的收缩活动。

在继续提起大腿的同时，相对立的肌肉三头肌应该比二头肌松弛得多，甚至可能比放松时更松弛（这取决于你提起大腿的程度）。三头肌此时的放松，实际上是为了保证对立肌肉二头肌能够更有力地收缩。二头肌处于收缩状态（易化），而三头肌处于抑制状态（舒张）。事实上，如果没有三头肌的额外舒张，二头肌就无法正常收缩。

在奔跑时，与二头肌和三头肌类似，不同的肌肉会不断地发生易化和抑制。如股四头肌（大腿前侧）和股二头肌（大腿后侧），胫骨前肌（小腿前侧）和腓肠肌（小腿后侧），胸大肌（上胸部）和背阔肌（背中部），等等。

==如果希望肌肉保持正常的功能，那么神经肌肉系统就需要达到最佳状态，==这种状态使身体在活动期间达到了最佳平衡，具有适当的抑制和易化的组合。

异常肌肉功能

了解肌肉的正常功能也可以让你更好地理解肌肉的异常。运动员中最常见的肌肉异常状况是肌肉不平衡，即两个或更多肌肉不按照应有的方式收缩和舒张。继续上面的例子，当你收缩二头肌的时候，三头肌会保持松弛，想象一下，当你放松手臂之后，如果二头肌仍然保持紧张，三头肌仍然保持松弛，这就属于肌肉不平衡了，而且是两块肌肉都处于异常状态。

肌肉过于松弛是由异常抑制所造成的，有时被称为"虚弱"（这不是真正的无力，无力指的是力量不足）。肌肉不平衡的程度相对轻微时，造成的伤害较小，而在某些情况下也可能会非常极端，导致相应肌肉控制的关节严重疼痛。更重要的是，在大多数情况下，这种抑制会导致对立肌肉过于紧张，这种状态被称为异常易化。这些异常的肌肉不平衡可能会对它们控制的关节、它们附着的肌腱以及其他肌肉、韧带和全身各个部位造成不利影响。==大多数身体损伤是由肌肉不平衡引起的，无论疼痛出现在关节、韧带、肌腱还是肌肉中。==

肌肉功能的完整范围从极度无力到极度僵硬，正常状态位于中间（见图 15-1）。极端情况通常是由于大脑或脊髓损伤引起的，那些患有脑瘫、多发性硬化或卒中的人通常会表现出肌肉无力。

图 15-1 肌肉功能的完整范围

极度无力 （无法运动或 能做微小的运动）	异常抑制 （虚弱）	正常	异常易化 （僵硬）	极度僵硬 （抽筋或痉挛）

肌肉不平衡，即异常抑制和异常易化同时存在，在耐力运动员中是一个非常常见的问题。以下是可能发生的情况：

- 被异常抑制的肌肉会被拉长到一个不正常的长度，这也是许多常见的物理性损伤的开始，这种损伤不是由摔下自行车或越野时扭伤脚踝等外伤引起的。这种肌肉虚弱的状态通常不会引起注意，但是你可能会感觉到它所承担的功能逐渐消失，比如膝关节不适或难以维持正确的奔跑步态等。当肌肉不能适当地控制关节的运动时，会导致该身体部位发炎。

- 与你异常抑制肌肉对立的肌肉则呈现出紧张的状态（异常易化）。肌肉的紧张会带来严重的不适感，有时甚至是痛感，这样一来身体的灵活性就会受到限制，运动也会受到妨碍。为了缓解症状，人们通常会对这些肌肉进行柔和而缓慢的拉伸，但是在大多数情况下，这只能解决次要问题，因为主要原因并不在于这些紧张的肌肉，而在于另外一侧受到异常抑制的松弛的肌肉。此外，在试图通过拉伸来放松紧张的肌肉时，那些已经被过度拉伸的虚弱肌肉有可能会继续变弱。

- 肌肉通过肌腱与骨骼连接，所以当肌肉不能正常工作时，肌腱也不能正常工作。大多数肌腱问题都是由于肌肉工作不良引起的。同样，韧带是连接骨骼的纽带，肌肉则直接或者间接地对韧带和骨骼起着重要的支撑作用。所以，当韧带或骨骼出现问题时，相关肌肉的不平衡状态就一定存在。

如果想恢复正常的肌肉平衡，就必须找到并解决肌肉不平衡的原因。通常情况下，如果身体处于整体健康的状态，这些问题可以自动得到解决。人体在耐力训练中出现的正常磨损会引起轻微的肌肉不平衡，身体通常可以对这些问题进行自我修复。或许你并未察觉，然而你的身体始终在努力地恢复平衡。在纠正自身问题的过程中，身体可能会显现出较轻的症状，甚至完全没有症状。只有你的身体无法解决特定问题时，症状才会明显，伤情才会发展。

评估肌肉功能

即使使用 X 线机、CAT 扫描仪或其他高科技设备，对肌肉不平衡进行评估也并非轻而易举。肌电图（EMG）设备可以帮助确定一些肌肉不平衡问题，但对发现运动员身上更细微的不平衡却并不敏感。而使用正确的手动肌肉测试方法，就可以有效地评估肌肉功能。在与运动员一起工作以评估其肌肉功能时，我会研究他们的姿势、步态以及在跑步机或跑道上的运动状况，还会用手动肌肉测试方法来评估单块肌肉的情况。此外，我还会对他们进行身体测试、询问他们关于训练和比赛的问题，以及阅读他们的训练日记，等等。

MYTHS OF ENDURANCE

手动肌肉测试

手动肌肉测试是一种生物反馈形式，通常用于评估肌肉不平衡。美国第一册关于手动肌肉测试的教材出现于 1949 年，用于评估小儿麻痹症患者的肌无力。此后，肌肉测试技术不断改进，逐渐用于评估各种个体的所有类型的肌肉功能障碍。现在全球数以万计的卫生保健专业人士都在使用手动肌肉测试对患者进行评估，这些专业人士有不同的测试目的，但都将这种方法当作单一手段来使用，具体如下：

- 神经科医生进行手动肌肉测试以评估患者的脑功能。
- 物理治疗师进行手动肌肉测试来评估患者的残疾程度。
- 运动训练师进行手动肌肉测试来评估特定的运动伤害。
- 整骨医生、骨科医生和其他医生可以通过手动肌肉测试来寻找造成各种不适的原因。

尽管手动肌肉测试的目的不同，但所有使用它的专业人士都有一个共同的特点，那就是他们都会将这种方法用于评估身体的生理功能，尤其是确定肌肉不平衡。

我发现每个运动员的受伤经历都可以提供大量关于肌肉不平衡的信息。今天，采集病史已经被许多医务专业人士摒弃，他们与患者不再有充分的沟通。这是不正确的，因为运动员在谈论他们的症状时通常会不自觉地提供许多线索，良好的医患沟通过程也可能是最佳的评估过程，甚至仅仅听运动员在赛前或赛后的相互交谈，也有助于确定是什么导致了他们的身体问题。

观察肌肉不平衡相对容易，只需要观察马拉松、长距离自行车赛或铁人三项赛结束时的参赛者，就可以看到各种被放大的肌肉不平衡的情形，它们通常会从不连贯的动作，乃至运动员的鞋子落在人行道上时发出的声音等细微之处中传达出来。

当然，只有那些经过专门培训的人，才能观察到运动员身上普遍存在的细微的肌肉不平衡。我想起了自己当学生时是如何研究肌肉不平衡的：研究哪些肌肉执行了哪些动作、哪些不平衡会导致步态轻微的不规则等。我和同学会去购物中心观察人们走路，运用我们新学到的方法来评估他们。

除了观察步态，评估运动员的站姿或坐姿也很重要，尤其是对自行车手来说。游泳动作也提供了许多关于肌肉功能的线索。肌肉不平衡通过姿势上的偏差显现出来，如脊柱弯曲、头部或骨盆倾斜、上半身旋转或其他扭曲。

最重要的是，当通过适当的治疗来纠正肌肉不平衡时，步态和姿势的不规则性很快就会得到明显缓解，患者的疼痛模式或其他症状也会改善。这是因为许多疗法改变了神经肌肉系统，所以效果是立竿见影的。这与通过举重训练增加力量不同，后者需要更多的时间。

MYTHS OF ENDURANCE

痉挛、抽筋和侧肋疼痛

肌肉痉挛是肌肉紧张、突然收缩造成的，通常发生在运动中，但半夜醒来时出现脚或腿痉挛也不罕见。肌肉痉挛的具体原因不明确，可能是个体化的原因，也可能是因为钠和镁含量过低、肌肉过度使用或处方药的副作用。肌肉痉挛通常涉及单一肌肉或肌肉群，通常持续时间相对较短，除非你在骑自行车途中小腿严重痉挛。"痉挛"和"抽筋"经常可以互换使用，因为它们的定义有些模糊。实际上，真正的"抽筋"通常发生在患有多发性硬化、脑瘫等神经疾病以及脊髓严重损伤的人身上。

侧肋疼痛通常是指上腹部一侧的疼痛。这些疼痛经常会在跑步时出现，可能与腹部肌肉或肠道平滑肌等肌肉存在直接或间接的关系。

生理学家对侧肋疼痛的研究并不充分，大体而言，这种疼痛源于膈肌或肠道，通常发生在摄入液体或食物后不久。它不仅会让你的身体感到不适，还会降低你的运动能力，甚至会导致你在比赛过程中减速或停下来。感到疼痛时，你可以在挺紧腹部肌肉的同时弯腰，或用嘴进行深呼吸以增加肺容积，这两个办法都可以帮助减轻疼痛。

在实践中，我看到最成功的快速缓解疼痛的方法是通过特定的步伐、游泳姿势或骑行踏频辅以深呼吸。例如，在跑步时，每三步（右、左、右）吸气，接下来的四步（左、右、左、右）呼气。在快跑时，每两步吸气、每三步呼气也是有效的。

手动生物反馈

为了更好地训练和治疗运动员，我使用了许多辅助工具，如心率监测仪等各种形式的生物反馈设备。"手动生物反馈"是我开发的一款程序，通过矫正肌肉弱点（异常抑制）来帮助改善肌肉不平衡，无论这种不平衡是由于局部肌肉的问题，还是由大脑或脊髓损伤引起的。这是一种安全有效且相对容易被大多数医疗保健专业人员（甚至是普通人）掌握的方法，通常会迅速产生效果。手动生物反馈对几乎所有运动员有效，包括明显受到物理性损伤，以及看起来没有受伤，但由于轻微的肌肉不平衡而导致成绩瓶颈的人。

大多数与肌肉不平衡相关的受伤情况可以分为以下两类：

- **局部肌肉受伤**：这是身体问题最常见的原因，通常与肌肉本身的创伤有关，比如摔倒、肌肉拉伤、脚踝扭伤或其他受伤。微小创伤更加普遍，这是肌肉或关节中微小的生理压力的积累导致的，通常在发生时不被察觉，但最终会导致明显的肌肉问题。耐力训练对身体结构产生了大量磨损压力，大多数运动员以为自己可以很好地适应这种压力，但情况往往并非如此，由于这种压力没有得到缓解，所以导致肌肉不平衡。并非所有的伤病都是运动引发的，久坐、重复性活动损伤或者穿着不合适的鞋子行走，也会导致微小创伤，最终都会引起肌肉问题。局部肌肉受伤会产生轻微但烦人的疼痛，也可能发展成为严重的慢性疾病。
- **大脑或脊髓损伤**：可以在任何年龄发生，甚至发生在出生前，在运动员中，此类损伤通常较轻。外伤、感染或营养供应不足会导致大脑或脊髓受损，继而造成肌肉功能下降。在自行车事故中受伤的运动员，无论是否戴头盔，都有脑损伤和脊髓损伤的危险。

针对大脑或脊髓损伤的人群，手动生物反馈可以帮助他们恢复肌肉平衡，从而改善整体运动能力。循序渐进的运动是一种强大的治疗方法，不仅有助于提高运动能力和改善姿势，还有助于大脑的恢复，包括言语、视觉、平衡、记忆甚至智力等方面的功能。此外，肌肉还有其他重要功能，比如能量生产、循环和免疫等，增加身体活动可以改善整体健康。

传统的肌电图生物反馈会用到计算机，包括机械传感器和附着在皮肤上的电极，而手动生物反馈不需要任何设备。手动生物反馈在整个过程中依靠的是医师的神经感觉，这是一种更加个性化的方法，通过语言、视觉、触觉和其他感观来唤醒更多的患者大脑对身体的刺激，进一步提高患者对于治疗的接纳度和动力。与许多生物反馈形式一样，手动生物反馈依赖肌肉测试。

呼吸肌

在实现最佳耐力所需的所有重要肌肉中，最重要的当属横膈肌。这块肌肉位于我们的腹部上方、肺部下方，大而扁平，能够帮助我们吸入氧气并排出多余的二氧化碳，从而进行呼吸作用。在训练有素的耐力运动员中，呼吸机制可能是其所有训练中最为薄弱的环节。在这种状态下，只有较少的空气进入肺部，血液无法获得足够的氧气。此外，不良的呼气没有排出足够的二氧化碳，也会降低耐力。

所有运动员都可以将正常呼吸的动作纳入他们的训练计划中，尤其是在休息或空闲时间。这有助于修复肌肉和其他不平衡。

正常的呼吸

我们通常对呼吸不会有过多的关注，直到出现呼吸困难才意识到问题的严重性。有些人呼吸不正确自己却没有意识到，而大多数人可以通过控制腹部压力来改善呼吸，进而提高自己的耐力和整体健康。正常呼吸与恰当的肌肉运动相关，其中最重要的是腹部肌肉（位于我们腹部的前部和侧部）以及横膈肌。这些肌肉协同工作，使得我们能够高效地吸入和呼出空气。没有正常的呼吸，腹部肌肉和横膈肌可能会工作不当，严重时甚至会导致其他肌肉"罢工"。在这种情况下身体的运动（例如姿势和步态）可能会受到损害，氧气会不足，其他问题也可能会发生。

腹部肌肉还有助于支撑我们的身体结构，如脊柱、腰部、骨盆、肩膀以及颈部。腹部肌肉帮助我们更有效地跑步、骑自行车和游泳。在某些情况下，不正确的呼吸是导致腰部、背部、髋部、肩膀或几乎所有其他部位的复杂不平衡的开端。

鉴于腹部肌肉和横膈肌的重要性，让我们更仔细地看一看正常呼吸的两个组成部分——吸气和呼气。

在吸气过程中，腹部肌肉会舒张并向外伸展，而横膈肌则向下移动。这种运动使空气更容易进入肺部，并伴随着轻微的全身向后伸展，尤其是脊柱。

在呼气过程中，腹部肌肉会收缩并变紧，并轻轻地向内收缩；横膈肌会向上松弛。这有助于将空气排出肺部，伴随着身体微倾。

通过观察一个人的呼吸，看他的腹部在吸气时向外的扩张和呼气时向内的收缩，通常可以判断他的呼吸是否正确。此外，你还可以通过感觉肌肉的移动来评估自己的呼吸：

- 将手放在腹部（肚脐上方）。
- 缓慢吸气，感觉腹部肌肉向外扩展。在吸气过程中，腹部会鼓起。

- 缓慢呼气，感觉腹部肌肉向内收缩。在呼气时，腹部会变得更平坦。
- 在正常呼吸过程中，大部分起伏发生在腹部区域；胸部只有轻微起伏，只在深呼吸时胸部才会扩张。

那些呼吸不正确者的肌肉动作与上述情形相反。还有一些情况是胸部迅速而充分地扩张，而腹部区域变化不大。这个错误的呼吸模式可能是由于担心受到歧视不愿显示大肚子、腹部肌肉过度锻炼（通常是仰卧起坐或卷腹运动）导致腹部肌肉过紧以至于无法放松等综合因素造成的。

一个重要的注意事项是，在压力大的时候要注意呼吸，因为通常在正常呼吸变为不正常呼吸时，我们会在腹部和骨盆肌肉中产生更多的紧张感。当精神压力很大时，这甚至可能发生在训练和比赛期间，具体表现为无法充分吸气、充分呼气或两者都不如以前。

如果你的呼吸不正常，立即重新训练呼吸机制非常重要。这可以通过呼吸生物反馈来完成。该程序非常简单，使用了上述的正常吸气和呼气步骤。

肌肉如何影响骨骼健康

总的来说，通过保持适当的肌肉平衡以及健康适当的训练，可以帮你显著降低出现骨骼问题的风险，耐力运动员中最常见的骨骼问题是应力性骨折。即使你出现了应力性骨折，平衡的肌肉和整体的健康也能够帮助你加快愈合速度。当然，许多应力性骨折是由于肌肉不平衡干扰了负重、步态和其他动作而造成的。

应力性骨折与大多数其他骨骼问题相比通常不算严重，但也会给训练和比赛造成困扰。尽管有些是由于外伤，比如从自行车摔下造成的，但也有一些是由于突然增加运动量造成的。在某些情况下，代谢是最主要的原因，例如女性运动员出现的闭经与激素不平衡有关，从而影响了骨密度。虽然腿部（胫骨和腓骨）的骨骼是应力性骨折的常见部位，但它们同样也可能发生于跖骨、舟状骨、骨盆骨骼以及许多其他骨骼。

应力性骨折造成的痛感通常会因休息而缓解、因运动而加剧。该区域周围通常会伴有一些肿胀，但有时不明显。如果在受伤后的前两周内拍X光，肿胀可能会妨碍正确的诊断。只有在开始好转后，X光检查才会显示出问题。

在大多数情况下，健康人的应力性骨折都会很好地愈合。休息、冷却受伤部位、停止负重训练以及更换硬底平底鞋就足够了，但每种情况都必须针对性处理。

同样重要的是，应力性骨折的发生通常是有迹可循的，比如肌肉、激素、饮食或多种不平衡所致，必须找到原因并加以纠正。如果不这样做，运动员未来仍然有可能受到骨折的威胁。

低脂饮食与应力性骨折的发生有关，尤其是在女性运动员中。脂肪对于健康的许多方面都很重要，某些脂肪有助于将钙带入骨骼和肌肉中。骨健康不仅与钙有关，锌、维生素K以及包括蛋白质在内的许多营养物质对于骨骼健康也非常重要，这些都是健康饮食提供的要素。维生素D可能是对于骨骼最重要的营养物质，它最重要的来源是阳光。

令人惊讶的是，==在骨骼健康方面，肌肉功能的重要性通常被忽视，但这恰恰是应力性骨折最重要的影响因素。==肌肉不平衡会导致特定区域的骨骼得到的支持减少，除此之外肌肉量的减少也会造成整体健康水平降低、营养和激素失衡，从而使骨骼变得脆弱。较低的肌肉量还会因有氧肌肉纤维发育不良而无法为骨骼提供足够的支撑。

尽管我们经常讨论过度的物理性压力所造成的负面影响，但其实过轻的物理性压力也是个问题。那些不定期进行重力相关锻炼的人可能更容易出现骨骼问题。总的来说，耐力运动员并不会有这个问题，但如果你是游泳运动员，并且没有进行过其他锻炼，那么你的身体所承受的重力压力可能不够充分。甚至自行车训练时的重力压力都是不足的，明显低于跑步甚至步行。因此，交叉训练对维持骨骼健康非常有帮助。强壮而健康的运动员可以显著降低应力性骨折和其他损伤的风险。

ENDURANCE TRAINING

RACING

16

伤病与疼痛

THE BIG BOOK OF ENDURANCE
TRAINING AND RACING

伤病是可以预防的　腘绳肌疼痛
烹饪指南式治疗　　身体不平衡
　　　肌腱炎　　减速 and 休息
多米诺效应
膝盖痛　　髂胫束综合征

伤病与疼痛

受伤和疼痛是每个运动员最大的噩梦。然而，许多运动员却以为，受伤和疼痛是比赛的一部分。在身体接触类的运动项目中可能确实如此，比如橄榄球和拳击，但在大多数耐力运动项目中通常不会发生此类问题。对于耐力运动员来说，伤痛通常意味着他们的身体出了问题，大多数伤病和疼痛其实都是可以预防的。

从解剖学角度解释伤痛

先从一个简单的问题开始，到底什么是伤病？

我们大多数人都以一种非常简单的方式看待伤病：你过度使用了身体的一部分，结果它受伤了。对于耐力运动员来说，受伤是不应该发生的。乃至在崎岖的小径上扭伤脚踝，都是可以避免的事情，因为那可能是由于你身体的某种不平衡造成的，这种不平衡发生在生理、化学以及心理方面。

我将运动伤病分为三种基本类型：生理损伤、化学损伤和心理损伤。

虽然它们互相交织，但我将分别讨论每一种损伤，解剖一个个典型病例，找出伤病的根源。

生理损伤

当你准备进行早晨锻炼，弯下身子穿运动鞋时，突然感到右大腿后侧的腘绳肌有痛感。但除此之外似乎也无大碍，你不以为然。但几天后那种感觉又来了，而且愈加明显，以至于第二天的训练不得不取消。又过了一周，真正的疼痛来临了：现在你的臀部已经不能正常运动，你的膝盖在抽搐。又过了一个星期，所有的疼痛都聚集在膝盖周围。你想不起来受过任何外伤，鞋子看起来也没问题，而且痛感产生之前你也没有改变过常规的训练计划。

这种多米诺效应在全球数百万运动员中发生。伤病起初可能是由一些看似无关紧要的事件引发的，然后逐渐演变成真正的伤痛。但你的身体是有逻辑的，就像刚才描述的那种伤情发展是随机的。一个小的、无害的问题会影响其他事情，多米诺骨牌开始倒下。当有大约半打多米诺骨牌倒下后，就会产生症状，比如疼痛、功能障碍，甚至是失能的感觉。

让我们来分析一下导致膝盖疼痛的典型伤病，这也是耐力运动员中最常见的伤病之一。

| 传统的伤病观念 |

最近几十年来流行的传统观点总是试图为疾病命名：如果疼痛位置在膝关节上方，可能被称为髂胫束综合征；如果在膝盖下方，可能被称为"奥斯古德·施拉特病"；如果疼痛位置在膝盖内侧，可能被归为半月板问题。上述这些伤病，尤其是后两种，确实是真实且严重的，然而虽然医生已经将伤病的原因与伤病的位置区分开来，但这些用受伤部位命名的伤病仍然会被随意地使用。这种毫无意义的命名方式，根本无法解释伤病的原因，更无助于解释如何消除它以及如何防止它再次发生。

这种方法还会假定每种滑囊炎都完全相同，或者每种肌腱炎都是一样的。此外，现代医学经常为每种病痛提供现成的治疗方法：从休息到拉伸、从热敷到冷敷、从抗炎药到手术。这种"烹饪指南式"的治疗最让人难以接受的一点是，很多专业人士在看到你之前就"知道"要对你和你的伤病做什么。他们只需想出或查找你伤病的名称，就能快速找到治疗方法。这就是典型的只处理症状而忽略病因，更不用说针对运动员的伤病了。

| 整体治疗方案 |

另一种方法是将运动员的身体当作一个整体看待。就像一名侦探一样，将伤病及其伴随症状的各种诱因像拼图一样组合在一起。大量的线索将为解决以下问题提供重要的信息：伤病是如何产生的，如何在未来予以避免，如何对真正的病因进行纠正。通过这种方法，每位运动员都被视为一个独特的个体，都有着适合自身状况的特定需求。

那么，一个跑者的膝盖疼痛症状是如何演变的呢？我们需要知道的是，10个跑者众口一词的膝盖疼痛很可能源于10种不同的伤病。还是让我们回到前文中跑者的例子。早上右腿腘绳肌的那种痛感并不是问题的起点，可能在你第一次感受到它之前，它已经潜伏很长时间了，甚至可能是几个月前。

问题也许出在左脚，也就是并没有痛感的那一侧的脚，由于鞋子大小不合适而导致左脚受到了微小的创伤，从而导致左脚和脚踝的生物应力发生了变化。虽然左脚没有出现症状，但是这种变化对左脚踝的力学特性产生了负面的影响。人体在面对这种情形时，大脑会察觉问题并适应它。具体到这个例子，人体或许会通过骨盆和肌肉来进行补偿。具体地说，为了对姿态进行修正，骨盆会发生倾斜以减少应力一侧的承重，帮助身体适应并增加另一侧的承重，也就是最终出现痛感的地方——右腿。但这还没有结束。

右侧下肢增加的承重（可以通过左右脚各站在一个秤上进行测量）会导致大腿的某些肌肉过度劳累，右侧下肢的代偿也可能与骨盆倾斜引起的步态变化有关。由于体重的转移和骨盆的生理应力，股四头肌在代偿过程中极度受限或者变得虚弱。最后，身体只能通过收紧大腿后侧的腘绳肌来补偿股四头肌出现的问题。前倾弯下腰穿右脚的鞋子需要腘绳肌伸展。但如果这些肌肉太紧，即使是正常的伸展也可能导致微小的撕裂。这就是导致那种轻微痛感的原因。

那么，我们可以为膝盖疼痛的运动员提出什么样的治疗方案呢？抗炎药？冰敷膝盖？==随着病因的揭晓，答案也就显而易见了：只需纠正最根本的原因即可。==在这种特殊情况下，第一个倒下的多米诺骨牌是左脚不合适的鞋（当然，这并不意味着所有的膝盖问题都是鞋子的问题）。当你扶起第一块骨牌时，其他倒下的牌是否会自动站起来，取决于运动员的自身情况和受伤的程度。一般来说，人体有很强的自然愈合能力。在大多数情况下，当问题的根本原因得到纠正时，所有的多米诺骨牌都会自动站起来，疼痛会在很短的时间内消失。这意味着肌肉不平衡得到改善，承重问题消除了，炎症也随之消失。现在的肌肉已经恢复平衡，关节也可以正常运动了。

| 预防 |

那么该如何避免伤病的发生呢？许多运动员在我这里接受伤病问诊时，都会提及一些线索，如鞋子不合适或脚踝部位感觉不对劲等。虽然这些线索都是靠回忆串联起来的，有些甚至是潜意识地存在，但并非没有意义。在我多年的实践中，进行仔细而充分的口头问诊以及伤情回溯，是治疗和训练运动员最重要的手段之一。

当然，学会如何准确地读懂自己的身体是需要时间的，但这种能力非常值得拥有。它的重要性在于，当状况出现时你的身体会提供明显的线索，比如腘绳肌产生痛感。这时你应该做的第一件事就是停下来评估一下发生了什么，否则，你会遭受更多不必要的损伤以及时间上的浪费。

当然，你也不想让自己的身体过度敏感，让自己受困于身体产生的每一个微小的感觉，因为有的感觉并非真的对应着伤病。你大可不必如此担心，因为身体是可以进行自我修正的，即使是那些与身体的不平衡相关的严重症状，往往在你意识到之前，你的身体就已经开始进行自我修正了。你要做的是观察这个过程，并判断是否需要在适当的时机进行干预。

生理损伤其实也与化学因素有关，在控制体内炎症和消除炎症的过程中，体内的各种化学物质进行着复杂的相互作用，有时候这才是主要的伤害。因此在运动员的伤病中，除了由力学因素造成的生理损伤外，还有一些类型的伤病是化学损伤。

化学损伤

你花了大量时间在训练和比赛上，同时还要兼顾工作、家庭和社交。多重压力使得你疲惫不堪，每一天都过得很艰难：你在训练中不再像以前那样精力充沛，而且比以往任何时候都更易怒；你的体重有史以来第一次增加，这可能是因为你的食欲不断增加，而且你对甜食的渴望越来越强烈；今年你已经感冒了四次，你希望自己的睡眠还能够像以前那样好……你告诉自己的训练伙伴："幸运的是我没有受伤。"——不，我的朋友，你受伤了，你受到了化学损伤。

尽管与炎症相关的一些化学不平衡也会引起疼痛，但化学损伤通常不像生理性伤那样容易产生疼痛。更为常见的是化学损伤在绝大多数情况下会让人感到疲惫，运动员就经常会抱怨自己的疲惫感。无论是造成疲劳的原因，还是疲劳本身，都会引发其他的化学反应，就像多米诺骨牌一样。除了疲惫感，受到化学损伤的运动员还有易怒、易饿、频繁感冒、慢性炎症和失眠等症状。

与任何伤病一样，我们要做的第一步是排除更严重的情况，如贫血、严重感染或免疫性疾病。在医疗保健人员的帮助下，这些工作通常可以轻松完成，他们会对你进行血液测试、询问病史并进行体检。

在排除了严重的问题或疾病之后，你还可以审视一下自己的生活习惯和训练因素，最终应该考虑采用一些保守的策略。也许问题是由于训练压力过重所造成的，训练打乱了生活作息，同时生活中需要承担的各种角色又将你的负担增加到了极致。对于大多数人来说，这会影响身体的恢复能力——不仅仅是从训练中恢复，而是从全天的所有活动中恢复。随着时间的推移，恢复不足的情况累积得越来越多。我们经常提及一个词——压力，人类的肾上腺系统就是为了适应和补偿所有这些压力而形成的，但个体所承受的压力有时实在太多了。

最初肾上腺是能够承受新增的压力的，毕竟这就是它的工作。然而随着工作、家庭和社交生活、训练、比赛的节奏的加快，你越来越难以处理这种恶性循环，就如同你没经过训练就去参加一个长距离比赛一样。很快你就会发现自己根本就没有足够的时间去完成所有的事情，当你仍然在努力地跟上生活的快节奏时，肾上腺却已经无法应对这些压力了。这时，"训练 = 工作 + 休息"的等式便没有办法再保持平衡。

随着肾上腺无法正常工作，身体的许多其他功能也开始下降：比如血糖变得不稳定、产生疲劳感等。此外，由于大脑缺乏所需的糖分，食欲和饥饿感都会增加。大脑对血糖微小的变化都会变得敏感，整个神经系统也受到影响。因此，易怒和情绪波动可能会随之而来。由于肾上腺对身体其他激素系统的影响，这时你的新陈代谢可能也会下降。这是由于应激激素皮质醇水平升高，从而降低了脱氢表雄酮和睾酮激素的水平。高水平的皮质醇可能会在半夜把你叫醒，并改变你的身体获取能量的方式：增加糖的燃烧，降低脂肪的燃烧。这将导致更多的脂肪在体内存储，体重也会随之增加，同时耐力降低。这时即使仍在训练，运动员也必须付出更多的体力才能勉强保持原来的水平。而比赛的结果则变得更加令人沮丧，从而导致更多的压力。这个恶性循环持续不断，使得化学损伤更加严重。过多的肾上腺压力通常还伴随着免疫力的下降。由于身体的防御系统受到抑制，感冒、过敏及哮喘变得更加频繁。

与你遇到的任何问题一样，首先要找到病因才能进行纠正。虽然许多人寻求缓解症状的方法，比如摄入更多咖啡因来帮助度过一天，但除非你与医学人士共同找到并消除了病因，否则这些症状将一直存在。

针对化学损伤的治疗包括消除症状、寻找并清除病因，其方案并不太复杂。额外的营养支持也是必要的，包括支持免疫系统的维生素 A 或支持肾上腺的锌元素。但是，如果导致原始压力的生活方式不作改变，任何营养疗法都不会成功，因为问题可能会在个体的化学环境中不断重复，有可能是相同症状复发，也有可能是新的一组症状出现。

除了与化学损伤相关的症状之外，这些不平衡还可能导致其他多米诺骨牌的倒下，引发次生的身体症状。化学和生理损伤相结合的一个常见问题是慢性炎症。关节疼痛通常是身体肌肉的不平衡所导致的关节正常移动受限，以及这种运动受限所引发的炎症反应相结合的结果。因此化学和生理损伤都会影响到大脑和神经系统的活动，从而影响到人的心理状态。

心理损伤

生理或化学损伤很容易触发某种类型的心理损伤。当我们想到心理问题时，脑海中会浮现出紧张和情绪不稳定的画面。但我们应该把精神状态和心理状态区分开来，要意识到许多运动员在精神和情绪的困扰中挣扎，但心理上是稳定的。压力会在人体内部以化学或者生理的方式影响大脑，并且很容易导致心理损伤，这种情形在体育界并不罕见。

与生理损伤（如跟腱或膝盖疼痛）不同，心理损伤通常是看不见的。运动员并不忌讳谈论自己的伤痛，但如果涉及个人真实的心理或情绪状态时，他们往往保持沉默，这就像体育界心照不宣的不成文法则。社会上普遍认为运动员坚强，对心理损伤有免疫力。运动员们如果感受到压力，有人便会将此等同于脆弱，所有这些观念其实都是错误的。事实上，运动员对心理损伤的易感程度与其他人一样。运动员之所以坚强并且能够承受压力，是因为他们在竞技状况和健康状况方面实现了最佳的平衡。以下是我的一位患者的案例，我就称他为罗伯特吧。

罗伯特是一位颇有才华的29岁铁人三项运动员，正处于自己巅峰状态的第三年。他的训练感觉从未如此好，而且在比赛中几乎所向披靡。在精力充沛、没有伤病困扰的前提下，罗伯特正准备向全美冠军发起冲击。

但就在这时，罗伯特突然开始对比赛产生了焦虑。他会在比赛前怯场，并且失去训练或比赛的动力。在没有任何明显疾病的情况下，罗伯特为什么会有这种表现？实际上，他正经历着大脑化学环境中的功能性不平衡。他的大脑内部某些神经递质细微但明显的变化，正在化学层面上改变他的思维、感觉和行为方式。幸运的是对于罗伯特来说，这些问题是可逆的并且可以预防的。

通常情况下，你拥有的想法或感知到的来自外界的刺激，都是大脑中化学反应的结果。数十亿的信息通过被称为神经递质的化学物质在大脑和身体之间传递。大脑中的不同神经递质会让你产生不同的感觉：高兴、低落、困倦、清醒、快乐或悲伤。有时大脑可能会有一种化学物质过多或另一种化学物质过少的情况，你因此可能会感觉高兴或低沉、焦虑或抑郁。

我们的大脑和身体中有几十种神经递质，尤其是在肠道中。这些神经递质在大脑和身体之间传递信息方面有着至关重要的作用。一些重要的神经递质是由来自膳食蛋白质的氨基酸制造的，一旦制造出来，它们通常会受到胰岛素水平的影响，而胰岛素水平又与碳水化合物的摄入量有关。

==有两种重要的神经递质可以显著影响我们的心理和情绪状态，它们是 5- 羟色胺和去甲肾上腺素。==5- 羟色胺在色氨酸的帮助下产生，并在胰岛素的帮助下起作用。这种神经递质在大脑中具有镇定、镇静或抑制作用。高碳水化合物食品如意大利面、燕麦或甜食会导致更多的 5- 羟色胺产生。因此，过度兴奋的人可能会从天然碳水化合物的餐食中受益，但那些心情低落的人在吃同样的餐食后可能会变得更糟，甚至到了抑郁的程度。在传统认知中，甜食被认为是能量来源之一，但对于大脑来说，它们具有镇静作用。你入住高档酒店时，通常会在枕头旁边找到一些甜食，因为糖通常有助于入睡（甜食也会让人感到精力充沛，但作用时间很短暂）。

罗伯特的情况是，5- 羟色胺的过度产生（这在运动员中很常见）对他造成了心理方面的损伤。这可能与他摄入精制碳水化合物过多有关，随着他的心理受损，会对糖产生过多的渴望，从而使问题进一步恶化。

去甲肾上腺素是另一种神经递质，它在酪氨酸的帮助下产生——但仅在正常胰岛素水平的情况下。一餐富含蛋白质的饮食，再将菜单中的碳水化合物降至最低或者不含中度以上升糖指数的碳水化合物，就能够提高大脑的去甲肾上腺素水平。这种神经递质对大脑有激励作用，需要精神提升或感到抑郁的人会从去甲肾上腺素中获益更多。如果你正在上课、开会或开车，如果拥有更多的去甲肾上腺素以及少量的 5- 羟色胺，你的注意力会提高、不会打瞌睡。不含精制碳水化合物的高蛋白质餐食或零食对此非常有帮助。但食物和神经递质之间的关系非常敏感，哪怕只吃一顿高碳水化合物的餐食，就能迅速改变你大脑的化学环境，导致午餐后犯困或在长途驾驶中昏昏欲睡。

对于心理损伤，幸运的是大多数人不需要药物。罗伯特没有使用药物就成功痊愈。他消除心理损伤的第一步是进行碳水化合物两周测试。事实上，几天之后他的精神状态就有了 80% 的改善。

除了饮食方式外，罗伯特的训练也可能导致了他的心理损伤。如果他处于过度训练的状态，那么他的大脑和情绪的稳定性都会受到影响。

人们在进入过度训练状态之前，已经进行了很多的无氧训练。虽然我们知道乳酸和无氧训练的重要性，但大多数人并未意识到它会对运动员的心理状态产生不利影响。科学家们经过研究早已发现，人体内乳酸增加可能会引发抑郁、焦虑和恐惧，即使是心理状态正常的受试者，一旦产生了非常高水平的乳酸，也会产生上述症状。考虑到这一点，要么是罗伯特高水平的无氧运动产生了太多的乳酸，要么是他没有足够的营养物质来正确调节乳酸。

然而，罗伯特的训练是否超出了他的能力范围？他比赛次数太多了吗？更常见的情况是多种问题的组合。我和罗伯特一起坐下来评估他生活的各个方面，对于他来说，客观讲出实际情况是最困难的部分。而且他需要认识到自己在生活和训练方面的某些做法是错误的，只有这样才能解决问题。在罗伯特的配合下，我减少了他饮食中的糖和其他高 GI 碳水化合物的量，增加了蛋白质并平衡了他的训练。在不到两周的时间里，罗伯特感觉明显好转。一个月后，他的训练也明显改善了。两个月后，他迎来了第一场比赛，状态明显好转，而且他将会继续进步。

在任何运动员身上，生理损伤、化学损伤和心理损伤都可能以任意组合的形式发生。有时出现的是生理的问题；有时是隐性的化学损伤触发了生理或心理损伤。在某些运动员身上，有时候会明显地同时表现出所有三种损伤，这是由于身体和大脑中的多块多米诺骨牌倒下所导致的，这在长期过度训练的运动员中普遍存在。

对于绝大多数运动员而言，一旦找到原因并进行恰当处理，消除损伤、修复身体通常都相对迅速。影响恢复时间的因素很多，包括是否看过医生，自我描述症状是否准确，以及在饮食、训练、应对压力等方面是否做出了相应的改变。总而言之，一旦找到问题，大多数运动员会在一两周内得到改善并恢复训练。不过有的则需要更长的时间，比如那些长期处在过度训练状态的运动员，他们需要三个月的时间重建有氧基础。

MYTHS OF ENDURANCE

生理、化学和心理损伤的总结

| 生理损伤 |

- 生理损伤包括肌肉或关节问题。
- 常见的症状包括疼痛和肌肉力量丧失。
- 典型原因是肌肉不平衡。

| 化学损伤 |

- 体内化学物质的损害包括激素和营养物质的不平衡。
- 常见的症状包括疲劳和频繁生病。
- 典型原因包括新陈代谢问题，特别是激素不平衡和饮食不良。

| 心理损伤 |

- 大脑功能障碍。
- 常见症状包括抑郁情绪、动力不足、注意力不集中。
- 典型原因包括神经递质不平衡和过多的碳水化合物摄入。

与疼痛相处

疼痛是一种主观感受，也是耐力运动的重要组成部分。疼痛是在大脑中被感知的，产生痛感的身体部位可能受到了生理或化学损伤，因此我们可以通过疼痛的出现，断定身体的某个部分出现了问题。

疼痛是身体在提醒我们应该减速或休息，以便进行自我修复。虽然疼痛通常是与肌肉不平衡相关的症状，但肠道也会因痉挛而产生疼痛，这在运动员中屡见不鲜。止痛药是全球最畅销的药品之一，但它只能缓解症状而不根除病因。

在应对急性疼痛时，身体会出现大量的炎症，这是康复过程中的一个重要部分，对于康复大有益处。这时，我们可以帮助伤者从轻松的锻炼开始，恢复至参加艰苦的比赛。如果疼痛变成慢性疼痛，则是不正常的，也是不健康的。

慢性疼痛的发生至少有以下三种原因：

- **引起疼痛的问题没有得到解决。**例如，导致膝关节压力的肌肉不平衡可能导致炎症和疼痛。在问题的原因得到纠正之前，炎症和疼痛将持续存在。
- **即使生理损伤的根本原因已经得到纠正，与脂肪不平衡有关的化学不平衡仍然可能存在。**在这个问题得到纠正之前，造成疼痛的化学物质（包括炎症物质）可能会持续产生。
- **脑细胞中的胶质细胞在一些引起疼痛的损伤后可能会变得过于活跃。**这些细胞甚至可以在疼痛的根本原因得到解决后继续刺激大脑，产生痛感。

疼痛始于皮肤、血管、神经纤维、关节和骨骼中的神经末梢。这些神经末梢通过神经系统向大脑的感知中心（称为边缘系统）发送信息，大脑再将这种感觉识别出来，疼痛感由此产生。无论你将之称为情绪、感觉还是心理状态，疼痛这件事其实就是身体和大脑之间的互动。这就是为什么疼痛的感觉相对主观，因为没有两个人的感觉是完全相同的。当然，如果疼痛是一种纯粹的感觉，就像嗅觉、味觉、视觉或听觉那样，那么通过物理手段（冷敷）、化学物质（服用阿司匹林）或心理手段（通过催眠）来控制疼痛就会更加困难，甚至是不可能的事。

一旦疼痛信息传达到大脑，大脑会向疼痛源发送信息以释放内源性止痛剂，如内啡肽。脊髓由从大脑到身体的神经组成，是疼痛感知的中继站之一，因此"脊髓阻滞"也能够减轻疼痛。

一般来说，引起疼痛的问题通常位于损伤发生的地方。但也有一些时候，疼痛与身体其他地方的问题有关，甚至与那些没有症状的伤病有关。膝盖及其周边感到疼痛而膝盖并没有受伤的人，他们疼痛的原因很可能是脚或踝部的肌肉不平衡。这就是为什么很多人的膝盖问题从未得到彻底治愈，并最终变成了慢性伤病的原因之一——真正的病因未被发现，他们只是治疗了症状。

从一瘸一拐地走进我诊所的耐力运动员那里，我见到了很多膝盖伤情逐渐恶化的病例。典型患者的病史通常如下：膝盖疼痛缓慢发作，几周后疼痛加剧。阿司匹林和其他非甾体抗炎药虽然能让症状略微减轻，但疼痛仍然会反复出现并影响训练。由于跑步会加重疼痛，因此很多人选择骑自行车和游泳来保持身体状态。带伤比赛只会加重疼痛，疼痛也会让运动员在比赛中的发挥受到限制，从而陷入一系列的恶性循环中。他们也会尝试用其他一些疗法去缓解疼痛，比如常规的冷敷、使用减轻疼痛的乳膏、尝试矫形鞋垫和不同的跑鞋、休息等。其中一些方法似乎可以在短时间内缓解疼痛，但痛感很快又会回来。有时候，原来位置的疼痛会消失，然后又出现在膝盖周围的另外一个位置，甚至出现在髋关节。

我聆听过数百名运动员讲述自己的伤病，我会先对他们进行全面评估，通常会发现他们的脚和脚踝的某些肌肉存在不平衡，从而造成脚踝受力不稳定，使得膝盖承受了过多的压力。通过使用生物反馈来纠正脚部问题会迅速解决膝盖疼痛，运动员很快便可以高高兴兴地恢复正常的训练和比赛。

更重要的是，积极的结果通常以另一种积极的方式影响着运动员，他们学会了将自己的健康看待为一个整体，比如饮食、压力、训练和其他生活方式因素。

遗憾的是，一些在我的帮助下从重大伤病中康复的运动员，却无法建立起关于健康的整体观。他们依赖我来解决他们的身体问题，但他们却不愿意改善自己的饮食和训练，后果就是他们会再一次受伤，然后他们会再一次来找我治疗。

我耗费了大量精力去引导他们，向他们解释受伤意味着他们的训练和饮食存在问题，或者还有其他需要纠正的问题。我还告诉他们在处理他们的伤病时，我只是在治疗症状，因为他们不允许我去纠正造成伤病的真正原因。对于那些仍然不能理解或不愿意配合的少数人，我只好决定不再在他们身上浪费时间，因为还有许多受伤的运动员在等待着我的治疗。

疼痛的一个好处在于它可以告诉我们身体存在问题。在疼痛信号的帮助下，身体会通过使用其他肌肉或改变跑姿进行补偿，以避免某个已经发炎的关节承担更大的压力，也可以让我们暂停运动以避免造成更大的伤害。不同类型的疼痛都有特殊的含义，比如悸动和肿胀。生理性的疼痛可能与受伤部位的压力增加有关，比如外伤所造成的肿胀，这种类型的疼痛通常被描述为"被刺中"或"被割伤"。如果与血管有关，患者会感觉到"悸动"或"跳动"。

化学性的疼痛通常来自炎症和肌肉疲劳。这种类型的疼痛通常被描述为"灼烧感"或"发烫"。极端寒冷或酷热也可以造成疼痛，这是由于冰袋在皮肤上停留时间过长或晒伤所致。事实上，晒伤疼痛可能来自三种类型：热应激（强烈的阳光）、对皮肤的生理损伤以及化学炎症。

此外，创作型歌手和小说家长期以来一直在描述情感痛苦的极端情况，比如失去所爱的人。当然，运动员也不免出现悲痛和忧伤的情绪。研究表明，在遭遇赛季报销或者被迫弃赛的重大伤病时，运动员的情绪就像是受到了情感创伤。

情感痛苦与身体疼痛可能是在相同的大脑区域被感受到的，因此，情感痛苦也可能会对训练和比赛产生不利影响，这是由于大脑与肾上腺功能存在联系。尽管训练通常有助于人们应对情感痛苦，但过度训练反而会使情感痛苦加剧。

其他肌肉疼痛

除了由肌肉不平衡引起的疼痛之外，运动员还常常经历其他类型的肌肉疼痛，通常可以归为以下三种类型：

- 在训练中或训练后立即发生的疼痛可能具有化学性原因。例如乳酸本身不会直接引起疼痛，但在血液循环中越积越多，就有可能引起乳酸中毒，从而引发肌肉疼痛。这种类型的肌肉疼痛也可能与血流量减少有关，一旦训练停止，这种疼痛就会迅速消失。
- 延迟性肌肉酸痛通常在活动后的 24～48 小时内发展，疼痛在 48～72 小时之间达到高峰，这种疼痛通常与肌肉损伤有关。这种类型的疼痛会随着运动的减少而有所缓解，但疼痛缓解后肌肉功能通常会持续受损一段时间。

- 肌肉抽筋可能是某种不平衡的结果。适当的水分、钠、镁补充都有助于纠正和预防肌肉抽筋，极个别的情形是缺少钾和钙。适当的呼吸可以帮助预防和治疗与痉挛相关的横膈肌问题。

> **MYTHS OF ENDURANCE**
>
> **牵涉痛**
>
> 这类疼痛在运动员中比较少见，是指某些内脏器官发生病变时，在体表特定区域产生感觉过敏或疼痛的现象。最常见的牵涉痛模式之一是心脏病发作，疼痛通常发生在左侧的下颈、肩膀和手臂上，而问题其实出在心脏。这种疼痛之所以会发生，是因为心脏的信号（引发疼痛区域）与手臂皮肤的信号（感受疼痛区域）在脊髓中存在"交叉"，当信息传达到大脑时，无法区分信号的来源。因此，区分由骨骼肌问题引起的手臂疼痛和心脏病发作引起的疼痛至关重要。

自然止痛疗法

家庭中用于治疗与运动相关疼痛的最好办法是冷疗，将身体部位浸泡在冷水中 10～15 分钟，便可能会神奇般地减轻疼痛。不一定非要冰块，冰块反而有可能冻伤皮肤从而引起过多的刺激。第一天使用冷疗的频率为两三次，第二天一两次，在大多数情况下，都能迅速改善疼痛。

用热敷治疗疼痛也是一种常见的方法，然而这可能会带来更多的伤害。热敷会加重炎症，除非你非常确定某个区域没有发炎，才可以进行热敷。事实上大多数疼痛区域，包括与肌肉不平衡有关的关节都伴随着一定程度的炎症。脂肪不平衡会产生更多的疼痛化学物质，从而引发炎症性疼痛，因此平衡膳食脂肪有助于预防慢性炎症。低脂饮食可能会加重疼痛，并增加其他肌肉损伤的风险。许多人在疼痛发生时会饮酒，这同样会加剧疼痛。因为酒精的止痛作用只发生在大量饮酒时，同时饮酒还会造成脂肪不平衡，最终增加疼痛。

简单轻柔地按摩皮肤称为触觉刺激，也可以缓解疼痛。一般可通过轻轻地抚摸疼痛区域或附近的皮肤来实现，比如你碰到了头部，可能会下意识地轻抚这一区域的皮肤，这可以刺激皮肤中的神经末梢，有助于阻断大脑中的疼痛感觉，这与电刺激神经装置的工作机制类似。

尽管疼痛对于耐力运动员来说非常常见，但疼痛与耐力训练和比赛是无法长期共存的。很多运动员害怕体能下降，因此会忍痛进行训练；另一个错误的观念是"无伤痛，不收获"，鼓励运动员在疼痛中训练。这样的处理方式只会加剧病因，最终导致运动员陷入伤病、疼痛加重和表现不佳的恶性循环。最明智的疗法是找到疼痛的原因并纠正它，防止它再次发生。

ENDURANCE TRAINING

RACING

17

康复和自我评估

THE BIG BOOK OF ENDURANCE
TRAINING AND RACING

异常的细微生理感觉　　体征和症状

"休息三天"　　自我纠正

自我评估≠诊断　自愈　肌肉不平衡

冷疗　　功能性损伤

我从未确切地统计过，在自己私人执业的 30 多年中治疗过多少运动损伤，这个数字肯定达到了数千例。从我的个人经验来看，受伤最常见的原因有三个：过度和不正确的训练、过度支撑和不合脚的运动鞋、肌肉不平衡。幸运的是，其中大多数损伤都可以成功治愈，通常患者在还没有离开我的办公室时，就已经获得了立竿见影的缓解。我发现，当患者对生活方式、竞技状态需求和健康状况需求进行了合理的调整之后，通常会康复得更快。

身体自行修复伤病的方式至少有以下三种：

1. **第一种方法是由身体自己完成。**这种情形经常发生，甚至你都没有意识到问题的出现，身体便会自我纠正。当然这种伤病通常相对轻微，或者处在伤病的早期。如果我们尽可能地保持健康的状态，我们的身体就能够更好地完成自我纠正，从而达到最好的康复效果。
2. **第二种方法是通过有意识地采取一些特定行动完成。**这些行动基于身体向你发出的信号，告诉你问题的存在之处，如关节疼痛、肌肉疼痛或身体产生的任何一系列体征和症状。这些信号非常重要，需要认真考虑。
3. 第三种方法是在医疗专业人员的帮助下进行。

自　愈

人类早在远古时期就发现身体中有的创伤可以自行修复。从中医到希波克拉底再到现代科学，人们都知道身体在不断修复自己。即使是像淤血、割伤手指或其他常见的小伤病，通常都会在不需要医疗帮助的情况下迅速愈合，除非伤口出现了感染。你越健康，伤口愈合得越快。所以我们不仅要提高竞技能力，更要保持健康，因为健康的身体会更好地纠正和预防损伤和疾病。

首先不要只看症状。我们常常会给症状或疾病贴上标签，然后根据这些信息匆忙"命名"后便"对症下药"，从来不考虑潜在原因。这种方法往往效果不佳，因为几乎有一半的初步诊断都是不正确的。在面对伤病时，只要不是那种像半月板撕裂需要手术或者骨折需要石膏固定的重伤，在排除了诸如此类的需要医疗急救的严重问题之后，实际的伤病大多数与耐力有关，相对较小且容易纠正。

尽管95%或更多的损伤都算不上严重，但它们的背后仍隐藏着各种明显的不平衡。一个小问题也会引起疼痛，甚至影响你的训练。如果没有得到专业医疗人员的纠正，一个相对较小的肌肉不平衡也可能是致命的，可能会终结你的运动生涯。

大多数损伤都是功能性的。"功能性"的意思是说，损伤没有造成显著的破坏，不像关节拉伤那么严重，因此即使非常疼也可以快速地解决。有时候向医疗专业人员咨询一次之后就可以解决；有时候仅仅更换鞋子，疼痛就能在第二天消失。这就好比你的车无法启动，可能只是由于电池接触上的故障或仅需更换火花塞，一个好的机修工可以在几分钟内修好，根本不需要换个新发动机。

功能性问题通常是软组织损伤，比如简单的肌肉不平衡。这些类型的问题可以通过更保守的方法来治愈。让我们讨论一下你该如何纠正身体已出现的一些小问题。

伤病带来的一个麻烦在于，它会使你的训练受阻，也就是会限制你的有氧运动。要知道有氧运动对身体非常有益，在改善血液流动和免疫功能的同时，还能够给予骨骼和关节显著的支撑助力。因此，不能进行有氧运动等训练可能会阻碍你的伤病康复，所以==受伤后，首先要考虑找到一种不加重伤病的有氧运动==。散步是一个很好的疗法；在泳池的浅水区跑步也很有效，因为水会分担一些重力压力；自行车骑行台效果也很好，但是要确保它的设定适合你的身体。

你没有必要花费与之前训练同等的时间来进行上述活动，首先要确保伤情不会加重，如果不能确定运动量，最好少做一些。这种主动恢复非常有效，即使在泳池中慢跑 20 分钟或散步半个小时，也可以刺激有氧系统，为身体的自我纠正提供很多好处。把这些活动看作锻炼，并在每次锻炼时进行热身和冷身。在这段时间内绝对不要做拉伸运动，因为许多损伤是过度拉伸（肌肉过弱）造成的，而不拉伸造成的肌肉僵硬在这时只是次要的问题。

如果你感到疼痛，可以将这种感觉作为你的运动指南。关于疼痛的最佳原则是随着锻炼的进行而减轻，这通常是一个好的迹象。如果锻炼后疼痛加剧，就要停止同类锻炼。在这种情况下，你可以尝试另一种较为轻松的运动，比如游泳。

==另一个有效的选择是休息三天，然后再试着锻炼。==有时候运动员无法亲临我的诊所，我会建议他们休息三天再来治疗，给身体一个恢复并纠正问题的机会。恢复训练应该在一两周内谨慎进行，以确保问题不会再次发生。

我想再次强调，热身和冷身对你的整个身体都有显著的治疗效果——从肌肉到新陈代谢。在许多情况下，延长热身和冷身时间大有好处。

在伤愈之前，要确保所有锻炼都是纯有氧的。运动时你要更加保守，确保在最大有氧心率以下进行训练。避免所有的举重、无氧间歇训练和其他高强度训练，同时暂停所有的比赛。

受伤后的冷疗

冷疗是利用低温对身体进行治疗的方法。这是一种逆刺激的形式，通过低温刺激皮肤及其下方区域，从而减少炎症、消除肌肉紧张。在冷疗时，冰不能直接敷在皮肤上，应该先垫上湿布或毛巾，然后再将冰放在上面。湿毛巾有助于传导低温，而干毛巾会在一定程度上保护皮肤避免冻伤。如果操作方法得当，冷疗的效果可以达到所有区域，包括肌肉下方的骨骼。

将冰敷在身体上后，你会有四个可以明显感觉到的阶段。首先，当区域变凉时，你会立刻感到寒冷。其次，你会感到一种刺痛或痒的感觉，有时被描述为灼痒。紧接着，你会感到疼痛，随后疼痛加剧，这表明该把冰拿掉了。最后一个阶段是麻木，如果你感到麻木，请立刻拿掉冰。

冷疗的疗效通常在早期和中期阶段发生，过度冰敷容易在最后一个阶段造成软组织的损伤。一旦皮肤温度恢复正常，可以再次冰敷，对于大多数患者来说每一两个小时敷冰一次就足够了。

应避免冰敷的状况

身体的很多部位都没有足够的肌肉或脂肪,比如脚、脚踝、髌骨和肘关节,这些部位包含着大量的神经,过度冰敷不仅会损伤皮肤和毛细血管,还会冻伤这些神经,造成额外的伤害,所以应该谨慎使用。同时,还要避免在感觉减弱的部位进行冰敷,因为这会让你的感知能力下降。

在某些特殊情况下也应该避免冰敷,因为它可能会造成进一步的伤害。比如患有类风湿性关节炎、雷诺综合征或任何类型的瘫痪人群,都不应该进行冰敷。

一小部分人患有冷过敏症,冷疗会引起一些不良反应,比如疼痛和皮疹。高血压患者在进行冰敷时也应谨慎,因为它可能会升高血压。

在使用冰靴或其他绑带冰敷时要注意,虽然它们使用起来相对便利,而且人在治疗期间可以自由活动。但事实上这些方式是需要避免的,因为大多数情况下患者更需要休息。此外不要在睡觉前戴上这些装置,因为它们会导致过度治疗。

对于急性损伤,在前 24 小时内冰敷是首选疗法,同时,应避免使用包括热水浴、电热垫、热凝胶在内的任何形式的热敷,因为热敷会加重炎症。积极地按摩也可以产生热量,因此也应该避免。热和冷的需求相对容易确定:如果受伤的部位比你的身体其他部分热,那就冷却它;反之,就加热它。一般来说,冷却是针对急性损伤问题的最佳疗法。

冷压

冷疗不一定非要使用冰。最好的替代方法是将浸泡在冷水中的毛巾挤干或将毛巾放在冰箱里降温后进行冰敷。这些办法都可以产生非常好的治疗效果，特别是如果你只有 5～10 分钟的冰敷时间时。

冷水浴

另一种冷却身体的方法是冷水浴，这是一种更安全、有效的低温治疗法。受伤部位如果是手或脚，一个水桶或足浴盆便足够了。受伤部位如果是腿、膝盖、臀和其他部位，则需要浴缸。我们应该在水中添加足够的冰以防止水温升高，但不要将器皿填满冰。根据水温的不同，你可以将脚、腿或其他身体部位在冰水中浸泡 5～20 分钟，水温越低浸泡的时间越短。

冷水浴可以迅速冷却肌肉，改善肌肉的不平衡，比仅对疼痛区域进行冰敷更有疗效。在天气较暖的时候，你即便没有受伤，也可以站在冷溪流、河流或大型水池中，因为冷水浴也是从长时间、高强度训练和比赛中快速恢复的好方法。

自我评估

伤病会教给你一些关于训练、比赛、装备和生活等方面的教训和知识，一旦你能够正视伤病，你对自己的身体需求将会变得更加敏感，并且在预防受伤和提高训练表现及比赛能力方面有更清晰的认知。这种较高的自我评估意识是我经常在高水平运动员身上看到的重要特征。

自我评估不同于医学中的诊断。诊断涉及疾病或一些更为严重的情况，比如骨折。由于大多数伤病通常只是功能性的，因此正确的评估需要收集与你的身体和其功能相关的各项重要信息。评估可以采用自问自答的形式，比如你的锻炼表现和比赛经历，或各种身体或心理上的迹象和症状。

1. 伤病状况是否在改变了运动计划后开始出现的?

一些运动员在改变他们的训练后很快就会出现伤病，通常是增加了训练量或无氧运动量。如果训练的改变与伤病出现有关，可能是新计划对你的身体来说压力太大了，或者之前存在一些潜在的肌肉不平衡。解决方法是恢复到之前的计划，让身体自愈。

2. 伤病状况是否在使用新的装备或技巧后开始出现的?

新的自行车骑行姿势或游泳姿势、新的跑鞋都可能会对身体造成生理压力。解决方法很简单，那就是回到之前的装备或技巧，直到感觉好转。

3. 伤病状况是否在运动时变好或变坏?

如果你的问题在运动时变好，这是一个好的迹象，表明它本身并不严重。当你活动时肌肉会变热，能够更好地发挥作用，因此适当的热身可以帮助平衡肌肉。有时充分热身需要超过 15 分钟，有些问题可能只有在这个时间段才会感觉好转。但如果任何类型的锻炼让你感到更糟，那就停下来，不要勉强自己。如果问题在运动期间恶化，尤其是在充分热身之后，通常意味着你应该休息，给身体一个自愈的机会。

具体的解决方法是：重新评估你的训练计划，休息三天，根据自身情况决定是否冷疗，尝试步行等，或使用以上所有这些方法来帮助身体自我纠正。

4. 伤病状况是否在一天中变好或变坏?

如果你的问题在一天结束时感觉更糟，那说明你当天进行的活动加重了病情。可能因为在一天结束时，你的脚、踝和小腿积累了太多的体液。解决方法是减少锻炼或休息三天，重新评估这些因素。如果可以的话白天尽量别穿鞋子，并进行冰敷。如果尝试了上述方法还未取得好转，可能需要从医疗专业人员那里获得进一步的意见。

5. 问题是否在早晨变好或变坏？

休息一整晚后，大多数人的身体问题都会得到缓解，因为在不用承受站立、活动或锻炼等压力的情况下，你的身体得到了一定的恢复。如果这种状况在早上并没有发生，那可能会指向其他并发症。

关节炎患者中，某些类型的关节疼痛在早上醒来时不会感到很糟，但当他们起床开始行走后，情况便开始变差，直到活动了一个小时左右才逐渐感觉好转。这种疼痛模式说明与饮食和营养相关的新陈代谢存在问题，而且很可能是与钙的调节有关。因为夜间疼痛部位积聚了过多的钙，所以早上一开始活动就感到疼痛。解决方法因人而异。

Q&A

如果脚踝扭伤了，散步或慢跑会加重伤情吗？我受伤前每周跑 50 公里，现在如果骑自行车对脚踝恢复有帮助还是有害？

在受伤期间保持体能，是康复过程中最关键的部分。如果你在几周内不运动，很容易造成体能下降，这样你的体型会走样，伤病也因此无法得到纠正。我建议你找一些不会伤害脚踝的有氧活动，比如骑自行车、游泳或在齐腰的水池中慢跑，同时找出伤病的原因并予以解决。

ENDURANCE TRAINING

RACING

18

燃脂与体重问题

THE BIG BOOK OF ENDURANCE
TRAINING AND RACING

碳水化合物不耐受　　过大压力

限制卡路里　燃脂机器

测量腰围　　减肥长跑　　营养不良

反弹　过胖　体脂

18

燃脂与体重问题

对耐力运动员来说，体脂是一个敏感的问题。他们中的很多人认为，自己训练量如此之大，体脂理应消失，但他们想象中的结果并未出现。实际上，耐力运动员中的体脂超标现象非常普遍。饮食在减掉多余脂肪的过程中固然起到很重要的作用，但使用心率监测仪，找到最大有氧心率，才能使自己的身体变成一台燃脂机器。

通常来说，运动员们在二三十岁的时候，新陈代谢会出现明显的变化，而体脂超标的问题也随之而来。他们在黄金般的青年时代可以轻松应付的饮食失调、非正常训练以及日常的紧张情绪，到了这个时候都开始对身体形成压力。从20岁开始，包括最大摄氧量、最大心率、肺活量、肌肉总量和力量在内的人体生理指标就开始衰退。速度的下降与全面健康状况关系密切，尤其是与有氧运动能力相关。随着这些与年龄有关的变化的出现，人体的脂肪含量开始提升。研究表明，即使是那些保持运动习惯的耐力运动员，他们的体重也许保持不变，但是体脂含量也会以每10年3%的速度增长。然而，对于那些保持了良好的竞技状态和健康状况的老运动员来说，脂肪增加、肌肉减少的情况都没有发生。

在体脂的问题上，每个人都有自己的特殊情况，本章针对的是那些体脂超标的运动员们，旨在解答困扰他们的最大问题："如何减掉超标的脂肪？"简而言之，就是在心率监测仪的帮助下建立有氧基础，进而燃烧掉多余的脂肪。首先需要讨论的是，除了影响体型之外，多余的脂肪对身体有哪些危害。

体脂超标的危害

之所以说体脂超标有害健康，原因有很多：

- 体脂超标同时反映出不正确的训练方法和糟糕的饮食习惯。
- 体内存储的脂肪可以产生导致人体发炎的化学物质，对于伤病的康复与训练和赛后的疲劳恢复都不利，对人体的健康也是一个严重的威胁。而慢性炎症正是各种人体伤病的第一阶段。
- 除了相扑和低温游泳之外，超标的体脂严重影响运动成绩。
- 随着体脂的增加，身体成分的变化导致了与年龄有关的指标的下降，如摄氧量和运动能力等。
- 超标的体脂导致了多余的雌激素的分泌，有时候甚至是过量分泌，对体质和健康有负面的影响。
- 运动员的体脂含量因人而异，我无法在这里给出任何数据或者体脂含量的范围，因为这些数据对于运动员来说没有太大的意义。而那些体脂明显超标的人，以及与去年相比脂肪增加的人，他们应该知道自己的负担过重了。
- 腰围是一个衡量体脂变化的常用指标。就我而言，我竞技状态最好的阶段是高中和大学运动队时期，直到今天，我的腰围仍然与那时一样。也许我的肌肉总量比以前略低，体脂比以前略高，但仍在合理、健康的范围内，而且这是随着年龄增长而出现的正常变化。很多运动员会发现自己的腰围比以前增加了5厘米、10厘米，甚至更多，这意味着他们体脂超标了，那些多出来的脂肪占据了更大的空间。

==每月测量腰围是监控自己体脂的最好手段，正确的方法是量肚脐位置的腰围。==

大多数人认为体重超标和体脂超标是一回事，其实不然。如今，人们对体重异常敏感，每天早上起床后上秤已经成为一种仪式，要知道，体重计上量出来的体重大多数是水，而不是脂肪，这些水存在于肌肉和其他人体器官中，脂肪的重量其实要轻很多。但是，脂肪在人体内占据的空间要比水大许多。那些在我的帮助下减肥成功的人们，其实很多人的体重并没有下降，有的人体重甚至有所增加，但他们的腰围都比之前瘦了数英寸。在体脂减少之后，肌肉能力和体重都会大为改善。

有很多方法可以测量身体的各种数据，包括体脂含量。很多减肥方案都会同时销售一些测量人体数据的电子产品，但从减轻人生压力的角度出发，我的建议是，不要过度关注这些细节，避免陷入自我测量的痴迷状态。减脂应该以一种更健康的方式进行，可以从我的两周测试开始（见第 13 章）。

关于限制卡路里摄入的问题

把限制卡路里的摄入作为减肥手段是减重产业中最常用的做法，很多人尤其是运动员也经常使用这个方法，然而大约 95% 使用这种方法的人最终都会输掉这场减肥长跑。耐力运动员会斤斤计较于卡路里的摄入量，以此减少体脂，但是这种方法会使跑步、自行车、游泳等耐力运动员遇到能量摄入不足的问题，并影响训练。

那些在早期通过控制卡路里摄入量而减掉体重的人们，大多数在后期会体重反弹，甚至增重，他们中的大多数人根本就没有减掉体脂。造成这个结果的原因是，在控制卡路里的摄入之后，人体的新陈代谢被抑制，最终反而导致更多的体脂被储存下来。

通过使用电脑对一些减肥人群的饮食进行分析后，我发现大多数人在限制卡路里摄入的同时，也限制了营养的摄入，这使他们的健康状况和运动表现都受到负面影响。使用这种方法减掉的体重是以牺牲健康为代价的，比如脱水、营养流失、肌肉和骨骼退化、使用更多糖和更少脂肪供能的低水平新陈代谢等。在某些实例中，甚至出现了饮食紊乱的情况，这很难治愈。

通过 MAF 训练法燃脂

广义上说，培养耐力的过程就是燃脂的过程。在这个过程中，一个强大的有氧基础同时被建立起来。对于那些以减脂和健康为目的的人来说，建立一个更强大的有氧基础是实现目标的第一步。

很显然，那些体脂超标的人拥有较高的呼吸商，这意味着在制造能量的过程中，他们消耗的主要是糖，而不是脂肪。研究表明，那些体脂超标的人通常拥有更多的无氧肌肉，而有氧肌肉严重不足。所以，训练的目的不仅是提高有氧肌肉的燃脂能力，还要增加有氧肌肉的数量。

通过提高燃脂能力，你将会减少体脂，更有力量，并且为未来的耐力训练建立起一个强大的基础。采用 MAF 训练法可以使你的身体提高燃脂能力，而一旦你的 MAF 训练能力得到提高，你的体脂含量将会下降。

如何让燃脂更顺畅

建立一个强大的有氧基础将有助于提高燃脂的效率，但是这个过程

总会遇到一些麻烦。与减脂和健康相关的最大障碍有三个：==碳水化合物不耐受、过大的压力和营养不良。==

碳水化合物不耐受

随着年龄的增加，人体对胰岛素的抵抗力也在增加，这导致我们对碳水化合物的不耐受度也在增强。所以，年轻时摄入一定量的精制碳水化合物并不会给身体带来什么麻烦，而年龄增长之后，即使现在的摄入量与年轻时相同，也会有部分转化为脂肪。这个例子虽然被我简化了，却可以很好地解释问题，可以说明年龄给我们的身体带来的变化。

在过去 50 年美国的肥胖化和肥胖症流行的过程中，精制碳水化合物起到了推波助澜的作用。由小麦或者其他面粉、糖、土豆等原料精加工制成的高糖食品更容易转化为脂肪。

过大的压力

过大的压力降低了燃脂效率，增加了胰岛素的分泌，还引发了其他代谢方面的问题，最终都会促进脂肪的堆积。问题的关键并不是你生活中有多少压力，而是你的身体如何去适应这些压力。当肾上腺分泌的压力激素，也就是皮质醇水平显示出异常时，就说明身体对压力不适应。这种异常通常会导致腹部脂肪的堆积，所以如果你经常测量腰围，就能够收到警报。

营养不良

天然碳水化合物、脂肪和蛋白质是健康饮食的三个重要组成部分。对于大多数运动员来说，低脂肪、低热量、低蛋白质的饮食以及一些流行的不健康饮食方法会抑制燃脂。除此之外，水和纤维素在饮食中也非常重要。有一点需要指出，那些所谓的健康食品的含糖量和热量都很高，它们实际上并不健康，而那些有机的垃圾食品更会使你迅速发胖。

除了上面提到的三大营养素之外，维生素、矿物质和植物营养素对全面健康和燃脂也很重要。通过一份健康食谱摄取富含这些营养的食品并不困难，尤其是当你每天大量摄入蔬菜和水果的时候。

MYTHS OF ENDURANCE

体脂并非越少越好

与体脂超标相反的另一个极端是体脂过低，这同样是不健康的。但令人遗憾的是，有太多的运动员都会拼命减脂，而他们付出的代价是自己受损的竞技状态和身体健康。这种现象的部分起因是一个流行的谬误：体重越轻，跑得越快。然而这个观点是不正确的，因为体重的下降通常会导致肌肉的减少，这显然对成绩有负面影响。而且，减重与脱水密切相关（我们从体重计上看到的数字变化基本上都来自水）。

对于大多数运动员来说，减重的过程都会造成代谢方面的问题。例如，正常的激素平衡将被打破，尤其是睾酮、肾上腺素以及其他与训练和比赛相关的激素。激素的不平衡以往多被认为是女性运动员的问题，与月经失调有关，但实际上男性也会遇到，比如肌肉增长受到抑制和骨质流失。肾上腺素的逆向代谢效应会影响能量的生成，燃脂效率降低会导致供能减少。

随着低体脂率带来的问题进一步扩大，大脑开始介入进行补偿。尽管大脑给出了在饮食中增加脂肪摄入的信号，但是运动员们仍然会有意识地选择低脂食物（其实里面富含精制碳水化合物和其他糖类），这种矛盾就在大脑和代谢系统之间产生了一种恶性循环，造成了身体的不平衡，并最终导致训练水平低下、伤病和比赛成绩下降。为了降低体脂，运动员通常会牺牲营养元素的摄入，其中包括消除炎症所需的脂肪和那些在训练和比赛中起重要作用、可溶于脂肪的维生素 A、E、D、K。把饮食中的脂肪视为"坏成分"使人们拒绝了一些健康食品，而这些食品中包含了改善耐力所必需的脂肪，其中包括牛油果、橄榄油、椰子油、鸡蛋黄等。

所谓的"卡路里平衡理论"是造成减肥和体脂误区的主要原因，这一概念看上去特别简单明了，以至于很多运动员都深信不疑。这个想当然的说法是，如果我们摄入的能量比我们消耗的能量少，那么我们的体重就会下降。这一理论的毛病在于，并没有说明摄入的卡路里需要来自健康食品而非不健康食品。比如，两种热量值相同的食品有可能在含糖指标上相差巨大，这使低脂食品在转化为人体脂肪时对人产生不利影响。换句话说，低脂食品比低糖食品更容易造成脂肪在人体内的堆积，并且会在训练和比赛过程中抑制脂肪向能量的转化。这也就是为什么一块由精制面粉和糖制成的甜品要比由杏仁和蜂蜜制成的甜品"差"，虽然它们的热量值相同。

当饮食的摄入与训练的消耗达到平衡的时候，体脂率就会自动达到一个合适的标准以满足你的特殊需求。

而且，很难说一个运动员的理想体脂率到底是多少。所以，如果你专注于建立一个超强的有氧基础，那就认真吃饭、平衡营养、控制压力、按照目标管理自己的身体，你的体脂率就会自动达到一个最合理的水平。虽然这是一个合乎逻辑的说法，但由于我们这个社会日趋肥胖和超重，想让那些对体重过分敏感的运动员接受这个理论并不是一件容易的事情。

我曾经有一名叫 JR 的患者，他当时 37 岁，是一个中上水平的铁人三项运动员。他是一个很好的例子，可以说明我的患者们都是怎么痊愈的。JR 第一次来我的诊所是因为屡屡复发的病症。通过仔细的评估，我发现，当他每年进入过度训练综合征的状态或者从这种状态中摆脱时，就会引发伤病。JR的食谱富含精制碳水化合物，脂肪和蛋白质却很少。他是敏感体质，很容易发胖，每年体重都会增加3～5斤，然后他就会通过减少卡路里的摄入控制体重。当被问及衣服尺寸时，JR说自己的尺码最近几年持续加大，尤其是腰围，7年增加了7厘米。在我给JR提供的诸多建议中，核心的一条是增加健康的脂肪和蛋白质的摄入，通过提高有氧能力改进燃脂效率。之后的6个月，JR的腰围减了5厘米，全身上下的脂肪也都在减少。JR的体重并没有什么变化，我对此并不奇怪，一是因为脂肪并没有多大分量，二是因为随着他有氧能力的改善，他的肌肉也在增加。现在的JR更有活力，显得更瘦，不像以前那样容易受伤，他正在进入一个成绩突飞猛进的时期。

ENDURANCE TRAINING

RACING

19

精密的足部结构

THE BIG BOOK OF ENDURANCE
TRAINING AND RACING

生物力学系统　　足部不平衡

跑鞋的悖论　　后脚跟着地

优美的足弓　赤足跑　步态

脚感　　33个关节

足部按摩

精密的足部结构

为了迎合市场，跑鞋开始出现各种新奇的缓冲材料、厚厚的鞋底、减震装置和坚固的脚跟支撑，而大众也迅速接受了这些新兴产品。事实上，他们购买的这些鞋子的足底支撑系统是有违足部自然形态的。

在高中和大学时，我有时会光着脚参加比赛。在新铺就的塑胶跑道上奔跑的感觉非常好，因为这种跑道比煤渣跑道更平整，对脚更友好。1980年，也就是我在纽约完成首马的那一年，跑鞋行业已经研发出了许多适合跑步的产品，但这种良好的势头很快就遭受了市场的冲击。

在我的私人诊所里，我开始看到越来越多的受伤跑者。很快我就明白了其中的原因：跑鞋让他们受到了伤害。

我开始在演讲中讨论跑鞋的悖论：那些被生产厂家吹捧为"预防受伤"的跑鞋，为什么却产生了截然相反的效果？在这些演讲中，我引用了多项已发表的医学研究，这些研究所提供的证据表明，新型跑鞋经常会对足部和腿部造成巨大压力。为了向我的听众演示这一概念，我会让一名运动员穿着跑鞋跑过舞台，并指出缓冲鞋底所引起的异常沉重的后脚跟着地现象。然后我会请运动员脱掉鞋子光着脚跑步。令大家惊讶的是，运动员的脚步在移动的过程中变成了美丽的弓形，而且步态轻盈。

我从未失去对光脚跑步的热爱。多年来，我会不时地以这种方式进行耐力跑训练，尤其是当我来到一处平坦的沙滩时。我还说服了不少运动员光脚跑步。

虽然大多数运动员都本能地知道一双好鞋的重要性，但他们还是过于相信自己的双脚了，直到他们的身体开始受伤。实际上，受到不合适的跑鞋的影响，有些人的脚和脚踝出现了细微的肌肉不平衡。这种不平衡没有在足部产生疼痛感，却给膝盖、髋部和脊柱带来了不必要的压力，从而扰乱了精密的生物力学系统。这时他们才意识到，自己穿的鞋子可能不太适合自己的脚。

我们越了解自己的双脚，就越会照顾它们，能够在它们的功能出现问题时及时修复它们。我们的双脚承受的磨损比任何其他身体部位都要多，仅仅走上 1 600 米，就会在每只脚上施加 60 多吨的重量！幸运的是，我们的双脚实际上正是为处理这种自然应力而进化出来的。只有当我们与自然进行对抗时，问题才会出现。因此，几乎所有的足部问题都可以预防，而且那些问题大多可以通过自我护理进行保守治疗。

从出生到死亡，我们的双脚在身体素质和全面健康的发展过程中非常重要，但它们可能是身体中最容易被忽视的部分之一。双脚是身体最下方的结构，构成了我们身体结构的底座。==任何偏离最佳平衡位置的状态都会对双脚，乃至整个身体造成重大的不良影响。==这些不良影响往往通过位于脚上部的脚踝向全身传播。解剖学家将脚和脚踝视为两个不同的区域，但为了讨论起来更加方便，我将脚踝视为足部重要的一部分。脚踝是一个脆弱的区域，美国每天大约有 2.5 万人扭伤脚踝。

虽然骨骼是人体结构的重要部分，但是骨骼肌才是使我们运动起来的关键。足部骨骼的情况也是如此，肌肉功能是足部的运动能力和健康的关键。大多数足部问题的早期阶段与肌肉不平衡有关，骨骼问题，包括关节功能障碍，通常是肌肉不平衡的次要结果。创伤可能导致足部的任何组成部分受伤，包括肌肉、骨骼、韧带、肌腱或关节。

双脚的另一个重要职责是帮助平衡整个身体。双脚不断与大脑通信以调节身体的日常活动，包括站立、行走、骑自行车、跑步和其他运动。这些活动是通过脚部强大的神经完成的，这些神经从我们的婴儿时期开始发育，它们的功能在我们的一生中是必不可少的。创伤、疾病、不合适的鞋子或忽视足部症状都将导致这些神经的紊乱，从而造成进一步的健康问题。

如果双脚底部的神经受到准确和特别的刺激，甚至有可能对我们的身体形成某种有效的治疗。这种方法既可以用于预防伤病，也可以作为受伤后的治疗。例如，即使是一个未经训练的人进行简单的自我足部按摩，也可以使双脚和大脑得到益处。

尽管身体中的许多问题都是明显或不明显的足部不平衡的结果，但有些足部问题是更主要的疾病在足部的显现。当发生这种情况时，这些次要的足部问题反过来又可能导致其他问题，这也是一例多米诺效应。

导致次要足部功能障碍的原因主要包括：脊柱和骨盆的结构性缺陷、肌肉不平衡、创伤、不合适的鞋子，以及某些疾病，如糖尿病、外周血管疾病、神经病、炎症和关节炎等。

==足部问题可能是运动员最常见的结构性伤病类型，人们对于足部最典型的抱怨就是疼痛。==许多足部问题会导致运动员暂停运动，患有足部损伤的运动员甚至会完全停止训练，除非可以利用游泳来维持基本体能。训练减少或被迫休息会使运动员的体型迅速发生变化，还可能导致新陈代谢的变化以及体重增加、循环不足、肌肉流失、协调能力下降等其他更严重的问题。

在结构上,不合适的自行车和跑鞋都可能会改变肌肉和关节的功能,不仅使足部出现问题,还会影响下肢的其他区域。膝盖就是最好的例子,不合适的鞋子会造成膝盖周围的肌肉和膝盖关节运动不畅。这种不规则的运动持续时间越长,就越可能造成膝盖损伤,通常还伴随着疼痛。

足部解剖

要真正了解你的脚,熟悉足部解剖的基本知识是很重要的,包括骨骼、肌肉、韧带、肌腱和其他结构。了解足部可能出现的问题以及如何评估这些问题,将有助于你获得更优异的运动表现。

人类的足部极为精密,是我们身体上最令人叹为观止的复杂生物工程产物之一。它将力量和速度与精细的运动和平衡相结合,稳定性与敏感性兼备。足部还具有足够的耐力,可以让我们随时到想去的地方去。

人类足部的生长并不是连续的。10岁之前的孩子的足部平均生长速度约为每年1.5厘米。10～20岁,足部的生长速度大幅减慢,并最终在20岁之前达到成熟。然而足部随着年龄的增长仍然会变大,但这不是真正的生长,而是由于生命过程中身体的物理和代谢变化导致的足部扩展。例如体重、怀孕、锻炼等都有可能影响足部的自然扩展。足部自然扩展使得你总是需要更大的鞋子,所以如果鞋子不跟上足部的变化,你的脚可能会因为鞋子过紧而引发问题。在成年运动员的运动生涯中,鞋码大小需要增加两个号甚至更多的情形并不少见。

在任何发育阶段,不正确的姿势、不良的行走习惯、跑步习惯和其他训练习惯,以及不合适的鞋子都会显著干扰足部肌肉功能、关节和骨骼结构。

脚 感

与我们熟悉的嗅觉、味觉和视觉相比，脚感虽然鲜为人知，但同样重要。如果我们赤脚踩到了一块鹅卵石，我们会立刻通过收缩特定的肌肉将脚抬离鹅卵石。更常见的情况是我们在行走或奔跑时不需要看脚的位置，因为我们"感觉"到了它的位置。我们也可以在单脚站立保持平衡时体验到脚感，大脑会破译来自单独站立的那只脚回传的信息，并将指令发送到全身肌肉以不断调整姿势、防止摔倒。这些动作可能包括倾斜头部、上下移动手臂或者任何保持平衡所必要的动作。如果没有有效的脚感，全身的平衡就无法实现。

脚感对于足部稳定性、预防受伤以及康复都至关重要。肌肉不平衡、过度使用、疾病以及不合适的鞋子都可能导致神经系统对足部感觉的迟钝，从而增加受伤和其他风险。脚感不佳会导致大脑向身体肌肉发出的指令不正确，身体也就无法进行补偿性的调整。因此，即使是轻微的足部问题，最终也可能导致受伤或使现有问题加重。

足部神经能够影响身体平衡、为大脑提供信息、刺激足部肌肉，因此让足部保持自然状态的运动和姿势，即使只持续短暂的时间都可能起到治疗的作用。赤足行走是最自然的足部姿势，存在很多益处，几乎任何年龄的人都可以通过赤足行走提升脚感。

与身体的其他部位一样，足部的基本解剖结构通常存在变化，因为人类并不是完全一样的复制品。但通常来说，肌肉能够很好地适应这些不同。左右脚之间也是如此，有差异是常见的现象，比如左右脚长度可能相差整整一个鞋码或更多。

骨骼

我们出生时足部的骨骼尚未发育完成，实际上只有一根骨头，其余的都是软骨。到了3岁左右许多软骨会变成骨头；6岁左右所有28根骨头已经成形，不过脚部仍会有一部分软骨，它们即使到了成年依然存在。身体中大约有1/4的骨骼都位于足部，在发育阶段干扰足部的自然发育可能严重影响以后的足部功能。为了方便起见，解剖学家将足部分为三个主要部分：前脚掌、中部脚掌和足跟。

1. 前脚掌承担大约一半的身体重量，脚趾之间的脚跖骨球部（大脚趾和其他脚趾之间）负责大部分的平衡功能。4个较小的脚趾各由3根小骨组成，这些小骨统称为趾骨；大脚趾只有两根趾骨。趾骨与较长的跖骨相连接，再由跖骨连接到足部的其他骨头。
2. 中部脚掌有5块形状不规则的骨头，它们在肌肉的支撑下形成了足部特有的拱形。足底连接到跖骨的骨头被称为第一、第二和第三楔骨以及骰骨。在这些骨头后面是舟骨。
3. 后足包括距骨（踝关节），它连接足部和小腿上的两根长骨，分别是外侧略小一点的腓骨和主要的小腿骨胫骨。距骨也与跟骨（足跟）相连接，跟骨是足部最大的骨头，它位于足后部，由跟腱支撑，在运动和站立时起着稳定作用。

关节

当两根骨头相接时就构成了关节，它使骨头能够平稳灵活地移动，每根骨头在关节末端都有较软的关节软骨进行保护。关节被一个叫作关节囊的保护层包围，里面含有一种浓稠的润滑液体被称为关节腔滑液。这些关节囊和软骨可以稳定并保护关节，使它们免受直接伤害。

足部拥有大约 33 个关节，在 100 多条韧带的帮助下这些关节运转自如，维持着身体的灵活性。韧带连接骨头与骨头，肌腱连接肌肉与骨头，肌肉也同样有着协助关节活动作用。大多数关节问题都是由与关节有关的肌肉问题引起的，例如肌肉不平衡通常会导致关节运动不良、关节功能障碍和疼痛等。

肌肉

足部依靠 30 多块肌肉和肌腱进行运动和保持稳定，这些肌肉通过骨骼赋予足部形状，没有肌肉的支持所有的骨头都会崩溃。足部的大部分支持来自附着在小腿上部的肌肉，肌腱延伸到并附着在足部的骨头上。许多重要的肌肉都是足部所独有的，足部、踝部和小腿的所有肌肉都在足部运动中起着重要作用。

| 胫骨后肌 |

胫骨后肌是一根长肌肉，附着在小腿的胫骨和腓骨上，它沿着小腿后部向下延伸，绕过踝关节的内侧进入脚底，插入到不同的骨头中。收缩这个肌肉可以使你的脚指向下（称为跖屈动作）。它还可以使脚内翻，提起脚跟（踮脚尖）也需要胫骨后肌的功能。

胫骨后肌是与许多足部、踝部和膝部问题关联最密切的肌肉之一。它是中部脚掌和足跟部的关键稳定肌肉，当这块肌肉工作不正常时将引发各种非特异性症状，而且很难被诊断出。

由于胫骨后肌在支撑足内侧弓时起到的重要作用，因此这块肌肉的异常抑制或"无力"会引发对足弓的支持不足，可能导致足部过度旋前和其他问题。胫骨后肌的抑制通常伴随着比目鱼肌或腓骨的紧张，有时也伴随着跟腱疼痛。

| 胫骨前肌 |

胫骨前肌也是一根长肌肉，它位于膝盖下方，附着在小腿前侧胫骨的上半部（稍微靠外），在脚踝上方演化为一个大的肌腱，一抬起脚很容易就能看到它。胫骨前肌继续向脚踝下方延伸，并附着在第一跖骨和第一楔骨上。

胫骨前肌可帮助脚向上运动（称为背屈动作）并协助脚内翻。与胫骨后肌一样，当它抑制（无力）时会导致脚踝不稳定，并引发第一跖骨关节的一些问题。它还可能是胫骨疼痛的常见原因，尽管胫骨后肌也常常对此起作用。

| 腓骨肌 |

腓骨长肌和腓骨短肌主要附着在小腿的外侧，有一部分附着在腓骨上。这些肌肉在踝关节上方演化为肌腱，与踝关节紧密相连。腓骨长肌的一部分附着到楔骨和第一跖骨，而腓骨短肌附着到第五跖骨。

腓骨长肌和腓骨短肌稳定了踝关节的外侧，使脚在踝关节背屈（脚向下指）时能够升高或外翻。通过将脚向下和向外来收缩这些肌肉，你可以在腿的外侧很容易看到和感觉到它。

第三腓骨肌是一块较短但重要的肌肉，它对踝关节的外侧也有着稳定作用。这块肌肉附着在腓骨下部的踝关节外侧，并延伸到第五跖骨中，它可以帮助脚的外侧与踝关节一起向上转动。踝关节扭伤会使这个肌肉遭受创伤，如果在创伤后没有得到极时治疗，可能会引发一些慢性踝关节问题。

| 腓肠肌和比目鱼肌 |

小腿后侧肌肉主要由腓肠肌和比目鱼肌组成。这两块肌肉有时被称为小腿三头肌。这些肌肉对于任何用脚趾发力的活动来说都非常重要。

这两块肌肉从小腿的中间开始形成跟腱,跟腱向下延伸并附着到跟骨的后部。这两块肌肉和跟腱通过稳定脚跟为足部提供了巨大的支持。

| 足底肌肉 |

足底有四层肌肉,包括十几块单独的肌肉。总的来说,这些肌肉对于行走、奔跑、足部协调和平衡等非常重要。这些动作在赤足时最容易观察到,穿鞋会减少所有足部肌肉的活跃度并导致慢性足部问题,赤足行走和运动可以改善所有足部和腿部肌肉的功能。

足弓

为了支撑体重、减震、推动身体前进、适应不平整的表面,脚的底部构造成一系列弓形结构。肌肉是支持这些弓形结构的关键因素,维护这些肌肉对于保证足部的正常功能至关重要。如果这些肌肉的自然状态受到影响,就会干扰足弓的正常功能,从而引发损伤和慢性足部伤病。

足内侧弓是足部的两大弓形结构之一,也是大多数人更熟悉的那一个,它沿着足底的内部而形成。这个足弓是由肌肉来支撑的,尤其是胫骨后肌。

外侧纵弓是第二大弓形结构,位于足底的外侧。横向弓或跖骨弓位于脚掌的中部,横向短弓位于后足。腓骨长肌、腓骨短肌和其他足底肌肉支撑着这个弓形结构。

其他足部结构

足部还有许多其他结构,它们支持足部的功能并保持足部健康。这些结构包括筋膜、神经、皮肤和血管。

筋膜

足部遍布着被称为筋膜的坚韧纤维鞘，具有很强的韧性。这种材料有助于稳定足部并绑定肌腱，帮助肌肉进行支撑。筋膜与足部和踝部的许多其他软组织相融合，重要的筋膜位于足部顶部（背筋膜）、足底（跖筋膜）和踝部周围。

神经

足部的肌肉、肌腱、韧带、关节和其他软组织中都有重要的神经末梢，用于感知所有的运动、压力等。这些信息被发送到中枢神经系统（脊髓和大脑），以便我们对足部的活动做出适当的回应。除了脊髓外，足部的神经活动比身体的任何其他区域都要多。通过神经，疼痛会被传递到大脑中。足部的疼痛纤维几乎遍布每个角落，就连骨头的覆盖物中都分布着疼痛纤维。在受伤期间，疼痛的强度不一定与伤害的严重程度相关，有时相对较小的伤害可能因足部的敏感性而引发剧烈的疼痛。

皮肤、趾甲和血管

足部的皮肤、趾甲和血管的质量在很多方面反映了我们整体健康的状况。这些区域容易受到饮食、营养、压力、训练以及其他生活习惯的影响。

皮肤对于正常的足部功能来说非常重要。它保护足部的内部结构并在跟腱及脚跟骨下的脂肪垫的支持下缓冲足部的压力。同时，皮肤上有许多神经末梢，用于感知来自足部，特别是足底的信息。足部皮肤非常有耐受力（尤其是足底），可以承受比手部更多的压力，而且不容易被划破。当足底皮肤长期受到压力，会变厚并形成老茧。

老茧的产生从很大程度来讲是由不合脚的鞋子引起的，也可能与趾骨畸形（锤趾或拇外翻）有关。它们通常出现在骨头突出的部位上，在趾头上形成的老茧被称为胼胝。老茧通常不疼痛，不过足底的一些老茧会对跖骨关节产生较大的反方向压力，从而引发关节疼痛。

趾甲受伤通常也是由鞋子引起的，一般情况下大脚趾更容易受伤，其原因可能是鞋子不合适或修剪不当，或两者兼而有之。这个问题会引发真菌或细菌感染。

另一种趾甲的问题是所谓的黑趾甲。这个问题在跑者中非常常见，在自行车手和其他运动人群中也偶有出现。直接施加在趾甲上的压力，导致趾甲淤血变黑并最终脱落。黑趾甲通常意味着鞋子太小或是某些部位不能正确适应足部。此外一些黑趾甲也可能是由于慢性真菌感染引起的。

足部的血管对于维持人体所有结构的健康都非常重要。动脉将血液输送到足部，其中富含的营养成分包括葡萄糖、脂肪、蛋白质、维生素、矿物质以及氧气等。静脉将血液送回心脏，并排出二氧化碳、多余的水分和废物。血液流动不畅是由肌肉功能不佳或血管异常狭窄甚至堵塞所引起的。这会造成足部伤病或者加重现有问题，不正常的血流还会导致皮肤溃疡，这在糖尿病患者中比较常见。

足部动作和运动姿势

当双脚的功能处于平衡状态时，无论是行走、奔跑、骑自行车还是其他运动，都可以最有效地完成。这意味着磨损最小，双脚保持运动状态所需的能量也最少。足部的静止姿态和移动姿态都有其合理的样式，与合理样式之间的偏差会导致足部以及踝关节、膝盖、髋部、骨盆、脊柱和其他区域的更多磨损，还会导致我们在运动中消耗更多的能量。

异常的足部运动会让肌肉参与其中，以适应踝关节和膝盖的变化，从而导致这两个部位和相关肌肉的异常运动。足部不平衡会对膝盖、髋部、骨盆、脊柱甚至肩膀和头部等区域产生负面影响。这种情况是引发疼痛的常见原因之一，一些疼痛可能很严重，超越了一般的足部问题。

正常足部动作

足部有多种正常运动。脚趾可以屈，此时它们向下弯曲；也可以伸，此时它们向上抬起。脚趾可以轻微地左右移动，即展开脚趾或者互相挤在一起。这些动作对于需要做足部肌肉康复的人来说是非常有效的锻炼项目。如果你无法挤压或展开你的脚趾，这表明你肌肉功能不佳，有时甚至是更严重的问题。

内翻和外翻

足部可以向内转动，也可以向外转动，这里的向内和向外指的是足底的转动方向。向内转动被称为内翻（也就是外八字），此时足底转向内侧，完成这一动作的肌肉是胫骨前肌和胫骨后肌。向外转动被称为外翻（也就是内八字），此时足底转向外侧，腓骨肌对外翻非常重要。

内翻和外翻的动作发生在距骨和跟骨之间的关节中。在实施这些特定动作时如果感到疼痛，表明踝部骨骼和支撑它的肌肉存在问题，通常是胫骨后肌，有时也会是胫骨前肌。

正常步态

行走或奔跑等运动行为的姿态被称为步态。在不同类型或风格的正常步态中，足部的压力可能会有所不同，但我们的足部足以承受这种压力。正常步态的完整阶段包括脚跟着地、从后向前滚动足部、脚趾抬起并推动身体、摆动脚部前进、再次着地。在正常步态期间，足部会做出很多调整以适应外部环境。它可以有效地适应任何不平坦的地面、推动身体前进、做出各种幅度的动作并有效地吸收冲击。这是在肌肉的作用下，同时又得到了韧带、肌腱、筋膜和骨骼的支持才完成的。

至于跑步，要想体验正确的奔跑步态可以脱掉鞋子在房间里赤足慢跑，这样会使你的落地点位于脚的中部或前脚掌而不是脚跟上，这种步态会使你身体的其他结构也保持平衡。

旋前和旋后

在正常的步态中，足部会发生旋前和旋后，旋前对于吸收冲击非常重要。脚触地时，足部经历了许多变化，足部向内侧滚动、足跟稍微外翻、足弓变平的这一过程被称为旋前。正是这样一个每一步都会发生的正常动作，确保了足部的健康。这个动作的目的是让足部变得松弛，以适应地面，特别是在不平坦的时候。

旋前之后，在足部继续前进的过程中，发生的是旋后。这时足部稍微向外滚动，足部从松弛变为紧张，以便推动足部离开地面。在这个阶段，足部稍微内翻、足弓变高使得足部与地面的接触点能够顺畅地移动至大脚趾。

异常步态

许多因素都可以干扰到运动员的正常步态。两个最常见的原因是肌肉不平衡和鞋不合脚。有时，足部以上的区域（骨盆或脊柱）可以引发足部功能的异常。例如，髋部旋转得过多或过少可能会导致足部以异常位置着地。此外，足部的伤病、疼痛和其他问题也会影响血液流动，引发炎症或干扰足部的肌肉功能，从而导致步态异常。

大多数鞋子都会引起步态的变化，使步幅变得格外长。这会导致脚跟着地异常，脚跟着地的点会落在脚跟较后的位置上。这在跑步时尤其成问题，因为较长的步幅会使更多的冲击通过足部传递到膝盖，尽管有鞋垫或其他保护性的设计，但这仍然是一个问题。

近年来，一些过分简单化的概念被制造了出来，一些人被定义为"旋前者"，而另外一些人则被定义为"旋后者"，不明真相的大众被贴上了标签。针对某一标签下的用户制造一种特殊的鞋子，是鞋业公司的营销手段之一。我们都会发生旋前和旋后的情形，某些人过度旋前或过度旋后的原因反而是因为穿鞋造成的，因为这导致了肌肉的不平衡。这在儿童中更值得注意，他们的足部需要在没有鞋子的情况下正常发育。

值得一提的是，试图通过特定类型的鞋子或鞋垫来"帮助"功能不良的足部，是一种典型的治标不治本，因为在运动员身上出现的大多数足部功能失调是由肌肉不平衡引起的。将足部保持在刚性、限定的鞋子内会使足部不平衡持续下去，而且不允许大脑去主动纠正足部的问题。

我们的足部是为行走、奔跑、跳跃、骑自行车和所有其他自然运动而设计的。当自然状态下的运动受到干扰，问题就会出现。数百万年来，人类的脚一直是自由的。突然，在过去的几百年里，各种类型的鞋子限制了我们的足部，干扰了我们的步态，并给足部带来了无法估量的麻烦。

从某种意义上说，足部是一个高度精密的结构，具有复杂的功能，科学家们仍在不断研究和理解。认识到足部是人类解剖学中完美之作的一部分，认识到足部可以独立正常工作，将有助于我们对这一结构的欣赏，并帮助我们预防和纠正人为造成的大多数问题。

ENDURANCE TRAINING

RACING

20

选一双好鞋

THE BIG BOOK OF ENDURANCE
TRAINING AND RACING

鞋子是如何伤害脚的　　稳定、支撑

最佳尺寸指南　　减震功能

正确的鞋子　　舒适度　　承重失衡

薄鞋底　　受伤率

20 选一双好鞋

数百万年来，人类要么赤足，要么通过简单包裹来保护脚底。在温暖的气候中人们通常穿凉鞋，而在寒冷的环境中则会穿短靴来保暖。这些简单的包裹足以保护脚底免受锋利岩石和凹凸不平的路面的伤害，同时还可以确保足部功能不受干扰。实际上，赤足所导致的足部问题通常只有偶尔的擦伤或刺伤。今天，简单的凉鞋和短靴仍然是全球最常见的鞋类。

随着现代鞋业的出现，一系列足部问题也随之而来，治疗这些问题的新型鞋类产业和专业人员也随之涌现。跑鞋产业受益最多，年收入已达数百亿美元。

1997 年，史蒂文·罗宾斯博士在《英国运动医学杂志》上发表了一篇论文，论述了运动鞋欺骗性广告的危害。罗宾斯写道："运动鞋保护装置的欺骗性广告将构成公共卫生风险，应通过法规予以消除。"

在历史的大部分时间里，鞋子都是双脚对称的，左脚和右脚相同。记录显示，埃及从公元前 14 世纪到 19 世纪中叶，鞋子基本上由手工制作。几十个世纪以来，鞋匠一直保守着客户足部尺寸的秘密，以确保生意可以持续下去。

1845年，人们发明了滚轮机；1846年，缝纫机问世，这些发明极大地改变了制鞋业。1860年，更加有效的制鞋机被研发出来，接下来制造业的突破发生在1875年，小查尔斯·古德伊尔发明了一台机器，人们从而可以使用一种新材料制作鞋子。这种新材料名叫橡胶，是由小查尔斯·古德伊尔的父亲发明的。[①] 如今，大多数鞋子都在机器上制作，但有些工艺仍需要人工。

鞋子是如何伤害脚的

人的脚最早因为穿鞋而受到伤害是什么时候？可能是第一次穿鞋的时候。因为没有什么比赤足更稳定、更具支撑性、更具减震性和更高效的了。

一旦穿上鞋子脚的稳定性就会丧失，受伤的可能性就会增加。也许最早与鞋子有关的伤害是由于意外的不稳定性而导致的脚踝扭伤，或者更糟糕的是由于穿鞋导致的奔跑速度变慢，而被猛兽追上。尽管如今大多数人不必逃避野兽，但我们的鞋子仍然存在危险。

有关鞋子伤害的第一篇科学证据可以追溯到1954年，当时研究人员巴斯马吉安和本兹顿使用肌电图设备测量了足部肌肉活动时的"脚电图"。这项研究表明，当穿上鞋子时，某些肌肉的功能明显下降。从那以后，关于鞋子伤害的文章频繁出现在了医学期刊上。遗憾的是，这些研究可以在线上医学图书馆中轻松找到，但在跑步类杂志中却不容易找到。

[①] 他们的家族企业还有另外一个名字，固特异。——译者注

鞋子与许多足部问题紧密相关。我将这些问题分为四个类别：承重、足感和方向、肌肉和骨骼、步态。

承重

我们的足部支撑着整个身体的重量。通常情况下这些重量由足部的特定区域分担的，以便更有效地承受重量。

站立、行走和奔跑时，这种高效的承重分布可以显著降低受伤的风险。当我们穿上鞋子时，承重分布则会发生变化，通常会由足部的较小区域承受重量，一个极端的例子是女性的高跟鞋，特别是那些有着非常细而尖的鞋跟和脚趾部位狭小的高跟鞋。这时整个身体的重量都由足部这两块非常小的区域承担。当我们穿平底鞋或赤足时，承重会分布在较大区域上。运动鞋不像高跟鞋那样夸张，但也会导致承重失衡。

让我们做一个实验：先把你的脚弄湿，站在一张平整干燥的纸巾上，沿着足印画出一个轮廓。接下来，拿一双你穿了一段时间的平底鞋，观察磨损区域（主要是脚后跟的后外侧和脚跖骨球部位）。现在将你赤足时的足印与鞋子上的磨损区域进行比较，你会发现在大多数情况下，你的足印区域会更大，这是因为赤足时你的足底与地面的接触面积更大。

与地面接触的表面积是与许多类型的足部问题相关的重要因素。如果你的身体重量被迫通过足部的较小区域即更小的表面积所承受，那么足部会受到更大的应力。相反，你的脚应该通过较大的表面积分散承重应力。此外，由于与地面接触的表面积变小，身体的平衡能力也会跟着减弱。

==鞋子的鞋底越平坦、越薄，你的承重就越可能更接近赤足状态。==或许你已经习惯了厚鞋、高跟鞋或有很多缓冲和支撑功能的鞋子，其实换成平底、薄底的鞋子会对你的足部更有好处，但你必须小心谨慎地进行这个转变。

冲击

我们的足部与地面接触时的承重与脚感密切相关。多年来，运动鞋制造商一直聚焦于减少足部受到的冲击力，他们推销具有减震功能的鞋子，宣称这样可以保护我们的脚，使其免受冲击力从而避免受伤。但经过几十年的科学研究，专家们无法证明我们的足部具有易受伤的特质，无论这种冲击是来自站立、行走、奔跑还是跳跃。研究表明，==在硬地面和软地面上跑步，跑者的受伤率没有差异；落地较重或较轻，即受到不同冲击力的跑者之间，也没有受伤率上的差异==。

当然，过多的冲击会损伤我们的足部。当肌肉不平衡的状况存在时，任何冲击都可能导致受伤。然而，站立、行走、奔跑和完成其他常见的动作就是我们的日常生活，我们的足部就是为这些动作而设计的，与之相关的正常冲击是身体可以承受的。事实上，我们的足部正是通过感受冲击力的大小，来决定动用多少肌肉才能使奔跑的效率最高的。这个过程一般由足部的神经和肌肉完成。

肌肉对冲击的响应还会影响舒适度。因此，当你决定用新鞋替换掉那些看起来已经太旧、破烂不堪的鞋子时，你要确保新鞋的舒适性。否则就不应该换鞋，因为这有可能造成足部损伤。制造商们经常会声称鞋子应该在跑了几百公里后就立刻进行更换，但记住舒适度才是你的最佳指南。所谓的被磨损鞋子，只要舒适而且不破就可以继续穿。

关于减震的更多信息

减震是鞋子制造商进行推广宣传的一个常见术语。但是就算一种材料具有良好的减震性能，也不意味着它制成鞋之后就可以自然而然地实现这一目标。事实上，具有良好减震性能的材料所制成的鞋子并不足以在身体活动中降低足部应力。这是因为无论我们是否穿鞋，足部受到的震动的强度差别不大。

人们普遍认为，震动和冲击会对身体造成危险。这导致了一种观念，即我们在行走、慢跑、快跑或进行其他体育活动时必须减少足部受到的震动。实际上，过度减震的鞋子可能会使大脑做出错误的判断，从而降低对冲击力的估计，导致足部以及身体的其他部分对实际冲击做出不正确的反应。当我们穿着这样一双鞋子奔跑时，受伤的风险会加大。

高度减震的鞋子更常见于昂贵的运动鞋中。在 1997 年 12 月的《英国运动医学杂志》上，研究人员罗宾斯和瓦克写道："昂贵的运动鞋利用减震的概念进行欺骗性的宣传，然而这种鞋子造成的受伤比例比最便宜的鞋子高 123%。"

支撑

许多鞋子内置了支撑系统，这可能是一个简单的垫片，也可能是一个带有花哨名称的增加一些支撑的结构。类似的设计大多数是出于营销原因，而不是真有什么实际功能。如果你的足部本来不需要支撑却受到了支撑，这会导致很多问题产生。对于大多数运动员来说，这种需求通常是不存在的。当然会有一些人需要额外的支撑，但原因在于他们已经长时间适应了过多支撑的鞋子，从而削弱了足部的天然支撑机制。对于这些人来说，如果没有额外支撑他们的脚会感觉不对劲。通过逐渐停用过度支撑的鞋子并加强足部肌肉，可以打破这种恶性循环。

许多鞋子的支撑系统是通过鞋后跟区域变厚而实现的。要知道，我们在赤足时脚跟和前脚大致在同一水平，但添加了支撑系统的鞋子却使我们的脚跟高于脚的其他部分。这种不自然状态最终会导致腓肠肌、比目鱼肌和胫骨前肌的肌肉功能减弱。

足感和方向

足底有重要的神经末梢，可以感知足部与地面的接触。这些信息被发送到大脑和脊髓，这样我们就可以对足部活动做出适当的反应，帮助调节所有的运动和体位。由此可见，我们可以通过足底感觉来确定自己的位置，也就是说我们的整个身体位置都是通过足底感觉而确定的。

许多常见足部伤病的主要原因是足部感觉的缺失，这是由于鞋底变厚或鞋子大量使用的合成材料，使得我们的足底不能正确地感知地面。

步态效应

平衡是正常运动或正常步态的重要特征。当这种平衡被不合适的鞋子、不平衡的肌肉和不规则的步态破坏时，就会出现不正常的步态。通常身体会通过更多的肌肉活动来弥补肌肉不平衡，这样一来就会导致身体花费更多能量来完成相同的动作。换句话说，==不正常的步态浪费了能量==。

不正常的步态还可能导致受伤，不仅仅是足部受伤，还可能是膝盖、骨盆、腰部或其他部位的受伤，乃至肩膀、颈部和头部也都可能会受到影响。由于髋关节在运动中的重要性，当步态存在问题时，髋关节也特别容易受伤。

步态异常在老年运动员中很常见。这有时被归因于所谓的足部自然老化过程——弹性和足弓功能的丧失导致足部功能减弱。然而对于花足够多的时间赤足运动的老年运动员来说，足部功能的下降会明显放慢。

穿着时髦跑步鞋的跑者在每一步中都比正常人更多地收缩胫骨前

肌，以确保后脚跟着地。而穿平底鞋或者赤足的跑者，就不会发生这种持续的高度胫骨前肌收缩。这种过度的肌肉收缩还会弱化胫骨后肌或造成其他形式的不平衡。此外，腓肠肌和比目鱼肌的紧张也是一个经常出现的问题，而跟腱也会呈现紧张的状态。

购买正确的鞋子

并非所有鞋子都会对足部造成伤害，最好的鞋子是那些几乎没有任何支撑的鞋子，是专为你的脚制作的鞋子。遗憾的是，大多数人只能购买现成的鞋子，因此在选鞋时严格遵循的最佳尺寸指南非常重要。

考虑到你的两只脚可能大小不同，因此鞋子的尺码数字没有真正的意义，而且大多数公司的尺码并不一致，这使得寻找最佳鞋子变得困难。<mark>找到最适合你的鞋子，最重要的是合适的尺码。</mark>

找到合适的鞋码

对于一些人来说，最佳的鞋子尺码可能很难找到，而对于另一些人来说则很容易。你不能根据以前鞋子的尺码来确定你目前的尺码，因为不同公司的鞋子可能会有很大的不同，甚至同一家公司的鞋子也可能尺码不一。这意味着除非亲自试穿试用，否则很难找到合适的尺码。

巴特尔研究所的研究表明，至少有38个因素影响着鞋子的合适度。除了长度、宽度和高度之外，还有许多主观因素（特别是与舒适感有关的因素），这就会淘汰掉大多数鞋子。主观意见和态度来自消费者和销售人员，但最终确定鞋子是否合适的是你自己。

请记住，厂家会从鞋子的风格、颜色等方面出发，使用花哨的宣传手法来包装新鞋，这就是为什么鞋子的款式会不断变化。鉴于此，如果找到了完全合脚的鞋子，那就索性多买几双。

跑者的脚是会持续变大的，所以他们购买新鞋时可能增加了一个尺码或更多，我甚至看到有的成年人两年内增加了 2.5 个尺码。

MYTHS OF ENDURANCE

选择好鞋的 10 个步骤

通过以下的一些方法，你可以获得最合脚的鞋子。

1. 永远不要按照之前鞋子的尺码去选新鞋，即使是相同类型或者相同品牌的鞋子。

2. 根据合适度和舒适性选鞋，而不是任何特定的尺码。

3. 在购买鞋子时，一定要有足够的时间，因为你不一定会在第一家店就找到合适的鞋子，而且大多数店的鞋子种类是不全的。

4. 一定要两只脚都试穿。先试穿你认为最合适的尺码，即使那个尺码感觉不错，也要尝试穿大半码的，大点儿的鞋子其实脚感更好、更合脚。

5. 继续试穿更大的鞋子直到找到最合适的。通过脚跟来判断大小，当你行走时如果鞋不跟脚就说明大了，然后回到之前的半码。对于大多数鞋子来说，最长的脚趾和鞋子前部应至少应有约 1.3 厘米的空间。

6. 每次试穿时，一定要在坚硬的地面行走而不是店里又厚又软的地毯，因为在那上面几乎所有鞋子都会变得很舒适。如果没有坚硬的地面可以行走，就问店员是否可以去室外行走，如果不允许就换个地方购物。

7. 尽管许多品牌的鞋子没有不同的宽度可供选择，但你必须考虑自己足部的宽度，以获得最合脚的鞋子。试穿时，你的脚跖骨球应位于鞋子的最宽部分，而这时鞋子的两边不会突出来。

8. 以舒适性作为主要标准。不要听任何人说的让你去适应鞋子的那些话，对于你来说最好的鞋子就是穿上去异常舒适的那一双。

9. 如果你的两只脚之间的差异小于半个尺码，请按大脚的尺码买鞋。如果你的两只脚之间的差异超过半个尺码，最好穿两只不同尺码的鞋子。

10. 选择运动鞋时，大部分男鞋其实更适合女性，但首要原则是鞋子的大小必须合适。因此女性选男鞋的难题在于很多品牌不生产小尺码的男鞋。

扔掉不合适的鞋子

某一天，你决定为自己的足部做一次健康的改变，你以为扔掉不合适的鞋子再穿上合适的鞋子就能解决问题，但事情没有这么简单。原因在于你的足部与身体的相对位置已经发生了变化，具体来说是你的肌肉已经变化了，你需要将它们调整回来。

我们以每天穿厚跑鞋训练的运动员为例。如果这种类型的鞋子他已经穿了几个月甚至几年，那么他的足部肌肉、肌腱和韧带都已经调整到与厚底鞋相适应的长度。当他突然开始穿平底鞋时，他的肌肉、肌腱和韧带就得重新适应。如果他试图一步到位完成这个过程，那么他会感到不舒服甚至疼痛，这种感觉一般会持续一两天的时间。如果他的脚关节因此发生了更显著的非自然变化，那么他就需要更长时间的调整。

对于运动员来说，想要在更换鞋子时顺利过渡，这些变化就需要缓慢进行。康复足部可以通过赤足练习来完成。先不需要赤足跑，只需花时间散步和从事其他休闲活动即可，即使只是在家或办公室里赤足行走，也有助于平衡足部肌肉。

要解决鞋子问题，过渡到平底鞋甚至赤足，尽管这个方向是正确的，但你的脚在开始仍会感到相当不舒服，毕竟你的脚已经因为长期过度支撑而变得虚弱。对于大多数人来说，换掉不合适的鞋子可能需要一个过程。查看当前鞋子的鞋跟高度，选择降低 1/2 到 3/4 高度的鞋跟，这是换掉不合适鞋子的第一步。尝试穿这个高度的鞋子几天，以确保你的脚不会过于疼痛，如果痛感较强，说明你降低得太多了，可以只降 1/3 试试，如果仍然疼痛，仅仅去掉你当前鞋子中的鞋垫。

无论你是一步到位地降低鞋跟，还是分成两步过渡到合适的鞋子，可能都需要一两个月的时间，还有一些人可能需要得到合适的医疗专业人员的帮助。一旦你适应了平底鞋，你就会惊讶于自己之前怎么可以穿着那么高跟的鞋子。

老旧的鞋子

有人说，旧的、破的跑鞋可能会导致足部或腿部受伤。实际上，如果你的鞋从一开始就不好，那当它穿旧的时候其功能可想而知。跑鞋公司希望人们更频繁地更换新鞋，他们要求人们尽早丢掉旧鞋，但是，一双好的鞋子即便穿了很久仍然是好的。与你的脚相匹配的跑鞋的寿命，可以根据你的训练时间而定，完全可以使用多年。市场营销使许多人坚信我们必须频繁更换鞋子，当鞋子质量差时，这可能是正确的，但如果质量没问题，那么即使是便宜的鞋子也可以使用很长时间。

有许多因素可能导致你要么修鞋，要么换鞋。但首要因素是让它们保持舒适，一旦不再舒适，就需要修理或更换。另一个因素是磨损，磨损最严重的两个区域是脚后跟和脚跖骨球区域。如果你跑步姿势正确，脚后跟的磨损并不会太严重。但如果你的鞋子磨损非常不均匀，就是一个问题。如果一只鞋的后跟磨损超过另一只 6 毫米，这就会加重左右肌肉的不平衡，而这种不平衡其实也是过度磨损的原因。如果一只鞋的脚后跟磨损比另一只多得多，那么要么修理两只鞋的后跟、要么购买新鞋。如果脚跖骨球的位置磨损严重，说明跑步步态不平衡，这也是修理或更换鞋子的原因。

赤足行走

如果你真的想要自由，那就赤足行走吧。虽然大多数人不会赤足跑步或骑自行车，但短时间不穿鞋对身体健康至关重要。赤足行走本来就是一种绝佳的疗法，尤其是当你的足部出现问题时，这是使你的足部加速康复的最佳方式，也是预防未来足部问题的最佳措施之一。

没有了鞋子的束缚，你的足部肌肉最终可以恢复到最佳功能状态。对于一些人来说，这可能需要一些时间，举个例子，如果你习惯穿着厚底跑鞋，那么赤足行走将是一个巨大的过渡。然而一旦你体验到赤足的自由，就会怀疑那些被鞋子束缚的日子是如何度过的。赤足有两种方式可以去尝试：首先，你可以花一定时间赤足行走，就像进行治疗性锻炼一样；其次，你可以将赤足融入生活方式中，尽量在所有活动中都赤足。

裸露双脚对一些人来说可能不仅在生理上，而且在心理和情感上都有难度。是的，当你赤足行走时，你会觉得违背了社会中的一些约定俗成的东西，而且你的脚底会变脏。实际上赤足行走时，你会更认真地看路以避免踩到不干净的东西，此时你的脚沾染到的细菌反而不会太多。

赤足疗法

如果你需要一个赤足的理由，那就请你为了健康而赤足。你甚至可以告诉人们，这是根据医生的命令接受的特殊康复。的确，赤足可以比任何其他疗法更好地恢复足部肌肉功能，它通过足部正常运动和改善足部感觉来实现这一目标。

如果你不习惯赤足，可以首先尝试在家里赤足行走，最好不要穿袜子（如果感到冷，可以穿一双薄袜子）。在木质地板、地毯、水泥地上行走，不同的表面将为你的足部提供不同类型的刺激。这就是你所需要的，通过接受各种刺激以恢复正常的足部感觉。

几周后可以尝试出门，这将提供更多的足部刺激，因为室外的路面不像室内地面那样光滑，是不平坦的。在草地、泥土、沙子和其他天然地面上行走将为你提供更强烈的刺激，从而改善足部感觉。当你完全适应后，还可以进行一些短距离的跑步。

我一直都在室内赤足行走，也在室外赤足行走。在赤足跑步时，我从未受过伤，只是偶尔会有轻微的擦伤。

经过几周的赤足行走，尤其是户外活动，你的足部功能应该会有显著改善，你的脚感会变得更好。在此期间，你还应该穿合适的鞋子，更好地匹配足部。这意味着你需要购买新鞋，同时也需要扔掉不合适的鞋子。千万不要舍不得扔掉小和紧的鞋子，以为自己的脚会变小，这种事情是不会发生的。

一旦通过健康的赤足活动获得了更好的足部功能，就有两个非常重要的习惯需要保持：首先，尽可能多地在一年中赤足，即使天气不好，在室内赤足行走也可以帮助保持正常的足部功能；其次，在摆脱了不良鞋子并恢复了良好的足部功能后，不要因为穿不适合的鞋子而重蹈旧习。唯一的例外是偶尔的正式场合，但即使在这种场景下，合适的正装鞋也并非可遇不可求。

ENDURANCE TRAINING

RACING

21

健康，不要伤亡

THE BIG BOOK OF ENDURANCE
TRAINING AND RACING

良好的竞技状态≠健康　　定时炸弹

每个人都应该对自己的健康负责！

猝死　未发现的损伤

长 QT 综合征

运动员的心脏

动脉阻塞

21

健康，不要伤亡

　　运动员体内未被发现的损伤有时候会变成一个潜伏的定时炸弹，一旦"爆炸"，就是一场悲剧。在 2007 年纽约马拉松赛暨 2008 年北京奥运会男子马拉松美国选拔赛上，美国最佳马拉松运动员之一、28 岁的瑞安·谢伊（Ryan Shay），在跑到 9 公里的时候突然倒地，经抢救无效死亡。纽约市的一位权威尸检专家说，谢伊的死亡原因是"心脏肥大且带有未被发现病理原因的不完整纤维化导致的心律失常，属于自然死亡"。

　　自然死亡？一名 28 岁、身体健壮的运动员，他的心脏在比赛期间突然停止工作，这听上去并不是一件让人容易接受的事情。按照医生的说法，谢伊的不规则心跳来自不正常的心脏肥大和心脏损伤。

　　媒体对篮球、橄榄球、铁人三项和跑步运动员在运动中猝死的报道并不少见，虽然我们也能够接受运动伤病是比赛的一部分，但是当一名看起来非常健壮的年轻运动员突然死亡的时候，我们仍然会感到非常困惑。从体育文化的视角看，无论是比赛的观赏者还是参与者，大家都认为膝盖、腰部、肩部和其他外伤是正常的"磨损"，是由于过度使用造成的。但是如果"受伤"的情况发生在心脏，我们会感到迷惘，并且想知道为什么会是这样。实际上，已有报告显示，30 岁以下的猝死运动员中，大约只有 2% 的人拥有正常的心脏结构，而其他人都显示出了某种典型的心脏病症状。

铁人三项运动的死亡人数

心脏骤停是铁人三项运动中导致运动员死亡的主要原因，通常发生在游泳项目上（游泳是铁人三项赛的第一个项目）。在 2008 年为期三周的时间里，美国连续发生了三起铁人三项运动员猝死事件，都发生在游泳项目中，死者的年龄分别是 60 岁、52 岁和 32 岁。

根据美国铁人三项协会的统计，从 2004 年到 2010 年，在铁人三项比赛中死亡的人数已经接近 30 人，其中有 80% 是在游泳项目上死亡的，而死者的平均年龄是 43 岁。

医学研究人员对此现象没有一个明确的解释，因为在一些案例中，尸检时没有发现动脉阻塞现象。但研究人员对此有他们自己的理论，专门研究铁人三项运动员健康状况的杜克大学心脏病专家帕梅拉·道格拉斯（Pamela Douglas）博士在《纽约时报》上说："一方面是看上去非常健康的身体，另一方面是与此结论相反的尸检报告，两相结合得出的结论是，这是由心律失常导致的死亡。"

另一位研究者、明尼苏达州洛奇斯特市妙佑医疗国际医院猝死基因组实验室主任、心脏病专家迈克尔·阿克曼（Michael Ackerman）博士在《泰晤士报》上说，游泳可能会引发某种特殊类型的心律不齐，这种心律不齐是由一种被称为"长 QT 综合征"的先天性心脏问题引起的。大约每 2 000 人中，就有一人存在先天性心脏问题，从而引发其心电系统的小故障，这种先天性问题中最常见的就是长 QT 综合征，从心电图中就能够发现这种病症。长 QT 心脏在两次心跳之间，回流到心脏的血液量会出现不足，而这种情况有可能造成心脏的漏搏。

那么，到底是什么导致了运动员在铁人三项比赛的第一个项目中就出现了心脏漏搏呢？这是由于比赛期间肾上腺素水平骤升导致的吗，是由于参赛者没有开放水域游泳的经验吗，还是因为被另一名游泳者无意踢中了？

阿克曼博士认为："难道是游泳很危险，而跑步不危险？其实并不是这样。猝死事件的发生就像一场完美风暴，需要各种不太可能同时出现的条件同时发生。这种事情需要某种刺激的激发。我们都知道游泳只是其中的一个诱因，但并不是绝对的诱因。"阿克曼博士还指出，大部分长 QT 综合征是能够通过心电图被专业人士发现的。

凯文·哈里斯（Kevin Harris）博士来自美国明尼阿波利斯市心脏研究所基金会，他和同事在 2009 年美国大学心脏病学学科研讨会上提供了一份报告，报告指出，在每 10 万名铁人三项的参与者中，就有 1.5 人面临猝死的危险，这已经不是一个小风险了，这几乎是马拉松运动中猝死人数的两倍。加拿大安大略省多伦多大学的唐纳德·雷德米尔（Donald Redelmeier）博士在一项覆盖了 300 万名马拉松跑者的研究中表示，每 10 万名跑者中会有 0.8 人发生心脏猝死。

哈里斯在接受媒体的采访时说，在不同距离的铁人三项比赛中，死亡率并没有区别。这似乎与人们想象中的距离越长越容易出事的情形不同。哈里斯解释说："可能的原因是，一名水平一般的运动员或者新手不会去参加长距离的铁人三项比赛。这一点很有意思，在我们的访问过程中，只有几个人承认，这是他们第一次参加铁人三项比赛。"

当铁人三项运动员在游泳比赛时心脏出现状况的时候，即使救生员就在附近，想要实施救助可能也会来不及。所以通常要由参赛的运动员进行判断，自己是否有触发心脏骤停的体征和症状，包括是否有家族的心脏病史。因此，在参加铁人三项比赛之前进行全面的体检具有非常重要的意义。

颇具讽刺意味的一点是，铁人三项之所以流行和普及，是因为这项运动一直对新参与者敞开大门，这些人热切地希望向自己、家人、朋友以及同事证明自己良好的竞技状态。但其实这种情形是存在隐患的。

首先，健康的含义本身就带有局限性，而如果一个人只是把良好的竞技状态作为健康的唯一标准，也是不正确的。一个竞技状态良好的运动员有可能受到运动伤病的困扰，而当他有病的时候，是不能被称为健康的。所以，无论是年轻的还是中年的运动爱好者，都不能因为从事运动，而被自动归为健康的群体。当身体出现问题的时候，死亡可能会随之而来。有些问题会导致心脏停止跳动、血管堵塞或其他病症，从而导致死亡。我们必须区分那些在20多岁、10多岁发生不幸的年轻运动员，以及那些在30多岁到40多岁出事的中年人，后者是参与耐力运动的主要人群。

其次，这些问题中的大部分都是可以预防的。不论何时提及比赛中的猝死，个人的生活方式和习惯问题几乎从来没有被认为是一个可能的原因，特别是那些会导致心脏病的因素，包括饮食、压力，甚至还有过度训练。

竞技状态与健康状况

我们的社会总是会把从事高强度训练的运动员看作最健康的人，所以，当一名看上去非常健康的年轻运动员在比赛中发生意外的时候，大家会格外困惑。各个年龄段因为心脏病而倒下的运动员毫无疑问要比99%的普通人拥有更好的竞技状态，但是很明显，他们并不健康。所以让我们从更清晰的角度来区分一下什么是竞技状态，什么是健康状况。

竞技状态可以被定义为运动能力，竞技状态良好与否是与训练和比赛的水平相关的；但健康是非常不同的，这是整个身体系统一种最佳的功能状态，包括肌肉和骨骼、器官和腺体、心肺、神经和大脑。运动员中竞技状态良好但不健康的现象非常常见，他们可能是世界冠军或慢跑者，很多人的病症和受伤程度甚至比那些普通的发胖人群还要严重。有时候，他们死于自己所选择的充满激情的事情，通常就是由于心脏损伤。

很多运动员花费大量的时间进行健身锻炼，但却没有用同样的精力去追求健康，其中的很多人实际上是在努力强迫身体超越极限，这反倒使他们的健康程度下降了。而且，他们还陷入了训练带来的严重压力，再加上过度训练、不良饮食或其他因素，使他们变得更加不健康，膝盖受伤、复发性呼吸道感染、慢性疲劳以及其他一些健康问题都是由此造成的。这些都是不健康的训练所带来的，这些问题的出现说明他们在竞技状态和健康状况之间产生了不平衡。==一个人是可以同时具备健康的身体和出色的运动成绩的。==

当然，也有很多人根本就不进行锻炼，也不关注自己的健康。如果一个这样的年轻人因为健康问题而辞世，我们认为这是由他对自己的疏忽导致的。事实上，成为一名运动员并不意味着一定能够拥有健康，就像一个健康的人如果不训练就不能成为一名高水平运动员一样。

预防死亡

显而易见，预防运动中的死亡应该是我们的主要关注点，年轻运动员中大约30%的死亡是由于被称为肥厚型心肌病（HCM）的心脏问题。在美国，每年几十起年轻运动员在训练或比赛中的死亡都是由于这个死因；在超过60万HCM患者人群中，每年还会有6 000名非运动员死亡。HCM在深色皮肤人群和男性中的比例明显高于其他人群，而黑人女运动员的发病率则相对更高。这种疾病被认为是先天的，在出生之前心脏的发育过程中就已经出现了。

在年轻运动员的猝死事件中，大约有一半的人还存在其他类型的心脏问题，这些也都是可以预防的，具体包括：冠心病、心室的异常增大、心肌炎和冠状动脉异常。那些人中，还有大约不到2%的死因是哮喘，其他使用处方药物和消遣性药物致死的比例大约占1%。

与疾病无关的年轻运动员意外死亡大概占到20%，大部分是由于胸部受到的直接外力创伤所导致的心脏停搏。这种情况一般发生在胸部被球或其他物体，比如另一个人，恰好撞到了一处致命位置的时候，这种由于外力直接导致的死亡是可以通过完善运动规则而减少的。

心电图是一个简单经济的测试手段，能够帮助运动员诊断出很多潜在而致命的心脏问题。在接受正规训练的运动员中，大约40%会检查出心电图异常，其中包括很多自认为没有疾病的运动员。男性运动员心电图的异常率是普通男性的两倍，在跑步、游泳和自行车等耐力项目中则更常见。

大部分心脏病学家认为，这些运动员的心脏异常是由训练造成的，但运动员们认为，训练给心脏带来的变化属于正常的生理变化。那些进行高强度训练的运动员所显示出的异常的心电图与那些天生有心脏问题的患者是一样的，比如患有肥厚型心肌病和其他心脏异常的患者。无论这些异常是由于过度训练、不良的生活方式造成的，还是天生就有的，都需要通过更进一步的评估来确定。

大多数运动员的心脏发生的变化都被认为是由训练造成的，而不是因为遗传。虽然基因在人类的发展过程中一直扮演着至关重要的角色，但这些运动员的心脏主要还是与非基因因素相关，除了训练之外，这些因素还包括体形、身体表面积、运动种类、性别和年龄。

那些与心脏相关的死亡其实都是可以被避免的，但这个问题的讨论越来越与伦理有关。国际奥林匹克委员会和欧洲心脏病学会一直在倡导，所有年轻的竞技运动员都定期进行彻底的健康筛查，包括伤病史、体能测试和十二导联心电图；但美国心脏协会最新的指导建议并不是这样的，他们认为，美国没有任何法律允许运动管理部门或教育机构强制对运动员进行筛查式体检。

在欧洲的一些国家，地方法律要求进行心血管的筛查，如果因为检查不彻底，未能发现心血管异常而最终导致死亡的，内科医生会被定罪为玩忽职守。这些方法是成功的，竞技运动员因为心脏病而死亡的比例减少了大约90%。

很多运动员害怕进行心血管的筛查，因为一旦发现问题，他们就会被禁止比赛。23岁的美国大学篮球超级明星汉克·盖瑟斯（Hank Gathers）是在1990年3月的一场比赛中死亡的，死因是心肌炎。《新英格兰医学期刊》（*New England Journal of Medicine*）发表了明尼阿波利斯市心脏研究所基金会巴里·莫拉诺博士的一篇论文，他是这个领域的专家，文中写道："如果盖瑟斯能够暂时退出竞技赛事，他的心脏病有可能在6～12月内彻底被治好，这样他就能够安全地重返赛场了。"

在年龄35岁左右或者更年长的运动员中，无论他们是哪个级别的运动员，猝死原因主要是冠状动脉粥样硬化性心脏病，也被称为动脉阻塞。有一点非常值得注意，这种可预防的病症是由年轻时候不健康的生活方式演变而来的，包括不良饮食、压力过多和过度训练。

35岁以上、心脏有疾病的运动员的猝死原因与低年龄运动员的不同之处是时间。因为他们活得更久，所以他们体内的疾病有更多的时间发展变化。对于年轻运动员来说，筛查是一个可以排除致命疾病的方法，但对于老运动员来说，预防指的是减缓老化的过程。老化过程会引发血管中斑块的形成，可以通过健康的生活方式对其进行补救。

生活方式因素

保持一个健康的生活方式对竞技状态和健康状况是有明显的影响作用的。在西方国家，心脏病是导致死亡的最大诱因，像其他常见的慢性病一样，它是可以预防的。在健康饮食、压力适度和不过度训练的配合下，改善健康和预防疾病都能够实现。即使是所谓的遗传体质，生活方式因素也能够"开启"和"关上"心脏疾病的基因。

另外，广义的压力也是引发心脏病的重要因素。压力可以来自很多方面，比如不平衡的饮食、在一天里完成多项训练任务的努力、很多的工作和家庭事务，还可以来自内心和比赛。

过度训练是运动员中一个最重要也最普遍的压力来源，除了会引起大脑、神经和激素系统的不平衡（通过提高交感神经的活动），还会加重慢性炎症，所有这些问题都会引发心脏病，并加大死亡的风险。即使是在早期阶段，过度训练运动员的压力和异常的心脏变化也是可以被测量出来的，具体包括：外围血管阻力、高血压、高皮质醇水平和异常的心率变异性。

在过度训练早期阶段，刚刚超过训练的正常水平的时候，也会发生异常情况。有意思的是，这个阶段的运动员成绩可以在短期内得到提高，很多经历过这个现象的运动员会迫使自己继续训练，错误地认为他们的训练是成功的，但实际上，继续这样的训练会给健康带来更多的伤害，直到过度训练的迹象进一步明确。例如，异常的血液标记物（如血浆肌钙蛋白T和I）在铁人三项和马拉松运动员长跑之后被发现，这些测试显示出短暂性心肌衰弱问题，这是一种心脏损伤，专家至今仍未能确认这个问题的严重性。很多运动员在比赛之后、高强度训练期间，甚至在一个长距离训练单元之后，免疫系统会受到损伤，导致运动员们频繁发生上呼吸道感染等疾病。有些运动员的免疫系统功能有严重缺陷，这让他们更容易产生严重的健康问题，过度训练最终会使比赛成绩逐渐变差。

在所有运动项目中，运动员和他们的教练对不健康状态的认可都是有记录可查的，这甚至会导致人们去追求伤痛。比如，有一个专门针对运动员的心脏变化的词叫"运动员的心脏"，而其他过度训练的后果也都有特殊的名字：跑者的膝盖、泳将的肩、跑者的贫血，其中带有自豪的成分。

年轻运动员死亡率较高的国家，比如美国，能否强制进行更有效的筛查呢？为了减少比赛中的死亡事件，国际奥委会和很多欧洲国家已经这么做了。当然也有很多人反对这种做法，认为不切实际。美国心脏协会在2007年的报告《关于在赛前对参赛运动员进行心血管异常情况筛查的建议和考虑》中提到，尽管这种筛查能够查出年轻运动员的心脏病，但是"由于美国运动员的筛查数量太过巨大，需要动用大量目前不存在的资源，所以并不现实"。

虽然这里面有很明确的伦理方面的考虑，但官方还是放弃了对运动员以及他们的父母的责任。要知道，这些运动员，尤其是那些被称为"周末战士"的严肃参赛者，更愿意在比赛中全力以赴，让自己置身于高风险之中，所以应该有人为他们提供保障。

因为潜在的健康问题，政府是否应该对运动施加约束呢？我们能否因为一张心电图显示出异常的数据而阻止一个年轻、有天分的运动员去实现他的梦想呢？有多少这样的测试是误报（测试显示有问题但实际上根本不存在），从而导致不必要的检测、焦虑，甚至使运动员失去一份有巨大回报的工作呢？显然，目前的问题比答案要多。我们对有体育天分的孩子确实是另眼相看的，从他们小时候开始，我们就给了他们一个良好的成长基础。还有媒体对他们进行报道，有高中、大学、职业队对他们进行招募，有公司给他们赞助，还有粉丝支持他们，但所有特殊的待遇中包括一个针对他们的健康制定的医疗计划吗？大多数保健专家都会回答没有，问题始终存在。

在这些伦理和法律问题得到解决之前，有一点是明确的：==每个人都应该对自己的健康负责==。如果我们把一场铁人三项或者马拉松的比赛看得比自己的健康更重要，我们就必须对结果负责。最重要的是，我们必须让自己懂得健康的重要性，只有这样，我们才能打造出一个拥有良好竞技状态的身体。

张祎同说

收到谭杰老师的消息，《耐力》要出新版了，我很是意外。按捺不住内心的激动和喜悦，没想到十年前意外参与翻译的一本大书，之后的几年里其涉及的内容在国内持续升温，不断受到大家的关注，并被广大运动爱好者身体力行。特别是在我身边的金融圈，其风靡之神速，有点超出想象。即便是面对精神和身体的双重高压，诸多金融从业人员仍能坚持耐力训练，我想这应该不是他们在进行某种自虐或自我麻痹，而是在坚实的有氧耐力训练之后，脂肪为身体提供了更多的能量，他们也在跑步中卸掉了身上因长期高强度高频次的工作、应酬堆积而来的脂肪及"三高"带来的疲惫感，收获了酣畅淋漓的轻松感。

自 2014 年接受《耐力》部分章节的翻译任务以来，我也一边翻译，一边根据书中介绍的 MAF 训练法尝试自我训练，在其后的近十年间，不论经历什么样的工作和生活变动，耐力跑始终伴随我的日常，它已成为我生命中很重要的一部分。有时候回想起来，会觉得不可思议，上学时我只要一提到跑步就有吐血的感觉，现在竟会成为一名耐力跑的爱好者和践行者。终究是《耐力》这本大书作为耐力跑入门者的良师益友，带领我入道儿了。原来，低强度的有氧耐力训练的关键在于"慢"，跑步时最重要的是体感轻松，一边跑一边聊天也不成问题。尤其是当我没有心肺压力、沉浸式地跑步时，感觉大脑格外清醒，可能萦绕脑中很久未解决的问题，会在 5 公里或 10 公里的跑步结束后茅塞顿开。对于长期持续训练者来说，最重要的是：LISTEN TO YOUR BODY。对于不以参加比赛为追求目标的我来说，能够强身健体，精采奕奕，保持有氧耐力和肌肉力量，没有比这更好的成果了。

其实因为什么开始跑步已经不重要了，当我们开始迈出第一步，就需要学习如何在跑步中跑得更好，如何跑得轻松、无伤。新版《耐力》在全面介绍 MAF 核心训练方法的基础上，又针对膳食平衡、肌肉平衡、了解足部及如何选择好的跑鞋等方面进行了更为完善的补充。最终你会发现，有氧耐力跑是一项四季皆宜的活动，也是帮助每一个普通人体会走向终身体育的好方法。

未来，属于终身学习者

我们正在亲历前所未有的变革——互联网改变了信息传递的方式，指数级技术快速发展并颠覆商业世界，人工智能正在侵占越来越多的人类领地。

面对这些变化，我们需要问自己：未来需要什么样的人才？

答案是，成为终身学习者。终身学习意味着永不停歇地追求全面的知识结构、强大的逻辑思考能力和敏锐的感知力。这是一种能够在不断变化中随时重建、更新认知体系的能力。阅读，无疑是帮助我们提高这种能力的最佳途径。

在充满不确定性的时代，答案并不总是简单地出现在书本之中。"读万卷书"不仅要亲自阅读、广泛阅读，也需要我们深入探索好书的内部世界，让知识不再局限于书本之中。

湛庐阅读 App: 与最聪明的人共同进化

我们现在推出全新的湛庐阅读 App，它将成为您在书本之外，践行终身学习的场所。

- 不用考虑"读什么"。这里汇集了湛庐所有纸质书、电子书、有声书和各种阅读服务。
- 可以学习"怎么读"。我们提供包括课程、精读班和讲书在内的全方位阅读解决方案。
- 谁来领读？您能最先了解到作者、译者、专家等大咖的前沿洞见，他们是高质量思想的源泉。
- 与谁共读？您将加入优秀的读者和终身学习者的行列，他们对阅读和学习具有持久的热情和源源不断的动力。

在湛庐阅读 App 首页，编辑为您精选了经典书目和优质音视频内容，每天早、中、晚更新，满足您不间断的阅读需求。

【特别专题】【主题书单】【人物特写】等原创专栏，提供专业、深度的解读和选书参考，回应社会议题，是您了解湛庐近千位重要作者思想的独家渠道。

在每本图书的详情页，您将通过深度导读栏目【专家视点】【深度访谈】和【书评】读懂、读透一本好书。

通过这个不设限的学习平台，您在任何时间、任何地点都能获得有价值的思想，并通过阅读实现终身学习。我们邀您共建一个与最聪明的人共同进化的社区，使其成为先进思想交汇的聚集地，这正是我们的使命和价值所在。

CHEERS

湛庐阅读 App
使用指南

读什么
- 纸质书
- 电子书
- 有声书

怎么读
- 课程
- 精读班
- 讲书
- 测一测
- 参考文献
- 图片资料

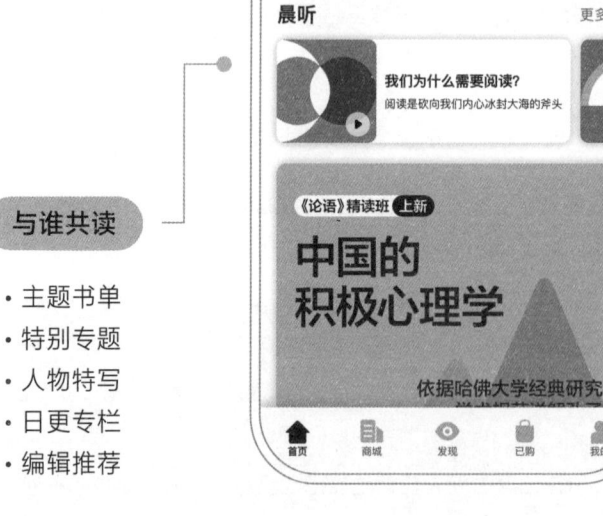

与谁共读
- 主题书单
- 特别专题
- 人物特写
- 日更专栏
- 编辑推荐

谁来领读
- 专家视点
- 深度访谈
- 书评
- 精彩视频

HERE COMES EVERYBODY

下载湛庐阅读 App
一站获取阅读服务

版权所有，侵权必究
本书法律顾问　北京市盈科律师事务所　崔爽律师

Dr. Philip Maffetone. The Big Book of Endurance Training and Racing Copyright © 2010 by Dr. Philip Maffetone

Published by arrangement with Skyhorse Publishing through Andrew Nurnberg Associates International Limited

All rights reserved.

本书中文简体字版经授权在中华人民共和国国境内独家出版发行。未经出版者书面许可，不得以任何方式抄袭、复制或节录本书中的任何部分。

湖南省版权局著作权合同登记章字：18-2024-209 号

著作权所有，请勿擅用本书制作各类出版物，违者必究。

图书在版编目（CIP）数据

耐力：无伤、燃脂、轻松的 MAF180 训练法：全新升级版 /（美）菲利普·马费通著；谭杰，张祎同译 . -- 长沙：湖南教育出版社，2024.11. -- ISBN 978-7-5754-0695-6

Ⅰ. G883

中国国家版本馆CIP数据核字第20242MM739号

NAILI: WUSHANG、RANZHI、QINGSONG DE MAF180 XUNLIAN FA QUANXIN SHENGJI BAN

耐力：无伤、燃脂、轻松的 MAF180 训练法 全新升级版

出　版　人：刘新民
责任编辑：杨　宁　吴志鹏
封面设计：湛庐文化
出版发行：湖南教育出版社（长沙市韶山北路443号）
网　　　址：www.jiaxiaoclass.com
微　信　号：家校共育网
电子邮箱：hnjycbs@sina.com
客服电话：0731-85486979
经　　　销：全国新华书店
印　　　刷：唐山富达印务有限公司
开　　　本：710mm×965mm　1/16
印　　　张：29.75
字　　　数：340千字
版　　　次：2024年11月第1版
印　　　次：2024年11月第1次印刷
书　　　号：ISBN 978-7-5754-0695-6
定　　　价：89.90元

本书若有印刷、装订错误，可向承印厂调换。